新
入門・
日本経済

浅子和美・飯塚信夫・篠原総一
［編］

有斐閣

はしがき

　本書は，1997 年 7 月に初版が刊行され，第 6 版として 2020 年 3 月に改訂された『入門・日本経済』を大幅に改訂した「新書」であり，実態としては本書の刊行にあたっては 7 度目の出版作業（6 度目の改訂）になるが，改訂をドラスティックで全面的なものにした結果，書名も『新 入門・日本経済』に改めるのが適切となったものである。今回の出版作業を『入門・日本経済』の第 7 版とみなすならば，新版（第 2 版）の改訂が初版の 3 年後，第 3 版の改訂に 6 年を要したといった変則例があったものの，今回に至る 6 回の平均改訂期間は 4 年 6 カ月になる。

　今回に特有でなく改訂のたびに思うことであるが，いくらその時点での日本経済をコンパクトで体系だって描写できたとしても，日本経済を取り巻く環境には常に変化の嵐が吹いているのであり，それがまた改訂を促すといった「鶏と卵」の関係にあるのはいうまでもない。5 年経つと一昔になるのは実感にも合っており，日本経済の理解で時代錯誤に陥る前に新たな改訂に取り掛かるのが，本書の編者・著者チームの通例となりつつある。

　思い起こすと『入門・日本経済』の初版刊行の 1997 年 7 月には世紀末の重い空気が漂っていたが，最初に企画案が検討された 95 ～ 96 年頃には，その後の日本経済が直面した試練はそれほど意識されていなかった。確かに，振り返るならば，バブル経済の象徴となった株価は 1989 年末に当時の史上最高値を記録し，90 年代に入るとほぼ暴落の一途をたどった。しかし，同じく 1980 年代後半期に大幅に上昇した地価が下落に転じたのは 91 年のことであり，その後もいずれ反転するのではないかとの希望的観測も根強く，95 ～ 96 年頃では完全に土地神話が崩れたわけではなかった。1997 年には橋本龍太郎内閣が打ち出した 6 大構造改革，消費税率の引き上げ，財政構造改革法の上程と強い景気回復を前提とした諸施策も打ち出され，低迷からの脱却を感じさせる空気もあった。それが同じ年に勃発したアジア通貨危機や国内での金融システム不安の発生と，事態は悪い方向へ急転し，その後沈んだ日本経済の時代が続いたのだった。

　換言するならば，初版執筆段階では依然として世界からの評価も高かった日

本的経済システムに，不良債権処理の遅れや進むグローバル化とともに俄に綻びが目立ちだし，1997年の金融システム不安の発生によって一挙に顕在化したともいえる。新版として出された第2版は，日本経済に沈滞した空気が漂っていた2000年6月に刊行されたが，その閉塞状況の打破を期待されて翌年発足したのが小泉純一郎内閣であった。

「改革なくして成長なし」などのキャッチフレーズとともに小泉内閣のもとで進められた「骨太の」構造改革路線とともに，不良債権処理のめどが立ち，息の長い景気回復が持続するなど，一部では日本経済の再生の芽吹きも感じられた。自由競争による優勝劣敗を是とする市場原理主義が，グローバリゼーションに向き合う唯一の選択肢と喧伝され，「失われた10年」の長期不況に見舞われた国民は，一向に埒が明かず旧態依然の日本的経済システムに限界を感じ，構造改革路線に活路を託したかに見える面もあった。

2006年6月刊行の第3版への改訂に際しては，実際問題として，日本経済を支える環境が大きく変化したことを共通認識とした。なかでも，情報通信技術（ICT）のめまぐるしい進歩，経済活動のグローバル化，人口の少子高齢化など，国民経済を支える基本的条件が大きく変化し，かつての日本経済の成功の秘訣でもあった諸制度が，その構造の変革を余儀なくされているのを正視することとした。規制や協調と競争の絶妙のバランスに立脚する日本的経済システムを全面的に見直し，市場の自由競争に委ねるアメリカ型資本主義を導入すべきだと主張され，それぞれの現場でもそうした流れが勢いを増したのだった。確かに，日本で長期停滞が続いた1990年代から2000年代を通して，アメリカ経済は好パフォーマンスが持続した。しかし，この間の日米比較だけをもって，企業経営も労働も，金融システムも製造業も，さらには税制や社会保障もと，あらゆる分野で日本型モデルを否定し，アメリカ型経済制度の模倣に走るべきではなかろう，との冷静沈着な見方もあった。

実際，アメリカ経済は2008年9月のリーマン・ショックへの対応として，1930年代の世界大恐慌に匹敵する「100年に1度」レベルの大ショックとの認識のもとで，大手金融機関への公的資金の注入や異例の自動車業界ビッグ3の一角のGMの国有化をはじめとして，大幅な金融緩和と大規模な財政出動を決定し，速やかに実施した。金融危機が一段落してからも，大幅に自由化してきた金融取引に一定の制限をかける金融規制を導入し，それまでの小さな政府や自由競争を礼賛するアメリカ型資本主義にも大きな修正が加えられたのだ

った。

　3回目の改訂版となる『入門・日本経済』第4版は2011年4月に刊行され，基本的な立場としては第3版を踏襲し，日本経済の特徴を日本型対アメリカ型といった単純な経済システムの対比で捉えるのではなく，経済の現状をさまざまな角度から客観的かつ具体的に分析し，そのうえでこれから取り組むべき課題を明らかにするという，いわば経済学の正攻法を採用した。換言するならば，日本経済のそれまでの繁栄を支えてきたどの部分が機能不全に陥っており，どの部分がこれからも有効に機能し続けるのかについて客観的な判断を下し，そのうえでこれからの経済にとって望ましい制度や仕組みを考え，さらには政策運営の方向を定めたのだった。その際，日本経済が2つの点で大きな転機を迎えたことに注目した。

　1つは，景気循環の局面が2008年2月に後退期に転換し，またそれからほぼ半年後の08年9月にリーマン・ショックが発生し，またたく間に世界中に伝染し世界金融危機や世界同時不況をもたらし，すでに金融システム不安を乗り切り免疫が備わったかに見えた日本経済も例外とはならなかった。もう1つは，2009年8月の総選挙で政権交代が起こったことである。この時点までには日本経済の構造改革はそれなりに進んだ分野もあるが，また一方では，徹底した市場原理主義を標榜した小泉純一郎首相の構造改革路線がもたらした影の部分，すなわち優勝劣敗の競争社会，あるいは拡大する「格差社会」に対して，行き過ぎと判断した国民が政権交代を望んだのだった。

　2015年3月の第5版の改訂にあたっては，東日本大震災への言及は当然として，その他の面でも日本経済に大きな変化が起こったことを念頭に置いた。バブル経済崩壊後の長期デフレ不況は，リーマン・ショック後の世界同時不況からのV字回復が見られたものの，公式のデフレ脱却宣言がないまま「失われた10年」から「失われた20年」にまで膨れ上がり，期待されて発足した民主党中心の連立政権は，選挙時の政権公約ともいうべきマニフェストが実現可能性を伴わない絵空事に過ぎないことが次々と判明するや，首相の交代が2度あったものの，いずれにしても政権支持率は急速に低下した。「コンクリートから人へ」に象徴されるマニフェスト公約はそれなりに説得力のあるものもあったが，如何せん経験不足ゆえの政権運営の稚拙さが致命傷となり，東日本大震災の勃発と福島原子力発電所事故が追い打ちとなり，希望を託した政権交代が落胆で終息したのだった。

翻って，2012年12月の総選挙では自民党中心の政権再交代が起こり，安倍晋三首相による3本の矢のアベノミクスがスタートした。1本目の矢である異次元の超金融緩和政策，2本目の矢である機動的な財政政策，そして3本目の矢である成長戦略をたて続けに打ち出してのデフレ脱却が主眼にあったが，いよいよ「失われた20年」からの決別に成功するかとの期待は完全に消滅し，そのまま「失われた30年」のフェーズに移ったのだった。2020年3月の第6版の改訂においては，アベノミクスを進行形で描写したが，『新 入門・日本経済』の本書ではアベノミクスは現在完了形で評価することにした。

過去のどの改訂版にも共通することであるが，執筆にあたっては，説明はできるだけやさしく，経済学の予備知識を持ち合わせていない読者にも，経済学の本格的な分析が理解できるように工夫した。『入門・日本経済』の第5版からは全体が2色刷りとなり，キーワードの強調や図表の把握など，視覚的にも一段と読みやすくなったものと確信している。初学者の学習を助けるために，各章の最初にその章で取り上げる課題を簡単に説明し，章末（第Ⅰ部）には議論のまとめのほかに練習問題や参考文献を付け加えた（練習問題の解答はウェブのサポートページに掲載）。また，随時コラム（囲み記事）を設け，本文中の説明を補完している。本書で頻繁に登場する経済用語や考え方については簡単な説明を加え，欄外の用語や事項の説明も充実させた。『新 入門・日本経済』の本書では，今までの『入門・日本経済』の視座と射程範囲の大胆な見直しと，章立てや流れとしての通史に重きを置いた記述の再構成を図った。大学の授業において週1コマ年間30回といった時間制限のあるなか，日本経済の理解にあたっての喫緊の諸課題に重きを置き，農業や環境など別の講義科目ではメインテーマとなる諸課題は，あえて入門レベルの日本経済の理解にとって副次的な扱いとした。これらの編集方針は，今までの『入門・日本経済』が30回の授業数でカバーしきれないほどに裾野を広げ過ぎてしまっていたとの反省に基づく。

旧版の『入門・日本経済』はもともと学生や社会人を対象とした日本経済の入門書として企画された。その姿勢は過去の改訂にあたっても変わらず，全体を通した読み物としても面白いものになるように工夫を施した。日本経済の特徴を総合的に理解できるように配慮し，序章に加えて全11章を第1部「日本経済の軌跡」3章，第2部「日本経済の現状と課題」8章の2部構成とした。

はしがき **v**

『新 入門・日本経済』も同様の思いから，序章と各章に当たる全12章を第Ⅰ部「基礎編」7章，第Ⅱ部「発展編」5章の2部構成とした。2部構成を大幅に変更した経緯は上述したとおりだが，第1部「日本経済の軌跡」における戦後日本経済の通史を取り止めたのが大きい。このコンパクトな通史は日本経済の歩みを理解するうえで最良の誘いになると企図されたが，既修者や独学者にとっては自分の理解度を高める読み物になったとしても，30回の授業のテキストとしての位置づけに窮する講師もおり，結果的に第2部「日本経済の現状と課題」を優先する時間配分になるとの意見を参考にした決断となった。もっとも，新書の『新 入門・日本経済』で通史の部分がまったく消えたわけではなく，第Ⅱ部「発展編」の2つの章（第8章，第9章）に反映されている。

さて本書の各章の成り立ちであるが，まず序章「日本経済はなぜ停滞したのか？」は本書の立場を明言している。すなわち，『入門・日本経済』の各版では，日本的経済システム（日本型資本主義）がアメリカ型経済システム（アメリカ型資本主義）とは異なる面があることに言及したものの，両者の間の優劣については，戦後復興・高度経済成長を経てジャパン・アズ・ナンバーワンに上りつめる成功譚<ruby>譚<rt>たん</rt></ruby>からバブル経済崩壊後の失われた30年の間に世界から取り残された無残な立ち位置へと，日本的経済システムの成り立ちやパフォーマンスに対する毀誉褒貶<ruby>毀<rt>き</rt></ruby><ruby>褒<rt>ほう</rt></ruby><ruby>貶<rt>へん</rt></ruby>は大きく揺れた。その流れの上で，『新 入門・日本経済』の発刊段階では，日本経済の長期停滞には日本的経済システムが抱える硬直性や変革への耐性が，グローバル化されダイナミックに推移する経済環境のもとでマイナスに働いたと評価する。本書は，そうしたプロローグでの評価を通奏低音として第Ⅰ部，第Ⅱ部の各章で，各テーマに則して日本経済への入門として説明する。

序章に続く第Ⅰ部「基礎編」では，日本経済を広く概観する。最初の3つの章では，経済の見方を学び，経済全体の関係である「経済循環」を念頭に置き，需要面と供給面など経済の複数の様相を同時に理解するのが肝要となる。これらでは，とりわけ企業活動と労働市場において，日本的経済システム（日本型資本主義）の成り立ちやその変遷，そして序章で明言したアメリカ型経済システム（アメリカ型資本主義）に対しての敗走が詳しく説明される。

すなわち，まず第1章「日本経済の見方」では，経済主体の間での分業と交換などの経済循環とGDP（国内総生産）の三面等価といった現代経済の仕組

みを理解した後，具体的なデータを通して日本経済の姿（現状）を，フローの経済活動とストックの残高推移に照らして，さまざまな観点から把握する。この際，統計データの見方なり利用の仕方にも言及する。後続の各章への準備として，日本の経済成長の要因分解，景気循環の景気基準日付，そして日本の産業構造の変遷も整理する。

第2章「企業——求められるアニマル・スピリット」では，財サービスの供給主体であり設備投資を通じて経済成長の牽引役を担う企業について学ぶ。まず，企業（会社），とりわけ所有と経営が分離した株式会社は誰のものかといった概念を整理した後に，健全な企業経営を担保するための諸制度や財務諸表等の会計情報，そして企業の社会的責任について説明する。後半では，日本的経済システム（日本型資本主義）の基盤をなす日本型企業システム（日本的経営）の特徴と近年の変化，とりわけメインバンク制，株式持合，長期継続雇用などに見られるかつてのアニマル・スピリット（企業家精神）を支え育んだ成功譚が制度疲労に陥っている現状が指摘され，企業統治改革と企業システムの再構築を伴う企業努力を結実した新たな成長企業の創出が望まれるとする。

第3章「労働——すべての人が働きやすい社会に向けて」では，日本の労働市場において日本的雇用慣行が定着し普及した理由を探り，それに変革・終焉をもたらした社会・経済環境の変化を，1980年代後半のバブル経済期まで，バブル経済の崩壊後2008年のリーマン・ショックまで，およびリーマン・ショック後の時代に区切って対比しながら分析する。ここでは，若者，女性，高齢者，といった人々が直面する労働環境を精査し，ワーク・ライフ・バランス（仕事と生活の調和）のある，すべての人にとって働きやすい社会がどのようなものかを考える。なお，外国人労働については第10章で触れられる。

第I部「基礎編」の第4章から第7章までは，日本経済の「経済循環」の中で，何らかの形で政府なり公的部門が関与する経済活動が市場経済と共存する混合経済と海外部門との取引となる貿易に焦点を当てる。混合経済では，意図された経済政策が行われる。これらの4つの章が加わることによって，日本経済の「経済循環」がひと通り完結したものになる。

まず第4章「社会保障——人口高齢化への挑戦」では日本の社会保障制度，とくに年金制度，医療，介護保険，貧困等の現状を解説したうえで，人口減少，少子高齢化が進むなかで持続可能な，全世代のセーフティネットとして

の機能を高めた制度設計を検討する。日本の社会保障制度は，それが整備された経緯を引きずったままで維持されており，複雑な仕組みを理解するだけでも一苦労であり，格差や不公平の是正を求める社会保障改革が望まれる。この際，社会保障改革にとって大きな課題となるのは増大する社会保障の財源の確保であり，「社会保障と税の一体改革」が試みられるものの，消費税増税を含めた安定財源を確保する必要がある。

　第5章「政府――政府の機能・役割と財政・財政政策」では，政府の役割，機能，枠組みおよび財政の運営と財政政策について，多くの図表を駆使して解説する。また，日本の財政の制度的特徴と財政政策とマクロ経済の関係について説明し，近年の財政事情の悪化とそれへの対応を整理する。日本経済にとって財政再建は1980年代からの積年の目標であるが，バブル経済崩壊後の長期停滞もあって，その実現目標は幾度となく先延ばしにされてきており，しっかりとした対応が必要になる。

　第6章「金融――進化する金融システム」では，まず金融の機能はどのようなものかを，日本のマクロデータを観察することを通じて，経済主体別に考察する。本章を通じて，貨幣（お金）の役割を理解したうえで，日本の金融システムの基本的特徴，日本のマクロ経済と金融の関係についての歴史的変遷，そして多様な金融機関の日本経済における役回り，について理解を深めていく。なお，金融政策については第9章で解説する。

　第7章「貿易――貿易構造と貿易システム」では，近年の日本の貿易構造，国際収支（貿易収支・経常収支），海外直接投資，国際的な生産ネットワーク（サプライチェーンやグローバル・バリューチェーン）などがどのように推移してきたのかを理論と実際のデータで理解する。さらに，貿易相手国との間で通商摩擦が生じた原因とそれにどのように対処してきたか，貿易の障害を排除し自由貿易を目指すFTA（自由貿易協定）やEPA（経済連携協定）の意義は何か，といった課題を整理する。日本を中心にTPP（環太平洋パートナーシップ協定）やASEAN＋中韓とのRCEPなど広域のメガFTAの構築も行われ，それぞれ新しい国々が加盟を申請している。

　これらの第Ⅰ部「基礎編」全7章を受けた第Ⅱ部「発展編」は5つの章からなり，「基礎編」の内容の補完を意図する分野と明示的には対象外とされた分野について，百科事典の項目に近い形式で解説を用意する。第8章と第9

章は前者であり，「基礎編」とは異なる視座で日本経済を概観する。第 10 章から第 12 章は後者に当たり，日本経済の各分野について簡潔に現状と課題の所在を指摘する。

　まず第 8 章「日本経済の歩み 1──高度成長，バブル経済，長期不況」では，戦後の日本経済の歩みを通史として概観する。この際第 1 節から第 3 節では，順に高度成長，インフレとデフレ，そして円ドルレートの動向に注目し，日本的経済システムを含む現在に至るまでの日本経済を特徴づける各種の制度や仕組み，さらには政策運営手法がどのような経緯で生まれてきたかを探る。第 4 節では，1980 年代後半期に株価，地価などの資産価格が急激に上昇し，やがて一転して急落したバブル経済の膨張・崩壊が，日本的経済システムの行き詰まりを伴う長期不況にどのような影響を及ぼしたかを整理する。第 5 節では，バブル経済崩壊後の事後処理ともなる不良債権問題に焦点を当て，金融システム不安や金融機関の再編に触れる。

　第 9 章「日本経済の歩み 2──アベノミクス，金融政策，企業統治改革」は，2008 年 9 月のリーマン・ショックと 11 年 3 月の東日本大震災といった，日本再生を窺っていた日本経済を襲った 2 つの試練に対して，日本経済が如何に対応したかを整理する。第 8 章で戦後の 65 年間ほどをカバーするのに対し，第 9 章はたかだか 20 年弱の期間であるが，アベノミクスによるデフレ脱却の試みと進行形の日本経済を対象とするために，応分の紙幅を費やしたものとなっている。アベノミクスの 3 本の矢でも中軸となったデフレ経済向きのゼロ金利政策や量的緩和政策といった「非伝統的金融政策手段」による異次元の超緩和政策に応分の分量を充て，そこから誘発された企業統治改革の動向と課題を解説する。

　第 10 章「日本経済の課題 1──格差，人口問題，地域経済の課題」では長らく課題と認識されてきた表題のテーマ，および関連する子育て支援や外国人労働の現状を解説する。格差に関連しては，所得格差，地域格差，産業格差などが拡大しているのかについて，いくつかの統計的尺度の動向を確認し，格差への対応を考察する。人口問題に関連しては，日本の人口減少の現状を確認し，それが経済成長や社会保障制度にどのような影響を及ぼすのかを解説する。地域経済の課題では，東京一極集中や地域の過疎化が進む現状を把握し，政策の在り方を探る。子育て支援や外国人労働の課題についても，対応策の現

状を評価し，望まれる施策を考察する。

　第11章「日本経済の課題2——グローバル化，農業，デジタル化」では，近年日本経済にとって喫緊の課題として浮上したグローバル化，デジタル化について評価し，グローバル化が進むなかでの頑健なサプライチェーンの構築や大国間の対立や地政学リスクに対応可能な経済安全保障について考察する。この際，グローバル化への対応を迫られている日本の農業についても取り上げる。デジタル化の歩みを振り返り，日本のデジタル化が遅れた経緯を評価し，今後のデジタル戦略を考える。生成AIなどの技術進歩により雇用が奪われるのか，との問いも考察する。

　最終章の第12章「日本経済の課題3——コロナ禍と政府の役割」では，2020年に発出された新型コロナウイルスを対象とした緊急事態宣言により浮き彫りになった課題を考える。コロナ禍において，失業率など日本の雇用に対する影響は諸外国と比べて穏やかにとどまった背景を解説し，テレワークなどの新しい働き方が普及したことや，女性のキャリア形成に対して負の影響を及ぼした顛末を指摘する。コロナ禍における拡大した財政支出の国際比較を試み，それぞれの中身も説明する。コロナと医療提供体制に対しても，ロンドンと東京の比較により，望ましい医療体制を検討する。

　以上第Ⅱ部「発展編」では，さまざまな分野での日本経済の現状，すなわち各分野のパフォーマンスや歴史的変遷，またそれらを支える制度や政策運営を解説・評価する。分野によっては，過去20〜30年ほどの変貌が顕著な分野もある。いうまでもなく，日本経済の変貌の一部は外的ショックやその分野の自律的な力によってもたらされたものであり，一部は構造改革路線に沿った政策としてもたらされたものである。なお，国民の教育水準（人的資本）や貿易に代表されるように，それぞれ課題もあるものの，全体的にはグローバル化した世界の中で「日本経済の強さ」を象徴している分野があることも特筆に値しよう。

　新書である本書『新 入門・日本経済』は，総勢15名の編者・執筆者による分担執筆という形態となった。旧書となった『入門・日本経済』第6版から引き続き，編者は浅子・飯塚・篠原の3人体制をとる。新書に移行するにあたって，旧書から少なからぬ著者の入れ替えがあり，また新規に著者として参加された方々も多い。新書の内容とともに，こうした著者の移動も大規模に

なったために，単なる版の重ねでなく書名の変更に至った経緯を理解していただけると思う。ただし，新書も過去6回の出版作業のうえに成就したものであり，その意味では過去に関与いただいた方々全員の助力の賜であって，旧書の過去6版分の重い履歴効果は本書の随所に鏤（ちりば）められたものとなっている。新たに共著者となられた方々は過去の改訂作業は未体験であるが，知らず知らずのうちに本書の過去からの蓄積が役立ったものと確信している。

　末筆となるが，新書の『新 入門・日本経済』においても有斐閣の渡部一樹氏には，企画から校了まで忍耐強くお付き合いいただき，欄外の語句説明等にも注力いただいた。記して感謝申し上げる。

　2024年10月　時候外れの霜降

編者　浅子 和美
飯塚 信夫
篠原 総一

ウェブサポートページ

本書のウェブサポートページに章末の練習問題の解答例を掲載しています。アドレスは以下のとおりです。
https://www.yuhikaku.co.jp/books/detail/9784641166356

編者・執筆者紹介

浅子 和美（あさこ かずみ）　　　　　　　　　　（編者，担当：序章，第8章第4節）
一橋大学名誉教授
主な著作：『マクロ安定化政策と日本経済』（岩波書店），*Studies on the Japanese Business Cycle*
（Maruzen Publishing Co.），『家計・企業行動とマクロ経済変動』（岩波書店）

飯塚 信夫（いいづか のぶお）　　　　　（編者，担当：第8章第1〜3，5節，第9章第1節）
神奈川大学経済学部教授
主な著作：『世界同時不況と景気循環分析』（共編著，東京大学出版会），「GDP速報改定の特徴
と，現行推計の課題について」（『日本経済研究』74号）

篠原 総一（しのはら そういち）　　　　　　　　　　　　　　　　　　（編者）
同志社大学名誉教授
主な著作：『初歩から学ぶ経済入門』（共著，有斐閣），『わかる！ ミクロ経済学』（有斐閣），『イン
タラクティブ・エコノミクス』（共編，有斐閣）

野間 敏克（のま としかつ）　　　　　　　　　（担当：第1章，第10章第1節）
同志社大学政策学部教授
主な著作：『証券市場と私たちの経済』（編著，放送大学教育振興会），『金融の仕組みと働き』（共
著，有斐閣），『金融と社会』（放送大学教育振興会）

中村 純一（なかむら じゅんいち）　　　　　　　（担当：第2章，第9章第3節）
東洋大学経済学部教授
主な著作：*Japanese Firms During the Lost Two Decades: The Recovery of Zombie Firms and
Entrenchment of Reputable Firms*（Springer），「日本企業の設備投資はなぜ低迷したままなの
か——長期停滞論の観点からの再検討」（『経済分析』193号）

黒澤 昌子（くろさわ まさこ）　　　　　（担当：第3章，第11章第4節，第12章第1節）
政策研究大学院大学理事・副学長・教授
主な著作：『企業の経済学』（放送大学教育振興会），「中途採用市場のマッチング——満足度・賃
金・訓練・生産性」（『日本労働研究雑誌』499号），「両立支援と柔軟な働き方——女性の活躍と
の関係」（『経済分析』199号）

大石 亜希子（おおいし あきこ）　　　　　　　　（担当：第4章，第10章第5節）
千葉大学大学院社会科学研究院教授
主な著作："Social Security Programs and the Elderly Employment in Japan"（共同執筆，in A.
Börsch-Supan and C. Coile, eds., *Social Security Programs and Retirement around the
World: Reforms and Retirement Incentives*, University of Chicago Press），「シングルマザー
は働いていてもなぜ貧困か」（労働政策研究・研修機構編『非典型化する家族と女性のキャリア』）

釣　雅雄（つり　まさお）　　　　　　　　　　　　　　（担当：第5章，第12章第2節）
武蔵大学経済学部教授
　主な著作：『レクチャー＆エクササイズ 日本経済論』（新世社），『入門日本経済論』（新世社），『グ
　　ラフィック財政学』（共著，新世社）

平田　英明（ひらた　ひであき）　　　　　　　　　　　（担当：第6章，第9章第2節）
法政大学経営学部教授
　主な著作："Differentiated Use of Small Business Credit Scoring by Relationship Lenders and
　　Transactional Lenders"（*Journal of Banking & Finance*, Vol. 42），"Small Business Credit
　　Scoring and Its Pitfalls"（*Journal of Small Business Management*, Vol. 52）（すべて共同執筆）

伊藤　恵子（いとう　けいこ）　　　　　　　　　　　　（担当：第7章，第11章第1節）
千葉大学大学院社会科学研究院教授
　主な著作：『新・東アジアの開発経済学』（共著，有斐閣），"Global Value Chains and Domestic
　　Innovation"（共同執筆，*Research Policy*, Vol. 52）

加藤　久和（かとう　ひさかず）　　　　　　　　　　　（担当：第10章第2, 4節）
明治大学政治経済学部教授
　主な著作：『人口経済学入門』（日本評論社），『世代間格差』（筑摩書房），『8000万人社会の衝撃』
　　（祥伝社）

清水　希容子（しみず　きよこ）　　　　　　　　　　　（担当：第10章第3節）
島根大学材料エネルギー学部教授
　主な著作：「多様な地域資源を活用した地域活性化」（松原宏・地下誠二編『日本の先進技術と地域
　　の未来』東京大学出版会），「新潟県における米菓産業の産地形成とイノベーション──食品研究
　　センターとの産学協同を中心として」（『産業学会研究年報』28号）

本間　正義（ほんま　まさよし）　　　　　　　　　　　（担当：第11章第2節）
アジア成長研究所特別教授，東京大学名誉教授
　主な著作：『農業問題の政治経済学』（日本経済新聞社），『農業問題の経済分析』（共編，日本経済
　　新聞社），『現代日本農業の政策過程』（慶應義塾大学出版会）

関口　和一（せきぐち　わいち）　　　　　　　　　　　（担当：第11章第3節）
株式会社MM総研代表取締役所長，国際大学GLOCOM客員教授
　主な著作：『NTT 2030年世界戦略──「IOWN」で挑むゲームチェンジ』（日本経済新聞出版），
　　『パソコン革命の旗手たち』（日本経済新聞社），『情報探索術』（日本経済新聞社）

高久　玲音（たかく　れお）　　　　　　　　　　　　　（担当：第12章第3節）
一橋大学大学院経済学研究科教授
　主な著作："What the COVID-19 School Closure Left in Its Wake: Evidence from a Regression
　　Discontinuity Analysis in Japan"（共同執筆，*Journal of Public Economics*, Vol. 195），"Effects
　　of Reduced Cost-Sharing on Children's Health: Evidence from Japan"（*Social Science &
　　Medicine*, Vol. 151）

目　次

序　章　日本経済はなぜ停滞したのか？ 1

第1節　高度成長から低成長へ 2

第2節　バブル経済，長期不況，日本再生への道 3

第3節　東日本大震災とアベノミクス 4

第4節　日本経済はなぜ停滞したのか？ 5

第5節　日本的経済システムは生まれ変わるか？ 7

第I部　基　礎　編

第1章　日本経済の見方　　　　　　　　　　　　　　　　　13

第1節　経済の仕組み 14

　1.1　経済主体と経済循環　14

　1.2　分業と交換　16

第2節　日本経済の姿 20

　2.1　一国全体の経済動向の決定　20

　2.2　経済大国日本　21

　　column　経済統計の重要性と探し方　24

　2.3　ストックの経済大国日本　27

第3節　日本経済の成長と循環 28

　3.1　日本経済の成長　28

　3.2　景気循環　31

　3.3　日本の産業構造の変化　33

第2章　企　業──求められるアニマル・スピリット　　　　37

第1節　企業とは 38

　1.1　企業の種類と株式会社制度の意義　38

　1.2　株式会社の仕組み　42

　1.3　会計情報──企業活動の成績表　45

xiv

1.4 企業のライフサイクル　50

1.5 企業は誰のものか　53

第2節　日本的経営の特徴と限界 ……………………………………………… 55

2.1 日本型企業システムの形成と日本的経営　55

2.2 日本的経営の限界と失われた30年　57

第3章　労　働——すべての人が働きやすい社会に向けて　63

第1節　日本の労働市場 ……………………………………………………… 64

1.1 今日の労働市場　64

1.2 日本の労働市場がたどってきた道　66

1.3 日本的雇用慣行　73

第2節　女性の就労とこれからの働き方 …………………………………… 79

2.1 女性の社会進出が進んできたのはなぜか　79

2.2 仕事と生活の両立困難と少子化の関係　81

2.3 女性の能力発揮を阻むもの　85

2.4 働き方改革の必要性　87

第3節　高齢者と就労 …………………………………………………………… 89

3.1 高齢者の高い就労意欲　89

3.2 高齢者の就業とそれを後押しする政策　90

column　日本の雇用政策の変遷　91

3.3 生涯現役社会に向けて　94

第4章　社会保障——人口高齢化への挑戦　99

第1節　少子高齢化と社会保障 ……………………………………………… 100

1.1 拡大する社会保障給付費　100

1.2 社会保障と税の一体改革　102

第2節　公的年金の役割と課題 ……………………………………………… 103

2.1 公的年金はなぜ必要か　103

2.2 公的年金制度の仕組み　104

2.3 保険料と年金給付　106

2.4 年金制度の財政方式　106

2.5 繰り返される年金改革　108

2.6 厚生年金の適用範囲拡大　109

2.7 第3号被保険者制度の問題　110

目　次　**xv**

2.8　年金の持続可能性は改善したか　110

第3節　医　　療 …………………………………………………… 111

3.1　医療費の増大　111

3.2　医療に政府が介入する理由　112

3.3　公的医療保険制度の概要　114

3.4　医療保険制度が直面する問題　115

3.5　医療サービスの効率化　116

第4節　介 護 保 険 ………………………………………………… 116

4.1　介護保険の仕組み　116

4.2　介護保険が直面する問題　117

第5節　貧困と公的扶助 …………………………………………… 118

5.1　日本の貧困の動向　118

5.2　最後のセーフティネット　120

5.3　生活保護制度の現状　120

第5章　政　　府──政府の機能・役割と財政・財政政策　　**125**

第1節　政府の役割 ………………………………………………… 126

1.1　政府の機能　126

1.2　公平性と政府の大きさ　129

第2節　政府の枠組み ……………………………………………… 131

2.1　政府の範囲と財政　131

2.2　国 と 地 方　134

第3節　財　　政 …………………………………………………… 137

3.1　国の予算編成　137

3.2　歳出と歳入　138

第4節　経 済 政 策 ………………………………………………… 143

4.1　景気と経済対策　143

4.2　財 政 運 営　147

第6章　金　　融──進化する金融システム　　**153**

第1節　日本経済における金融の役割 …………………………… 154

1.1　金融は円滑な交換を可能にする手段　154

1.2　マネーとは何か　155

xvi

| | 1.3 金利はマネーのレンタル料　156 |
| column　キャッシュレス決済の拡大がマネーの量に与える影響　157 |
| | 1.4 金融のプレイヤーとその役割　160 |
| | 1.5 各プレイヤーの特徴と規模　167 |

第2節　各経済主体の経済活動と金融 ……………………………… 171

1.1 市場規模の捉え方　171
2.2 資金フローから見た日本経済と金融の役割──資金過不足　172
2.3 金融資産・金融負債（ストック）から見た日本経済　177
2.4 金融システムを支えるプルーデンス政策　178

第7章　貿　易──貿易構造と貿易システム　　　　　　　　183

第1節　日本の貿易 ………………………………………………… 184

1.1 日本の貿易構造　184
1.2 貿易取引の統計──国際収支　189
1.3 貿易構造の決定要因　191

第2節　日本の直接投資と生産ネットワーク ……………………… 194

2.1 日本の直接投資の動向　194
2.2 直接投資の経済効果　199
2.3 生産ネットワークの進展　202
2.4 グローバル・バリューチェーンにおける位置　205

第3節　貿易自由化に向けた多国間の枠組み …………………… 207

3.1 GATT・WTO による貿易自由化　207
3.2 地域貿易協定の増大と日本の FTA　210
3.3 FTA の広域化と米中対立　212

第II部　発　展　編

第8章　日本経済の歩み 1──高度成長，バブル経済，長期不況　　　219

第1節　戦後日本経済における経済成長 ………………………… 220

1.1 高度成長期とそれを支えた諸要因　221
1.2 構造変化の進展と高度成長の陰り　224
1.3 2つのショックを経て低成長期へ　225

第2節　戦後日本経済におけるインフレとデフレ ……………… 227

2.1 インフレは輸入物価の上昇をきっかけに　228

2.2　プラザ合意時とバブル崩壊後で異なった為替レートや輸入物価変動の影響　*230*

　　2.3　低い物価上昇率が生んだ「安いニッポン」　*232*

　　2.4　補論：戦後復興期の急激なインフレと打ち出された政策　*232*

　第3節　戦後日本経済における円ドルレート ……………………………… *235*

　　3.1　円ドルレートの長期トレンドを説明する購買力平価　*235*

　　3.2　プラザ合意による急激な円高とバブル経済　*237*

　　3.3　1990年代半ばから始まった「安いニッポン」への道　*237*

　　3.4　円安は止まらないのか　*239*

　第4節　金融危機と日本経済1──バブルの発生と崩壊 ……………… *239*

　　4.1　資産価格の高騰とバブルの崩壊──日本経済のストック化　*239*

　　4.2　合理的バブルの理論　*241*

　　4.3　日本の株価・地価　*245*

　　4.4　金融政策とバブル　*246*

　　4.5　バブルと実体経済　*248*

　第5節　金融危機と日本経済2──不良債権問題と金融機関の再編 ………… *250*

　　5.1　不良債権の定義と不良債権残高の推移　*250*

　　5.2　1990年代に不良債権が増加した背景　*252*

　　5.3　1990年代に相次いだ金融機関の破綻とケースバイケース処理　*252*

　　5.4　公的資金投入のさきがけとなった住専処理　*253*

　　5.5　大手銀行の破綻でようやく進んだ金融再生の仕組み　*254*

　　5.6　橋本構造改革で解禁された金融持株会社と大手銀行の再編　*254*

　　5.7　地方銀行でも進む再編　*256*

第9章　日本経済の歩み2──アベノミクス，金融政策，企業統治改革　**259**

　第1節　アベノミクスとは何だったのだろうか? ………………………… *260*

　　1.1　アベノミクス前史①──リーマン・ショックの発生　*260*

　　1.2　アベノミクス前史②──「3つのラグ」で対応が遅れた自民党政権　*261*

　　1.3　アベノミクス前史③──民主党政権における政策運営　*263*

　　1.4　アベノミクスの3本の矢　*265*

　　1.5　新3本の矢の登場　*266*

　　1.6　アベノミクス景気の特徴　*266*

　第2節　金　融　政　策 ……………………………………………………… *268*

　　2.1　物価の安定と「物価の番人」としての日本銀行　*268*

　　2.2　伝統的な日本銀行の金融政策　*270*

xviii

2.3　非伝統的な日本銀行の金融政策　274

第3節　企業統治改革の歩み・・・・・・・・・・・・・・・・・・・・・・・・・・・・・・・・・・・・・・・277

3.1　企業統治改革と株式市場改革　278

3.2　加速する経営環境変化と日本企業の針路　279

第10章　日本経済の課題1——格差，人口問題，地域経済の課題　283

第1節　格　　差・・284

1.1　所　得　格　差　284

1.2　地　域　格　差　286

1.3　産　業　格　差　287

1.4　求められる格差への対応　288

第2節　人口問題・・・288

2.1　今後も続く人口減少のトレンド　288

2.2　東京一極集中と地方創生　289

2.3　経済成長と人口問題　291

2.4　社会保障制度と人口問題　292

第3節　地域経済の課題・・・293

3.1　地域経済とは　293

3.2　国土空間の視点から見た地域経済　294

3.3　地域経済政策の視点から見た地域経済　296

第4節　子育て支援・・・299

4.1　子育て支援とその目的　299

4.2　これまでの子育て支援策　300

4.3　新たな少子化対策とその課題　302

4.4　子育て支援の規模とその負担のあり方　303

第5節　外国人労働・・・304

5.1　外国人労働の現状　304

5.2　外国人労働者政策の展開　305

5.3　外国人労働者受け入れの経済学　307

5.4　外国人労働の今後　308

第11章　日本経済の課題2——グローバル化，農業，デジタル化　311

第1節　グローバル化と経済安全保障への対応・・・・・・・・・・・・・・・・・・312

1.1　外的ショックとサプライチェーンの再構築　312

目　次　**xix**

1.2　地政学リスクの高まりと輸出管理強化　314

第2節　日本農業の現状と課題 ………………………………… 315

2.1　日本農業の現状　315

2.2　食料の安全保障　317

2.3　農業の環境対応　319

第3節　デジタル・エコノミーと日本経済 ……………………… 320

3.1　日本のデジタル化はなぜ遅れたのか　321

3.2　日本政府のデジタル戦略の経緯　321

3.3　政権復帰した安倍首相がデジタル戦略を立て直し　323

3.4　菅政権で新たに「デジタル庁」を設立　325

3.5　デジタル化を促した新型コロナウイルス　325

3.6　「IT革命」から「DX革命」へ　326

3.7　誤ったデジタル投資が生産性を低下　327

3.8　日本が今後とるべきデジタル戦略とは　330

3.9　AI時代の「赤旗法」をつくるな　331

第4節　AIと雇用 …………………………………………………… 332

4.1　技術革新は雇用を奪うのか　332

4.2　AIは雇用を奪うのか　333

第12章　日本経済の課題3──コロナ禍と政府の役割 　337

第1節　コロナ禍の雇用 …………………………………………… 338

1.1　コロナ禍における労働市場の動向　338

1.2　コロナ禍における女性労働　338

1.3　コロナ禍が働き方にもたらしたもの　340

第2節　コロナ禍における財政支出 ……………………………… 342

2.1　緊急事態宣言と行動制限の影響　342

2.2　コロナ禍における財政政策　342

2.3　日本のコロナ禍における経済対策とその影響　344

第3節　医療提供体制とコロナ …………………………………… 351

3.1　医療提供体制とコロナ　351

3.2　浮かび上がった問題は何か　353

3.3　医療界に対するシビリアン・コントロールとEBPM　356

索　引 ……………………………………………………………… 357

序　章
日本経済はなぜ停滞したのか？

本章で学ぶこと

日中戦争の開戦（1937）から第2次世界大戦の敗戦（1945）に至る戦闘によって，日本経済は開戦前と比べて実質 GNP（国民総生産）なり実質 GDP（国内総生産）が半減するほどの大打撃を受けた。しかしながら，第1次産業中心から第2次・第3次産業への産業構造の転換とも相俟って，結果的に世界を驚かせる迅速な復興から高度成長へと歩みを進めた。1968 年には西ドイツを抜いて世界第2位の経済大国になり，1970 年代の2度の石油ショックも乗り越えて，1980 年代には世界からジャパン・アズ・ナンバーワンと賞賛されるとともにバブル経済の絶頂期を経験した。

しかし，「山高ければ谷深し」で，1990 年代に入ってからのバブル経済の崩壊により，失われた 10 年に始まった長期デフレ不況は 2008 年のリーマン・ショックによる世界同時不況と 2011 年の東日本大震災を経て失われた 20 年，30 年となって，ようやく長期デフレ状況からの脱却に至った。この間に，ジャパン・アズ・ナンバーワンの基盤であった高い教育水準の日本人の国民性やそれに根差した日本的経済システム（日本型資本主義）は，ソ連崩壊による冷戦終焉により世界標準となったアメリカ型経済システム（アメリカ型資本主義）への収斂を余儀なくさせるグローバル化に直面した。日本的経済システムとアメリカ型経済システムの間での競争が展開され，高度経済成長期以来優勢に推移した日本的経済システムが，本格的なグローバル化の時代にはアメリカ型経済システムによって劣位に追い込まれたのである。

以下序章では，以上の戦後日本経済が歩んだ道のりを整理し，日本的経済システムの盛衰をベースとなった雇用・生産・貿易，金融システム，財政金融政策，産業政策・財政投融資などと国際化・グローバル化との因果関係（どちらが原因でどちらが結果か）も含めて総括する。

第1節　高度成長から低成長へ

　日本は，第2次世界大戦によって文字どおり壊滅的な被害を受けた生産基盤を立て直し，1950年代後半から20年ほどは世界に例を見ない高度成長を維持し，またたく間に世界を代表する規模の経済に発展していく。その後，1970年代の2度にわたる石油ショックを経て成長率は下がり，経済構造も大きく変わっていくが，それでも欧米に比べ高い生産性成長率を維持していった。

　この間，とくに戦争終結直後の日本は，アメリカを中心にした占領政策のもとで，①農地改革と食糧管理（食管）制度の改正，②労働基準法・労働組合法・労働関係調整法の労働三法の制定，③財閥解体をはじめとする産業制度の改革を柱として，戦後経済の枠組みを作った。その後，政府が鉄，石炭などの重点産業を選び，原材料と資金を集中的にこれらの産業に振り分ける傾斜生産方式が採用された。このような経過を経て復興した日本経済は，その後の高度成長期を迎える。この間の高度成長を支えた要因としては，①輸入技術の効果，②製造業における高投資の継続，③それを支えた高貯蓄と人為的低金利政策，④農村から都市部（または，第1次産業から第2次・第3次産業）への労働移動，⑤アメリカを中心とした世界の自由貿易志向，そして⑥原油などの安価で安定的な原材料供給，が重要な役割を果たした。

　一方，1973年の第1次石油ショックを契機にして成長率が低下したのは，上述した要因が逆の方向に作用し始めたためであり，単に原油の価格が急騰し供給が不安定になっただけではない。とくに，①日本経済の技術水準が欧米に追いつき，この時期には研究開発コストが高い独自技術に依存せざるをえなくなったこと，②日本の輸出規模が拡大するにつれ，貿易市場において外国産業との競争が激化し，円高の進行もあって，従来のように作れば売れるという意味で無限に近い市場が確保できなくなったこと，③原油などの輸入原材料の高騰などによって，日本経済の付加価値率が低下したこと，さらには以上の諸要因が複合的に作用して，④投資する資本の予想収益率を低下させたために設備投資が振るわなくなる，といった構造ができあがっていったのである。

　とはいえ，このようなマイナス要因が働くなかで，日本経済は石油ショックなどの想定外の大ショックに対しても強靭な対応力を備え，省エネ技術依存型生産への転換，日本型経営の開発・深化などさまざまな工夫を通して，この間

序　章　日本経済はなぜ停滞したのか？　**3**

に製造業では欧米の産業を凌ぐものが続出した。そのため貿易黒字体質が定着し，それが新たな国際経済紛争の原因となっていったのが，1980 年代前半の日本経済の動きであった。

第2節　バブル経済，長期不況，日本再生への道

　高度成長から低成長に移行後は，1980 年代後半期のバブル期とその崩壊によってもたらされた 90 年代の不良債権問題と金融システム不安，景気低迷，製造業の空洞化，日本的経済システムの見直し，構造改革などと，後世から見ると日本経済にとって激動期にあたる時代を経験する。

　1990 年代初頭のバブルの崩壊後，不良債権の処理問題や金融システム不安，日本的経済システムの変貌，さらには財政赤字の累増等によって，日本経済は 10 年を優に超える長期間の停滞を余儀なくされる。その過程で，当初の「失われた 10 年」を経るころからの日本経済は，橋本龍太郎内閣や小泉純一郎内閣の構造改革の後押しや手招きを得て，本格的な再生に入り，ある程度の成功を収めることになる。この時期には，アメリカやヨーロッパでは好景気が続き株式市場でも活況を呈し，中国をはじめとしたアジア経済も一時的な通貨危機や経済危機を経験しながらも全体としては力強く成長を遂げ，日本経済にも追い風となった。

　橋本龍太郎内閣の 6 大構造改革と小泉純一郎内閣の新自由主義的な「小さな政府」を標榜した構造改革では，ジャパン・アズ・ナンバーワンとして賞賛された日本的経済システムが，グローバル化が進んだ失われた 10 年で失ってしまった競争力を，どのようにして世界標準となったアメリカ型資本主義に伍するまでに立ち直らせたか，あるいはそれは不十分であったのかが評価される。また，競争力だけを高めるのが本当によかったのか，資源利用面での効率性の過度の追求の公平・公正面での副作用はなかったのか，といった観点からの整理も必要となる。自民党と社会党が対峙する 55 年体制の終焉となった1993 年 8 月の細川護熙（非自民非共産）連立政権の誕生，2009 年 8 月の民主党主導の鳩山由紀夫政権の誕生といった政権交代は，いずれも短期間で自民党主導の政権再交代に移行したが，バブル経済崩壊後の経済の不調とともに国民が何を望んだ政権交代だったかが問われたといえよう。

　ともあれ，構造改革によって日本経済の再生が進んだかに見えた展開もあ

り，「いざなぎ超え」を達成した戦後14番目の景気循環の拡張期がその1つの現れでもあるが，まもなく「100年に1度」規模の世界的危機となったアメリカ発のリーマン・ショックに襲われることとなる。「失われた10年」が「失われた20年，30年」にもなったのである。

第3節　東日本大震災とアベノミクス

　リーマン・ショック以降の日本経済は，政治の混乱，東日本大震災などのショックも加わって，混迷の度を深めた。実質GDPが「リーマン前（2008年第2四半期）」を回復したのは，ショックから5年近く経過した2013年第2四半期になってからであり，この間，日本の景気の主力選手であった民間投資，輸出の低迷を反映して，鉱工業生産も「リーマン前」を回復しなかった。

　経済低迷の因でも果にもなったのが政治の混乱であった。2009年の政権交代は一種の社会実験となったが，「ねじれ国会」による政局の停滞も相まって，具体的な成果を得ぬままに，12年末に安倍晋三総裁率いる自民党が再び政権を奪還した。

　安倍首相が打ち出したアベノミクスは，スタートまもなく円安・株高を生起させ，輸出関連企業を中心に収益を改善させた。しかし，その後は円安・株高も一服し，2014年4月の消費税率引き上げに伴う景気押し下げショックは事前予想以上に大きかった。安倍政権は憲政史上最長の長期政権になったものの，アベノミクス第1の矢である金融政策は試行錯誤が続き，安倍首相が退陣した2023年3月までは2%のインフレ目標も達成できなかった。東日本大震災（2011年），熊本地震（2016年），能登半島地震（2024年）や毎年の台風襲来・集中豪雨と大規模な自然災害が相次ぐなか，老朽化するインフラをいかに整備していくかも，第2の矢の国土強靱化のための重要な課題になっている。

　長きにわたった混迷を抜け出し，経済の正常化を果たし，持続的安定的な成長経路への復帰やOECD諸国でもトップクラスの1人当たりGDPの再達成，進む少子高齢化の反転や宿願となっている財政再建，等々の中・長期的な課題に取り組むことができるのか？　日本経済はまさに正念場にある。

序　章　日本経済はなぜ停滞したのか？　　5

第4節　日本経済はなぜ停滞したのか？

　以上では戦後80年間ほどの日本経済の歩みを駆け足でたどってみた。日本経済の戦後史はきわめてダイナミックな歴史であった。景気循環に波長の異なる波が共存するように，80年間の日本経済も，いくつかの長さの波がオーバーラップしてきた。通して見るならば，図8-1（220頁）にあるように基本的には右肩上がりの大きな山の傾斜面を形成しつつも，ほぼ平成時代全期間に及んだ「失われた30年」は平坦なテーブルマウンテンの頂上部分となっている。もちろん，戦後16回記録された短期景気循環（キチン循環）以上の長い波として拡大が続いたり後退が続いたこともあり，序章でも高度経済成長期，低率だが安定成長期，「ジャパン・アズ・ナンバーワン」期，失われた10年～30年，などと括ってその期間を概観した。

　その戦後80年間を総括するにあたって，華々しく戦後復興・高度成長・安定成長とフェイズを移行させ世界に冠たるものと評価された日本的経済システムが，1980年代後半期のバブル経済を打ち上げ花火としてその炸裂をきっかけとして，システム全体の機能不全を甘受せざるをえなくなった現実がある。日本的経済システムは，本来長期間の雇用契約・下請け契約やお得意様の顧客関係に象徴されるように，日常時あるいは平常時で信頼感が醸成する安定的な外的環境枠組下ないしそうした枠組みが持続するとの見通しの下で万全に機能するものであり，外的枠組みが急変したり先行きの見通しが混とんとした有事あるいは非日常時には試行錯誤に陥り機能不全となる。

　バブル経済崩壊後に機能不全となったのは，それまでの経済環境が大きく変わったことがあり，具体的には2つのコクサイ化（国際化と国債化）がその背景にある。

　第1のコクサイ化の「国際化」には高度成長期の国際収支の天井による景気抑制，1970年代初頭の固定相場制から変動相場制への移行，1970年代の2度の石油ショック，慢性的な経常収支黒字と貿易摩擦，1980～90年代の日米構造協議，プラザ合意後の円高局面での製造業の空洞化，等々と綿々とした大きな流れがあるが，1991年末のソ連崩壊（冷戦終結）に伴うアメリカ型経済システムをデ・ファクト世界標準とする世界経済のグローバル化，とりわけ世界の金融市場のリアルタイムでの連動性の高まりが，2008年のリーマン・ショックに至って世界同時不況として日本経済を直撃したことが特筆される。資源

配分の効率性追求，規制緩和，自由な市場競争に特徴付けられる市場原理主義ないし新自由主義を標榜するアメリカ型経済システムは，長期安定的な経済環境における取引を基本とする日本的経済システムとは，本質的に「水と油」の混ざり合わない関係になる。

　混ざり合わない関係がバブル経済崩壊以前に共存できていたのは，その接点が限られたものであって，日本的経済システムにとっては国際化が徹底したものではなかったからと考えられる。対外的には集中豪雨的とされ貿易摩擦を生起させた特定製品の大幅な輸出超があったものの，日本への輸入品や外国資本の対内直接投資は限定的であり，国内金融市場も完全に自由化されていなかった。そうした分離状態が終焉したのが，1990年代からのアメリカ型経済システムによるグローバル化であり，日本経済への新自由主義の切り込みであった。

　第2節で見たように，グローバル化に直面した日本経済は橋本龍太郎内閣の6大構造改革，小泉純一郎内閣の小さな政府を標榜した新自由主義構造改革とアメリカ型経済システムへの融合を目指したが，ジャパン・アズ・ナンバーワンと自他ともに認めた成功体験に浸った日本型経済システムを一朝一夕に転換するのは容易でなく，バブル経済崩壊後の不良債権処理に追われた日本の金融システム不全もあり，失われた30年にわたる長期デフレ不況に苦しむこととなった。

　日本の実体経済が長期間停滞したのは，1980年代後半のバブル経済期に，過剰に資金調達し過剰に設備増強した結果，バブル経済崩壊後には，銀行の不良債権処理と同時に企業の過剰設備の処理が残されたことが大きい。これらに加えて，日本的経済システム故に容易に整理不可能な雇用問題も合わせて，3つの過剰（過剰債務，過剰設備，過剰雇用）を抱え込み，グローバル化され刻々変動する外的環境への弾力的変革に欠け，デフレ不況の落とし穴に長期間捕えられる結末となった。熟練労働の自由な業種間・企業間移動と高技術を体化した新規投資があって初めて生産性や競争力向上につながることから，グローバル化された日本経済は，アメリカ型経済システムとの融合（さらにいうならばアメリカ型経済システムへの収斂）によって，長期デフレ不況から脱却し持続的な成長体制に再生される必要がある。

　第2のコクサイ化の「国債化」については，当初の日本の金融システムの変革へのインパクトから，その後の発行残高の急増と相まって，いまや財政の

持続可能性とも関連した大問題となっている。失われた30年の間の金融緩和で非伝統的金融政策手段として積極的に国債の買い入れを進めた結果，日本銀行や公的年金積立金管理運用基金（GPIF）などの公的機関の保有比率の高まりがあり，金融正常化にあたって2023年4月に就任した植田和男日銀新総裁のもとでの保有比率の漸減やそのタイミングが注目を集めている。

　日本の国債の海外投資家による保有比率は漸増してきたが，2013年末の8.6%に対して22年末で13.8%となっており，しかも保有比率が3分の2前後の短期国債中心で長期国債の保有比率は22年末で6.5%に過ぎない。その意味では，日銀等が抱える公的機関が保有する長期国債の売却対象先は，多くがもともとの購入先であった銀行・保険などの国内投資家になるが，それらの取引がスムーズにいくには誘因整合性に則った条件，すなわち売却価格の低下による金利の上昇が不可避となる。この長期金利の上昇が設備投資をはじめとする実体経済にブレーキとなる可能性があり，デフレ経済に逆戻りすることのない金融政策の舵取りが期待される。

　国債化は金融仲介機関を通じる間接金融が優位な日本の金融システムから直接金融のウェイトを高める契機となったものであり，1970年代から80年代にかけて規制金利体系に楔を打ち込み日本の金融システムの自由化に路を開き，金融面での日本的経済システムの変革を必然とした。間接金融が優位な金融システムでは，金融機関は単に資金供給者と資金需要者の取引を仲介するばかりではなく，クレジットビューないし銀行主義にも連なる貸出先企業の信用調査等々の情報発信機能を有し，日本のメインバンク制なり企業グループのまとめ役を務めてきた。しかしながら，貸出に際しての自己資本規制やバブル経済崩壊後の不良債権処理もあり，金融仲介中断に拍車がかかるクレジットビューの後退が起こり，日本型経済システムの落日を決定的なものにしたのだった。

第5節　日本的経済システムは生まれ変わるか？

　3世紀中国の『三国志』魏の曹操は「治世之能臣亂世之奸雄（治まった世では有能な官僚，乱世となれば悪知恵を働かす奸雄）」と評価されるが，日本経済にとって，安定的な治世では日本的経済システムが，日々ダイナミックに変動する乱世ではアメリカ型経済システムがともに相手のシステムを凌駕すると自負す

る関係にある。2つのコクサイ化を背景にバブル経済崩壊後の過渡期は明らかな乱世であり，経済主体間の長期的安定関係に根付いた日本的経済システムにとっては，前提条件が崩された状況とみなされる。

それでは，将来的に乱世から治世に安定化されたとして，日本的経済システムが国民に受け入れられる復活はありうるだろうか？ この際考慮しなければならないのは，前提条件の復活がなされるとしても，単純に日本的経済システムの復活がなされるとはいえないことである。それは，最終的に前提条件の復活がなされたとしても，そこに至る経路が問題となるヒステリシス（履歴効果）が働くからである。日本的経済システムの典型例とされる雇用関係では年功序列賃金の終身雇用が当たり前であったが，失われた30年の間に非正規雇用や女性・高齢者・外国籍の労働者の割合やそれぞれの固有の役割が高まった。この傾向は構造的変化なのか治世になれば元に戻るかが問われるが，消費における所得のラチェット（歯止め）効果に見られるように，過去の栄華を忘れられない行動経済学的な消費活動や就労選択もある。

1週間の海外旅行中や2020〜23年のコロナパンデミック中の自粛生活は，帰国後やコロナ禍が治まった後には，どちらも元の生活に戻ったといえる。これらはもともと一過性のものと受け止められていたからであり，そうでない状況として，日本的雇用関係が瓦解した故にいったん改めた，あるいは新規に働き出して構築したワーク・ライフ・バランスを以前の状態に戻せるだろうか？ 答えは，日本的雇用関係の瓦解を一時的と見るか構造的変化と見るかで，イエス，ノーとなろう。現実問題としては，はっきり峻別される答えでなく，イエスでもノーでもある中間的なものになる可能性が高い。履歴効果も含めてそれぞれの経済主体が判断する結果であり，そうしたミクロの集計としてマクロの状況が判断される。結果としての日本的経済システムは，アメリカ型経済システムの持つ競争力，効率性，成長性，等をケースバイケースで包含する折衷的なものになるであろう。ただし，日本経済にとっては分配面や公正性が前提であることは忘れてはならない。「成長と分配の好循環」をコンセプトとした岸田文雄政権の「新しい資本主義」も，そうした経済システムを念頭に置いたものであろう。

日本的経済システムにとって，「ジャパン・アズ・ナンバーワン」期を支えた公的部門の役割にも大きなものがあった。景気循環の波を平準化した財政金融政策はもとより，戦後復興から高度経済成長を牽引した社会資本（インフラ）

整備や教育・医療・司法など市民生活や市場経済の枠組みといった制度資本の構築・整備，そして地震・台風の自然災害や大気汚染・公害防止といった環境問題に投入された資源も少なくない。公的部門と市場経済が混在した混合経済として，欧米の技術水準にキャッチアップし追い越すにあたって多くの産業の育成・発展に貢献した日本的産業政策と郵便貯金や簡易保険を原資とした有償（有利子）の財政投融資（財投）が果たした役割も大きい。2007年の郵政民営化により財投の仕組みは様変わりとなり，日本経済の産業や地方財政への実体面での影響度合いは減衰したが，近年喧伝される日本経済の生産性や競争力の低迷，すなわち全要素生産性（TFP）の伸びの停滞にも関わりがあるだろう。TFP は資本や労働の投入生産要素で説明できない残差としての生産性で，それには生産技術水準はもとよりインフラや財投の役割も含まれる（詳しくは第1章3.1.3参照）。

　郵政民営化や財投を逆戻りさせるのは難しいし，既述のヒステリシスを踏まえるならば，その調整費用が大きい。逆戻りよりも，郵政民営化後の日本経済のパフォーマンスを経済の実態に基づいて評価し，正しい改革であったか？ 改革理念を確かに具現化しているか？を問う必要がある。こうした問いに答えるには，現況の日本的経済システムがどのように機能しているか，あるいは機能していないのかを正しく認定しなければならない。本書の各章でも試みられるが，治世か乱世かを見極めるのが第一歩になる。

第 I 部
基礎編

第1章
日本経済の見方

©iStock / tadamich

本章で学ぶこと

　日本経済は，1990年代から経済成長率が低いままであり，とうとう「失われた30年」と呼ばれるようになった。2000年代には比較的良好な時期があったがリーマン・ショック後の世界同時不況や，東日本大震災によるサプライチェーンの寸断によって，たちまち不況に陥った。2010年代後半には，国際政治が不安定化し，それが国際経済にも大きく影響するようになった。米中の通商摩擦やイギリスのEU離脱など，国際経済に不安定さをもたらす出来事が，次々に起こってきたのである。

　ショックによる経済変動がしばしば生じており，日本経済が国際経済や国際政治からの影響を強く受けるようになってきた。その極めつけといえるのが新型コロナウイルス感染症とウクライナ侵略であろう。貿易やヒトの移動がストップし，グローバル化の流れが逆転するともいわれるようになった。資源高や人手不足によって，欧米では高率の物価上昇が続き，長らく物価が上がらなかった日本でも近年は物価が上昇している。

　このような激動する世界の中で，私たちは日本経済をどのように捉えればよいのだろうか。本章では，環境が変化してもゆるがないような日本経済の見方を提供したいと考えている。第1章は，現代経済の仕組みを理解し，経済学の知見を活かしながら，日本経済の概略をつかむための章であり，以下の3点を目指す。

① 現代経済の基本的な仕組みを学ぶ。
② 日本経済はどの程度大きいのか。いまどのような状況なのか。データを用いて日本経済の現状をつかむ。
③ 日本の経済成長と景気変動，産業構造の変化など，過去の経過を振り返り，今後の日本経済の課題を考えるための共通理解を得る。

14 第Ⅰ部 基礎編

経済学は，さまざまな経済主体がどのように行動し，それらがどのように相互依存し合うのかを分析する学問である。また，一国経済がどのように機能し，他国とどのように依存し合っているかを明らかにすることを，1つの大きな目的としている。

日本経済の現状を把握しようとする場合にも，日本経済がどのような経済主体から成り立っているか，それらがどのように行動し相互に関係し合うのか，というミクロ的な視点から明らかにすることが大切である。と同時に，日本経済全体として，どのように機能し，諸外国と関係し合っているのかという，マクロ的な視点も忘れてはならない。

しかも，経済が変化する原理などの定性的な議論に合わせて，定量的に日本経済の姿を把握しておくことがきわめて重要である。そこで本章では，まず第1節で，経済の仕組みを定性的に描写することから始める。ついで第2節で，マクロ経済変数のデータなどを見ながら，日本経済の現状を定量的に捉えることにしよう。その後第3節では，日本経済の動向を，経済成長と景気循環という観点から概観する。

第1節 経済の仕組み

1.1 経済主体と経済循環

経済の仕組みや現象を理解するためには，不必要に複雑になることを避け，本質的な部分を取り出して眺められるように，ある程度の単純化・抽象化が必要である。そのために有用な第1の手段は，経済活動を行う経済主体を，いくつかのグループに大別することである。図1-1を見ながら説明しよう。

（1）家 計 まず，私たち多くの国民は，企業などで働いて給料（賃金）を受け取っている。労働力を提供することで，所得を手に入れているのである（労働については詳しくは第3章を参照）。その所得を用いて，食料や衣服を購入し，レジャーや教育などに支出する消費活動を行っている。経済学では食料や衣服を財と呼び，レジャーや教育をサービスと呼ぶ。また，消費せずに残った部分は貯蓄となり，銀行に預けられるほか，株式などの金融資産の購入にあてられる。このような経済活動を行う経済主体を家計と呼ぶ。

（2）企 業 次に重要な経済主体が企業（会社）である。企業は労働者を

▶図1-1 経済循環

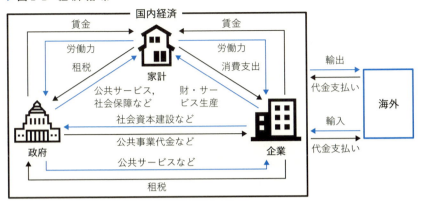

雇い，工場で機械設備を稼働するなどして生産を行う経済主体である。生産した財やサービスを販売して，売上収入を得る（詳しくは第2章を参照）。

図1-1では，企業で生産された財・サービスの矢印が家計に向かっていることから，購入者は家計だけと誤解されるかもしれないが，政府に向かっている矢印の社会資本（道路，港湾など）の建設なども企業が生産したものである。また，図には明示されていないが，企業から企業に売られる財・サービスも多い（1.2.4も参照）。

企業が購入した財は，資本財として生産に使われる。資本財の典型は，機械や建物であり，資本財への企業からの支出を設備投資と呼ぶ。生産し販売して得られた売上収入から労働者への賃金支払いなどのコストを差し引いて残るのが利潤であり，株主への配当に回され，残りは企業の貯蓄として内部に留保される。

(3) 政　府　企業が生産した財は，財の需要と供給のバランスにより価格が変化するメカニズム（価格メカニズム）を通じて，家計，企業，政府に購入されていく。このような仕組みを市場経済という。そこでは，価格に基づいて誰が何をどれだけ需要するかが決定され，価格に基づいて誰が何をどれだけ供給するかが決定される。生産し供給するためには労働や資本をどのように使うかも決められ，限られた資源の使い道が，市場の価格メカニズムによって決められている。

しかし，市場経済が適正に機能するためには，私有財産権が保護され，取引

が公正に実行されなければならない。そのため，取引ルールを作り，公正な取引の実行を監視し，場合によっては不公正な取引に罰則を加えてルールを守らせることが必要になる。そのような制度・ルールの整備をするのが政府である。政府の役割はそれだけでなく，自由な市場に任せておいては，資源配分がうまくいかない場合や，所得の分配や資産の保有に大きな格差が生まれる場合には，政府自身が経済取引をする重要な経済主体となる（詳しくは第5章を参照）。

政府は，資源配分を改善して効率性を高めるためや，所得などの分配を改善して公平性を高めるために，さまざまな経済活動を行っている。前者の代表的な活動は社会資本を建設することであり，民間の自由な経済活動だけでは望ましい分量が供給されないために，政府が供給する。後者の代表的な活動が社会保障であり，貧困者に生活保護を与えたり，医療サービスを提供したりしている（詳しくは第4章を参照）。これらの活動に対して政府が支払う費用を政府支出という。

この2つに加えて，後にも見るように景気変動を和らげ経済安定化を図ることも，政府の役割である。これらの政府活動のために，家計や企業から租税を徴収し，場合によっては国債（国が借金するために発行する債券）を発行する。本書を通して見るように，自由な資本主義経済においても，政府のするべきことは多い。

（4）海外部門　日本経済にとって大きな経済主体は，以上の3主体だけではない。外国との経済関係が密接になっており，財やサービスの輸出入，外国から受け取る所得，外国との金融資産の売買などが拡大している。そこで，多数ある外国をひとまとめにして，海外部門と呼んでいる。外国にも，家計，企業，政府があるが，すべての国についてそれらの経済主体を区別していたのでは，複雑になりすぎて日本経済の本質をつかみにくくなるため，まずはひとまとめにして考える。

1.2　分業と交換

1.2.1　分業の進展

私たちの働く場であり，所得を稼ぐ場でもある企業は，現代経済において中心的な役割を果たしている。まず，私たちは食品や自動車など，企業の生産物を消費することによって，快適な生活を送ることができる。そして企業の生産

第 1 章　日本経済の見方　**17**

が維持されてこそ，雇用や給料を確保することができるからである。もちろん所得がなければ消費もできず，幸福な生活を追求することもできない。また，政府活動の資金源である租税も，企業所得，家計所得や，消費活動に伴って徴収されている。企業活動が活発であることが一国の経済を支えている。

　多くの場合，企業は特定の産業・業種に属し，何でも生産する企業というのは考えにくい。企業で働く私たちの労働の中身も，営業なら営業，経理なら経理と，少なくとも一定期間は業務が限られていることが多い。私たちは食料を得なければ生きていけないけれども，多くの会社員は畑を耕すわけでも，漁に出るわけでもない。特定の業種に属する企業で，特定の業務を果たして所得が手に入り，それを使って，スーパーに行って食料を購入するだけである。

　もしもロビンソン・クルーソーのように離島で自給自足生活をしなければならなければ，食べ物を得ることも，衣服を作ることも，住居を整えるのも，すべて自分でやらなければならない。しかし現代経済においては，食べ物も衣服も他者に任せて，その代わりに別の業務で得た所得を使って，それらを手に入れることができる。それだけ分業が進み，自給自足経済に比べて，現代経済ははるかに複雑なものになっている。

1.2.2　企業間の分業

　企業の生産工程に注目すると，さらに分業が進展していることがわかる。たとえば自動車を生産する場合，ボディ，タイヤ，ライト，電子制御機器など，ガソリン自動車で約 3 万個，電気自動車で約 1 万個の部品が使われているといわれている。多くの場合ボディは鋼板から作られ，その鋼板は，鉄鉱石などの素材を加工したものである。制御機器の中には多くの IC（集積回路）機器が組み込まれているし，IC 機器はまた多くの部品に分けられ，それぞれ異なる素材が使われているだろう。このように，最終的な製品となるまでに，何段階もの生産工程を経なければならず，それらの工程は，同じ会社の中の別の工場で作られることもあれば，別の会社によって作られることもある。

　典型的には，図 1-2 に示されているように，素材が加工されて部品になり，部品が組み立てられて製品になる。しかし，たとえば素材となる鉄鉱石を輸入するためには，商社の手を借りなければならないし，生産された自動車を売るためには，販売専門の会社が必要だろう。このように，素材段階から製品販売への各段階に分業が進むことを，垂直的分業という。なお，こうした分業の段階を川の流れにたとえて，素材段階を「川上」，製品販売の段階を「川下」

▶図 1-2 最終製品までの生産過程

と呼ぶことがある。

　その一方で，自動車の種類によって，ある企業は乗用車を専門に作るけれども，ある企業はトラックを専門に作るという形の分業もあり，これを水平的分業と呼んでいる。また，ある企業は自動車を作るけれど，ある企業は家電製品，ある企業は化学製品という水平的分業もある。さらに企業内においても，企画，製造，販売のそれぞれについて専門部署を作るという組織内分業も行われている。

　日本に限らず，現代経済においては垂直的分業，水平的分業ともに進んでおり，本書第2章や第7章で見るように，分業体制は国境を越えるようになっている。さらに，鉄鉱石は鋼板だけではなく鉄柱に加工されて，建設会社でも使用されるし，IC機器は自動車だけではなく，家電製品にもふんだんに使われている。生産過程は，川上から川下へ単線的に流れるのではなく，さまざまな産業が複線的につながっている。

1.2.3　中間財と最終財

　図1-2のうち，素材・原料や加工品・部品などは，まだ最終的な製品ではない。自動車が，組み立てられ販売されて，ようやく最終的な需要者である家計，企業，政府などに購入される。この段階まで至った生産物を最終財という。それに対して，素材や部品は，中間財と呼ばれる。私たちがスーパーで普段目にしたり手に取ったりする製品は，ほとんどが最終財であるため，企業の事業内容も最終財の生産・販売が主であるように思われがちであるが，現実には，中間財の生産に携わる企業の方がはるかに多い。それだけ分業が進んでいるからこそ，大量に多様な財・サービスの生産を行うことができる。

　最終的な生産物には，素材関連企業が素材を探し精錬するなどの労働サービスが含まれている。また，部品会社による加工技術も込められている。企業同士，産業同士のつながりの中で，各段階で加えられてきた価値（付加価値）の

固まりが，いわば最終財なのである。したがって，一国全体の生産活動の大きさを測ろうと思えば，各生産段階の付加価値額を合計すればよいと同時に，最終財の生産額の合計でも代替できることになる。

なお，どの産業で生産されたものが，どの産業に購入されているのかをまとめた統計資料が「産業連関表☆」であり，各国で作成されている。この資料では，中間財として需要されているのか，つまり新たに付加価値が上乗せされて次の段階に送られるのか，消費者などに最終的に需要されるのかの区別も見ることができる。複雑になるため本書では詳述しないが，各国の産業構造をつかむための重要な資料である。日本では，総務省が5年に1度作成し毎年直近のデータで修正されており，次節で解説するGDP（国内総生産）を計算するときにも活用されている。

1.2.4 企業間取引・個人間取引と経済循環

分業の進んだ現代経済においては，図1-1で見たような企業と家計，企業と政府の経済取引よりも，はるかに大きな取引が企業と企業との間で行われている。いわば図1-1の経済循環の図の企業部門の中には，1.2.2で述べたようなさまざまな分業の関係が入り込んでおり，分業された企業同士で，財・サービスおよびそれに伴う支払いが大規模に行われている。現代経済の特徴は，企業部門の分業にこそありといえる。

なお，企業相手の取引を中心とする企業はBtoB（Business to Business）と呼ばれるようになってきた。それに対して，個人に対する取引が中心の企業はBtoC（Business to Customer）である。さらにインターネットの普及によって，個人が生産したものを個人に売るという経済取引も，企業間取引に比べて金額は小さいものの増加してきた。フリマアプリに代表されるCtoCである。それらが拡大していることを考えると，図1-1では，現代の経済循環の姿を描くには不十分になっているかもしれない。

☆産業連関表：適当な単位期間内の産業部門相互間および産業部門と最終需要部門との間の財・サービスの循環状況を集約した表。これにより各産業部門の投入構造および販路構造を簡潔に把握しうる。投入・産出表，IO表ともいい，産業連関分析の創始者の名にちなんでレオンチェフ表ともいう。

第2節 日本経済の姿

2.1 一国全体の経済動向の決定

図1-1で見たように，一国の経済動向は，家計，企業，政府，海外との相互関係によって決まっている。したがって，それぞれの経済主体が，どのような行動原理によって何を決定しているのかを分析すれば，経済動向が理解しやすくなる。ただし，企業部門については，前節で説明したように，垂直方向にも水平方向にも分業が進んでおり，生産過程は重層的かつ複線的になっている。

生産されたものは，最終的に家計，企業，政府に購入され，生産活動から所得が生まれ消費に回され，税収もそこから生まれるのであるから，一国の経済動向にとって最も重要なのは，この生産額の決定ということになる。なかでも，生産部門において作り出された付加価値は，結局のところ最終財に集約されているから，注目すべきは最終財の生産である。

市場経済においては，需要と供給のバランスによって，取引量や価格が決定される。国全体としての生産や所得の決定にもその原理が働いているとすれば，財・サービスに対する国全体としての需要（総需要）と国全体としての供給（総供給）のバランスから，つまり図1-3に示した需要と供給が均衡することによって，国全体としての生産（総生産）とあらゆるものを集計した価格（物価）が決定される。

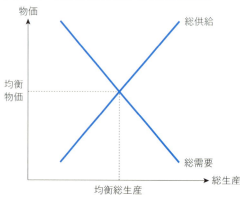

▶図1-3 総需要と総供給による総生産決定

総需要は大きく分けて，家計からの需要である民間消費，主に企業からの需要である民間投資，政府からの需要である政府支出，そして海外からの需要である輸出からなり，これらが大きくなければ総生産は大きくならない。ただし，民間消費と民間投資には輸入でまかなわれるものがあるため，総需要からは差し

引かれる。その結果，輸出と輸入の差額を純輸出と呼ぶと，

$$総需要＝民間消費＋民間投資＋政府支出＋純輸出$$

となる。

　ところが，いくら総需要が大きくなっても，それに総供給が追いつかなければ，たとえば一定の水準以上には供給を増やすことができなければ，物価が上昇するばかりで，総生産は増えないし，所得も増加しない。総供給を増やすためには，生産を担う企業部門において，労働，資本などの生産要素が増えることと，生産技術が向上すること（技術進歩）が必要である。これらを増やしたり向上させたりすることは，一朝一夕には難しく，時間と手間がかかる。一国全体の経済動向は，長期的には，これら生産要素と生産技術に左右されると考えることができる。本章第3節では，総需要や総供給の動向も見ながら，日本経済の歩みを概観する。

2.2　経済大国日本

2.2.1　国民経済計算

　国全体の経済規模や動向を表すための基礎的なデータは，国際連合（国連）が定めた統一基準に従って計測・公表されており，「国民経済計算」（SNA：System of National Accounts）と呼ばれている。日本では，内閣府の経済社会総合研究所が，各種の統計を利用しながら計測・推計して，とりまとめている。どのような統計をどのような定義で集計し公表するかの基準は数年おきに見直されており，現在の日本のSNAは，国連が定めた2008 SNAと呼ばれる基準に合わせられている。

　SNA統計の中でも最も重要なのが，GDP（Gross Domestic Product：国内総生産）である。GDPは，「国内で一定期間（1年，四半期など）に生産された付加価値の総額」であり，生産面から一国の経済規模を示す代表的な指標である。前述したように，各段階の付加価値の固まりが最終財であるから，生産された最終財の総額と言い換えることもできる。

　「国民経済計算」によると，2022年の日本のGDPは約560兆円，この年の平均1ドル＝約131.4円で換算すると約4兆2600億ドルであり，アメリカの約25兆ドル，中国の約18兆ドルに次ぎ世界第3位である（表1-1）。ただし2023年には，ドイツが日本を上回り，日本は第4位になったと見られている

▶表1-1　主要国の名目GDP（2022年）

	GDP（億ドル）	1人当たり（ドル）
アメリカ	254,397	76,291
中国	179,632	12,720
日本	42,601	34,064
ドイツ	40,825	48,718
インド	34,166	2,411
イギリス	30,891	45,568
フランス	27,791	40,592

（出所）内閣府「2022年度（令和4年度）国民経済計算年次推計（フロー編）ポイント」。

（2024年2月段階の内閣府試算）。

GDPを人口で割ると，日本は1人当たり約3万4000ドル（約450万円）である。この値は，OECD（経済協力開発機構）に加盟する先進諸国の中で第21位（2022年）の水準である。1993年にはルクセンブルクに次いで世界第2位であったことを考えると，日本経済の地位は低下傾向にある（図1-4）。将来日本の人口が減少してもGDPを保とうとすれば，1人当たりGDPを高めることが必要になる。

2.2.2　生産，支出，分配の三面等価

GDPは生産された付加価値の合計であり，最終財の合計でもある。付加価値を生み出すためには労働力と資本などの生産要素が必要であり，このうち資本とは機械・設備などを指す。機械・設備は，生産に使用するうちにすり減って生産能力が低下するため，生産能力を保つためにはすり減った部分を補う必要がある。国内総生産のうち，すり減った部分を補うための生産は固定資本減耗と呼ばれ，総生産からこの部分を差し引いたものが国内純生産（NDP：Net

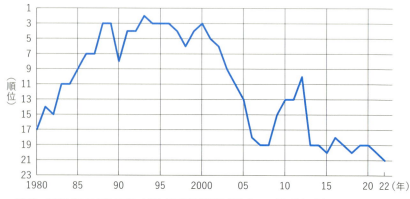

▶図1-4　1人当たりGDPの日本の順位の推移

（出所）内閣府「2022年度（令和4年度）国民経済計算年次推計（フロー編）ポイント」。

Domestic Product）と呼ばれている。すなわち，

$$国内総生産＝国内純生産＋固定資本減耗$$

である。

　生産された財は誰かに購入されており，そのための代金を支出することから，国全体の支出額を合計したものは，国内総支出と呼ばれている。2.1の総需要の内訳にもあげたように，支出する経済主体は家計，企業，政府，海外部門であり，それぞれ民間消費，民間投資，政府支出，純輸出という項目で呼ぶことができ，

$$国内総支出＝民間消費＋民間投資＋政府支出＋純輸出$$

の関係にある。

　生産に対して支出された金額は収入として生産者に入る。最終財の生産・販売者だけでなく，段階的に付加価値を生み出した中間財生産者である素材会社，部品会社，組立会社にも，それぞれ渡され，生産を担った関係者，すなわち労働や資本を提供した人々に分配される。ただし，機械・設備が劣化した部分を補うための固定資本減耗の部分や，政府に納める間接税は収入から差し引かれる。それらを差し引いた残りの部分が労働者に雇用者報酬として，資本提供者に営業余剰として分配される。雇用者報酬とは給料等を指し，営業余剰とは株主に対する利益配当や企業内に利益を貯め込む内部留保などを指す。差し引かれたものも含めて，これらの合計は国内総所得と呼ばれ，

$$国内総所得＝雇用者報酬＋営業余剰＋間接税＋固定資本減耗$$

の関係にある。

　一方，所得には国内の生産活動から生じるものだけではなく，海外からの配当や利子所得や海外で短期間働いて得た給与も含まれる（海外からの所得〔受取〕）。逆に国内の生産活動から生み出された所得の一部は，外国人株主への配当金などの形や，海外からの出稼ぎ労働者の給与といった形で海外へ出ていく（海外からの所得〔支払〕）。この受取と支払の差を海外からの所得の純受取と呼ぶ。国内総所得に，この海外からの所得の純受取（雇用者報酬と海外からの財産所得〔純〕に配分される）を加えたものが国民総所得（GNI：Gross National Income）である。

24 第Ⅰ部 基礎編

---

column 経済統計の重要性と探し方

　日本経済をより正確に捉えるために，経済統計の利用は不可欠である。近年では多くの統計がインターネットを通じて利用可能になっており，苦労して図書館を探し歩きコピーをとる必要はあまりなくなった。ただし，逆に今では，キーワード検索すると多くの情報があふれだし，そこから目当てのデータを探し出すことが難しくなっている。それだけに，信頼できる重要な統計がどこにあるのかを普段から気にかけておいた方が，いざというときに時間のロスなくたどり着くことができる。

　真実の姿に近いものを求めるなら，できるだけ現場に近いところで直接収集された1次データを求めるべきである。誰かが調べたものを自分の目的に合わせ加工した2次データには，それだけ恣意的な要素が入り込み信頼度は下がる。その意味で，本書で取り上げている図表や数値に対しても，ぜひ出所にあたり，自分で数値を確認してほしい。

　まず，信頼がおけるのは官庁統計である。多額の資金と多数の人員を使い，専門教育を受けた人々により作成されている。本章で取り上げた GDP などのマクロ経済全般の統計数値は，内閣府経済社会総合研究所のウェブサイト（https://www.esri.cao.go.jp/）に掲載されている。企業の動向は経済産業省に，財政は財務省に，金融は財務省・金融庁・日本銀行，労働関係は厚生労働省というように，各分野について，所管官庁のウェブサイトは必ず訪れるべきである。多くの省庁のトップページに「統計」の項目があり，統計情報を充実させてきた。ただ，省庁間での重複の問題や推計手法の信頼性の問題などをめぐり，日本の統計制度の見直しが進められている。

　日本の統計情報を集約しているのは総務省統計局（https://www.stat.go.jp/）で，ここを出発点に，省庁横断的にさまざまな統計データにたどり着くことができる。

　同じデータを手に入れても，それをどう読むかは，その人の経済知識や経済学の理解度によって差が出る。また，データを加工してグラフ化する場合や，指標を作るに際しては，統計学・計量経済学の知識が助けになる。質の高いデータ利用のためには，最低限の統計学を学んでおいた方がよいだろう。

$$国民総所得＝雇用者報酬＋営業余剰＋海外からの財産所得（純）$$
$$＋間接税＋固定資本減耗$$

右辺のうち，第1項から第3項までが，海外とのやり取りも含めた従業員や会社・株主の所得であるから，この部分を国民所得（NI）と呼び，この式は，

▶図 1-5　国民所得の相互関係と三面等価の原則

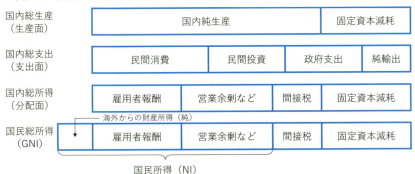

$$国民総所得＝国民所得＋間接税＋固定資本減耗$$

と書き換えられる。

　このように，日本の経済活動の規模や動きを，生産面，支出面，分配面から見ることができ，このいずれの側面から見てもそれぞれの金額が等しくなることを，三面等価の原則と呼んでいる（図 1-5）。

2.2.3　日本の産業構造

　国内総生産は，日本国内のさまざまな産業が生み出した付加価値を合計したものである。日本経済において付加価値を生み出しているのはどのような産業だろうか。図 1-6 (a) は，国内総生産に占める経済活動別（産業別）の付加価値構成をグラフ化したものである。産業分類を細かく見ると，2022 年に最も多くの付加価値を生み出しているのは製造業で，全体の約 2 割を占めている。次いで卸売・小売業，不動産業の順であるが，いわゆるサービス業の比重が大きくなってきている。全産業の付加価値から農林水産業，鉱業，製造業，建設業および公務を差し引いた約 69％ がサービス業で占められている。

　サービス業の比重は，「国民経済計算年次推計」に付表として掲載されている就業者数で見た図 1-6 (b) だともう少し大きく，約 72％ になる。個々のサービス業に注目して 2 つの円グラフを見比べると，たとえば「宿泊・飲食サービス業」は就業者数で 6％ なのに付加価値では 2％ にすぎない。「その他のサービス」でも，就業者数で 9％ なのに付加価値では 4％ である。日本のこれら一部のサービス業は，就業者数が多いわりに生み出す付加価値が小さい，つまり労働生産性の低いことが指摘されている。農林水産業，建設業，運輸業

▶図 1-6　日本の産業構造（2022 年）

(a)　付加価値で見た産業構造

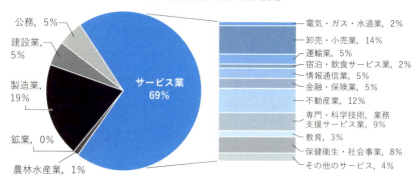

(b)　就業者数で見た産業構造

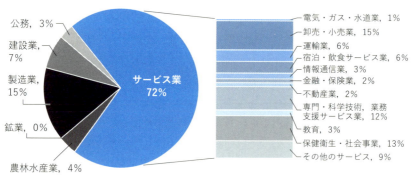

（出所）　内閣府「国民経済計算年次推計」。

なども，就業者数で見た構成比よりも付加価値で見た構成比の方が若干小さくなっている。

　それに対して，製造業，情報通信業，金融・保険業などでは就業者数で見た構成比よりも付加価値構成比の方が高くなっている。それだけ 1 人当たりの生産額が大きいということであり，将来，人口減少の折に 1 人当たり GDP を問題とするときには，このような産業構成のあり方と各産業の生産性の高さが重要になってくる。第 3 節では，日本の経済成長の推移と合わせて産業構成の歴史的な変化をたどり，経済成長のためには，より生産性の高い産業への移行が重要であることを強調したい。

第1章 日本経済の見方 **27**

2.3 ストックの経済大国日本

2.3.1 フローとストック

GDP や NI は，日本の 1 年間の経済活動の大きさを定めるものであった。このように一定期間を設けて定義される経済変数はフロー変数と呼ばれ，日本はフローの意味で経済大国であることが 2.2 で確認された。続いて，日本がストックの意味でも経済大国であることを確認しよう。一定期間についてではなく，ある一時点についての数量の大きさを表すような変数，これがストック変数である。

人々は，働くことで所得を手にし，そのうち消費しなかった部分を銀行預金などの形で貯蓄し，それが資産として手元に残っていく。逆に所得以上の消費をするには，貯蓄を取り崩すか，銀行などから借金して消費にあてることになり，負債が増加する。資産・負債の状態は，各経済主体の日々の活動を反映して絶えず変動し，ある時点の資産・負債の状態を見ることによって，その主体の経済状態を判断することができる。そして，一国全体の資産・負債の状態を表した国民総資産・負債残高から，ストック面での日本の経済規模がわかる。

2.3.2 国民総資産

表 1-2 には，2022 年末の日本の国民総資産残高が示されており，総額 1 京 2649 兆円であった。1 年間の生産総額が国内（国民）総生産と呼ばれるのに対し，この一時点の資産総額は国民総資産と呼ばれる。フローの経済活動の大きさを示す名目 GDP の約 22.3 倍，1 人当たりに直すと 1 億円近い資産を日本国民が保有している計算になる。ただしこれは平均値であって，何億円も保有している人がいる一方，ほとんど資産ゼロの人もいる。日本における格差の問題は，第Ⅱ部第 10 章第 1 節を参照されたい。

国民総資産は，大きく非金融（実物）資産と金融資産から構成されており，2022 年末には非金融資産が約 28% を占めていた。非金融資産はさらに，生産によって作られた在庫や建物などの生産資産と，土地や森林などの，再生産が不可能な非生産資産に分けら

▶表 1-2 国民総資産と正味資産
（2022 年末，単位：兆円）

国民総資産	12,649
非金融資産	3,577
生産資産	2,260
非生産資産	1,317
金融資産	9,072
総負債	8,650
正味資産（国富）	3,999

（出所）内閣府「国民経済計算年次推計」。

28　第 I 部　基　礎　編

れ，とくに日本の場合は土地資産の割合が高いとされてきた。地価の状況にその値は左右され，2022 年末は実物資産の約 37%，総資産の約 10% が土地や森林等で占められている。

2.3.3　金融取引と正味資産

　金融資産のうち，国内で発行された預金は預金者にとっては資産でも銀行にとっては負債であり，国債は保有者にとって資産でも政府にとっては負債である。国全体としては資産と負債が相殺され，純粋な資産とはいえない。そこで国民総資産から負債を取り除いて計算されるのが正味資産（国富）であり，2022 年末の日本の正味資産は約 3999 兆円であった。その中身は，非金融資産と外国に対する純資産（資産−負債）であり，2022 年末の対外純資産は約 421 兆円，正味資産の約 11% であった。外国に対する資産からは，利子や配当などの運用収益が得られ，対外純資産の黒字が拡大することによって日本に流入する所得が増加し，日本の国際収支（経常収支）を黒字に導く方向に働いている（第 7 章参照）。

第3節　日本経済の成長と循環

3.1　日本経済の成長

3.1.1　成長の重要性

　私たちは誰しも幸せな人生を送りたいと思う。家計では，きちんと働く場を確保して所得を得て，家族とともに一定以上の消費生活を送りたいと考えている。子どもの教育や，よりよい住宅の購入，老後の生活など，何十年もの先まで見越して，人生をできるだけ豊かにすごしたいと，みな思っているのではないだろうか。国全体として，国民のそのような思いを保証するためには，経済成長を続けることが必要である。ところが，高齢化が進む日本では社会保障支出の増大が今後も予想されているにもかかわらず，国の財政における国債への依存度は高いままである（第 5 章参照）。社会保障などの仕組みを維持するためにも，経済成長によって税収を増やし社会保障財源を確保する必要がある。

　実際，日本の高度成長期や，新興国のように，年率 10% 成長が続けば，10 年経てば約 2.59 倍（$=(1+0.1)^{10}$），20 年経てば約 6.73 倍（$=(1+0.1)^{20}$）に経済規模が拡大し，それに伴って税収も拡大するだろう。しかし，1990 年代以

降の日本では経済成長が滞り，財政赤字は拡大してきた。かつては成長できたのに，成長できなくなった理由は何だろうか。第3節では，経済成長の源泉を需要と供給に注目して考えた後，経済成長ができていた期間でも景気には波があったことを確認し，最後に経済成長を実現するためのカギになる産業間の移動について取り上げよう。

3.1.2　成長の源泉 (1)──総需要

前節 2.1 の図 1-3 で示したように，総生産（＝総支出＝総所得）の決定を総需要と総供給とに分けて考えると，経済成長のためには総需要が増えることと総供給が増えることの両方が必要である。どちらが重要かという点については，どのくらいの期間の経済成長を考えるかによって違い，短期的には，つまり生産力が大きく変化しないときには，総需要の増加が GDP を高めると考えられる。総需要の中には，民間消費，民間投資，政府支出，純輸出という大きな支出項目があり，総需要成長の要因を各支出に分解して，寄与度（経済成長への貢献度）を計算することができる。

図 1-7 は，1995〜2022 年の GDP 成長が，どの需要項目の成長によってリードされたかを示したものである。この期間の日本では，経済成長率がしばしばマイナスとなっている。その原因は年によって違うものの，常に経済成長にプラスに貢献している項目は見出しがたい。民間消費，民間投資，政府支出と

▶図 1-7　経済成長率の寄与度分解（名目，暦年）

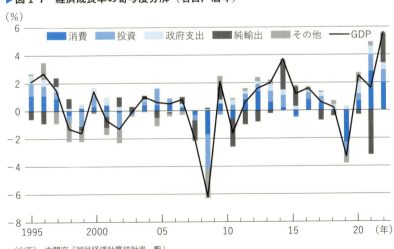

（出所）内閣府「国民経済計算統計表一覧」。

もに，縦軸0から引かれた横軸を下回ったり上回ったりしている。また，以前は外国からの純需要である純輸出がプラスとなってGDP成長を牽引することがよく見られたが，2011年からは貿易収支が赤字となって，14年まで赤字が続いた。その後プラスに戻ることもあるが純輸出の動きは安定しなくなっており，2022年には大幅な赤字を記録している。

3.1.3　成長の源泉（2）──総供給

生産余力がある間は需要が増えると生産が増加するが，生産体制がそのままだと，長期的な需要の増加には対応できない。したがって，長期的な経済成長のためには，第2節で述べたように，生産要素である労働力や資本が増加するか，生産技術が向上するか，少なくともどちらかが実現しなければならない。経済成長の原因をこれらいくつかの要因に仕分けする作業のことを成長会計と呼んでいる。将来の成長に導くための戦略を立てるときにも，過去の成長要因を分析することが必要であるから，成長会計は，一国経済の分析において重要な基礎作業となっている。

図1-8は，供給側に注目して成長要因を分析したグラフである。つまり折れ線グラフで示された経済成長が，棒グラフで労働の増加，資本の質の向上，資本の増加，そして労働や資本に起因しない部分の4つに分解されている。このうち労働の増加には労働者の数や労働時間の増加が含まれている。また，最後の部分は全要素生産性と呼ばれ，技術進歩を表す代表的な指標とみなされ

▶図1-8　日本の経済成長の要因分析

（出所）OECD Compendium of Productivity Indicators 2023.

ている。この図を見ると，まず1985年からの5年間平均に比べ，1990年以降はGDP成長率が低下していること，コロナの影響を受けた2020年は大幅なマイナス成長になっていることがわかる。その原因として最大のものは全要素生産性が高いか低いかであり，1985〜90年のプラス成長においても，2020年のマイナス成長においても，半分以上が全要素生産性の増減によるものである。そのすべてが技術進歩の増減を意味するものではないかもしれないが，労働と資本に起因しない成長要因の重要性が示されている。

また，1980年代から90年代は資本の増加がプラスに貢献していたが，2000年代以降は資本がほとんど増加していないこともわかる。資本の増加は企業投資によってもたらされ，企業投資は企業の将来見通しに基づいて行われる。バブル崩壊後の日本企業は賃金抑制などのコスト削減に注力したものの，リスクがあっても成長可能性のある前向きな企業投資には消極的であった結果だろう。日本企業が挑戦する姿勢，アニマル・スピリットを取り戻すことが，日本経済の復活のために重要である（第2章参照）。

さらに日本で目立つのは労働の減少である。国全体の人口減少，団塊の世代☆の退職に伴う労働力の減少，そして1980年代には国際的に見て長かった労働時間が，かなり短縮されたことによると考えられる。ただし，第3章で触れられるように，コロナ前の2010年代には女性や高齢者の労働者が増加する傾向も見られていた。今後も減り続ける人口のことを考えると，彼・彼女らの労働参加を高めることと，技術進歩によって生産性を高めることが求められている。

3.2 景 気 循 環

経済成長の過程では，一定の成長が何年も続くわけではなく，高い成長率のときもあれば低い成長率のときもある。そして失われた30年と呼ばれるほどの，長期的にはほとんど成長していない期間でも，プラスの成長率は何度も記録されている。

図1-9に示したように，経済成長のトレンドの周りで経済状況が良くなっ

☆団塊の世代：1947年から49年にかけて生まれた世代を指し，「第1次ベビーブーム世代」とも呼ばれる。出生数は約806万人であり，2025年にはすべての団塊の世代が75歳以上の後期高齢者となる。

▶図1-9 経済成長と景気循環

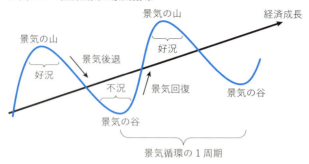

たり悪くなったりするのが通常の経済の姿であり，それを景気変動と呼ぶ。そのうち一定の周期を持った景気変動のことを景気循環と呼んでいる。そして，景気循環をもたらす要因によって循環の周期が異なることから，景気循環の中にもいくつかの循環があり，経済の動きは，それらの組み合わせによってかなりの部分が説明できる。主な循環は，周期の長いものから，イノベーションによってもたらされるコンドラチェフの波（周期50〜60年），建築・建設の更新によるクズネッツの波（約20年），設備投資によるジュグラーの波（7〜10年），在庫調整によるキチンの波（約40カ月）とそれぞれ提唱した経済学者の名前にちなんで呼ばれている。

　戦後日本経済の景気循環を捉えるためには，景気を反映して動く各種の景気指標を選び出し，それらを使って景気の動きを表す景気動向指数☆を作成する作業が必要である。日本では，内閣府経済社会総合研究所が，DIとCIという指数を作成し，それを用いて，景気動向指数研究会が，日本経済の景気の山や谷，拡張や後退の期間などを判定している。

　表1-3（景気基準日付☆）にまとめたものが，第2次世界大戦後の日本の景気循環であり，2018年10月に山を迎えた循環は，戦後16回目であると判断されている。第16循環の景気拡張期間は，「いざなぎ超え」と呼ばれた第14循

☆景気動向指数（DI：Diffusion Index，CI：Composite Index）：景気変動には拡張と収縮の時期があるが，その転換点を捉えるための指数。景気と関係の深い経済指標について，その何％が3カ月前に比べて増加したかを示すものがDI。また，必ずしも同じである必要はないが，同様の系列を用いて前月からの変化を合成することで量感を表すものがCI。日本では内閣府経済社会総合研究所が作成・発表している。なお，2008年4月より，CIを中心とする公表形式に移行した。

▶表 1-3　景気基準日付

循環	谷	山	期間			通称
			拡張	後退	全循環	
第 1 循環		1951 年 6 月	4 カ月			
第 2 循環	1951 年 10 月	1954 年 1 月	27 カ月	10 カ月	37 カ月	
第 3 循環	1954 年 11 月	1957 年 6 月	31 カ月	12 カ月	43 カ月	神武景気
第 4 循環	1958 年 6 月	1961 年 12 月	42 カ月	10 カ月	52 カ月	岩戸景気
第 5 循環	1962 年 10 月	1964 年 10 月	24 カ月	12 カ月	36 カ月	オリンピック景気
第 6 循環	1965 年 10 月	1970 年 7 月	57 カ月	17 カ月	74 カ月	いざなぎ景気
第 7 循環	1971 年 12 月	1973 年 11 月	23 カ月	16 カ月	39 カ月	列島改造ブーム
第 8 循環	1975 年 3 月	1977 年 1 月	22 カ月	9 カ月	31 カ月	
第 9 循環	1977 年 10 月	1980 年 2 月	28 カ月	36 カ月	64 カ月	
第 10 循環	1983 年 2 月	1985 年 6 月	28 カ月	17 カ月	45 カ月	
第 11 循環	1986 年 11 月	1991 年 2 月	51 カ月	32 カ月	83 カ月	平成景気（バブル）
第 12 循環	1993 年 10 月	1997 年 5 月	43 カ月	20 カ月	63 カ月	
第 13 循環	1999 年 1 月	2000 年 11 月	22 カ月	14 カ月	36 カ月	
第 14 循環	2002 年 1 月	2008 年 2 月	73 カ月	13 カ月	86 カ月	いざなぎ超え
第 15 循環	2009 年 3 月	2012 年 3 月	36 カ月	8 カ月	44 カ月	
第 16 循環	2012 年 11 月	2018 年 10 月	71 カ月	19 カ月	90 カ月	

（出所）　内閣府「景気基準日付」。

環に迫るほど長期にわたるが，平均的な成長率はいずれも 2% 程度と低く，
ふた桁成長が続いた 1960 年代後半のいざなぎ景気とは比較にならないレベル
であった。

3.3　日本の産業構造の変化

　第 2 次世界大戦後の日本経済は，景気変動や景気循環がありながらも，成

☆景気基準日付：日本の景気基準日付は景気の谷（底）や山（天井）を決定し，経済活動の変化方向
によって谷から山を景気拡張期，山から谷を景気後退期と 2 局面に分割するもの（ミッチェルの 2
局面法と呼ぶ）であるが，2 局面法には（トレンド回り）の経済活動の水準で好況期と不況期に分
化する考え方（シュンペーターの 2 局面法と呼ぶ）もある。

34 第Ⅰ部 基礎編

▶表 1-4 名目 GDP の産業別構成比の推移

年	1970	1980	1990	2000	2010	2022
第 1 次産業（農林水産業）	6.1	3.7	2.5	1.5	1.1	1.0
第 2 次産業	44.5	39.2	38.6	29.3	25.5	24.5
うち　鉱業	0.8	0.6	0.3	0.1	0.1	0.1
製造業	36.0	29.2	28.2	22.5	20.8	19.2
建設業	7.7	9.4	10.1	6.7	4.6	5.2
第 3 次産業（サービス業）	49.2	56.2	59.8	64.2	68.3	68.7
うち　電気ガス水道	2.1	2.7	2.6	3.3	2.9	2.4
卸売・小売	14.4	15.3	13.6	13.0	13.4	14.3
金融・保険	4.3	5.2	5.9	5.0	4.8	4.5
不動産	8.0	9.4	10.9	10.8	12.3	11.6
保健衛生・社会事業				5.1	6.7	8.3
専門・科学技術，業務支援サービス業				5.5	7.2	9.1
公務	3.4	4.7	4.2	5.0	5.1	5.2

（注）　1990 年までは 68 SNA 基準，2000 年以降は 2008 SNA 基準によっており，その間産業分類が変更された。とくに第 3 次産業のサービス関連が細分化され，これらの内訳は連続していない。また公務の分類も変更され，1990 年以前と以後とでは内容が一致しない。
　　　第 1 次，第 2 次，公務以外を第 3 次産業としているが，統計上の不突合によりこれらの合計は必ずしも 100 にならない。
（出所）　内閣府「国民経済計算年次推計」および「国民経済計算確報」。

長を続けてきた。それが 1990 年代以降ほとんど成長しなくなっている。この間，どのような産業が日本経済を支えてきたのだろうか。第 2 節図 1-6 (a) では，現代の日本の産業構造を円グラフで示したが，ここでは過去にさかのぼって産業別構成比を整理し，長期間にわたる産業構造の変化を見てみよう。

　表 1-4 は，経済活動別（産業別）の GDP 構成比をほぼ 10 年おきに眺めたものである。まず農業や鉱業などの第 1 次産業の比重が低下し，小売業やサービス業などの第 3 次産業の比重が急上昇していることがわかる。製造業を中心とする第 2 次産業については，第 2 次世界大戦後に比重が高まっていたが 1970 年代にはすでに比重が下がり始め，その後低下傾向が続いている。このように，産業の比重が「第 1 次産業」→「第 2 次産業」→「第 3 次産業」へと移行する傾向は先進国に共通して見られ，発見した経済学者の名前にちなん

でペティ゠クラークの法則と呼ばれている。

　表の注にあるように，産業分類が変更されているため 1990 年以前との比較は難しいが，2000 年以降比重を高めているサービス業がいくつか見られる。その代表が医療や介護が含まれる「保健衛生・社会事業」であり，2000 年の 5.1% から 22 年には 8.3% に急拡大している。また，「専門・科学技術，業務支援サービス業」はその間 5.5% から 9.1% になった。これらがいわば成長産業候補であり，労働力をはじめこれら産業への生産資源の移行が進みつつあることがわかる。

　しかし，第 2 章で見るように，日本企業におけるデジタル技術の取り込みはいまだ不十分という指摘や，何年も利益をあげられず今後の成長も見込めない企業が多数存続しているという指摘もある。ベンチャー企業の少なさ，開業率・廃業率の低さに見られるように，新陳代謝の低さが日本企業の大きな問題点といえよう。また，第 3 章で見るように，医療や介護では人手不足が常態化し，高等教育が必要な分野の人材育成が追いついていないとの指摘もあり，ヒトの問題が成長可能性のある産業の足かせとなっているかもしれない。日本における産業転換は不十分であり，それが失われた 30 年の大きな原因であるというのが，本章の認識であり，日本が経済成長を取り戻すためには，産業転換をもっと活発化すること，そしてそれを促すような政策が必要だろう。

本章のまとめ

　現代経済は，家計，企業，政府と海外という経済主体が，市場経済を通して，財やサービスのやり取りをしていると，捉えることができる。企業部門においては複雑に分業が進み，分業が高度化したからこそ多様な財・サービスを大量に生産することができる。

　一国の経済規模は GDP によって測ることができる。これは国内で生産された付加価値の合計であり，最終財の生産額合計でもある。日本の GDP は世界第 4 位（2023 年）と，アメリカ，中国，ドイツに次ぐ経済大国といえる。ただし 1 人当たり GDP の世界順位は低下を続けており，日本経済の地位は下がってきた。日本経済を支えてきた製造業よりも，今の日本経済ではサービス業の比重が高まっている。

　1990 年代以降，日本経済の成長率は低くなってしまった。その原因は総需要側にも総供給側にも求めることができ，総供給側では生産要素の増加が少ないことや

36　第Ⅰ部　基礎編

技術進歩の低いことが見出せる。ただ1990年代以降も経済変動や経済循環が見られ，2010年代にも低率ながら長期間にわたる経済拡大があった。現在の日本経済はサービス業が最大の産業であるため，経済成長や安定化のためにはサービス業の生産性を高めることが必要である。

▶練 習 問 題
1　日本の代表的な企業について取引先企業を調べ，分業の例をあげよ。
2　本文中にあるもの以外で，日本経済の大きさを示す指標を探せ。
3　サービス業の生産性を高めるための戦略を考えよ。

(解答はウェブサポートページに掲載)

▶参 考 文 献
①　藪下史郎・猪木武徳・鈴木久美編［2013］『入門・経済学（第3版)』有斐閣。
②　安藤至大［2021］『ミクロ経済学の第一歩（新版)』有斐閣。
③　平口良司・稲葉大［2023］『マクロ経済学――入門の「一歩前」から応用まで（第3版)』有斐閣。
④　内閣府［各年版］『経済財政白書』。
⑤　日本経済新聞社編［2014］『身近な疑問が解ける経済学』日本経済新聞出版社（日経文庫)。

　①～③のような書物によって，経済学の考え方を学んでおくと，本書をより深く理解することができる。①は版を重ねた定評ある教科書で，幅広い分野を網羅している。やや大部なので，先に②，③を読んでおくとよいだろう。②，③は，経済を見るセンスに満ちた著者たちが，やさしい言葉で新しい考え方まで紹介している。

　本章第2節で日本経済の姿として取り上げたのは，ごく限られた部分にすぎない。変化の激しい日本経済の動向を把握するためには，ぜひ④を，最新のものばかりでなく過去にさかのぼって読んでもらいたい。

　⑤は，経済学がどれほど多くの問題に答えられるかを知るには格好の文庫である。新聞に連載されたものをもとにしているので，経済学を学んでいなくても，楽しく現実問題を考えることができる。

第2章

企　業

求められるアニマル・スピリット

©iStock/CHUNYIP WONG

本章で学ぶこと

「企業」は，「家計」「政府」と並ぶ主要な経済主体であり，生産・販売などの事業活動（ビジネス）を行うことによって付加価値を生み出し，供給面から経済成長を牽引する主役であるとともに，事業に必要な工場や店舗など固定資産の取得（設備投資）を通じて，需要面からも景気循環に重要な影響を与える。

貯蓄投資バランスの観点からは，企業部門は外部資金を調達して自らの貯蓄（後に説明する「内部留保」に相当）を上回る投資を行う投資超過主体としてイノベーションを起こし，事業を成長させ，国民貯蓄に高いリターンをもたらすことによって，経済の牽引役となることが期待される。

企業がその役割を適切に果たすためには，リスクのある事業に対して外部資金が円滑に提供され，その成果が適時適切に開示され，常により有望な投資プロジェクトへと資金が再配分されていく仕組みが不可欠である。このような企業の仕組みの基本構造を知り，その経済学的な意味を理解することが，本章の第一の目的である。

この仕組みがうまく機能しなくなったのが1990年代以降の「失われた30年」の日本であった。日本企業はリスクをとって事業の成長を目指す企業家精神（アニマル・スピリット）を忘れ，投資を抑制し借金の返済を優先する守りの経営に固執した結果，競争力を失い，マクロ経済も長期停滞に陥った。戦後日本経済の高度成長を牽引した日本企業の経営上の特徴がいかにして限界に直面したかを学ぶことが，本章のもう1つの目的である。

第1節 企業とは

1.1 企業の種類と株式会社制度の意義

1.1.1 企業の種類

　企業は，法律上の位置づけ，目的，所有形態などにより，さまざまな種類に分けられる。

　民間資本が所有し，自由な競争が行われる市場を舞台に生産・販売などの事業を行う企業を民間企業と呼ぶ。一方，特定の法律や制度に基づき，政府や地方自治体など公的部門の所有や監督を受けつつ公共的な意義のある事業を行う企業を公的企業と呼ぶ。

　企業の目的に関しては，民間企業の場合，利潤の追求を目的とする営利企業が大部分を占める。これに対して，独立採算ではあるものの，公益の実現など利潤の追求以外の目的を持ち，税制などで一定の優遇措置を受ける企業を非営利企業と呼ぶ。日本では，公的企業は基本的にすべて非営利企業であるが，民間企業にも非営利企業に該当するものが一定数存在する。

　組織の観点からは，個人で事業を営む個人企業と，契約や納税など法律上の権利義務の主体としての人格（法人格）を付与された集団が事業を営む法人企業とに分類できる。営利を目的とする法人企業は一般に「会社」と呼ばれ，株式会社，合名会社，合資会社，合同会社☆の4種類に区分される（表2-1）。このうち「合同会社」は2005年の会社法制定で「有限会社」に代わって新設された区分である。株式会社は，所有と経営の分離（出資者である株主が直接には経営に関与しないこと）が想定されており，株主は出資金の範囲内において有限責任を負う（株式会社については次項で詳しく説明する）。株式会社以外は持分会社と総称され，所有と経営が一致している（出資者＝社員が経営を行う）。このうち合名会社は全員が無限責任社員であり，合資会社は有限責任社員と無限責任社員からなり，合同会社は全員が有限責任社員である。

　統計調査などでは，企業はその規模によって便宜的に「大企業」「中堅企業」「中小企業」「零細企業（小規模事業者）」などと区分される。企業の規模は，資

☆合同会社：合同会社は同じ有限責任である株式会社と比べ，株主総会や決算公告が不要であることなど自由度が高い。AmazonやAppleなど巨大外国企業の日本法人などで利用されている。

第 2 章 企 業　**39**

▶表 2-1　会社の区分と特徴

	株式会社	持分会社		
		合名会社	合資会社	合同会社
所有と経営	分離	一致	一致	一致
出資者	株主	社員	社員	社員
出資者の責任	有限責任	無限責任	有限責任＋無限責任	有限責任

▶表 2-2　企業規模別の企業数，従業員数，売上高（金融保険業を除く）

資本金区分	企業数		従業員数		売上高	
	社数	構成比	人数	構成比	億円	構成比
10 億円以上	4,738	0.16%	7,235,589	16.79%	5,998,771	38.00%
1 億円以上 10 億円未満	25,894	0.88%	7,004,531	16.25%	3,000,816	19.01%
1000 万円以上 1 億円未満	878,495	29.86%	20,503,273	47.57%	5,330,021	33.77%
1000 万円未満	2,032,488	69.09%	8,354,488	19.38%	1,454,787	9.22%
合計	2,941,615	100.00%	43,097,881	100.00%	15,784,395	100.00%

（出所）　財務省「年次別法人企業統計調査（令和 4 年度）」をもとに筆者作成。

本金ないし従業員数で区分されることが一般的であるが，統一された定義が存在するわけではない。たとえば，日銀短観（日本銀行「全国企業短期経済観測調査」）では，資本金 10 億円以上の企業を大企業，資本金 1 億円以上 10 億円未満の企業を中堅企業，資本金 2000 万円以上 1 億円未満の企業を中小企業と定義している。

　大企業は，1 社当たりの従業員数や売上高は大きいが，社数は少ない。中小企業は，1 社当たりの従業員数や売上高は小さいが，社数は多い。これは，競争を通じて企業が成長・淘汰されていく過程で万国共通に生じる構造である。たとえば財務省の「年次別法人企業統計調査（令和 4 年度）」によれば，資本金区分ごとの企業数，従業員数，売上高は，表 2-2 のような分布となっている。なお，ここでいう大企業とは別に，会社法には資本金 5 億円以上または負債 200 億円以上の株式会社を指す「大会社」という概念があり，社会に対する影響力の大きさから，会計監査人の設置義務など多くの追加的な規制が課されている。

40　第 I 部　基礎編

　日本は，税制や補助金制度において中小・零細企業を優遇する「規模に紐づけた政策」を積極的に採用してきた。この場合の中小・零細企業の要件は，各々の政策の根拠となる法律において細かく定められており，業種によって基準が異なる場合もある。こうした政策は，財務基盤が脆弱で経営資源が乏しい中小企業を保護・育成する目的で導入されたものであり，最近では，地域経済活性化や産業競争力強化の観点から，より規模の大きい中堅企業に支援を拡大することも検討されている。一方，支援対象から外れれば優遇を受けられなくなるため，潜在力のある企業の成長意欲を削ぎ，スケールメリットによる生産性向上を妨げる懸念があることも指摘されている。

1.1.2　株式会社制度の意義

　さまざまな企業形態のうち，経済で大きな役割を果たしているのは，民間・営利・法人企業すなわち「会社」であり，その中でも中心的なものが「株式会社」である（以下では「企業」「会社」は，株式会社を指すものとする）。

　株式会社を設立する際には，株式を発行して資本金を調達する。株式の保有者を株主という。株主は，事業活動から得られた利益から配当金を受け取る権利（利益配当請求権）や，会社が解散する際には債務を返済した後に残った残余財産を受け取る権利（残余財産請求権）を持つ。さらに，会社の解散，事業の譲渡，経営者の選任・解任など経営上の重大な意思決定に関して，株主総会において自らの意思を反映する権利（議決権）を有する。

　株式は原則として第三者に譲渡可能であり，値上がりすれば売却益（キャピタル・ゲイン）を得ることができる。このため，出資者は事業の終結を待つことなく資金を回収することが可能となる。とりわけ，株式が証券取引所に上場され，自由に取引される上場企業の株式は，高い流動性（換金可能性）を持つ。一方，株式の公開により広く資金を集める必要のない中小企業の大部分は，望ましくない者が株主になることを避けるため，定款（法人の目的・組織・運営などに関する基本的なルールを定めたもの）に株式譲渡制限を設けている（譲渡には取締役会あるいは株主総会の許可が必要）。会社法では，上場企業か否かを問わず，株式譲渡制限を設けない企業を「公開会社」という。

　株式会社の最大の制度的特徴は，所有と経営の分離と，有限責任制の 2 点にある。いずれの仕組みも，リスクが高く巨額の資本を必要とするものの，成功すれば社会を進歩させ経済成長を牽引する可能性のある事業にお金を集め，推進するうえで重要な意義を持つが，一方でさまざまな問題も内包している。

第2章 企業　**41**

　所有と経営の分離とは，株式会社の所有者である株主が，日々の経営上の意思決定や執行を経営に関する専門能力を持つ経営者に委ねるということである。たとえば，天才エンジニアが人工知能（AI）を事業化し，創業者として株式会社を設立したとしよう。当初は，この創業者が株主であり経営者でもあるため，所有と経営は一致している。しかし，事業活動が順調に拡大するにつれて，従業員や顧客は世界中に広がり，お金の出入りは巨額化し，社会的影響も複雑かつ重大なものとなる。創業者は企業経営に必要な知識（従業員管理，顧客管理，財務会計，法規制など）に詳しいわけではないため，やがて経営を専門的な経営者あるいは経営チームに委ねることが合理的となり，所有（株主＝創業者）と経営は分離することになる。

　所有と経営が分離した株式会社において，株主は企業経営という業務を経営者に委任する**依頼人（プリンシパル）**，経営者は株主の代理として経営を執行する**代理人（エージェント）**と位置づけられる。一般に，このような関係を経済学では**依頼人・代理人関係**と呼ぶ。依頼人と代理人との間に情報の非対称性☆があるとき，代理人は依頼人の利益を犠牲にして自己の利益を優先する行動をとる「利益相反」の誘因を持つ。単純にいえば，経営者が手抜きをしたり，会社の資金を着服するといったことであるが，こうした行為を未然に防ぐには，経営者の行動を監視する必要があり，そのために余分なコスト（**エージェンシー・コスト**）が発生する。とくに，巨額の資本を必要とする大企業においては，株主が広く分散する傾向があり，経営者の規律づけはより難しい問題となる。

　有限責任制とは，株主の債務履行責任（債務の返済義務）が出資金の範囲に限定されること，つまり企業の損失が自己資本（株主の持ち分）を超えて拡大した結果，会社の財産では債務の全額を返済することが困難になった場合でも，株主個人の財産を処分して埋め合わせる義務を負わないことを意味する。有限責任制の仕組みは，事業が失敗に終わった際に，企業家の個人的な生活を保護し，事業の再生や企業家の再挑戦を容易にする意義があるほか，企業が成長する過程で広く出資を集めやすく，また債務不履行のリスクに委縮せず必要な設

☆**情報の非対称性**：代理人の能力や行動といった情報について依頼人はすべてを知りえないこと。たとえ代理人本人がその情報を伝えようとしても，それが真実であることを証明しえないため，情報の非対称性は解消されない。

備投資を実行しやすくなるメリットもある。その半面，有限責任制は企業（借り手）と債権者（貸し手）との間にもさまざまなエージェンシー・コストを発生させることになるが，この問題については金融（第6章）を参照されたい。

1.2 株式会社の仕組み

1.2.1 株主総会と取締役会

　株式会社における経営上の最高意思決定機関は，株主総会である（図2-1）。株主は，保有する株式の種類や数に応じて割り当てられる議決権を行使して，自らの意思を経営に反映することができる。ただし，株主数は多い会社で100万人にも上るため，頻繁に株主総会を開催することは現実的ではなく，日々の経営判断は経営陣に委ねることとなる。定期的に開催される株主総会は，基準日（通常は毎事業年度の末日に設定）から3カ月以内に開催することが義務づけられている定時株主総会のみである。定時株主総会では，①企業の目的や事業範囲を定めた定款の変更，事業の譲渡など会社の骨格に関わる事項，②経営陣の選任・解任や報酬，③1年間の経営成績を踏まえた利益処分，などの事項が諮られる。このほか，緊急に株主の議決を要する事項については，臨時株主総会が招集される。

　株主の信認を受けた経営陣による業務執行に関しては，取締役会が正式な意思決定機関である。取締役会は取締役全員で構成され，業務執行に関する意思決定のほか，取締役の適切な業務執行の監督を担う。とくに，①重要な財産の処分や譲受け，②多額の借財（借入や債務保証など），③支配人などの重要な使

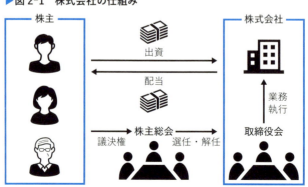

▶図2-1　株式会社の仕組み

第2章 企 業 **43**

用人の選任・解任，④支店などの重要な組織の設置や変更，廃止といった重要事項については，必ず取締役会の議決を経る必要がある。取締役会の議事については議事録を作成し，株主からの請求があれば開示しなければならない。なお，すべての株式を譲渡制限株式としている非公開会社においては，取締役会を設置しないことができる。

　不特定多数の株主から資金を集めて大規模な事業活動を行う株式会社制度が経済社会の発展のために健全に機能するには，所有と経営の分離や有限責任制から生じる多くの課題を克服する必要がある。そのための制度的な規範や設計を企業統治（コーポレート・ガバナンス）という。取締役会に業務執行を任せる一方，株主は取締役の選解任権などを通じて経営を適正化し出資金を保全するという牽制メカニズムは企業統治の出発点であり，その源流は17世紀初頭のイギリス東インド会社にまでさかのぼることができる。しかし，取締役と株主の双方が本来果たすべき責任を全うしなければ，企業統治は簡単に形骸化し問題を引き起こしてしまう。アダム・スミスは主著『国富論』の中で，南海泡沫事件を引き起こした南海会社を念頭に，株式会社制度の潜在的な問題点を次のように指摘した。

　　「株式会社による取引はつねに，取締役会によって管理される。取締役会は確かに，さまざまな点で株主総会による管理を受けることが多い。だが，……株主は会社の事業を理解するために苦労することはなく，配当を……受け取るだけで満足する。」（山岡洋一訳『国富論』下巻，日本経済新聞出版社，2007年331頁）

　戦後日本企業の取締役は，長年，従業員から昇格した社内取締役が大多数を占め，人数も数十名に上ることが珍しくなかった。このため，実質的な意思決定は常務会などと呼ばれる少数の上級役員のみで構成される非公式な場で行われ，取締役会はその追認に終始することが一般的であった。また，一般の社内取締役は，会長・社長の部下のような立場であるため，経営トップの業務執行に対する監督機能を発揮することは期待しがたいのが実情であった。しかし，このような不十分な牽制システムが1990年代以降の日本企業の経営不振や不祥事の温床になったとの認識が広まると，制度改革とその運用の両面から取締役数の削減，社外取締役の増加といった企業統治の変化が徐々に進んでいった。

1.2.2 経営の監督と業務執行の分離

取締役会には，意思決定機能と監督機能の2つの機能がある。取締役会を業務執行に関する社内の最高意思決定機関とする伝統的な日本企業の経営のあり方は，取締役会の意思決定機能を重視した**マネジメント・モデル**と呼ばれる。このモデルでは，社内取締役を中心とする取締役会が業務執行役員を兼ね，業務執行に関する意思決定は取締役会における合議で決定する。他方，米英などにおいて一般的なのが，取締役会の監督機能を重視した**モニタリング・モデル**と呼ばれる制度設計である。このモデルでは，業務執行に関する意思決定を業務執行役員に委ねたうえで，社外取締役を中心とする取締役が事後的にその是非をチェックする。

かつて日本の会社制度は，取締役が業務執行役員を兼ねるマネジメント・モデルのみであり，業務執行の監督は取締役会と監査役が，会計監査は監査役（上場企業などの場合は会計監査人も加わる）が担ってきた。ただし，監査役もまた社員からの内部昇格が中心で，取締役会と同様，十分な牽制機能を果たせないのが実情であった。1990年代以降，外国人投資家の影響力が徐々に強まると，グローバル経営を意識した一部の有力企業では，経営の監督と業務執行を分離する動きが始まった。1997年のソニーを皮切りに，法制度とは関係のない形で，独自に執行役員制度を取り入れる企業が増えていく。従来の取締役の大半は執行役員に移行させ，少数の上級役員のみが監督と執行を兼務することで，取締役の数は大幅に減少した。これに伴い，取締役会と別に常務会などを設ける必要がなくなり，取締役会が実質的な意思決定の場としての機能を取り戻す。

さらに2002年には，米英型のモニタリング・モデルに基づく委員会等設置会社制度が導入された。業務執行は法律上の役員・機関である「執行役」に委ね，取締役会とその内部に設置され過半数の社外取締役から構成される指名・監査・報酬の3委員会が業務執行の監督・監査などを担う仕組みであったが，長年培われた日本企業の経営風土にはなじみにくい面もあり，採用した企業はごく少数にとどまった。また，採用した企業でも，制度が意図する牽制関係が実際には機能せず，経営トップの暴走を止められないケースが散見された。

1.2.3 3つの会社制度

現在，会社法では，株式会社には3種類の会社制度が用意され，自由に選

択することができる。1つ目は，マネジメント・モデルに基づく日本の伝統的な会社制度に近く，現在でも上場企業の多くが採用する監査役会設置会社である。監査役会設置会社では，取締役会が経営上の重要な意思決定と業務執行権を持つ取締役の監督の両方を行い，社外監査役が半数以上を占める監査役会が監査を担う。2つ目は，米英型のモニタリング・モデルに基づく委員会等設置会社を改称した指名委員会等設置会社である。3つ目は，指名委員会等設置会社の採用が限定的であることを踏まえて，日本の実情に合ったモニタリング・モデルとして2014年に導入され，近年急増した監査等委員会設置会社である。監査等委員会設置会社では，監査役会の代わりに過半数の社外取締役からなる監査等委員会を置き，業務執行権を持つ取締役の監督機能を監査とともに担う。なお，上場企業については，企業統治改革への対応として，監査役会設置会社や監査等委員会設置会社でも，任意に指名・報酬委員会を設ける例が増えている。

　モニタリング・モデルのポイントは，業務執行の監督機能を発揮すべき委員会の独立性と専門性であり，企業経営の経験が豊富で，かつ従業員や役員などとして過去に関わったことがない独立社外取締役の存在がそれを担保する面が大きい。しかし，専門経営者の市場が存在し，経営者が複数の企業を渡り歩くことが一般的な米英と異なり，内部昇進者で経営陣を固めてきた歴史が長い日本では，このような人材が圧倒的に不足している。このため，社外取締役の適任者は争奪戦となり，1人で多くの会社の社外取締役を兼務するなど，監督機能の実効性の面から問題視される事例も散見される。

1.3　会計情報——企業活動の成績表

1.3.1　企業の資金調達と会計情報の重要性

　株式会社制度においては，会社（経営側）は定期的に決算を行い，株主に対して経営状況を株主総会で報告しなければならない。統一された基準と書式に基づき，会社の損益状況や財政状態について集計・開示する会計情報は，経営者と株主の間，あるいは会社と取引先や銀行，社債投資家などとの間に生じる情報の非対称性を緩和し，所有と経営の分離および有限責任制を特徴とする株式会社の資金調達を円滑化することに役立つ。もちろん，会計情報はそれが企業の言い値に過ぎなければ，信用に値しない。その真正性を保証するのが第三者による会計監査である。中小企業において会計監査は法的には任意である

46　第Ⅰ部　基礎編

が，資金調達のために自主的に監査を受けるケースも多い。ただし大企業も含めて，会計監査を経ているにもかかわらず，不正会計が発覚するケースもまれに見られる。

1.3.2　貸借対照表と損益計算書

　企業の会計情報を示すさまざまな表（財務諸表）の中でも，最も重要性の高いものが，貸借対照表と損益計算書である。

　貸借対照表（バランスシート，B/S）は，ある時点（決算期末）で企業が保有する財産を左側＝借方（資産の部）に，その財産に対してどれだけの債務を負っているかを右側＝貸方（負債の部）として示す（表2-3）。財産と負債の差額は，現時点で会社を解散したときにすべての債務を返済した後に残る残余財産に相当し，「純資産の部」に記録される。

　純資産の部は，主として株主がこれまでに払い込んだ「資本金」「資本剰余金」と，毎年の利益から配当として流出させずに社内に蓄積した「利益剰余金」とからなる。負債の部は，1年以内に返済期限が来る「流動負債」と，返済期限が1年超の「固定負債」とに分けられる。流動負債には，仕入先などへの後払い債務である買掛金や支払手形，銀行などから借りた短期借入金などが含まれる。固定負債には，長期借入金や社債が計上される。このように，貸借対照表の貸方は，借方の財産を保有するための資金の出所を示しており，株主の立場から見て，負債の部を「他人資本」，純資産の部（厳密には一部の項目を除いたもの）を「自己資本」と呼ぶこともある。

　企業が保有する財産は，1年以内に現金化が見込まれるものを「流動資産」，1年超かかる見込みであるものを「固定資産」に分類する。流動資産には，現預金をはじめ流動性が高い金融資産や売上にかかる未回収の債権（売掛金，受取手形）などからなる「当座資産」，製品・商品在庫や原

▶表2-3　貸借対照表の主要項目

【借方】	【貸方】
資産の部	**負債の部**
流動資産 　当座資産（現預金，売掛金，受取手形など） 　棚卸資産 固定資産 　有形固定資産 　無形固定資産 　投資その他の資産	流動負債 　買掛金 　支払手形 　短期借入金 固定負債 　長期借入金 　社債
	純資産の部
	資本金 資本剰余金 利益剰余金

材料，仕掛品などからなる「棚卸資産」などが含まれる。固定資産は，土地，建物，機械などの「有形固定資産」，特許権，営業権，ソフトウェアなどの「無形固定資産」，子会社の株式や当面売却予定のない有価証券などの「投資その他の資産」に分けられる。借方も貸方も1年以内かどうかを基準に短期と長期に分割するのは，今後1年以内の資金繰りに関する情報を提供するためである。

　貸借対照表は，原理的に必ず左右の総額が一致する。利益剰余金は通常プラスであるが，赤字傾向の企業ではマイナスになることもある。利益剰余金がマイナスの状態を「繰越欠損がある」という。利益剰余金のマイナス額が大きくなっていくと，やがて資本金と資本剰余金の合計額よりも利益剰余金のマイナスの方が大きくなり，トータルで純資産がマイナスとなる場合もある。純資産がマイナスの状態は，現在保有する財産よりも債務の方が大きいという意味で「債務超過」と呼ばれ，現時点で解散すれば債務の一部を返済できないことを意味する。債務超過は企業の存続が危ぶまれる事態であるが，資金をやり繰りして返済期限が到来する債務を履行している間は，倒産するわけではない。その間に外部環境が好転したり，経営を立て直すことができれば，債務超過から脱することも可能である。

　損益計算書（P/L）は，ある期間（事業期間）の売上，経費および利益（期間損益）の状況について，段階を追って報告するものである（表2-4）。製造業を例にとれば，製造段階の損益状況には，売上高から製造原価などを差し引いた「売上総利益（粗利益）」が対応する。売上総利益から運送費，広告宣伝費など「販売費及び一般管理費（略して販管費）」を差し引いたものが「営業利益」で，いわゆる本業の利益にあたる。営業利益に，利息の受け取りや支払いなど財務的な損益や本業以外の収益や費用である「営業外収益」と「営業外費用」を加減したものが「経常利益」である。経常利益に，1回限りの補助金の受け取りや

▶表2-4　損益計算書の主要項目

| 売上高 a |
| 売上原価 b |
| **売上総利益（粗利益）$c = a - b$** |
| 販売費及び一般管理費（販管費）d |
| **営業利益 $e = c - d$** |
| 営業外収益 f
　受取利息配当金など
営業外費用 g
　支払利息など |
| **経常利益 $h = e + f - g$** |
| 特別利益 i
特別損失 j |
| **税引前当期純利益 $k = h + i - j$** |
| 法人税等 l |
| **当期純利益 $m = k - l$** |

災害の発生による臨時費用など，通常は発生しない収益や費用である「特別利益」と「特別損失」を加減したものが「税引前当期純利益」であり，税金を差し引いて「当期純利益」，さらに配当を支払った後に残った部分が「内部留保」となる。当事業期間の内部留保は，前決算期末の貸借対照表における利益剰余金に加算され，当決算期末の利益剰余金として計上される。貸借対照表の借方では，これと同額の現金が増加する形で左右のバランスが維持される。

1.3.3　期間損益とキャッシュフロー

　期間損益の計算においては，現金の出入り（キャッシュフロー）ではなく，原因となる取引が行われた時点で収益・費用を認識する。この考え方を発生主義という。たとえば，後払いを条件とする商品販売取引では，代金の回収は商品の引き渡しより後になるが，売上は引き渡し時点で認識される。さらに損益に与える影響が1年超に及ぶ取引においては，この発生主義の考え方に基づいて「収益・費用の期間配分」が行われる。たとえば，建物，機械のように生産活動に長期（1年超）にわたって使用される資産の取得に要した費用は，取得時（＝支払時）には有形固定資産として計上したうえで，スクラップになるまでの期間（耐用年数）に応じて一定のルールで分割し，減価償却費として毎期資産から費用に振り替えていく。

　ただし「勘定合って銭足らず」という言葉や「黒字倒産」という現象に象徴されるように，損益計算書上はいくら利益が上がっていても，現金（キャッシュ）の不足により期日通りの支払いができなければ，その企業は事実上の倒産（債務不履行）となってしまう。また，「利益は意見，キャッシュは現実」という言葉があるように，収益・費用の期間配分は会計ルールに基づいて行われるが，一定の裁量が認められており，同じ現金収支の状況でも収益・費用の期間配分の仕方によって利益の額は変わりうる。このため，上場企業などについては1999年度からキャッシュフロー計算書の作成・開示が義務化され，会計情報の利用者は貸借対照表，損益計算書にキャッシュフロー計算書を加えた財務三表を組み合わせて分析することで，企業経営の実態をより正確に捉えることができるようになった。

1.3.4　非財務情報の開示

　経済のグローバル化に伴って，企業活動の影響が及ぶ範囲は大きく広がっている。生産活動を行えばさまざまな地域の資源や環境に影響が及び，販売活動を行えばその地域の人々の生活や健康に影響を与え，それぞれがサプライチェ

ーン☆を介して世界中につながっている。今日の企業は，公害や環境破壊といった古典的な負の外部性の範囲をはるかに超えて，その社会的責任を問われるようになった。グローバル社会の一員として，自社の活動が与えうる影響を把握・評価するとともに，負の影響を最小化するために必要な措置をとり，情報を開示して社会の理解・共感を得ることは，株主利益の観点からも重要になっている。

こうした企業の社会的責任（CSR：Corporate Social Responsibility）に対する認識が広まるにつれて，企業への資金配分を担う金融機関の責任にも注目が集まる。そこで金融機関側でも，CSR活動に積極的な企業を支援するような資金運用を社会的責任投資（SRI：Socially Responsible Investment）と呼び，これを推進する動きが増えていった。2006年には国連環境計画・金融イニシアティブが機関投資家☆に対してESG（環境，社会，企業統治：Environment, Social, Governance）課題への配慮を求めた責任投資原則を提唱し，多くの機関投資家が署名すると，それ以降はESG投資という呼称が一般的なものとなった。

CSRやESGに関する情報は，法的に開示が義務づけられている財務情報と区別して非財務情報と呼ばれる。非財務情報には，CSRやESGなど事業活動のサステナビリティ（持続可能性）☆に関する情報のほか，近年，企業の成長要因として注目が高まる知的財産や人的資本（第3章1.2.1参照）など無形資産に関する情報が含まれる。法的義務はなくとも，社会や投資家の関心が高い非財務情報を積極的に開示することは，資金調達を有利に行ううえでも重要性が増しており，上場企業を中心に，財務情報と非財務情報を統合して自社の成長ストーリーを示す「統合報告書」を公表することが一般化した。非財務情報は，相互に比較可能な形で数値化することが困難な項目も多いが，開示を義務化する流れが国際的に進んでおり，サステナビリティ開示に関しては，国際的

☆**サプライチェーン**：製品の製造工程だけではなく，商品や製品が消費者の手元に届くまでの，原材料や部品の調達，生産後の在庫管理，物流，販売までのプロセスを一連の流れとして捉える用語。

☆**機関投資家**：顧客のために資金を運用・管理する法人の大口投資家のこと。主なものとしては，生命保険会社・損害保険会社・信託銀行・年金基金などが該当する。

☆**サステナビリティ**（持続可能性）：1980年に国連環境計画などによって策定された「世界自然資源保全戦略」に初めて登場して以来，2015年のSDGs（Sustainable Development Goals，持続可能な開発目標）に至る国連の取り組みの根幹をなす概念である。その背景には，世界の長期的な平和と安定を実現するために貧困問題や地球環境問題の解決が不可欠であるとの認識がある。

▶図2-2　プロダクト・サイクルのイメージ

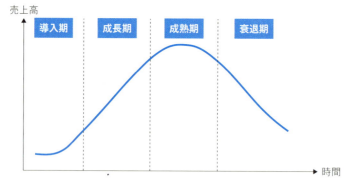

な統一基準の制定に向けて，並立していた基準制定機関が統合されたところである。日本でも「サステナビリティに関する考え方及び取組」について，2023年3月期から有価証券報告書での開示が義務化され，今後も対象範囲の拡大が見込まれる。

1.4　企業のライフサイクル

1.4.1　企業のライフサイクルと寿命

　企業は，魅力ある製品・サービス（まとめてプロダクトと呼ぶ）を世に送り出すことで利益を生み出す。しかし，どんなに魅力的なプロダクトも，消費者の嗜好の変化や技術進歩，新たなプロダクトの登場により，やがて売上を落とし，市場から姿を消していく。その変遷をモデル化したものがプロダクト・サイクル論であり，一般に導入期，成長期，成熟期，衰退期の4段階を経て寿命を迎えるとされる（図2-2）。

　企業業績についても，主力事業のサイクルと命運をともにする面があり，同様の発想で企業のライフサイクル論が提唱されてきた。もっとも企業の場合は，創業期を除けば1つのプロダクトのみに依存することは珍しいし，主力事業が衰退すれば別の事業に転換することもできるため，より複雑かつ複線的な軌跡をたどる。一例としては，プロダクト・サイクルの導入期を「創業期」とし，成熟期と衰退期の間に「変革期（淘汰期）」を加え5段階とするモデルがある。成熟期を迎えた企業でも，事業構造の転換など変革に成功すれば，衰退期に向かうことなく成長期に若返る可能性がある，というわけである。

主力製品の衰退が迫るなか，大胆な変革を実行できたか否かが企業の命運を分けた有名な例が，アメリカのコダックと日本の富士フイルムである。両社とも，主力の写真フィルムで高収益をあげていたが，デジタルカメラの脅威にさらされていた。コダックはフィルム事業の将来を楽観視し，事業転換を図ろうとしなかった結果，衰退期を経て経営破綻に至った。一方，富士フイルムはフィルム製造技術を活かしたヘルスケア事業などへの多角化を図った結果，現在も高収益企業としての地位を保っている。

　しかし，富士フイルムのように鮮やかに事業転換を果たすのは決して簡単なことではない。かつて，日経ビジネス誌は「会社の寿命 30 年」説を提唱した。企業の全盛期は平均的に見て 30 年程度に過ぎないという指摘である。その会社が発展する礎となった事業を「祖業」と呼ぶが，一般論としては祖業を捨てて，他業への転換を果たさなければ，30 年を超えて全盛期を継続することは難しいといえる。日本の上場企業は，戦後間もない 1940 年代後半に設立された企業が最も多く，1990 年代にはその多くが変革期，衰退期に入っていた可能性が高い。「失われた 30 年」といわれたように，日本経済が 1990 年代から長い停滞を続けた背景には，かつて高度成長を牽引した企業群が全盛期を過ぎ，その多くが若返りを果たすことなく衰退期に入ってしまったという意味での「高齢化問題」の存在が指摘される。

1.4.2　事業再構築の重要性

　一般に成熟化した大企業は，多くの事業部門を社内，あるいは子会社・関係会社として持つコングロマリット（複合企業体）となることが多い。コングロマリットには，事業部門間の相乗効果（シナジー）とリスク分散によるメリットがある半面，1 つの企業として経営するには巨大化・複雑化しすぎて経営陣の注意が行き届かなくなったり，意思決定が遅くなるデメリットもある。また，組織内の力関係によって資源配分が行われる結果，非効率な赤字部門が生き残るなどの歪みが生じやすいという問題も指摘される。さらに，たとえ効率的な経営が行われているとしても，外部からはその実態が見えにくいため，株価が過小評価されやすいという傾向も見られる。

　日本よりも一足早く大企業の成熟化が進み，コングロマリットのデメリットが目立つようになったアメリカでは，M & A（Mergers and Acquisitions：企業の合併・買収）による事業部門の入れ替えが再生の切り札になったとされる。大企業は，成長の止まった事業を手放し潜在力を持った新たな事業に入れ替える

▶図2-3　M&A件数の推移

（出所）レコフデータ「グラフで見るM&A動向」https://www.marr.jp/menu/ma_statistics/ma_graphdemiru/entry/35326（2024年3月15日最終アクセス）。

ことで活力を取り戻し，切り離された側の事業も，企業として独立したり相乗効果の高い他の企業に属することで意思決定が迅速化し価値が向上した。

　日本でも1997年の純粋持株会社解禁を皮切りに，2000年代前半にかけて事業構造の変革やM&Aを促進するための制度改革が順次進められた。純粋持株会社とは，自らは事業を行わずグループ各社の株式を保有し，グループ戦略の策定・調整およびグループ各社の管理業務に専念する企業を指す。戦後，独占禁止法では，財閥本社が戦争遂行に関与したとのGHQの基本認識を受け継ぎ，財閥の復活につながる純粋持株会社の設立は禁止されていたが，1997年の同法改正によって純粋持株会社を活用した事業再編が可能になった。また並行して，M&Aが競争制限に該当しないかを公正取引委員会が判定する企業結合審査においても，ガイドラインの公表による基準の明確化や，国際競争の実態を踏まえた運用の見直しなどが行われ，素材産業における大型合併の動きなどを後押しした。その後も，商法改正によって株式交換・株式移転制度（1999年），会社分割制度（2001年）が導入され，これらを利用した上場子会社の完全子会社化，共同持株会社の設立による経営統合，事業部門の分社化などの動きが活発化した。こうした制度整備の効果もあり，1990年代半ばまで年間200件台にとどまっていた日本企業同士のM&Aは，2000年に1000件を超え，2000年代半ばには2000件を超えた（図2-3）。

　既存企業がどんなに事業の入れ替えに積極的でも，買収対象となる新規事業

の創出が乏しければ，若返りを果たすことは難しい。新規事業創出の原動力は，かつてはベンチャー企業，近年ではスタートアップ企業☆と呼ばれる，技術力が高く強い成長志向を持つ企業の存在である。アメリカ経済の強さは，企業家精神が旺盛で，シリコンバレーのように大学や研究所の周辺に多数のスタートアップ企業が立地する集積があり，次代を担うビジネスが続々と送り出される点にある。日本でも近年ようやく若者の起業やスタートアップ企業に対する関心が高まりつつあるが，日本の開業率は主要国の中でも低い水準にとどまっている。開業率の上昇やスタートアップ企業の増加は，日本の重要な課題であるといえる。

　なお，日本は開業率だけでなく廃業率も低い水準にある。ただし，今後については創業者の高齢化と後継者不在に伴う廃業率の上昇が懸念されている。戦後まもなく開業した企業には，収益性が高いとはいえないものの，町工場として日本のものづくりを陰ながら支えてきた中小企業も少なくない。こうした企業の創業経営者にとって，買い手企業または後継者を見つけることは難しく，引退を決意すれば廃業となる可能性が高い。これを事業承継問題という。事業承継問題を放置すれば，そこにしか存在しなかった製造技術やネットワークなどが失われるほか，地域経済の疲弊をさらに悪化させる懸念もあるため，地方自治体や地域金融機関などが支援に乗り出している。

1.5　企業は誰のものか

　経済学では，企業の目的あるいは行動原理として「利潤最大化」もしくは「企業価値の最大化」を前提とする（一定の前提のもとで両者は同義である）。所有と経営が分離した株式会社において，経営者は株主の代理人として企業価値の最大化を使命とする。しかし，企業の規模が大きくなり株式が上場・公開されるようになると，株主は広く分散し企業の所有者としての意識は希薄になる。なぜなら経営に対して不満があれば，株主総会で意見を述べるより，株式を売

☆ベンチャー企業，スタートアップ企業：ベンチャー企業，スタートアップ企業という用語に，学問的に厳密な定義は存在せず，両者はほとんど同じ意味で使われることも多い。ベンチャー企業は，いわゆる和製英語であり，もともとはベンチャー・キャピタルから資金調達をしている新規創業企業という意味合いであったが，後に新規創業企業全般を指すようになった。スタートアップという呼称はシリコンバレーが発祥とされ，単なるスモール・ビジネスと区別して，強い成長志向を持ち社会変革を目指すようなタイプの新規創業企業であることを強調するニュアンスが含まれる。

54　第Ⅰ部　基礎編

ってしまう方が手っ取り早いからである。こうした状況では，株主よりも経営者や従業員，さらには銀行など債権者の方がインサイダーとして支配力を発揮するようになり，企業行動に影響を与える傾向が強くなる。インサイダーによって選択された企業行動が企業価値の最大化から大きく乖離している場合，その影響は株価の低迷という形で現れる。株価の低迷が長期化すると，少ない資金で株を買い集められることから，経営者の同意を得ずに行う敵対的買収や，一定比率の株式を買い集めたうえで，さまざまな経営改革の要求を突きつけ，株価が上昇したら売り抜けようとする物言う株主（アクティビスト）の標的になりやすくなる。この種の投資家の中には，長い目で見ると企業価値の毀損につながるような近視眼的・収奪的な意図を持つ者（いわゆる「ハゲタカ・ファンド」など）が少なくないのも事実であるが，他方で企業の支配権をめぐる市場（market for corporate control）において敵対的買収や物言う株主の脅威があることは，インサイダー支配による非効率な経営に歯止めをかける効果もある。

　企業活動には，経営者，従業員，取引先企業，銀行などの債権者，製品・サービスなどの消費者，工場などの拠点が立地する地域社会や市民といった多様な利害関係者（ステークホルダー）が関わっている。企業は誰のものかという問いに対しては，大きく分けて米英型（アングロサクソン型ともいう）の考え方と，日本やドイツの考え方（ライン型ともいう）の2つがある。米英型の考え方によれば，企業は株主のものである。一方，日本やドイツでは，企業は株主だけでなくステークホルダー全員のものだと考える傾向が強い。その背後には，従業員は単に市場で決まる賃金でスポット的に労働力を提供するだけの存在ではなく，長期的に企業活動に関与することを通じて人的資本を拠出しており，資本の提供者として株主と少なくとも同等に扱われるべきだという発想がある。このためドイツでは，従業員の代表者が一定の割合で監査役会に入って経営に関与する制度が設けられている。同様に経営者，債権者，消費者，地域社会も一定期間，企業にコミットしている以上，何らかの資本の拠出者と解釈される。

　ただし，企業が多様なステークホルダーの利益を考慮しようとすると，それぞれにどのような重みを与え，対立する利害をどう調整するのか，経営者は一意な解の存在しない問題に直面することになる。企業活動のグローバル化が進展するにつれて，日本やドイツのような考え方が米英型に近づいていく形で，両者の差は縮まりつつあるが，唯一絶対の正解があるわけではない。2019年

には，アメリカの経済団体「ビジネス・ラウンドテーブル」（日本の経団連に相当）が発出した声明で，すべてのステークホルダーを重視する方針が示されたことが大きなニュースとなった。株主を主体としつつも，企業活動の実態や社会の価値観の変化に合わせてバランスを調整していく動きは，今後も続いていくと考えられる。

第2節　日本的経営の特徴と限界

2.1　日本型企業システムの形成と日本的経営

2.1.1　日本型企業システムとは何か

　一般に日本型企業システムあるいは日本的経営とは，一部は1940年前後の戦時経済体制に源流を持ち，全体としては戦後から高度成長期にかけて形成・確立されていった企業金融，企業統治，雇用構造などにおける制度的特徴と，それらの特徴が一体として（システムとして）機能していた状況を指す。たとえば，新卒一括採用・長期継続雇用・年功賃金からなる雇用制度は，企業が簡単には倒産しないことが前提となるため，経営は安定志向となり，その結果，資金調達方法は資本市場よりも銀行借入との相性がよい，といった具合に，それぞれの制度的特徴は相互に強化し合う関係（経済学でいう「制度的補完関係」）にあり，当初は独立して形成された制度が最終的には1つの堅固なシステムとして定着するに至った。

　日本型企業システムに関する研究は，アメリカ企業が低迷する一方で日本企業が世界を席巻した1970〜80年代にかけて，その強さの秘密を探ろうとする観点から盛んに行われた。しかし，バブル崩壊後，企業の不祥事や業績低迷が目立つようになると，今度は日本経済の停滞を招いた時代遅れの仕組みという観点から議論が活発化した。このように，日本型企業システムや日本的経営とは，もともとは外（アメリカなど）から見た日本の特殊性ということであり，ステレオタイプであることは否めない。しかし，日本企業の盛衰の原因を考えるうえで，重要な論点を提供していることも事実である。

2.1.2　企業金融の特徴

　日本型企業システムにおける企業の資金調達は，銀行借入を中心とする負債に大きく依存していた。これは，戦後から高度成長期にかけて，多くの企業が

ライフサイクルでいう「成長期」にあり，先行投資のために外部資金を必要とした こと，資本市場は厳格な規制のもとにあり資金調達コストも高かったことが背景にある。こうしたなかで，安定的な資金供給を確保したい企業が特定の銀行と長期継続的な取引関係を持つメインバンク関係が形成されていく。その源流は，戦時下の軍需融資指定金融機関制度にあったとされるが，戦後復興期は政府系金融機関の役割も大きかった。高度成長期になると，貸出先の株式を保有しつつ経営状況を常時モニタリングし，主要な貸し手として協調融資団をとりまとめ，貸出先が経営危機に陥った際には役員を送り込みつつ救済するという，メインバンク関係の基本的な特徴が確立した。経済学では，企業と資金提供者の間に生じる情報の非対称性の問題を緩和するうえで，審査やモニタリングなど銀行の情報生産機能が重要な役割を果たすことが示されるが，1970〜80 年代頃までの日本のメインバンク関係は，情報生産機能が有効に働いた例として肯定的に評価されることが多かった。

2.1.3　企業統治の特徴

　日本企業の株主構成は，戦後改革によって財閥が解体され，いったんは流動的な個人株主が大半を占めるようになったが，高度成長期に差しかかる頃には株主安定化の動きが進展する。三井，三菱，住友といった旧財閥系企業は，社長会などの親睦組織をつくり，会員企業間の株式持合を進めていった。また，非財閥系企業も，メインバンクやメインバンクと親密な金融機関に株式の保有を依頼し，芙蓉（富士），三和，第一勧銀といったグループに集約され，6 大企業集団が形成された。株式を持ち合った企業は，著しい業績の悪化がないかぎり互いの経営に口を出すことはなく，経営者はメインバンクのモニタリングをクリアできれば株主の圧力を気にせず経営を行うことができるようになった。株式持合に守られた経営者が支配する日本的な企業統治は，長期的視点に立った果敢な成長投資を可能にした仕組みとして，1970〜80 年代頃までは肯定的に評価されることが多かった。

2.1.4　雇用構造の特徴

　高度成長期に入った日本企業は慢性的な人手不足に直面し，「金の卵」と呼ばれた学校新卒者を定着させるべく，長期継続雇用を前提に一括採用し，賃金は勤続年数に応じて横並びで緩やかに上昇させる年功賃金が一般化した。業務内容や勤務地は無限定な（会社の指示にすべて従う）メンバーシップ型雇用であり，先輩や上司が業務を通じて教える OJT（On-the-Job Training）によって企

業特殊的なスキルを身につける。同期で入社した従業員は「同じ釜の飯を食った」仲間として会社に強い帰属意識を持つようになり，経営陣も内部昇進者で占められることから，企業別労働組合を中心とした労使協調路線が定着した。このような雇用構造は，従業員の定着率を高め社内の意思疎通を円滑化するとともに，経営環境の変化に対し人員配置を柔軟に見直すことを可能にし，日本企業の生産性を高める仕組みとして，1970～80年代頃までは肯定的に評価されることが多かった。

2.2 日本的経営の限界と失われた30年

2.2.1 日本型企業システムの制度疲労

　日本経済は，バブル崩壊をきっかけとして1990年代から「失われた30年」と呼ばれる長期停滞期に入り，1980年代には各産業で世界を席巻した日本企業の地位も低落傾向に歯止めがかからなくなった。銀行の不良債権処理の遅れや政策の失敗，行き過ぎた円高や新興国の台頭といった外部環境が逆風となったことも事実ではあるが，日本企業の凋落の背景には日本型企業システムの制度疲労という構造的要因が存在した。金融自由化や経済のグローバル化が進展するなかで，以前は有効に機能していた日本的な意思決定や経営者の規律づけのメカニズムが働かなくなったのである。また，日本型企業システムは，企業金融，企業統治，雇用構造が互いに制度的補完の関係にあるため，1つの要素が機能不全に陥ると，他の要素にも悪影響を与え始める。システムの変革には長い時間を要し，日本企業はその過程で多くの摩擦や矛盾に直面することとなった。

2.2.2 メインバンク関係の制度疲労

　1970年代以降，日本企業の多くがライフサイクルにおいて「成熟期」に入り，先行投資のための外部資金の必要性は低下した。加えて大企業の信用力は高まり，必要があれば資本市場から資金を調達することが可能となり「銀行離れ」を起こした。企業と銀行の力関係は逆転し，メインバンクのモニタリング機能は徐々に形骸化していった。株主からも銀行からもフリーハンドを得た企業経営者は，1980年代になると，本業に必要のない資金を資本市場から調達して金融資産運用や不動産投資に傾倒したり，豪奢な本社ビルや比較優位に乏しい多角化事業に多額の投資を行うなど，経営の規律を失っていき，後にバブル崩壊によって巨額の損失を被った。

58 第Ⅰ部 基礎編

バブル崩壊後，不良債権問題が顕在化した1990年代後半には，銀行は自己資本比率を維持するために健全な企業に対する貸し渋りや，本来は清算すべき非効率なゾンビ企業に対する追い貸し☆といった病理的な行動に走るようになり，最後の貸し手としてのメインバンクに対する信頼は地に落ちた。健全な企業の間にも借入金の返済など財務健全性を最優先とする保守的な考え方が蔓延し，リスクをとって事業を拡大しようとする企業家精神（アニマル・スピリット）は失われてしまった。

2.2.3 株式持合の制度疲労

1980年代まで，日本の株価は右肩上がりで，かつて取得した持合株には巨額の含み益が生じていた。企業や銀行の経営者は，業績が悪いときには，保有株の一部を売却して利益をかさ上げし，経営責任を回避することもできた。しかし，大量の持合株の保有は資本効率の観点から見れば非効率なものであり，1990年代半ばになると外国人株主から厳しい目が向けられるようになる。さらに，不良債権問題が深刻化するなかで銀行株の下落が目立つようになると，銀行株の保有は企業の経営リスクとして意識されるようになる。会計制度改革の一環として時価会計の導入が決まると，企業の銀行株売却が加速していった。銀行側も，不良債権処理による損失の穴埋めに加えて，保有株の下落が自己資本比率の低下をもたらし貸し渋りにつながっているとの批判もあり，持合株の売却を進めていく。2000年代初頭には政策的にも銀行の保有株売却を促す方針が明確になり，日本企業の株式所有構造は外国人の持株比率が劇的に高まる形で変化した（図2-4）。

2.2.4 長期継続雇用の制度疲労

株式持合に守られた日本的経営から一転して外国人株主の圧力を感じるようになった経営者は，イノベーションによって製品・サービスを差別化する努力をせず，自己保身のため手っ取り早く資本効率を高める手段としてコストカットや従業員のリストラを推進する傾向を強めていく。人件費の安い海外に拠点を移し，技術を流出させながら価格競争に明け暮れた。バブル期の積極経営を差配した経営者が業績悪化の責任をとって退任し，後任として守りに強いタイプの経営者が選ばれやすくなったことも，このような傾向に拍車をかけた。従

☆追い貸し：不良債権の存在を隠す目的などで行われる返済の見込みが乏しい貸出先に対する追加融資のこと。

▶図 2-4　主要投資部門別株式保有比率の推移

（注）　1.　1985年度以前の信託銀行は，都銀・地銀等に含まれる。
　　　2.　2004〜21年度はJASDAQ上場銘柄を含む。2022年度以降は，その時点の上場銘柄を対象。
（出所）　日本取引所グループ「2022年度株式分布状況調査」。

業員のリストラは，表面的には長期継続雇用を維持し，関係会社などへの出向，転職斡旋，希望退職の募集，定年退職者の不補充，新卒採用の抑制などの形で進められたが，残された従業員の帰属意識や士気は低下していった。確かにコストカットや従業員のリストラは，厳しい経営環境の中で短期間に資本効率を向上させるうえでは有効であった。しかし，目先の収益のために将来を見据えた設備投資，研究開発や従業員への教育投資をカットする近視眼的な経営は，日本企業の競争力の基盤を確実に蝕んでいった。

2.2.5　なぜ日本的経営は行き詰まったのか

　日本型企業システムあるいは日本的経営は，1980年代には徐々に有効性を失い，バブル崩壊によってその問題が顕在化し，90年代末には機能不全に陥ったといえる。しかし，その後も日本企業は経営モデルを見直すことなく，停滞と迷走を繰り返した。
　1980年代まで，日本的経営の特徴は利益よりもシェアや売上高を重視する点にあるといわれた。それが1990年代以降は，投資の抑制とコストカットにより借金を返済し，現預金を積み上げる経営に変化した。しかし，表面的には変化したように見えても，その底流にある日本的経営の本質は変わらなかったともいえる。それは，企業価値の最大化よりも，共同体としての企業の存続を重視する価値観である。経済が右肩上がりの時代には，シェアや売上高を伸ば

して共同体としての「領土」を広げることが，その存続にもプラスになりえた。他方，経済が縮小していく状況では，とにかく会社をつぶさないことが最優先となり，最も安全確実な資産である現預金を確保することが至上命題となる。

　日本には，他国に比べて長寿企業がきわめて多い。長寿企業の家訓としてよく目にするのが，むやみに規模を拡大するなという教えである。規模を拡大するにはリスクをとらなければならず，家業の存続という観点からプラスになるとは限らないからである。近代的な株式会社制度が導入されて以降も，こうした家業意識の延長線上にある共同体的な組織運営は日本企業の中に深く根付いていた。たとえば，内部昇進者が社長を務める仕組みは，従業員と経営陣の間の垣根をなくし，共同体の一員としての感覚を植え付ける。また，上場企業においてすら「社長の最大の仕事は次の社長の指名である」という考え方は長らく一般的なものであった。しかも，退任した社長が完全に会社を去ることは珍しく，社長の次には会長になり，その後は相談役や顧問といった形で経営に関わり続けることが多かった。こうした組織運営のもとで，外部からの規律づけが欠如していれば，経営陣が自らも受益者である共同体の存続を優先した経営を行うのは当然の結果といえる。日本型企業システムが崩壊した後も，日本的経営の共同体的特性が長期間維持されたことは，経営に対する適切な規律づけが働かなかった証拠であり，失われた 30 年の土壌となった。

2.2.6　日本企業の現在地

　失われた 30 年の日本企業の経営の特徴を定型化された事実としてまとめると，①コストカット・リストラ志向，②安定財務志向（借金の返済，現預金の積み上げ），③設備投資やイノベーションの軽視，④差別化なき価格競争，などがあげられる。このような経営を長年続けた結果，低率の黒字は維持できるが，従業員への分配は不十分で，経済にはデフレ的な影響をもたらし続けた。また，安定財務志向や価格競争を反映して資本効率は低いままであり，利益成長も期待できないことから株価は低迷した。さらに生産設備の老朽化とイノベーションの停滞から，かつては強みとされた技術力の面でも新興国の後塵を拝するようになった。コストアップを販売価格に転嫁できるだけの競争力がないため，世界市場で原材料や部品の「買い負け」をすることも増えた。各分野でトップシェアを誇る企業は多数存在するが，概してニッチな分野にとどまる。

　その帰結として，日本企業の世界レベルでの存在感は大きく低下している。

第2章 企 業 **61**

たとえば，世界企業番付「フォーチュン・グローバル500」にランクインする日本企業は，1995年版の149社から減少傾向が続き，2023年版ではわずか41社（中国142社，アメリカ136社）となっている。このランキングは総収益を評価したものであり，利益率や成長性が評価される株式時価総額で見ると状況はいっそう厳しく，トヨタ自動車が辛うじてトップ50に入るのみとなっている（2023年末現在）。日本の場合，上場企業における時価総額上位企業の顔ぶれは30年前と比べてあまり変化しておらず，テック・ジャイアンツなど歴史の新しい企業が上位のほとんどを占めるアメリカなどとは対照的である。日本経済がかつての輝きを取り戻すには，トヨタを追い越すような企業が次々と現れ，上位企業の新陳代謝，世代交代が進むようになることが不可欠である。

　横並び意識が強く，組織の論理に染まった日本企業の経営者が，積み上がった現預金や株式持合というコンフォート・ゾーンを出て自ら変革に取り組むには，「外圧」や「お上の意向」といったスイッチが必要であった。第2次安倍内閣から今に至るまで続く企業統治改革や，日本取引所による株式市場改革によって，日本企業はようやく重い腰を上げて成長戦略を真剣に考え始め，市場の評価も上向きつつある。この動きを一過性のものに終わらせず，外圧が弱まっても自ら改革する姿勢を継続できるかどうか，真価が問われている（企業統治改革や株式市場改革の動向については第Ⅱ部第9章第4節を参照）。

本章のまとめ

　本章の前半では，企業統治や会計情報の開示など，株式会社制度の基本的な仕組みを学んだ。それらは，外部から資金を調達してリスクのある投資プロジェクトを推進する現代企業が，情報の非対称性のもとで資金提供者との間の潜在的な利害の不一致によって生じるさまざまな問題を克服し，経済の健全な発展に寄与する存在となるために必要不可欠なものである。そこでは，企業経営者は常に株主，債権者，潜在的な買収者をはじめ外部からの評価や監視の目にさらされ，淘汰されていく存在である。

　しかし，当然のことながら，それは経営者にとって決して居心地のよい状況ではない。本章の後半で学んだ日本的経営の変遷からは，株式持合，借金の返済，現預金の蓄積など，塹壕に身を隠して何とか外部からの監視を忌避しようとする経営者の行動が浮き彫りになった。その結果，前向きな投資やイノベーションを怠り，低収益や低成長でも黒字ならよいという不作為の経営が蔓延し，日本企業は競争力を

失っていった。遅きに失したものの，ようやく前進しつつある企業統治改革が，日本経済再生の重要なカギを握っている。

▶練習問題

1. 表 2-2 をもとに，1 社当たり従業員数，1 社当たり売上高，従業員 1 人当たり売上高を企業規模別に計算し，それぞれの特徴を述べよ。
2. 企業統治のマネジメント・モデルとモニタリング・モデルについて，それぞれの理論的な長所と短所を考えよ。また，日本企業の実態はマネジメント・モデルの想定とどのように乖離していたか述べよ。
3. 株式会社の企業統治についてアダム・スミスが示した懸念（1.2.1）は，現代において果たして克服されたのであろうか。自由に論ぜよ。

（解答はウェブサポートページに掲載）

▶参考文献

① 江川雅子［2018］『現代コーポレートガバナンス──戦略・制度・市場』日本経済新聞出版社。
② 貝塚啓明・財務省財務総合政策研究所編［2002］『再訪・日本型経済システム』有斐閣。
③ 國貞克則［2021］『新版 財務 3 表一体理解法』朝日新聞出版。
④ 経済産業省［2014］「持続的成長への競争力とインセンティブ──企業と投資家の望ましい関係構築」プロジェクト最終報告書（伊藤レポート）。
⑤ 橋本寿朗・長谷川信・宮島英昭・齊藤直［2019］『現代日本経済（第 4 版）』有斐閣。
⑥ 花崎正晴［2014］『コーポレート・ガバナンス』岩波書店。
⑦ 福田慎一［2015］『「失われた 20 年」を超えて』NTT 出版。
⑧ 三品和弘［2007］『戦略不全の因果──1013社の明暗はどこで分かれたのか』東洋経済新報社。

企業統治（コーポレート・ガバナンス）の問題を中心に，会社制度を幅広く学習するうえでは，①が好適である。ただし，財務諸表の仕組みについては，③などで補う必要がある。企業のライフサイクルと寿命，とくに事業構造転換に関する日本企業の実例に関心のある読者は，⑧が参考になる。

日本型企業システムの特徴と限界については，まずその確立過程を知ることが第一歩となる。その点では，戦後日本経済の歴史の中で日本型企業システムの変遷について論じている⑤に目を通し，続いてその限界について考察した②に進むとよいであろう。⑥は日本型のみならず米英型も含めた既存の企業統治システムの限界を指摘し，多様なステークホルダーの利害を考慮した企業統治のあり方を論じている。⑦は失われた 20 年（1990～2000 年代）の日本経済を振り返り，なぜバブル崩壊が長期停滞につながってしまったのかを，企業の新陳代謝の不足という観点から実証的に考察している。④は，第Ⅱ部第 9 章第 4 節で取り上げるアベノミクスの企業統治改革の起点となった文書であり，当時の日本企業の状況に対して厳しい評価を突きつけている。

第3章

労 働

すべての人が働きやすい社会に向けて

©iStock/RRice1981

本章で学ぶこと

　高度成長期から約2％台で推移してきた失業率が徐々に上がり始めた1990年代半ばから,「日本的雇用慣行の終焉」といった言葉が多く聞かれるようになった。その後,長期にわたる経済の停滞期を経て,非正規雇用の拡大や女性・高齢者比率の増大など,日本の労働市場は大きく変化している。これからも少子高齢化,人口減少の波は押し寄せ続け,経済活動のグローバル化や情報通信技術（ICT）・人工知能（AI）等の技術進歩は急速に進んでいく。こうした社会経済環境の変化は,必然的に私たちの働き方や労働市場に影響を与え続ける。その展望を描くためには,これまでの労働市場の変遷や課題を理解することが重要である。本章では以下のことがらに焦点を当てる。
① 「日本的雇用慣行」が普及した1970年代以降,大きな社会経済環境の変化に日本の労働市場はどのように対応してきたのか。時代ごとの特徴や課題を学ぶ。
② 日本的雇用慣行とはどのような慣行を意味し,それが望ましいシステムとして機能してきた根拠と,その何が今問題になっているのかを考える。
③ 女性の社会進出が進んだ要因は何か,それと少子化とはどのように関係しているのか,そしていまだに職場における女性の能力発揮が進まないのはなぜかを考える。
④ 「ワーク・ライフ・バランス（仕事と生活の調和）」とは何か。それを労働者の生活の質を高めるだけでなく,企業業績の向上にもつなげるために何が必要かを考える。
⑤ 高齢者の能力発揮はできているのかを考える。
⑥ 年齢や性別にかかわりなく,働きやすい社会とは何かを考える。

64　第 I 部　基礎編

第 1 節　日本の労働市場

1.1　今日の労働市場

　多くの人々は雇用者や自営業者として働くことから収入を得，その収入を元手にさまざまな財やサービスを消費している。このように，働くこと，すなわち労働サービスの提供は，多くの人々の生活に不可欠な活動であるとともに，第 1 章で見たように，一国の生活水準を規定する重要な要因でもある。その労働サービスが取引されるのが労働市場である。

　統計上，労働供給の指標として利用されるのが，労働力人口であり，これは働く能力と意思のある人口である（図 3-1）。15 歳以上人口に占める労働力人口の割合は労働力率（図での b/a）と呼ばれ，人々の就労意欲の度合いを示す。一方，働く意欲のある人々がみな働けるとは限らず，求人側（労働需要）にマッチしないと失業者となる。完全失業率（以下，失業率）は，働く意欲のある人々（労働力人口）に占める完全失業者☆の比率として測られる（図でのc/b）。そして，就業者はさらに自営業主や家族従業者，そして雇用者☆に分類される。

　図 3-2 は 2022 年時点の日本の 15 歳以上人口の就業状況を示したものである。全体として女性の方が長寿なので女性の人口の方が多いが，非労働力人口も多いため，就業者数は男性の方が約 668 万人多い。かつては日本も就業者のほとんどが自営業主と家族従業者であったが，産業化の進展に伴い，多くの人が企業等に雇われて働く雇用者になり，いまや男女ともに就業者の約 8〜9割が雇用者である。

　日本の生産年齢人口☆は 1995 年をピークに減少を続けており，高齢化も進展している。人口に占める 65 歳以上人口の比率は，1990 年の 12.1％ から2023 年には 29.1％ にまで上昇し，40 年には 35％ を超えるものと予想されて

☆完全失業者：仕事についておらず，仕事があればすぐつくことができる者で，仕事を探す活動をしていた者として定義される。

☆雇用者：会社，団体，官公庁または自営業主や個人家庭に雇われて給料，賃金を得ている者，および会社，団体の役員を指す。労働統計では「被雇用者」と同義に使われる。

☆生産年齢人口：生産活動に従事できる中核の労働力となるような年齢の人口であり，日本では 15歳以上 65 歳未満の人口を指す。

第3章 労　働　65

▶図 3-1　労働市場──就業状態の分類

▶図 3-2　15 歳以上人口の就業状況（2023 年）

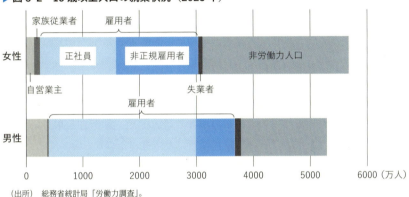

（出所）　総務省統計局「労働力調査」。

▶図 3-3　生産年齢人口，労働力人口，および労働力率の推移

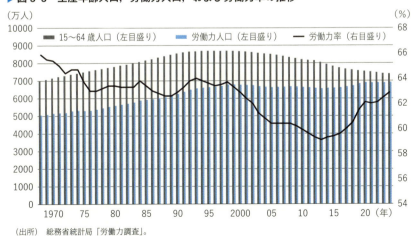

（出所）　総務省統計局「労働力調査」。

いる。ただし人口の減少に比べて労働力人口の減少は緩やかであり（図3-3），それは日本人女性や高齢者の労働力率が高まり，外国人労働者も増えたことによる。

日本の労働市場には，「日本的雇用慣行」と呼ばれる独特の制度・慣行があるといわれている。それは雇用者の中でも，とくに契約期間の定めがなく（無期雇用），職務が無限定ないわゆる「正社員☆」を中心とした，新卒時の一括採用，年齢や勤続年数とともに上昇する賃金体系（年功賃金），長期安定的な雇用関係（終身雇用），企業別の労働組合（企業別労働組合）を主たる特徴とする。これらについて，昔は日本の文化的背景を理由とする説もあった。しかし，本格的に普及したのが戦後の高度成長期であったことを考えると，これら一連の慣行は，日本の労働市場を取り巻く当時の環境に適応するように作り上げられていった制度であるという考え方が一般的になっている。

しかしバブル崩壊以降，日本経済は低迷が続き，失業率の高まりや，女性および高齢者の労働力率の増加，パートやアルバイト，嘱託，契約，派遣社員といった正社員以外，すなわち非正規雇用者の増加など，高度成長期には見られなかった状況に直面した。日本的雇用慣行はどうなったのか。目まぐるしく変化する社会経済環境は，私たちの働き方にどのような影響を与え，どのような問題をもたらしてきたのか。

以下では，年代を区切って労働市場の変遷を振り返り，環境の変化が雇用のあり方にどのような影響を与えてきたかについて考察する。日本的雇用慣行がなぜ普及したのかについての理論的な説明は 1.3 で行う。

1.2　日本の労働市場がたどってきた道

1.2.1　バブル崩壊までの労働市場

日本経済を取り巻く市場環境は，第 2 次世界大戦後にめまぐるしい変化を遂げてきた。産業構造が第 1 次産業から第 2 次および第 3 次に，そして製造業の中でも重化学工業へとシフトするなかで，1950 年代半ばから 70 年代初めにかけて，日本経済は高度成長期を迎えた。その間，失業率は 1% 台前半

☆**正社員**：何をもって「正社員」とするかは法律で定められているものではなく，統計的にも職場での呼称で判断されてきたが，たとえば労働経済白書（厚生労働省）では，労働契約の期間の定めがなく（無期雇用），フルタイムで働いており，直接雇用の雇用者を指すとしている。

第3章　労　働　**67**

の低水準が続いた。

　この時期に若年層，技術・技能労働者の不足に直面したとくに大企業を中心に，若い労働者を新規学卒の段階で正社員として一括採用し，同じ企業内で豊富な教育訓練を施し，熟練に育てあげるという方法が形成されたといわれている。教育訓練は人的資本☆への投資であるから，投資によって熟練した正社員が離職しないように，勤続年数に応じて給与が高まる賃金体系（年功賃金）や遅い昇進，長く勤務するほど高まる退職金の制度が生まれ，その結果として長期安定的な雇用関係（終身雇用）ができ上がっていった。さらに，ホワイトカラーだけでなく，ブルーカラーも含めた従業員と経営側とが協調する企業別労働組合が定着しはじめたのもこの頃である。これらの制度や慣行は「日本的雇用慣行」と呼ばれ，相互補完的に経済合理性を持っていた（その理論的な説明については 1.3 を参照）。

　その後の 2 回にわたる石油ショックに伴う不況期においても，この労使協調路線によって賃上げよりも雇用が優先され，失業率は 2% までしか高まらなかった。正社員であれば誰に対しても支給される年に 2 回の賞与（ボーナス）や恒常的な長時間労働も，不況期に所定外労働時間やボーナスを調整することで人員削減を防ぐ余地をもたらしたといわれている。

　その後の円高不況においても正社員の雇用は守られ続け，代わりに非正規雇用者が雇用調整の対象となった。しかしその頃の非正規雇用者は，学生アルバイトか主婦のパートタイマー，あるいは高齢者の嘱託社員が主流であり，家計補助的な働き方をしている人々が多かった。すなわち世帯単位で見れば，主たる家計の担い手が正社員であることにより雇用の安定が確保される一方で，雇用システムとしての柔軟性は，正社員の残業時間や賞与の調整と非正規雇用者の雇用調整を通して保たれていたといえる。

　1986 年には男女雇用機会均等法が施行され，定年，退職，解雇での男女差別が禁止された。しかし募集，採用，配置，昇進については男女均等待遇の努力義務が課されるにとどまった。これにより，20 代女性の労働力率は若干高まったが，企業内での男性正社員を中心とした雇用慣行は続いた。景気の拡大

☆人的資本：人的資本とは，労働者の持つ技能や知識など，生産活動を行う能力を指す。職場内外で仕事をしながら，あるいは教育訓練を受けるなどを通して生産性を高める行為はこの人的資本への投資であり，これを人的投資（能力開発）という。

▶図 3-4　年齢別失業率の推移（男女計）

（出所）総務省統計局「労働力調査」。

は加速し、株価、地価などが急速に値上がるバブル経済に突入した。

1.2.2　バブル崩壊から世界金融危機までの労働市場

　バブル経済の崩壊以降、日本経済は長期間にわたり停滞した。それまで 2％台で推移していた失業率は徐々に上昇しはじめた。1997 年には消費税率の引き上げやアジア通貨危機が起こり、深刻な金融不安が蔓延するなか、失業率は 98 年以降急速に高まり、2002〜03 年には全体で 5.4％、若年層では 10％ を超える水準にまで達した（図 3-4）。その後、若干の回復基調が続くが、2008 年の世界金融危機を契機に、雇用情勢は再び悪化した。失業率の大幅な上昇とその後の景気動向に伴う失業率の大きな変動は、不況期でも雇用を保障するというそれまでの雇用慣行の終焉を示しているように見える。この時期に、日本の労働市場はどのように変化したのだろうか。

　この間の最も大きな変化は、非正規雇用者と女性雇用者の急増である。生産年齢人口が 95 年をピークに減り始め正社員数が減少するなかで、非正規雇用者数がとくに女性において増えることによって雇用者数は増え続けた（図 3-5）。表 3-1 を見ると、1990 年代初頭から 2005 年にかけて、男性においても若年層と高齢層で非正規雇用者比率が急上昇したことがわかる。2008 年の年末には、雇止め☆によって住む場所さえ失った派遣や非正規雇用者のために「年越し派遣村」が設置されるなど、非正規雇用者の急増が社会問題になった。不況の長期化だけでなく、グローバル化や規制緩和によって激化した市場

▶図 3-5　男女別正社員および非正規雇用者数の推移

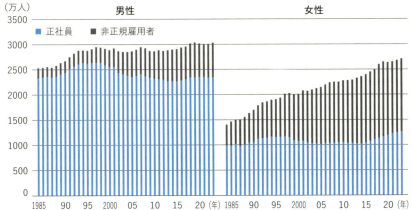

（注）「労働力調査特別調査」と「労働力調査」とでは，調査方法，調査月などが相違することから，時系列比較には注意が必要。
（出所）総務省統計局「労働力調査特別調査」（2001 年以前）および「労働力調査」（2002 年以降）。

▶表 3-1　年齢・性別非正規雇用者比率の推移（単位：%）

	男性					女性				
年	1985	1995	2005	2015	2023	1985	1995	2005	2015	2023
15〜24 歳	4.7	9.2	28.8	25.3	21.5	8.3	16.3	39.8	34.3	26.3
25〜34 歳	3.2	2.9	12.9	16.6	14.4	24.3	26.6	40.7	40.9	31.3
35〜44 歳	3.1	2.3	6.9	9.8	9.3	44.4	48.9	54.5	54.6	47.4
45〜54 歳	5.0	2.9	8.4	9.0	8.3	37.4	46.8	57.5	59.7	54.2
55〜64 歳	19.2	17.4	27.1	31.5	25.7	38.1	43.6	61.0	67.4	64.9
65 歳以上	34.7	48.3	66.7	71.8	71.5	45.8	48.6	69.0	77.3	83.4

（注）役員を除く非農林業雇用者に占めるパート，アルバイト，嘱託，その他の比率。15〜24 歳については在学中を除外している。
（出所）総務省統計局「労働力調査特別調査」（2001 年以前）および「労働力調査」（2002 年以降）。

競争や，それに伴う不確実性の増大が，雇用調整が比較的容易で低コストの非正規雇用者の需要を増やしたと考えられる。

☆雇止め：雇止めとは，有期労働契約が繰り返し更新され，雇用期間がある程度継続していたにもかかわらず，突然，契約の更新をせずに退職させることを指す。2012 年の改正労働契約法により，過去に何度か契約が更新されており，当然に契約が更新されると思える合理的な理由がある場合には，雇止めできなくなった。

70 第I部 基礎編

　他方でこの時期の正社員，とくに大卒の男性正社員に注目すると，勤続年数が5年以上の離職率や平均勤続年数はほとんど変化しておらず，長期雇用慣行は根強く続いていた。ただし正社員全体で見ると，長期雇用の根幹を成す人的投資のあり方に変化が見られる。「民間教育訓練実態調査」（旧労働省），およびこの調査を引き継いだ「能力開発基本調査」（厚生労働省）によれば，職場を離れて行う訓練（Off-JT☆）を実施した正社員の割合は1990年に75%，90年代後半は50〜55%程度で，2003年度には29%にまで低下した。その後の景気拡大で2005年度には58%まで上昇したが，08年度以降，40%程度を推移し続けている。すなわち，長期雇用の対象となる社員の少数精鋭化が進められる陰で，それ以外の雇用者層が拡大し，結果として日本全体で企業による人的資本投資が減少していったことがうかがわれる。

　この状況は，とくに若年層において大きな問題をもたらした。それまではほとんどの若者が学校卒業と同時に正社員の雇用機会を得るというパターンが見られ，それが日本的雇用慣行の特徴の1つでもあったが，バブル崩壊以来，学校卒業とともに非正規の仕事に就く若者（フリーター）や，仕事に就かず，かといって仕事を探してもおらず，教育も訓練も受けていない無業者（NEET〔Not in Education, Employment, or Training, ニート〕とも呼ばれる）が増え始めた。

　学卒後に非正規雇用者としていろいろな仕事を経験することで，自分に合った仕事を見つけることができるのであれば，そうした経験はむしろ望ましいともいえる。しかし日本における非正規の仕事は，諸外国と比べても低賃金・低技能の限定的な職種に集中しており，企業内訓練の機会や昇給・昇進のチャンスが少なく，雇用不安も大きい。収入の不安定な若年層が増えたことは，家族形成にも悪影響を与えた。

　しかも，豊富な企業内訓練の機会を備えた大企業正社員の就業機会ほど新卒者に集中する状況では，学卒時にそうした機会を逸することが永続的にその人の人的資本の蓄積，ひいては将来のキャリア形成に負の影響を及ぼすことにもなりかねない。実際，1993〜2005年の就職氷河期に新規学卒として労働市場

☆ Off-JT（Off-the-Job Training）：職場外訓練。従業員の企業内教育の一方式で，従業員を職場から離して一定の場所に集め，訓練スタッフにより講義，セミナー，見学等の方法で集団的な訓練を施すことをいう。

に参入した世代では，40歳代になっても無業者や不安定就労者が多く，他の世代と比べても転職経験者の多いことがわかっている。不況期に学校を卒業すると，新卒時に正社員の仕事に就きにくいだけでなく，不本意な就職先を選ばざるをえないため，仕事を辞めやすいからである。そのうえ，永続的に正社員の職に就く可能性が低下するため，生涯得られる賃金が低くなる「世代効果」を示す研究報告もある。すなわち，やり直しのしにくい社会になっていることが問題となっている。学卒時が不況期でも，その後景気が回復すればよりよい条件の仕事に転職しやすいアメリカとは対照的である。

　この時期にはまた，女性の高学歴化と社会進出も進んだ。共働き世帯数が男性雇用者と無業の妻（いわゆる「専業主婦」）の世帯を上回ったのも1990年代半ばである。1992年には育児休業法（95年には育児・介護休業法に改正）によって育児・介護のための休業を請求できるようになり，2010年には同法の改正により，3歳までの子の養育を行う者に対して短時間勤務制度を設けることが義務づけられた。さらに，1997年には男女雇用機会均等法の改正があり，採用，昇進，配置等についても男女差別が禁止されることになり，女性の社会進出がよりいっそう後押しされた。しかし第2節で詳しく取り上げるように，子育てや家事，介護等と正社員として働くこととの両立は難しく，まだ出産と同時に仕事を辞めていく女性は多かった。長時間労働者比率が若い世代を中心に増加の一途をたどっていたこともあり，女性だけでなく，男性正社員の長時間労働是正も含めて「仕事と生活の調和（ワーク・ライフ・バランス）」（2.2を参照）を目指すべきとの考え方が提唱され始めた。

1.2.3　世界金融危機以降の労働市場

　世界金融危機後に失業率は5.5%まで上昇したが，諸外国と比較するとその影響は限定的であった。2010年以降は回復基調が続き，女性や高齢者の労働参加も進んだ。そして2013年頃からとくに中小企業において，また首都圏よりも地方において，人手不足感が高まっていった。

　少子高齢化に伴う生産年齢人口の減少という大きな潮流のもとで，第2次安倍政権は，誰もが活躍できる「一億総活躍社会」の実現を政策目標として掲げ，そのために「働き方改革」が始まった。この改革は，個々の事情に応じて，多様な働き方を選択できる社会こそが人々のワーク・ライフ・バランスと生産性双方の向上を実現できるという考えに基づく一連の改革であり，同一労働同一賃金を通した正社員と非正規雇用者間の不合理な待遇差の禁止や長時間

労働の是正，柔軟な働き方がしやすい環境整備などがその柱となっている。なかでも長時間労働については，時間外労働の上限規制や有給休暇の一部義務化などが 2019 年度から施行された。不規則な勤務状況で働くことの多い医師や自動車運転，建設事業などには猶予期間が与えられたが，24 年度からは適用対象となる。このように労働時間短縮の動きが社会全般に浸透していく一方で，人手不足感が強まり，物流や医療の現場では業務分担の見直しや企業の再編にもつながっている。

それと同時に，少ない労働者数でも生産性を向上させる必要性が重視されるようになり，働きやすさだけでなく，働き甲斐（ワーク・エンゲージメント☆）の向上や職業能力の再開発（リスキリング）が注目されるようになってきた。とくに，ICT や AI などの新たな技術は，DX☆（デジタル・トランスフォーメーション）を通してビジネスのやり方に変革をもたらしており，新しい技術を活用して生産性を高めることのできるスキルや能力を，リスキリングによって付加することが急務となっている。

法律面では，同じ企業で働く正社員と非正規雇用者間の賃金や福利厚生，能力開発機会等における不合理な待遇差を解消するため，ガイドラインの整備や，非正規雇用者への正社員との待遇差の内容と理由に関する説明の義務化などが 2020 年度から順次施行されている。これは職場における同一労働同一賃金☆を促すものであるが，格差是正に必要な情報を労働者に与えるという観点からも重要な意義を持つ。また，有期労働契約の無期転換ルール☆によって，非正規雇用者の無期契約化の後押しも始まった。

☆**ワーク・エンゲージメント**（work engagement）：ワーク・エンゲージメントとは，ユトレヒト大学のシャウフェリ教授らが提唱した働き甲斐を示す概念であり，仕事にやりがいや熱意を持ち生き生きとしている状態を指す。

☆**DX**（Digital Transformation）：DX とは，「データとデジタル技術を活用して，顧客や社会のニーズを基に，ビジネスモデルを変革するとともに，業務そのものや，組織，プロセス，企業文化・風土を変革し，競争上の優位性を確立すること」（経済産業省「デジタルガバナンス・コード 2.0」）。

☆**同一労働同一賃金**：同一労働同一賃金とは，同じような仕事に従事する労働者には，雇用形態や性別等にかかわらず同じ水準の賃金が支払われるべきであるという考え方で，とくに正社員と非正規雇用者との間の不合理な待遇差の解消を目指すものという文脈で使われることが多い。

☆**無期転換ルール**：無期転換ルールとは，同一の使用者（企業）との間で，有期労働契約が反復更新され，通算 5 年を超えたときに，労働者の申し込みによって無期労働契約に転換されるというルールで 2013 年の労働契約法改正で施行された。一方，2015 年に施行された派遣法改正は，同一の組織単位に派遣できる限度を原則 3 年と定めたもの（登録型派遣の場合）。

第3章 労 働 **73**

　無期転換の権利が発生する前に雇止めをする企業や，無期化した後の雇用者といわゆる正社員との格差が依然として大きい職場も少なくないが，無期化した社員を限定正社員☆として登用し，非正規雇用者よりも積極的に人的投資を行い，それを評価し，処遇につなげる仕組みを導入している企業も増えている。そのような取り組みは非正規雇用者に雇用の安定とキャリア・アップの機会を提供すると同時に，働き方の選択肢を広げ，より多くの人々の労働力参加を促すことにもなる。企業にとってみても，それは多様な社員の人的資本の蓄積や意欲の向上，能力発揮の促進を通して長期的な成長につながるはずである。

　2020年には世界的な新型コロナウイルスの感染拡大の影響により，宿泊業，飲食サービス業等の特定産業における労働需要が急減し，休業者数や失業者数が急増した。しかし，感染前から人手不足を経験していた企業が雇用を維持する方向に動いたことや，雇用調整助成金を中心とした政策の支えもあり，雇用情勢がそれほど悪化することはなかった（コロナ禍の雇用については第12章第1節を参照）。2022年に入り，経済活動は徐々に正常化に向かい始めた。それに伴い，感染拡大前から続く人手不足感が，建設や宿泊・飲食サービスを含むすべての産業において出始めている。

1.3　日本的雇用慣行

　本項では，1.2.1で紹介した日本的雇用慣行について，それがなぜ普及したのかを経済学理論の側面から明らかにする。それを通して，高度成長期以来，日本経済が直面してきたさまざまな環境変化が，雇用のあり方に与えた影響を整理しよう。

1.3.1　人的資本理論

　年齢を横軸にとり，年齢階級ごとの平均賃金をプロットしたものを賃金プロファイルと呼ぶが，日本のとくに大企業に勤務する正社員においては，この傾きが海外のフルタイムで働く雇用者に比べて険しい。年齢を重ねれば誰でも賃金が高まるような状況でも賃金プロファイルの傾きは険しくなるが，日本の場合，この背後には，同じ年齢でも勤続年数が長くなるほど賃金が高まるという

☆限定正社員：限定正社員とは，勤務地や職務，労働時間等，通常の正社員であれば企業の要求に沿うべき要件のいずれかが限定されている雇用区分である。

74 第 I 部 基礎編

賃金体系がある。

　男性の場合，学歴や年齢が同じであれば，学卒後の通算就業年数はほとんど変わらないだろうから，このことは，日本の企業が自社での就業経験を他社での経験に比べて高く評価していることを意味する。なぜそのような賃金体系ができあがったのか，そのカギを握るのが人的資本理論の考え方である。

　仕事から離れて，あるいは仕事をしながら学び，訓練を受けることを通して，自分の供給する労働の質や生産性を高めることができる。しかし訓練や教育を行うには，一定の時間や費用がかかる。訓練中に費用を負担し，将来にかけてその収益（訓練による生産性の向上）を得るという構造は，まさにこれらが投資行動であることを意味する。人的資本の中でも，転職して他の企業へ移っても同じように役に立つ能力のことを一般的人的資本と呼ぶ。たとえば，英会話能力やプレゼンテーション能力，一般に普及している機器やソフトウェアの操作能力などがこれにあたる。一方，勤務している企業に特有な価値観の体現や社内の組織，人間関係などについての知識，あるいはその企業に特殊な機器・ソフトウェアの操作能力など，その企業でしか有用でなく，他の企業に移ってしまえば役に立たなくなる能力を企業特殊的人的資本と呼ぶ。

　日本的雇用慣行と密接な関係にあるのがこの企業特殊的人的資本である。訓練や教育を行うには，一定の時間や費用がかかるが，企業特殊的な技能を培う訓練の場合，その多くは先輩や上司に仕事をしながら教えてもらう訓練（OJT：On-the-Job Training）が一般的であるが，その費用のすべてを企業あるいは労働者のいずれかが負担すると，労働者が転職すればその投資（訓練）の収益が回収できなくなる。反対に労働者が全部負担した場合，訓練後にその企業に解雇されると，労働者は訓練で培った能力を発揮できないために，やはりその投資の収益を回収できない。したがって，企業も労働者も，自分たちだけでそうした訓練を行おうとはしない。

　しかし，企業特殊的訓練を受けた労働者によるその企業での貢献度（生産性）は，他の企業での貢献度（生産性）を上回るのであるから，その差分を労働者と企業とが分け合い，分け前に応じた費用負担をするという形で，企業と労働者とが共同で訓練を行う動機が生まれる。

　図 3-6 を用いて詳しく説明しよう。この図は入社してから T 歳まで企業特殊的訓練を受けた労働者の企業での貢献度（生産性）および賃金と年齢との関係を描いたものである。V_1 は企業特殊的訓練を受けた企業でのこの労働者の

▶図3-6 企業特殊的人的資本への共同投資

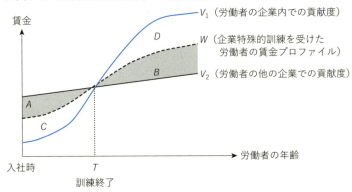

貢献度（訓練の直接費用を差し引いた貢献度），V_2 は他の企業での貢献度を表している。

　すると企業は訓練中，その労働者の貢献度（V_1）以上の賃金（w）を支払うことで，また労働者は他の企業での貢献度（V_2）よりも低い賃金を得ることで互いに訓練費用を負担し合う。訓練後はその負担に応じて，企業は労働者の企業内における貢献度（V_1）よりも低い賃金を支払うことで，また労働者は他の企業で発揮できる貢献度（V_2）よりも高い賃金を受け取ることで，それぞれに収益が配分される。すなわち労働者は図3-6の A の部分を負担し，B の部分の収益を獲得する一方，企業は C の部分を負担し，D の部分の収益を獲得するという共同投資が行われる。

　こうした共同投資がどの程度行われるかは，その投資からどの程度の収益が期待されるかに依存する。それは企業に高い成長が見込まれるほど，また訓練成果を活かすことのできる期間が長いほど大きくなる。したがって，たとえば若い労働者には多くの訓練を行うことが合理的となるが，離職可能性の高い労働者には訓練を抑制することが合理的となる。とくに新卒一括採用は，豊富な訓練を同期入社の社員にいっせいに行う効率的な方法である。

　そうした共同投資の結果，勤続年数とともに高まる「年功的」賃金体系が生み出されるのであるが，それは同時に雇用の安定をもたらす。企業特殊的人的資本の蓄積に伴う生産性の向上（V_1-V_2）がゼロにならないかぎり，雇用関係を絶つことが両者にとって損になるからである。また，訓練後に労働者の得る賃金は，その企業での貢献度よりも低いのであるから，その差（V_1-w）が緩

衝材的役割を果たし，多少の景気後退においても，労働者は解雇されにくくなる。雇用関係が強くなれば，企業内訓練の期待収益はますます高まるのであるから，企業と労働者による積極的な企業特殊的訓練と長期雇用とは，補完的に互いをいっそう増強する関係にあるといえる。

　長期にわたる高い経済成長や，先進諸国へのキャッチアップ期の集団主義を基調とした仕事のやり方における企業特殊的技能の重要性といった環境条件はみな，こうした訓練の期待収益を高める方向に作用する。事業が多角化し，分業化の進展した大企業では，部門間の調整や協力業務も必然的に多くなり，企業特殊的技能の重要性はとりわけ大きくなる。このように考えると，高度成長期の日本に普及した長期雇用や年功賃金，新卒偏重主義といった慣行は，日本の企業，とくに大企業における正社員への積極的な企業特殊的人的資本への共同投資の現れとして説明することができる。

1. 3. 2　後払い賃金体系の合理的説明

　ただし，この人的資本理論だけでは，多くの日本企業に存在する定年制☆という慣行を説明できない。それには職務怠慢仮説という考え方が有効だ。これによると，労働者の働きぶりを常に監視・把握することが難しい場合には，たとえ生涯にわたって支払う賃金総額が同じだとしても，若い頃には生産性より低い賃金を支払い，勤続を重ねるにつれて生産性を上回る「後払い賃金」の形をとることが企業にとって合理性を持つとされる。こうした契約のもとでは，若いうちに離職すると将来高い賃金を得るチャンスを逸するため，そうならないように労働者は企業に忠誠心を持ち，まじめに長く働こうとするからである。日本の多くの企業で見られる勤続年数に比例した退職金制度も「後払い賃金」と同様の機能を果たす制度であると解釈できる。

　後払い賃金体系では，長く勤めるにつれて賃金が生産性よりも高くなるので，企業はあらかじめ雇用契約の終了時期を決めておく必要があり，それが定年制である。もともと定着志向の弱い人は後払い賃金を好まないであろうか

☆**定年制**：ある一定年齢に達すると強制的に解雇する仕組み。1986 年には高年齢者等の雇用の安定等に関する法律（高年齢者雇用安定法）が成立し，定年を定める場合は 60 歳以上とすることが努力義務化された。その後 1994 年の改正で 60 歳未満定年は禁止された。2023 年 6 月において，常用労働者が 21 人以上いる事業所のうち，定年のない企業は 3.9％，定年が 65 歳以上の企業は 26.8％。それらも含め，66 歳以上まで働くことのできる制度を持つ企業は 43.3％（厚生労働省「高年齢者雇用状況等報告」より）。

ら，後払い賃金体系を提示することによって，定着志向の強い人を採用できるというメリットもある。

　後払い賃金体系と，先の人的資本に基づく仮説は対立的な仮説ではなく，おそらくいずれもが同時に日本的雇用慣行の根拠になっている。たとえば後払い賃金体系の場合，その時々の貢献度に応じた賃金を支払う必要がないため，長い期間にわたる働きぶりに基づいた人事評価をすることができる。そのことが結局，昇進や賃金に差の生じる時期を遅らせ，多くの労働者を長期にわたって競争させるというシステムを作り出したのであるが，そうしたシステムは，企業特殊的人的投資を促すうえでも有効である。

　日本の企業には，そのほかにも，企業別労働組合や労使協議制☆の採用，企業内のいろいろな部署を経験させるジョブ・ローテーションなどが多く見られる。これらの仕組みは，いずれも企業内コミュニケーションを促進させ，労使の信頼関係を強めることを通して賃金の柔軟性を高め，企業内部での柔軟な配置転換などを可能にし，無駄な離職や解雇の発生を食い止め，労働者と企業との雇用関係をより安定的なものとしたといわれている。さらにこうした雇用慣行の普及を背景に，法的にも解雇を厳しく規制するルールが安定成長期に確立されていった（「解雇権濫用の法理」☆）。

　すなわち，企業特殊的な人的資本の蓄積による生産性の向上が「年功賃金」をもたらしただけでなく，長期雇用を促すことでそうした人的資本の蓄積がますます進み，労働者の勤労意欲をよりいっそう高めるために「年功賃金」や独特な退職金，遅い昇進の制度，協調的な労使関係などが補完的に機能してきたと考えられる。ただし，長期雇用を前提とした長期にわたる働きぶりに基づく評価や柔軟な配置転換，遅い昇進等は，安定的雇用の代わりにどのような仕事を経験しどのように働くのかの決定を企業に委ねることでもあり，それは恒常的な長時間労働や頻繁な転勤などの働き方を正社員に強いるものでもあった。

☆労使協議制：使用者と労働者の代表が労働者の雇用条件等について情報や意見交換をするための常
　設的な機関を設置する制度で，企業単位だけでなく，事業所レベル，あるいは産業レベルで設けら
　れている場合もある。労働組合の結成されていない企業に設置される場合もあり，大企業を中心に
　設置率は高い。
☆解雇権濫用の法理：「客観的に合理的な理由を欠き，社会通念上相当であると認められない場合」，
　解雇は無効となるというもの。詳しくは大内・川口［2014］などを参照のこと。

1. 3. 3 日本的雇用のこれからとリスキリング

前述したように，日本経済を取り巻く市場環境は高度成長期以来，めまぐるしい変化を遂げてきた。長期雇用を前提とした雇用慣行が，豊富で効率的な企業内訓練を可能にするという意味で望ましいものであったとしても，経済・社会環境が変化すれば，それは雇用システムのあり方，とりわけ人的投資のあり方にも必ずや影響を与えるはずである。なかでも，長期にわたる経済の低迷，国際競争の激化，人口高齢化・人口減少の進展，そして AI 等に代表される第4次産業革命と呼ばれる技術革新の進展は，長期的な潮流として，日本の雇用のあり方に大きな影響を与える。

たとえば，バブル崩壊後のように経済成長が長期的に鈍化すると，人的資本投資の期待収益が低下するために，企業内訓練の水準は抑制される。加えて，国際競争の激化に伴う製品市場の変化や情報化のスピードの速まりは，将来に対する不確実性を高め，必要となるスキルを長期的視野から計画的に育成することのコストを高めると同時に，企業による定年までの雇用保障を困難にする。これが非正規雇用者の拡大として現れたと考えられる。

また，少子高齢化の進展やそれがもたらす労働力人口の減少は，これまで以上に企業外部からの中途採用を通して人材を効率的に活用する必要性を高めるであろうし，それに伴い，高齢者や女性，外国人等，体力的・時間的制約があり，価値観に違いのある多種多様な人材の能力を最大限に活かすことのできる雇用制度の必要性も高まるはずである。さらに，AI に代表される技術革新の急速な進展は，AI に代替されやすい定型的な仕事を減らし，将来的に求められるスキルや人々の働き方を劇的に変えていく可能性がある。もちろん，職種や企業による違いはあるだろうが，これらの環境変化は，新卒一括採用する長期雇用を前提とした豊富な企業内訓練の対象となる労働者を減らして，企業の外にある労働市場からの人材の調達を一段と増やす方向へ，そして労働者の貢献度をより短期間で賃金に反映させる方向へと企業の戦略をシフトさせる要因になる。これはとくに 2000 年代以降，大卒男性の賃金プロファイルがフラット化していることとも整合的である。

他方，労働者側から見た変化はどのようなものになるだろうか。自分がいつ解雇されるかわからない，あるいは企業そのものが将来も存続するかわからないといった状況になれば，自分の能力開発を企業任せにするリスクが大きくなるため，労働者が自発的に企業の外でリスキリング，とくに新技術に対応でき

るスキルを身につけようとする需要は高まるだろう。公的年金の支給開始年齢の引き上げなどで職業人生の長期化が進むなか，高齢期に至るまで就業機会を確保し続けるためには，企業の外部でも十分に評価されるような能力を身につけることが，労働者にとってはますます重要な課題になるはずである。

　これからの雇用はどう変わっていくのか，変わっていくべきなのか。採用，人材育成，配置，昇進，賃金制度等はすべて日本的雇用慣行の中で互いに補完し合う関係にあるということを念頭に置きつつ，以下では，その方向性を女性と高齢者を取り巻く問題の検討を通して探っていこう。

第2節　女性の就労とこれからの働き方

2.1　女性の社会進出が進んできたのはなぜか

　働く女性が増えたのはごく最近のように喧伝されるが，実はそうではない。たとえば，1950 年代の 40〜44 歳女性の労働力率は 70% 程度で現在とそれほど変わらない。

　しかし，女性の働き方は大きく変わった。かつての農業社会では，女性はもっぱら家族従業者として「家の中」で働いていたが，工業化の進展は人々の働き方を自営や家族従業から，会社に雇われるサラリーマン（雇用者）へと変えていった。高度成長期になると，家族従業者としての就業機会は減り，サラリーマン世帯の妻の多くは専業主婦として家事労働に専念するようになった。この時期に，夫は外で働き妻は家事労働に専念するという家庭内分業体制が社会的に広く見られるようになった。結果的に女性全体の労働力率は減少したが，その背後で雇用者として「家の外」で働く女性の割合が増え続け，労働力率は1975 年から上昇に転じ，現在も女性の雇用者としての労働力参加は着実に進展している（前掲図 3-5）。

　こうした動向の背後にある要因は何であろうか。経済学的に見ると，人は市場で働く時間の価値（賃金，やりがい等）が，そのコストを上回るかぎり働こうとすると考えられる。このときのコストとは，働くことで犠牲にするものの金銭的価値（機会費用☆）である。雇用者として 1 時間余計に働くと，その時間に実現できたであろう家事や育児，スポーツや映画鑑賞，睡眠などの余暇（経済学ではこうした市場での労働以外の活動を余暇と呼ぶ）の価値を犠牲にすること

になる。それが働くことのコストである。

　たとえば経済活動のサービス化は，事務職やサービス職といった伝統的にも女性が多い職に対する需要を高め，それは技術革新や女性の高学歴化などとともに，女性の市場賃金，すなわち働く時間の価値を高める。他方，家庭電化製品の進歩，ならびにレトルト食品や育児・介護サービス市場などの発達は，家庭内での生産物と市場から調達できる財やサービスとの代替性を高め，家庭内労働の価値，すなわち働くコストを減らす。しかし，経済成長に伴う夫の所得の上昇は，家計としての所得を増やすために妻の得る収入の必要性を下げる（つまり余暇の価値を上げる）から，働くコストを高める方向に作用する。このように考えると，既婚女性の雇用就業率が高まってきた背景には，高度成長に伴う働く必要性の低下を相殺して余りある女性の市場賃金の高まりや，市場で調達できる家庭内労働を代替するサービスの発達などがあったと考えられる。

　また，伝統的に女性が育児等の家事を担う傾向の強い社会では，女性の家庭内労働の価値は子どもが小さい間は高く，子どもが成長するにつれて低下する。このことから，これまで日本では出産・育児期には働かない，あるいは働いたとしても労働時間を減らし，子どもの成長とともに労働時間を増やすという行動をとる女性の多かったことが説明できる。

　ただし，キャリアの中断には，それまでに蓄積された企業特殊的人的資本の消滅はもとより，一般的なスキルの陳腐化というコストが伴う。結婚や出産とともに仕事を辞め，子育てが一段落したころに再び労働市場に戻るという労働力率と年齢のM字型パターンは，日本だけでなく先進諸国でもかつては同様に観察されたが，その後ほとんどの国では出産・育児によって就業を中断する女性が減り，M字型カーブは男性に似た台形へと形を変えていった。日本でも1970年代前半に最も落ち込みの激しいM字型をとって以来，M字型の底は徐々に上昇を続けている（図3-7）。とくに2000年代に入るまでの若年女性の労働力率上昇は未婚化や晩婚化による影響が大きかったが，ここ数年はすべての年齢層で労働力率が高まっており，その背後には景気の拡大に伴う労働需要の高まりと同時に，後で見るように出産後も就業を継続する女性が増えていることがある。

☆**機会費用**：ある経済活動の選択に対して，選択されなかった最善の選択肢を選んだときに得られる価値で測った費用のこと。逸失利益でもある。

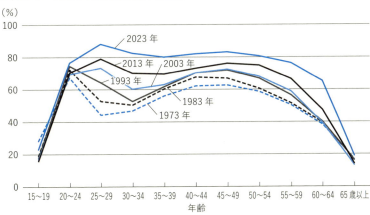

▶図 3-7　女性の年齢別労働力率の変化

(出所)　総務省統計局「労働力調査」。

2.2　仕事と生活の両立困難と少子化の関係

　M 字型の労働力率を生み出してきた最も大きな要因は，出産・育児と就業，とくに正社員としての就業との両立が困難なことにある。そのような状況は，両者の間に二者択一的な状態を作り出し，女性の就業継続を困難にするだけでなく，少子化の要因にもなってきた。

　出産・育児と就業の両立が難しいことが，なぜ少子化につながるのであろうか。前述の就業選択のメカニズムと同様，経済学的に見ると，子どもを持つかどうかの選択は，その便益とコストとの比較に基づく。そのように考えると，近年出生率☆が低下してきた要因としては，介護保険の制度化によって老後の面倒をみてもらう必要性が減るなど，子どもを持つ便益が減ってきたこともあるだろうが，やはり子どもを持つコストの高まりが大きいのではないかと思われる。

　子どもを持つコストというと，まず頭に浮かぶのは子どもの養育・教育に関

☆出生率（合計特殊出生率）：ある年における 15～49 歳の女性の年齢別出生率を合計したもので，1 人の女性が一生の間に産む平均的な子どもの数の推定値。厳密には合計特殊出生率。戦前は 4～5 程度の水準で推移していたものが，1950 年の 3.65 から 95 年には 1.42，2005 年には 1.26 まで低下した。その後，若干回復したが，コロナ禍に入り低下し始め，2023 年においては 1.20 と過去最低を更新した。

わる費用であろうが，「子どもを産み育てることで失うであろう便益」という機会費用が含まれることも忘れてはならない。とくに，正社員として働く女性にとって，育児と仕事の両立が困難なために出産したら仕事を辞めざるをえないとなると，出産に伴う費用は「生涯正社員として働き続けたら得られたであろう金銭的報酬や働きがい」という機会費用を含むことになるから，その額は膨大になる。出産を機に退職しても数年後に再び働き始めようとする場合もあるだろう。しかし長期的・年功的雇用慣行のもとでは，一度正社員の仕事を辞めた女性が何年か後に再就職しようとしても，再び同じような条件の仕事を見つけることは大変難しい。するとやはり子どもを持つ機会費用が高くなる結果，就労継続を選択し，出産を犠牲にするという行動がとられやすくなる。内閣府の「女性の職業生活における活躍推進プロジェクトチーム」（2024年）の試算によると，22歳で正社員として働き始めた女性が29歳で退職して第1子，32歳で第2子を産み，38歳でパートとして再就職した場合，正社員として育休を取得しながら働き続けた場合と比べ，生涯所得の逸失額は約1億2800〜4000万円にも達する。

　出生率はまた，家事や育児負担を夫婦間でどのように分担するかにも影響を受ける。ヨーロッパの研究によると，男性の子育て参加が進んだ国ほど，子どもを持つことについての意見が夫婦間で一致しやすく，出生率も高まるとされる（山口［2021］）。日本の場合，共働き世帯の夫による家事・育児関連時間は，2006年の59分から21年の115分とコロナ禍以降急増したが，この数値は専業主婦の妻を持つ働く夫の107分とほとんど変わらない[1]。しかも夫の家事・育児時間負担率は，共働き世帯で0.23と，主要先進国の中でも際立って低い。

　このように考えると，少子化の緩和には，一度退職しても労働市場に再参入しやすい環境の整備を通した出産・育児の機会費用低下だけでなく，男女ともに子どもを産み・育てやすい，すなわちワーク・ライフ・バランス☆をとりやすい環境を整備することも有効であると考えられる。原則として子どもが1歳になるまでの休業，および3歳になるまでの勤務時間短縮等の措置を講じることを法律で企業に義務づけ，休業中の所得を部分的に補填する「育児・介護休業法」や保育所の整備などは，まさにそうした考えに基づく。同法は1992年に導入されて以来，数回の改正が行われ，所得補填率の向上や，パパ・クオータ制を通した夫の育児休業取得の促進も図られてきた。

▶図 3-8　第 1 子出生年別に見た出産後の妻の就業継続率

（注）　出産前に就業していた女性に占める比率。
（出所）　国立社会保障・人口問題研究所「第 15 回出生動向基本調査（夫婦調査）」。

　このような制度が政策的に整備されたことにより，出産してもキャリアを継続するという選択肢は女性にとってより現実的なものとなった。国立社会保障・人口問題研究所の行った「出生動向基本調査」の夫婦調査によると，第 1 子妊娠時に働いていた女性が出産後も継続して働き続ける比率は，1985 年から 25 年間変わらず約 4 割であったが，育児休業を取得して就業を続ける比率が伸び続け，2010〜14 年の出産者で初めて 58% にまで高まり，2015〜19 年の出産者では約 7 割になった（図 3-8）。これを出産前に正社員だった女性に限定すると 1985〜89 年出産者の 40% から 2015〜19 年出産者の 83% と，出産後の定着率が特に正社員女性の中で向上したことがわかる。
　しかし一度離職しても労働市場に再参入しやすい環境については，まだ十分に整備されているとは言い難い。正社員として働く女性の比率は 20 代後半がピークで，その後も就業率は 8 割程度あるが，未だに正社員比率は年齢とと

☆ワーク・ライフ・バランス（WLB：Work-Life Balance）：ワーク・ライフ・バランスとは，「企業や職場から期待され，自分自身が納得できる仕事ができ，なおかつ仕事以外でやりたいことや取り組まなくてはならないことにも取り組めること」（佐藤・武石［2010］）であり，子育て中の女性にだけ当てはまる概念でもなく，仕事と仕事以外の生活を同程度重視しなければいけないことでもない。やりたいことや直面している制約は人によっても，ライフステージによっても異なることを考えれば，誰にとっても多様な働き方が選択でき，能力発揮のしやすい環境には WLB が必要である。

▶図 3-9　女性の年齢別就業者比率および正社員比率

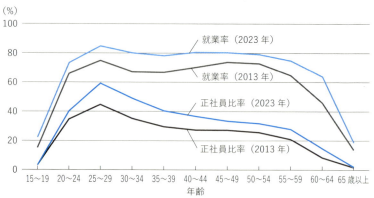

（注）　15歳以上人口に占める比率。農林，非農林含む。
（出所）　総務省統計局「労働力調査」。

もに低下の一途をたどるL字カーブが続いている（図3-9）。この図はある時点の異なる年齢グループの正社員比率をプロットしたものなので，同じグループを追跡すれば若干異なるであろうが，これまでの研究によれば，一度正社員を辞めた女性が正社員の仕事を得る確率は低調なままである。この背後には，配偶者控除や第3号被保険者制度☆の問題もある。出産後も継続就労する正社員女性は増えているものの，一度離職した女性の能力発揮にはまだ多くの課題が残っている。

　未婚率の上昇も少子化の要因の1つである。実際，有配偶出生率以上に有配偶率が近年大きく低下している。たとえば生涯未婚率といわれる50歳時の未婚率は，1970年において男性で1.7%，女性で3.3%であったが，2020年には男性で28%，女性で18%に達した（総務省「国勢調査報告」）。その背景には，出会いの場の減少や若年層における非正規雇用者の増大，男女間賃金格差の縮小等もあるであろう。しかし婚外子のまれな日本において，結婚すること

☆配偶者控除と第3号被保険者制度：支払う所得税額は収入額に応じて決まるが，既婚者の場合，配偶者の収入が一定水準を下回ると，本人の所得税が減額される仕組みがある（配偶者控除）。また，第3号被保険者制度とは，収入の少ない妻の社会保険料を免除して国民年金に加入させる仕組みである（詳細は第4章2.2参照）。これとは別に，多くの大企業で支給されている配偶者手当も，配偶者の収入がある水準を下回ると支給される。これらは総じて，フルタイム勤務する夫の妻の就労意欲を妨げる制度であり，早急に見直される必要がある。

の便益の多くを占めるのは子どもを持つことの便益であろうから，子どもを持つ意欲の低下はそのまま結婚への意欲低下につながる。結婚，出産，子育てという一連の活動に伴う機会費用や不安，リスクを軽減することが，少子化対策には不可欠である。

2.3 女性の能力発揮を阻むもの

すでに見たように，正社員女性の出産後の継続就業は進んできた。しかし，職場で女性が存分に能力発揮をしているかについては，いまだきわめて低調なままである。図3-10は，就業者および管理職に占める女性比率の国際比較であるが，日本では4割以上の就業者が女性であるにもかかわらず，管理職では13％にすぎず，韓国と並んで際立って低い。規模が30人以上の企業で見るかぎり，課長相当や部長相当の女性比率は，90年代初頭のそれぞれ2％，1.2％から2022年には10.5％，6.1％と高まりつつあるが，ここ数年はほとんど変化が見られない（厚生労働省「女性雇用管理基本調査」および「雇用均等基本調査」）。また，OECDのFamily Databaseによると，フルタイムで働く男性の賃金の中央値（賃金を低い順に並べたとき，ちょうど真ん中になる人の賃金）を100とすると，同じくフルタイムで働く女性の賃金の中央値はアメリカ82.3，イギリス88，ドイツ85.8であるのに対し，日本は77.5でOECD諸国の中では韓国と並んで最も低くなっている（2020年の数値）。

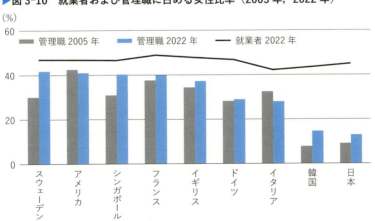

▶図3-10 就業者および管理職に占める女性比率（2005年，2022年）

(出所) 労働政策研修・研究機構『データブック国際労働比較2024』。

86　第Ⅰ部 基礎編

　この背後には，日本的雇用慣行やそれに根差した働き方の問題がある。前述したように，この雇用慣行は，恒常的な長時間労働や頻繁な転勤など，拘束性の強い働き方を正社員に求めるものであるが，それは家事や育児の責任を持たない男性正社員を前提として成り立ってきた。家庭内で「夫は仕事，家事・育児は妻」という分業体制を持つ正社員男性は，遅い昇進と長い競争の中で，慢性的残業を伴う長い労働時間や頻繁な転勤を伴うライフスタイルを受け入れることができたし，また企業側もそうした働き方のできる従業員を「理想的社員」として規範化してきた。とくに大企業のように他部門との調整業務が多いと１人ひとりの貢献度や生産性が測りにくく，労働時間の長さが評価されやすいという側面もあるだろう。長時間労働を厭わない人が集まると，長時間労働を前提とした夜間・休日接待や対面重視などのビジネス慣行が形成されやすくなり，それは職場における「理想的社員」の規範をさらに強化する。そのような規範の強い職場で働く夫を持つ家庭では，妻に家事・育児負担が集中するため，そこで働く女性社員だけでなく，男性社員の妻たちの活躍もが阻まれてしまう。

　また，仕事と子育ての両立が困難なために女性の平均勤続年数が短くなることが，すべての女性に対して十分な訓練や責任のある仕事を与えないなどの統計的差別☆を生み，結果として前述したような男女格差を生み出している可能性も高い。こうした差別があると，女性の能力発揮は永続的に阻害されるおそれさえある。職場での訓練や昇進において不利な扱いを受けることで女性の就労意欲が減退し，それ自体が女性の離職を招き，女性の離職率が本当に高くなってしまうという予言の自己成就が生じる。すると企業はさらに女性への人的投資を抑制し，女性自身も自分への人的投資を抑制するという悪循環が生じてしまうからである。

　この問題は，育児休業や短時間就業の仕組みが整ってもなかなか解決しない。育休復帰後は男性並みの長時間労働に戻ることが期待されているような職場では，短時間就業等の両立支援制度の利用なしに子育てと仕事を両立するの

☆**統計的差別**：個々の労働者の就労継続意欲や能力などを正確に把握することが難しい状況において，企業は学歴や性といった労働者の属性ごとの平均的特性を個々人に当てはめて処遇することが合理的となる。たとえば，女性は平均的に男性よりも離職率が高いため，コストのかかる企業内訓練を抑制するといった傾向がある。

は難しいため，両立支援制度の利用が長期化しやすい。すると技能が陳腐化するだけでなく，両立支援の利用自体が低い就労意欲のシグナルと見なされて，やりがいのある仕事，能力発揮を促す機会や情報・ネットワークから排除され，女性の就労意欲の減退と，男女格差の拡大につながることになる。

　すなわち，育児休業や短時間就業などの両立支援制度が整備されても，恒常的な長時間労働を前提とした正社員の働き方や，それができない従業員に対する職場での不利な扱いがあるかぎり，女性の定着を促すことはできても女性の能力を活かすことは難しい。

2.4　働き方改革の必要性

　このような状況において，たとえ育児休業等の両立支援策を法的にいっそう拡充しても，それは女性を雇用することの企業負担を高めるために，かえって採用時に女性が敬遠される，あるいは育児休業や短時間勤務の利用に対する暗黙のプレッシャーを高めることになりかねない。

　この問題の解決に方向性を示してくれるのが英米におけるワーク・ライフ・バランスへの取り組みである。大陸ヨーロッパと違い，英米では人々の就業時間や休暇についての規制が弱く，年間総実労働時間や休日日数から見ても，日本と並んで長時間労働の傾向が強い。しかし1990年代以降，企業業績にもよい影響を与えるとして多くの企業で自主的に導入されてきたのは，休業制度というより，むしろフレックスタイムや在宅勤務といった働く場所や時間の柔軟性を高める仕組みであった。

　その背景には，1990年代以降の景気拡大による人手不足のなかで，優秀な労働者，とくに優秀な女性労働者を確保し，定着させる必要性が高まったことがあげられる。労働市場が流動的なアメリカでは，そうした欲求に応える働き方を提供することが，優秀な人材の確保や定着率の向上に直結しやすい。それ以外にも，仕事中の注意散漫・欠勤，ストレスの減少，やる気や知的創造性の高まりに伴う生産性の向上のほか，異なる働き方の従業員を調整するために不可欠な業務の棚卸や整理，仕事の優先順位の明確化などのプロセスが業務効率化につながるといった効果も見出されている。

　ただし，制度を導入するだけでは，必ずしも組織全体に有益な効果をあげることができないことも明らかにされている。ICT（情報通信技術）の進歩と急速な普及は，いつでもどこでも働くことができる技術的条件を整えると同時に，

経済活動のグローバル化はそうした働き方へのニーズを増やし，企業側にとっ
て都合のよい「柔軟性」を労働者に押しつける傾向にある。実際，英米では柔
軟な働き方を導入することによって，かえって労働強化や長時間労働が助長さ
れたという研究が報告されている。とくに，理想的社員規範の強い職場では，
制度として柔軟な働き方が整備されていても，それを仕事以外の生活との両立
に利用することは躊躇されやすく，実際の利用はすでにキャリア・ラダーを登
りつめ，理想の社員像を体現している男性上級管理職に集中し，女性の能力発
揮にはつながりにくいという。すなわち，理想的社員規範を重視するような企
業風土を変え，柔軟な働き方を誰にとっても当たり前な働き方として企業戦略
に位置づけること，そしてどのような働き方をしようともそれが上司にサポー
トされ，能力を遺憾なく発揮できるようにマネジメントされることが重要にな
る。

　振り返って日本では，1990 年代半ば以降，景気の低迷にもかかわらず，長
時間労働者比率の上昇が見られたが，2004 年以降，とくにその傾向が強かっ
た 30 代から 40 代前半男性においても徐々に短くなっている。第 2 次安倍政
権で「働き方改革」（1.2.3 参照）が始まった後，2020 年には長時間労働者比
率が大きく低下，年次有給休暇取得率も大きく上昇し，その傾向はコロナ禍が
収束した 2022 年時点においても続いている[2]。

　コロナ禍で大きく変わったことに，働き方の多様化がある（コロナ禍と雇用に
ついては第 12 章第 1 節を参照）。オンライン・ミーティングの普及と，コロナ禍
中に多くの職場でやむを得ず導入されたテレワーク体制は，これまで主に育児
や介護を担う女性のためであった柔軟かつ多様な働き方をすべての人々にも利
用可能な働き方に変えた。

　しかし 1.2 で見たように，日本的雇用慣行の中核を成す大卒男性正社員に
おいては今なお長期雇用慣行が根強く続いているのが実態であり，理想的社員
規範の強い職場が多い社会であるからこそ，男性を含めた働き方や職場風土の
改革を根本的によりいっそう進める必要がある。働き方や性別にかかわらず，
個人の能力や意欲に応じた仕事の「機会」を与え，職場を多様な働き方をする
人材を活かす組織へと変えていくこと，それが大切である。

第3節 高齢者と就労

3.1 高齢者の高い就労意欲

人口の 29.1％ が 65 歳以上となり（2023 年 7 月），日本は現在，世界で最も高齢化の進展した国である。しかも他の国々とは比較できないほど急速に高齢化が進み，これからもその勢いは衰えることがない。総人口は 2011 年以来減少し続けているが，高齢者数は今後も増え続け，『令和 5 年版　高齢社会白書』（内閣府）によると，2037 年には 3 人に 1 人が 65 歳以上になると予測されている。このように急ピッチで進展する高齢社会を持つ日本にとって，意欲と能力のある高齢者が，できるだけ長く社会の支え手として活躍できるような「生涯現役社会」を実現することは，経済の活力維持のためにも，そしてまた高齢者自身が心身ともに豊かに暮らしていくためにもきわめて重要である。

実際，日本の高齢者の就労意欲は高い。60～64 歳男性の労働力率を見ると（図 3-11），欧米諸国に比べて日本の高齢男性の労働力率は 1980 年代から突出して高い水準で維持され，最近さらに増加傾向にある。女性高齢者の労働力率は 2022 年時点で 64％ と男性よりは大分低いが，それでも欧米諸国に比べると高い部類に属し，やはり最近は増加傾向にある。

この高い就労意欲は今後も続くのであろうか。2.1 で触れた女性の就労意欲

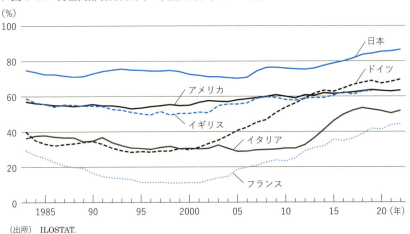

▶図 3-11　男性高齢者労働力率の国際比較（60～64 歳）

（出所）ILOSTAT．

の決定プロセスを高齢者のケースに当てはめて考えてみよう。これまで，高齢化に伴う社会保障費用の負担問題を軽減する方策として，年金給付額の引き下げや給付開始年齢の引き上げなどが決定されてきたが，そうした制度変更は，収入の必要性を上げる（余暇の価値を下げる）ため，今後さらに高齢者の就労意欲を高めると考えられる。たとえばフランスやドイツでは，若年の失業問題が懸念されるようになった1970年代後半から80年代にかけて，高齢者の早期引退を促進しようとして年金や失業給付の要件が緩められたが，その後高齢化の進展に伴い，高齢者就業を促進させようと年金支給開始年齢の引き上げが行われたことで，労働力率が減少傾向から増加傾向に変わったといわれる。

　一方で，就労意欲を低下させると考えられる要因もいくつか考えられる。たとえば高齢者の資産ストックの蓄積が高まれば，これによって働かなくとも資産を取り崩すことで生計を立てることが可能な人々も増えるであろう。あるいは趣味や社会活動などに時間を費やすことを楽しむ，他人を介護する必要性が生じるなど，働かない時間（余暇）に高い価値を見出す高齢者が増えれば，高齢者全体の就労意欲は低下する可能性がある。さらに，業績に応じて給与が支払われる成果主義が多くの企業で導入され，その結果，給与が低下する，あるいは業績を厳しく査定されることへの苦痛が高まれば，高齢者の就労意欲は減退する。逆に，成果主義の導入によって高齢者本人の能力発揮の機会が増える，あるいは給与が高まれば，高齢者の就労意欲は高まるであろう。

3.2　高齢者の就業とそれを後押しする政策

　このように高齢者の高い就労意欲がある一方で，実際に高齢者の能力が十分に活用されてきたかといえば，必ずしもそうとはいえない。

　2000年時点で，60歳代前半男性の就業率は65％と欧米諸国に比べても突出して高かった。しかし前述した「定年」の壁は厚く，当時ほとんどの企業が定年年齢と定めていた60歳を境に，多くの高齢者が長く勤めた正社員としての仕事からの離職を余儀なくされ，転職して違う職場に移る，あるいは引退して非労働力化するなど，いずれにせよ長年のキャリアで培った技能を十分に活かせない状況に陥った。

　こうした状況に対し，国は1990年以降，数回にわたる高年齢者雇用安定法の改正を通して，60歳代前半までの雇用機会の確保を目指してきた。この背景には，2001年より厚生年金支給開始年齢の段階的な引き上げが始まり，定

第3章 労 働 **91**

---

column 日本の雇用政策の変遷

　第1次石油ショック後，失業が大きな社会問題となったことをきっかけに，日本の雇用政策は，それまでの失業者に対する事後的所得保障を中心としたものから，雇用維持や雇用機会の増大を通して失業を未然に防ぐ事前的施策（積極的労働市場対策）へとシフトしていった。この転換を決定づけた「雇用保険法」（1974年）では，従来の失業保険給付のほかに，雇用の改善，能力開発の向上，労働者福祉の増進を図るための事業（雇用保険3事業）が事業主負担を財源としてあわせて行われることとなり，事業主の行う企業内訓練への援助・助成を通して雇用の維持・促進を図るという政策の方向性が明確化された。

　その方向性に沿った代表的な制度が雇用調整助成金である。これは不況業種に属する企業の賃金を部分的に政府が負担し，従業員を再訓練させることなどを通して雇用を守るというものであり，1970年代後半には，3事業に関わる各種給付金予算の約80％までを占めていた。

　1980年代に入ってからは，高齢者雇用安定法の改正や男女雇用機会均等法，育児・介護休業法の成立，短時間雇用保険の創設など，労働者が多様な働き方をするうえでの環境整備も進められたが，その間も，企業による長期的雇用慣行を前提とし，それを財政的に後押しするという雇用政策の主眼に変わりはなかった。

　しかし，その後の長期経済停滞を経て，日本の雇用政策にも新しい動きが見られるようになる。1995年の第8次雇用対策基本計画では「失業なき労働移動」が掲げられ，労働移動に対する助成金制度が始まった。雇用政策の雇用維持から再就職支援への転換である。その後は，失業者に対する職業能力開発支援の拡充や，求職と求人の結びつきを支援する職業紹介の拡充，職業能力評価制度の整備など，労働者が労働市場を介して円滑に転職できるような環境の整備が進められてきた。1998年の12月には，初めて就業中の労働者個人に対する職業訓練の助成金制度（教育訓練給付助成金）も施行され，その後の法改正で大幅に拡充されている。

　労働市場で働く人々の価値観がよりいっそう多様化するなかで，どのような働き方をする人にとっても，やり直しができ，能力発揮しやすい仕組みを強化することがこれからの雇用・就業政策には欠かせない視点である。

　たとえば，どのような雇用形態を選択しようとも，不合理な待遇差を解消するためのガイドラインの整備や，長時間労働の改善や柔軟な働き方，女性の活躍などを実現した企業が有利になるような競争ルールの提供がある。後者については次世代育成支援対策推進法のくるみん認定や女性活躍推進法のえるぼし認定などがある。

　そしてやり直しのしやすい仕組みには，労働者自らが企業に頼らずとも自分の能力に投資し，それが職場で正しく評価され，労働市場を介して円滑に転職できるような仕組みとともに，失業したとしても，一定の所得と安心のもとに能力を磨き，

再挑戦のできる仕組みという2つの側面が必要である。

雇用調整助成金は，コロナ禍において，一時的に急増した休業者の雇用を守ることに大いに役立った。しかし平時に戻り，人手不足の度合いがよりいっそう強まるなかで，そうした支援はいたずらに収益力のない職場に希少な労働力をとどめることになりかねない。労働供給制約が強まるなか，今後は成長分野への労働移動を促進し，市場のニーズに合ったスキルを身に着けるリスキリング（学び直し）への支援がよりいっそう重要になる。

たとえばキャリア・コンサルティングと企業での実践的職業訓練（企業実習と座学）を提供し，そこでの評価結果や職務経歴などの情報を「ジョブ・カード」と呼ばれる履歴書のような書類に記載する制度や，業界検定等の職業能力評価基準を整備することへの支援は，労働者の能力情報を市場で認識されやすくすることを通して円滑な転職を後押しする。リスキリング支援としては，通常のハロートレーニング（公共職業訓練）だけでなく，長期失業者など，雇用保険を受給できない求職者に対して訓練と生活給付をセットにして提供する求職者支援制度も始められている。

年退職年齢と年金受給開始年齢との間のギャップを埋める必要が生じたという事情がある。とくに2006年度からの改正では，65歳までの雇用確保措置（定年廃止，定年延長，あるいは継続雇用〔ここでの継続雇用は，一度契約終了し，それまで正社員として勤務していた者を非正規雇用者として雇い直すことも含む〕）の対象者を労使協定で限定することができたが，13年度からの改正では希望する者全員に雇用確保措置を提供することが義務づけられた。

これまでの研究によると，これらの改正は高齢者の就業率を高めたとされる。2007年には，60歳代前半男性の就業率は前年の67.1%から70.8%にまで上昇し，その後も景気の拡大に伴う労働需要の高まりを背景に，2023年時点で就業率は84.4%にまで達している（総務省「労働力調査」）。ちなみに同調査によると，65歳以上の就業者比率が高いのは，農林漁業（40〜50%），不動産・物品賃貸料（27%），サービス業（ほかに分類されない）や生活関連サービス業（20%），職業では農林漁業（52%），管理職（33%），次いで運搬・清掃・包装（24%）となっている（2023年時点）。

国は同法をさらに改正し，2021年度より，70歳までの就業機会確保のための対応を努力義務として企業に求めた。65歳までの雇用機会は着実に増えているが，2023年時点でも69.2%の企業が60歳定年の枠組みを変えることな

く，高齢者を一度退職させてから新たな雇用契約を結んで再雇用するという形（継続雇用）で対応しており（厚生労働省「高年齢者雇用状況等報告」），その傾向は年功賃金的要素の強い大企業で顕著である。また，2023年時点で60歳代後半男性の就業率は61.6％であるが，対象者を限定した継続雇用制度を持つ企業を含めても，65歳を超えて働き続けることのできる制度を整えている企業はまだ3割程度にとどまっている。

　労働政策研究・研修機構による一連の調査（「高年齢者の雇用に関する調査」〔2020年〕，「60代の雇用・生活調査」〔2020年〕）によると，60歳代前半に同じ企業で継続雇用された男性の52.6％，女性の71.0％が仕事内容に変化がなかったとされる。それまでの技能を活かしやすいという点では望ましいが，定年を境に平均的に4分の3ほどに年収が減少し，人事評価をまったく実施しない企業も3割程度存在するという。しかも雇用形態はパートや嘱託などの非正規雇用に切り替わることが多いにもかかわらず，フルタイムで働き続けるケースが大半で，短時間や短日数等，働き方の多様性はあまり許容されていない。この世代の多くは親の介護が必要となる年齢でもあり，介護と仕事の両立も高齢者の能力発揮には欠かせない。

　日本では，こうした雇用確保措置の義務づけ以外にも，高年齢雇用継続給付等の助成金を活用して高齢者の就業を後押しするという手法がとられている（詳細は第4章2.6参照）。これらの政策は，高齢者と代替的な労働力への需要を減らすという副作用とともに，継続給付を受け取ることを見込んだ企業に，より低い賃金を高齢者に提示させている可能性もある。

　他方，外国ではアメリカをはじめ，最近はEUでも定年制は年齢差別問題の1つとして考えられている。年齢差別を禁止すれば，ただちに高齢者の雇用確保につながるとも思えるが，話はそれほど単純ではない。定年で解雇できないとなると，企業は年齢以外の基準，すなわち職務遂行能力が給与水準より劣っているかどうか等を基準に解雇を行うようにならざるをえず，その結果，高齢者の雇用機会が拡大するとは限らないし，より若い年齢層にも同様の審査が行われるようになるため，すべての世代で雇用が不安定化する可能性もあるからである。年齢差別禁止，すなわち定年制の撤廃は，「生涯現役社会」をいわば能力成果主義の徹底を通して実現するものであるともいえる。

94　第I部　基礎編

3.3　生涯現役社会に向けて

　見方を変えれば，日本の定年制は，定年到達までは相当の理由がないかぎり解雇されないという雇用保障の存在を意味する。第1節でも述べたように，それは後払い賃金体系の副産物であり，年功賃金と相まって長期雇用を促してきた。

　定年制を維持したまま高齢者の活用を進めるためには，後払い賃金体系をどこかで清算しなければならず，現状ではそれがまだ60歳時点で集中的に生じている。法律の改正や助成金などによって高齢者の雇用が促進されてはきたが，残念ながらその状況は高齢者の就業意欲をよりいっそう高め，能力発揮を促しているとまでいえない。多くの高齢者が定年前と変わらない仕事をフルタイムで継続しているにもかかわらず，正社員から契約や嘱託，パート等へと雇用形態の変更とともに給与の大幅な減少を余儀なくされており，働きぶりの評価さえされていない。すなわち能力に見合った処遇を受けることができておらず，それが高齢者の就労意欲を阻害し，働かないことにもつながっていると考えられる。

　賃金プロファイルの傾きを平たくして定年年齢を引き上げることも考えられるが，そのような対応をしている企業はまだ少ない。高齢になるほど健康状態や体力，家庭の状況や発揮できる能力等に個人差が大きくなることから，個別に働き方や処遇を決める必要性が高まり，一律に雇用保障機能を拡充するのは難しい。しかし少子高齢化に伴う生産年齢人口の減少はこれからも続くのであるから，企業にとっても高齢者の有効活用は喫緊の課題である。

　これらの点を考えると，前節で議論したような女性の能力発揮を促進するために必要な対策が，多様なニーズを持つ高齢者がその能力や経験を活かし，生涯現役で活躍し続ける社会の実現にもまた有効であることがわかる。つまり，時間的・身体的制約があっても仕事と生活の両立を可能とする柔軟な働き方を職場で進め，それと同時に，性や年齢といった属性ではなく，今まで以上に1人ひとりの能力や働きに応じた仕事の配分や処遇を行うようにするということである。多様な人材に多様な働き方を提供し，育児・介護中の人々や高齢者，外国人などの多様な価値観やライフスタイルを持つ人々の働き甲斐を高めて能力発揮を促すこと（ダイバーシティ・マネジメント）こそが「全員参加」の「生涯現役社会」のためには重要な課題となる。

第3章　労　働　**95**

　ただし，そのような処遇体系のもとで 60 歳を過ぎても活躍し続けるために
は，その年齢になるまで能力を維持・向上し続けることが必要となる。それに
は早い段階から長い職業人生を見据え，労働者自らの責任で何度も学び直し，
職業能力を磨き続けていく必要があり，そのためには長く働いてきた企業の外
にも認識される客観的な能力・技能評価の仕組みの整備や，新しい知識や技術
を身につけることへの時間や費用，情報面への支援も欠かせない。若年層と違
って，より熟練した専門的な職務遂行能力の評価基準が必要となるため，業界
団体や職能団体の役割が重要になるだろう。

　そしてもちろん，高齢者には経済的自立のためだけでなく，心身の健康維
持・増進，社会貢献等の生きがいのためにも，起業を含む多様な就業・社会参
加の機会を提供する環境の整備も重要である。たとえば全国のほとんどの市区
町村に設置されているシルバー人材センター☆のいっそうの活用が期待され
る。

▶注
1)　この数値は総務省による「社会生活基本調査」から，夫婦と末子 6 歳未満の世帯につい
　て，家事，育児，介護・看護，買い物の時間を合算した週全体平均値である。
2)　しかし，国際標準として長時間労働と考えられている週 49 時間以上働いた 15 歳以上の
　男性就業者の比率は，2022 年でも 22.4％ あり（総務省「労働力調査」，全産業就業者に占
　める比率），この水準は先進諸国の中でもまだ高い。たとえばアメリカでの同比率は 18.6
　％，カナダで 14.5％，ドイツでは 8.3％ である（「データブック国際労働比較 2023」）。

本章のまとめ

　バブル崩壊以降，日本を取り巻く経済社会環境は大きく変貌し，必然的に私たち
の働き方も大きな影響を受けてきた。これから私たちの働き方はどのように変わっ
ていくのか，またいくべきなのか。それを考えるためには，まず「日本的雇用慣
行」と称されてきた制度・慣行について，それが望ましいシステムとして機能して

☆**シルバー人材センター**：高齢者が臨時的かつ短期的または軽易な仕事に従事すること，あるいはボ
　ランティア活動をはじめとするさまざまな社会参加を通して，生きがいのある生活の実現ととも
　に，地域社会への貢献を目指すとする組織で，高齢者雇用安定法に基づいて事業を行う，都道府県
　知事の指定を受けた公益法人。2022 年時点の団体数は 1340，会員数は約 68 万人である。

きた根拠を理解する必要がある。

　本章の前半では，日本の労働市場が直面してきたいくつかの大きな環境の変化を整理し，それが雇用慣行にどのような影響を与え，どのような課題が生じ，それにどう対応してきたのかを，人的資本理論を踏まえながら学んだ。データや先行研究からは，長期雇用を前提とした雇用慣行は大卒男性正社員を中心にいまだ根強く残っているものの，その対象が絞られると同時に，非正規雇用者やその多くを構成する女性雇用者といった，これまでの日本的雇用慣行の中核には当てはまらない雇用者への依存が進んでいることが確認された。後半ではその中でもとくに女性および高齢者の就労に関わる問題を取り上げた。

　本章では，私たちが直面している諸問題を解決する方策として，リスキリングのしやすい社会，すなわち自分の能力に投資し，それが認められる社会に，そして仕事と生活の調和のとれる多様な働き方を当たり前とする社会を目指すべきとした。これらはいずれも，年齢，性別，国籍にも，また育児や介護，疾病，障害の有無にかかわらず，あらゆる人々が1人ひとりの能力を活かして働くことのできる社会を目指すことにほかならない。職場での多様性はイノベーションをもたらし，企業業績のよりいっそうの向上につながる。こうした社会の実現は，今後，私たちが活力ある豊かな「超」高齢社会を築くうえで欠かせない。

▶練 習 問 題

1　1980年代の日本の大企業には，企業が費用のすべてを負担して社員を海外の大学院に留学させるという制度を持っている企業も少なくなかった。ところが，最近はそうした制度を廃止する企業も増えている。その理由を考えよ。

2　日本の失業率は，1970年代の石油ショックに伴う不況期においても2%台で推移し続けたが，90年代の不況期には上昇した。その背景の1つとして，1970年代の不況では世帯主の雇用が守られていたが，90年代の不況では世帯主までもが失職する可能性に直面するようになったことがあるといわれる。この点について説明せよ。

3　日本で女性の活躍が進まない要因の1つに，「夫は仕事，家事・育児は妻」という偏った家庭内の分業体制がある。この問題は，夫の勤め先だけで解決できる問題ではない理由を「外部性」という概念を用いながら考えよ。どのような政策がこの問題には有効であると思われるか。

(解答はウェブサポートページに掲載)

▶参 考 文 献

① 清家篤・風神佐知子［2020］『労働経済』東洋経済新報社。
② 八代尚宏［2017］『働き方改革の経済学』日本評論社。
③ 鶴光太郎［2016］『人材覚醒経済』日本経済新聞出版社。
④ 川口大司［2017］『日本の労働市場——経済学者の視点』有斐閣。
⑤ 守島基博［2021］『全員戦力化——戦力人材不足と組織力開発』日本経済新聞出版社。

⑥　今野浩一郎［2012］『正社員消滅時代の人事改革』日本経済新聞出版社。

⑦　佐藤博樹［2012］『人材活用進化論』日本経済新聞出版社。

⑧　太田聰一［2010］『若年者就業の経済学』日本経済新聞出版社。

⑨　山本勲・黒田祥子［2014］『労働時間の経済分析――超高齢社会の働き方を展望する』日本経済新聞出版社。

⑩　佐藤博樹・武石恵美子［2010］『職場のワーク・ライフ・バランス』日本経済新聞出版社（日経文庫）。

⑪　山口一男［2017］『働き方の男女不平等――理論と実証分析』日本経済新聞出版社。

⑫　クラウディア・ゴールディン（鹿田昌美訳）［2023］『なぜ男女の賃金に格差があるのか――女性の生き方の経済学』慶應義塾大学出版会。

⑬　山口慎太郎［2021］『子育て支援の経済学』日本評論社。

⑭　清家篤・山田篤裕［2004］『高齢者就業の経済学』日本経済新聞社。

⑮　大内伸哉・川口大司［2014］『法と経済で読みとく雇用の世界――これからの雇用政策を考える（新版）』有斐閣。

⑯　玄田有史［2018］『雇用は契約――雰囲気に負けない働き方』筑摩書房。

　第1節で扱った日本的雇用慣行およびその合理性の説明や，日本の労働市場の変遷については①～④を参照されたい。①は労働経済学の教科書であるが，応用編には本章で取り上げた人的投資，女性，高齢者等に関するトピックがカバーされている。人事管理制度や今後の新たな方向性について知りたい方は⑤～⑦が参考となろう。若年問題については⑧が，ワーク・ライフ・バランスを含む男女の新しい働き方や少子化については⑨～⑬を，高齢者就業については⑭を参照されたい。本章でも触れたような日本の労働市場が直面する今日的テーマについて，法学と経済学の両面から考察した⑮も勉強になる。若い読者の方々にはとくに就職活動の前に⑯に目を通していただきたい。

第4章

社会保障

人口高齢化への挑戦

©iStock/kazuma seki

本章で学ぶこと

　私たちは病気になると病院に行き，子どもが生まれると保育所を探し，家族が要介護状態になると介護保険の申請を検討する。このように社会保障制度は生活するうえで身近な存在となっているものの，社会保障の仕組みがなぜ考案されたのか，各制度の目的や機能はどう異なるのかについて意識されることは少ないようである。しかし，少子高齢化により社会保障財政が厳しさを増している今日，社会保障の仕組みと目的を理解することは，よりよい制度を追求するうえで重要である。本章では，
　① 社会保障とは何か，なぜ政府の関与が必要なのか
　② 社会保障の給付にはどのようなものがあるのか，財源は誰がどのように負担しているのか
　③ 社会保障の各制度の概要と直面する課題
について経済学の視点から論じ，持続可能な社会保障制度のあり方を考察する。

100 第Ⅰ部 基礎編

第1節 少子高齢化と社会保障

　社会保障とは，人生に起こりうるさまざまなリスクに社会全体で備え，すべての人々が健康で文化的な生活を送れるように保障するものである。ここでのリスクとは，たとえば長生きをして老後用の貯蓄が底をついてしまうリスクや，疾病や怪我や障害を負うリスク，要介護状態になるリスク，失業するリスク，配偶者や家族と離別・死別するリスクなどを内容としている。これらのリスクのすべてに対して，個々人が自力で備えることは不可能であるし，効率的でもない。そのため今日の先進諸国では，年金，医療，福祉などの社会保障制度が整備されている。

　日本を含めて先進諸国の社会保障制度は，国による違いはあるものの，基本的には賦課方式で運営されている。賦課方式とは，年金や医療などの高齢者向けの給付を中心とする社会保障給付を，現在の現役世代が拠出する税や社会保険料でまかなう財政方式のことである。このため，先進諸国に共通して見られる少子高齢化は，高齢世代の増加と現役世代の減少を意味するため，各国の社会保障制度の持続可能性を揺るがす要因となっている。

　とりわけ日本では，他の先進諸国に類を見ない速度で少子高齢化が進んでいる。65歳以上の高齢者1人に対する15〜64歳人口は，1970年には10人であったものが，2020年には2.1人になっており，40年には1.58人，70年には1.35人へと減少する（国立社会保障・人口問題研究所『日本の将来推計人口』〔令和5年推計〕）。そのうえ，医療や介護ニーズの高い後期高齢者（75歳以上人口）が全人口に占める割合は，2020年に14.7%であったものが40年には19.7%に，さらに70年には25.1%に達する見通しであり，増大する社会保障ニーズにどのように応えていくかが問われている。

1.1 拡大する社会保障給付費

　日本の社会保障給付費（国際労働機関〔ILO〕基準）は，2021年度には総額138.7兆円に達し，1950年度に集計を開始してからの最高額を更新している（図4-1）。これを対GDP（国内総生産）比で見ると25.2%で，国民1人当たりにすると110.5万円となる。今世紀初頭（2001年度）からの20年間で総額は1.7倍に，対GDP比では10ポイント上昇しており，社会保障給付費の規模は拡大が続いている。

▶図 4-1　社会保障給付費の推移

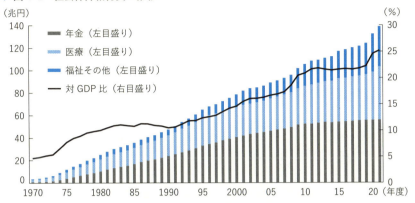

（出所）　国立社会保障・人口問題研究所「令和3年度　社会保障費用統計」第8表，第9表　https://www.ipss.go.jp/ss-cost/j/fsss-R03/fsss_R03.html（2024年5月15日最終アクセス）。

　その内訳は，「年金」（55.8兆円・構成比40.2％）が最も大きな割合を占め，次いで「医療」（47.4兆円・構成比34.1％）となっている。「福祉その他」（35.5兆円・構成比25.6％）のうち11.2兆円（構成比8.1％）は「介護対策」である。全体として見ると，年金・医療・介護などの社会保険による給付が8割以上を占めており，介護以外の社会福祉の規模が小さいことが，国際比較で見た場合の日本の特徴である。また，こうした内訳からもわかるように，給付の大半は高齢者向けとなっている。これは高齢人口が増加していることに加えて，年齢が高いほど疾病や介護などの生活上のリスクが増大し，社会保障ニーズが高まることを反映している。

　財源（2023年度予算ベース）に目を向けると，その構成は「社会保険料」が6割で，国と地方の支出による「公費」が4割となっている（図4-2）。注意しなければならないのは，年金・医療・介護などの社会保険にも，保険料だけではなく公費が投入されていることである。詳細は後述するが，公的年金のうち基礎年金給付の2分の1は国庫負担であり，国民健康保険や後期高齢者医療などの医療制度の財源も4割程度が公費である。これらの制度には低所得者や高齢者が多く，保険料収入だけでは給付をまかなうことができないため，公費による財政支援が行われている。また，児童，障害者，ひとり親家庭などを対象とする社会福祉や，生活保護も公費が財源である。

　公費のうち，国の一般会計から社会保障のために支出される部分（社会保障

▶図4-2　社会保障の給付と負担の現状（2023年度予算ベース）

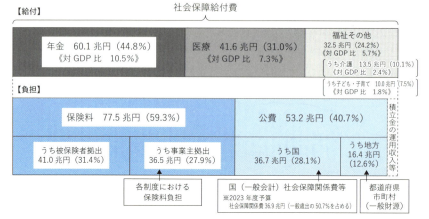

（出所）厚生労働省ウェブサイト　https://www.mhlw.go.jp/stf/newpage_21509.html（2024年5月15日最終アクセス）。

関係費と呼ぶ）は，1990年度には一般歳出の3割を占めていたが，年々増加して近年では5割を超えており，歳出の硬直化を招く要因となっている。とくに，一般歳出のうち税収でまかなえない部分は国債発行によってまかなわれているため，実際上，将来世代への負担の先送りとなっている。

1.2　社会保障と税の一体改革

　日本において，国民皆年金・国民皆保険が実現したのは1961年である。当時は日本の高度成長がスタートした時期でもあり，経済成長による税収や社会保険料収入の増加を受けて社会保障給付の充実が進んだ。福祉元年と呼ばれる1973年には，年金の給付水準が大幅に引き上げられるとともに物価スライド制が導入され，老人医療費無料化が全国で実施されるようになった。しかし，同年秋に起きた第1次石油ショックによるエネルギー価格の高騰と世界経済の混乱を受けて，日本経済は低成長期に入る。さらに，合計特殊出生率も1974年以降は人口置換水準（人口維持するのに必要とされる出生率）である2.1を割り込むようになり，少子高齢化が進むなかで社会保障財政を健全化するための改革が幾度となく繰り返されることとなった。

　2012年2月に閣議決定された「社会保障・税一体改革大綱」では，社会保

障の安定財源の確保と機能充実を図るため，消費税率の引き上げによる増収分を社会保障に充当することとされた。これを受けて同年には消費税率の引き上げ等を内容とする税制抜本改革法が成立した。ただし，消費税率の 10% への引き上げは 2 度にわたり延期され，2019 年 10 月に実現した。

社会保障と税の一体改革では，社会保障関係費や公共事業費などの政策的経費を税収等でまかなうという，基礎的財政収支（プライマリー・バランス：第 5 章 4.2.1 を参照）の黒字化を 2020 年度までに達成することが目標として掲げられていた。しかし，消費税率の引き上げが遅れたことに加えて，引き上げによって得られた財源の使途見直しもあり，目標年度は先送りされている。政府の「2040 年を見据えた社会保障の将来見通し」（2018 年 5 月）では 2040 年度の社会保障給付費は 190 兆円に達すると試算されており（ベースライン・ケース），今後も社会保障制度改革が不可避な状況である。

第2節 公的年金の役割と課題

2.1 公的年金はなぜ必要か

公的年金は，日本の高齢者世帯の所得の 6 割を占めている。また，公的年金を受給している高齢者世帯のうち，4 割は公的年金以外の収入がない。核家族化や少子高齢化で家族の生活保障機能が低下するなか，公的年金は人々の老後を支える主要な柱となっている。

「老後」という言葉が示すように，人は歳をとるとどこかの時点で働くことができなくなる。退職して就労収入を失っても暮らしていくためには，貯蓄が必要である。そのため多くの人々は，働ける間に老後に備えて貯蓄をする。しかし，たとえ個人で貯蓄をしていても，自分の寿命は正確にはわからないので，予想外に長生きをして貯蓄不足に陥るという「長寿リスク」を完全に回避することはできない。このような場合，年金保険の仕組みを用いて長寿リスクの分散を図ると，人々の厚生を高めることができる。

それではなぜ民間保険ではなく，強制加入の社会保険である公的年金が必要とされるのであろうか。その理由として，以下の点を指摘できる。

第 1 は，物価変動や経済ショックへの対応である。たとえば民間保険は，予期しないインフレーションによって貯蓄の実質価値が低下して貯蓄不足に陥

104 第I部 基礎編

るリスクに十分に対応できない（公的年金にはマクロの経済変動に対応する制度が組み込まれているため，インフレ・リスクをカバーすることができる）。また，金融危機などの経済ショックが起きると，民間の保険会社は破綻する可能性があるが，国は税の徴収や公債発行で経済ショックに対処することができる。

第2は，逆選択の問題である。民間保険のように加入・非加入が個人の自由意志に委ねられると，自分の健康状態等に照らして長生きをする可能性が高い人だけが年金保険に加入する。その場合，保険会社が当初想定していたよりも年金給付がかさむので，収支は悪化し，保険料を引き上げざるをえなくなる。このとき，より高額の保険料を払って保険に加入するのは，さらに長寿の可能性が高い人たちだけになるので，収支は再び悪化し，保険料がさらに引き上げられていく。これを繰り返すうちに，どれだけ保険料を引き上げても保険会社は採算が取れなくなり，保険商品そのものが民間市場では供給されなくなる。こうした状況を「逆選択」と呼ぶ。

第3は，モラルハザードの問題である。先進諸国では公的扶助（生活保護）制度が整備されているが，ここで年金保険への加入が任意であると，保険に加入せず，貯蓄もせずに老後を生活保護に頼る人々が出てくる可能性がある。つまり，公的扶助というセーフティネットの存在が，老後への備えを怠るという行動変容を誘発するわけで，これをモラルハザードと呼んでいる。前述したような逆選択や，モラルハザードを防ぐには，強制加入の社会保険が必要とされる。

2.2 公的年金制度の仕組み

日本の公的年金制度は，日本国内に住む20歳以上60歳未満のすべてが加入する国民年金と，70歳未満の被用者が加入する厚生年金の2階建て構造となっている（図4-3）。さらに，公的年金の給付に上乗せする制度として，企業年金や個人型確定拠出年金などの任意加入の私的年金がある。

国民年金（基礎年金）の被保険者は合計すると6744万人（2023年）で，職業などによって3つのタイプに分けられる。第1号被保険者（1405万人）には，自営業者，無職者，失業者，学生，そして厚生年金の適用条件を満たさない非正規労働者やその扶養家族が該当する。第2号被保険者（4618万人）は，厚生年金加入者（厚生年金の適用条件を満たす70歳未満の勤め人）である。第3号被保険者（721万人）は，第2号被保険者に扶養されている配偶者であり，サラ

▶図 4-3 日本の年金制度の体系

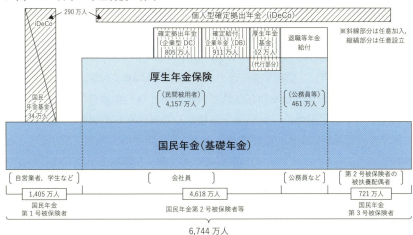

（出所）厚生労働省「第 14 回社会保障審議会年金部会資料」https://www.mhlw.go.jp/content/12601000/001245426.pdf（2024 年 5 月 15 日最終アクセス）。

リーマンの妻などがこれに該当する。

　公的年金制度が現在のような形になったのは 1985 年の改正（実施は 1986 年）で全国民に共通の基礎年金が導入されてからである。それまでは，民間サラリーマンは厚生年金，公務員は共済年金，農業者や自営業者は国民年金というように制度が分立していた。しかし，農業者や自営業者の減少と高齢化によって国民年金財政は悪化し，制度の持続性が問われる状況となっていた。また，サラリーマンの妻や学生の国民年金への加入は任意であったため，未加入だった女性が離婚した際に無年金になったり，在学中に障害者となった学生が所得保障を得られなかったりするという問題も顕在化していた。

　そこで 1985 年改正では，国民年金を全国民に適用することとし，すべての国民が 1 階部分の基礎年金を受給できるように制度が変更された。第 1 号被保険者と第 3 号被保険者は，基礎年金のみを受給するが，第 2 号被保険者は，基礎年金に加えて 2 階部分の厚生年金を受給できる。さらに，国民年金と厚生年金には，老後に備える老齢年金のほかに，給付条件はそれぞれ異なるものの，障害で働けなくなるリスクに備える障害年金や，家計の支え手の死亡に備える遺族年金の制度が設けられている。

106 第 I 部 基礎編

2.3 保険料と年金給付

　国民年金の第 1 号被保険者は，毎月定額の保険料を納付する。第 2 号被保険者は，給与や賞与に応じて厚生年金の保険料率（18.30％ で固定）を乗じた金額を事業主と折半して納付する。なお，厚生年金保険料には国民年金の保険料も含まれており，一括して徴収されている。第 3 号被保険者は，基礎年金を受給できるが，そのために保険料を納付する必要はない。制度上は，第 3 号被保険者の保険料は，その配偶者が加入する厚生年金から拠出していることとされている。しかし，そのために配偶者が割り増し保険料を納めているわけではなく，実際上，独身者や共働きの第 2 号被保険者も第 3 号被保険者の保険料を負担している。この点は，公的年金制度の大きな問題となっている。

　老齢基礎年金を受給するには，被保険者としての資格期間が 10 年以上必要となる。年金額は，以下の計算式に基づき決定される。

$$\text{老齢基礎年金の満額（2022 年度で年額 777,800 円）} \times \frac{\text{保険料納付月数}}{480 \text{ カ月}}$$

　つまり，満額を受給するには 20 歳から 40 年分の保険料納付実績が必要である。老齢基礎年金の支給開始年齢は原則 65 歳であるが，60 歳から 70 歳の間で繰り上げ・繰り下げが可能となっており，いずれの場合も平均寿命まで生きれば受給総額が変わらないように年金額が調整される。

　厚生年金の加入実績がある者は，1 階部分に相当する老齢基礎年金に加えて，2 階部分に相当する老齢厚生年金（報酬比例部分）を受給することができる。報酬比例部分の老齢厚生年金は，以下の計算式に基づき決定される。

$$\text{平均標準報酬額} \times \text{給付乗率} \times \text{被保険者期間の月数}$$

　平均標準報酬額とは，被保険者であった期間の給与と賞与を合計して平均月額にしたものである。ただし，過去の給与や賞与は現在の金銭価値に修正する必要があるので，現役層の手取り賃金の伸び率を用いて再評価している。給付乗率は，厚生年金の給付水準を左右する重要な要素の 1 つで，生年月日によって異なっている（1946 年 4 月 2 日以降に生まれた人の場合は 5.481/1000）。

2.4 年金制度の財政方式

　年金制度の財政方式には，積立方式と賦課方式の 2 つがある。積立方式と

は，老後に受け取る年金の財源を，それぞれの世代が現役時に保険料として積み立てる仕組みのことである。この方式のもとでは，給付と負担は各世代で完結するので，世代間の所得移転は起こらない。一方，現在では日本を含めて先進諸国のほとんどが，賦課方式という財政方式で公的年金制度を運営している。賦課方式のもとでは，現時点の高齢者が受け取る年金給付を，現在の現役世代が納める税や保険料でまかなうので，年金制度を通じて現役世代から高齢世代へと世代間の所得移転が起こる。

　日本の公的年金制度は，積立方式の労働者年金保険法（1941 年）とその適用範囲を拡大した厚生年金保険法（1944 年）からスタートした。しかし第 2 次世界大戦後の経済混乱と高インフレのなかで積立金の実質価値が目減りし，制度の維持が困難となった。そこで 1954 年に新たに厚生年金保険法を制定し，定額部分と報酬比例部分の 2 階建ての老齢年金にするとともに，財政方式を実質的な賦課方式（修正積立方式と呼ばれる）に移行した。

　当時の日本では農業など自営業の占める比率が高く，厚生年金などの被用者保険の対象にならない人々が多かった。そこで 1961 年に国民年金を発足させて，すべての国民が何らかの公的年金制度に加入するようにした（「国民皆年金」の実現）。発足当初の国民年金は完全積立方式をとっていたが，低所得の加入者が多かったため，66 年には給付の 3 分の 1（現在は 2 分の 1）を国庫負担でまかなうことを内容とする改正が行われる。このようにして，日本の公的年金制度は賦課方式の性格を強めていった。

　公的年金制度が整備されていった時期の日本は，高度経済成長期を迎えて経済成長による税収と社会保険料収入の大幅増に支えられて年金給付水準の引き上げが相次いだ。福祉元年と呼ばれる 1973 年には，現役世代の平均標準報酬の約 6 割に相当する「5 万円年金」が実現したことに加えて，インフレに合わせて年金額を自動的に引き上げる物価スライド制も導入された。

　賦課方式の最大の短所は，人口高齢化と人口減少に対して脆弱という点である。高度経済成長期の日本には①高い経済成長率②年金の支え手になる若い労働力（戦後ベビーブーム世代）の増加③低い高齢化率（65 歳以上人口が総人口に占める割合）などのように，賦課方式が有利となる条件がそろっていた。しかし1970 年代半ば以降は，賦課方式を有利としていたこれらの諸条件が失われ，短所が表面化するようになっている。

108　第 I 部　基礎編

2.5　繰り返される年金改革

　賦課方式の年金財政が持続可能であるためには，以下の式が成立している必要がある。

$$賃金 \times 保険料率 \times 被保険者期間 \times 被保険者数$$
$$= 平均年金額 \times 平均年金受給期間 \times 年金受給者数$$

　年金受給者数が増加する一方で現役世代が減少していく高齢化の局面では，①保険料率を引き上げる，②年金の支給開始年齢を引き上げる（被保険者期間の伸長と年金受給期間の短縮を同時に達成できる），③年金給付額を引き下げる，という方法で年金財政をバランスさせる必要がある。そのため，1985 年の基礎年金導入のような大幅な制度変更を含めて，保険料の引き上げと給付の抑制を内容とする年金改革が繰り返されてきた。

　まず，保険料率は，1961 年に国民皆年金が実現してから頻繁に引き上げられてきた。そのため「このままではどこまで保険料が上がるかわからない」という批判が高まり，以下で述べる 2004 年の年金大改革で「保険料水準固定方式」を導入することとなった。

　支給開始年齢については，1994 年と 2000 年の年金改革により，厚生年金の支給開始年齢（男性 60 歳，女性 55 歳）を 2001 年度から 25 年度にかけて徐々に引き上げ，国民年金（老齢基礎年金）の支給開始年齢（65 歳）と揃えることとした。具体的には，2 階建ての老齢厚生年金のうち，①1 階に相当する定額部分（65 歳以降に受給する老齢基礎年金と同額）の支給開始年齢を 60 歳から 65 歳に引き上げ（2001～13 年度），その後に②2 階に相当する報酬比例部分の支給開始年齢を 60 歳から 65 歳に引き上げる（2013～25 年度）。なお，女性については男性よりも 5 年遅れのスケジュールで引き上げられる。

　そうしたなかで 2004 年には従来とは方向性の異なる大改革が実施された。

　第 1 に，将来的に保険料の上限を設定する「保険料水準固定方式」が導入された。従来の年金制度改革は，目標とする給付水準や所得代替率（年金受給開始時点［65 歳］における年金額の，現役労働者の手取り賃金に対する割合）に合わせて保険料を引き上げていたが，2004 年改革によって，厚生年金の保険料率は 2017 年度から 18.3％ に固定され，国民年金の保険料も 1 万 6900 円（2004 年度価格）に固定されることとなった。

第 4 章　社会保障　**109**

　第 2 に，年金給付額の調整にマクロ経済スライドを導入し，ゆるやかに給付の切り下げを行うこととした。従来は，賃金の変動や物価変動を考慮して年金給付額を決めていたが，マクロ経済スライドでは，これらに加えて現役世代の被保険者数の減少や平均余命の伸長も考慮して給付額を調整する。ただし，その調整によって名目の年金給付額が引き下げられる場合にはこれを実施しない。

　第 3 に，基礎年金の給付額に占める国庫負担の割合を従来の 3 分の 1 から 2 分の 1 に引き上げるとともに，年金積立金をおおむね 100 年かけて取り崩して給付に充当することとした。100 年後には 1 年分の給付に必要な資産を残しながら所得代替率 50％ を確保することが目標とされ，その実現可能性を 5 年に 1 度の「財政検証」によってチェックする。

2.6　厚生年金の適用範囲拡大

　以上の施策に加えて，年金財政を改善するために被保険者数を増やす施策も行われている。

　たとえば支給開始年齢の引き上げは，平均年金受給期間を短縮するだけでなく，高齢者就業の促進とセットで実施されることにより，被保険者数の増加をもたらす施策となっている。2006 年の高年齢者雇用安定法改正では，60 歳未満の定年が禁止されるとともに，事業主には支給開始年齢となる 65 歳までの雇用確保措置として，①65 歳までの定年引き上げ，②定年の廃止，③65 歳までの継続雇用制度の導入，の 3 つのうちいずれかの措置をとることが義務づけられた。さらに 2020 年の同法改正では，70 歳までの就業機会確保が事業主の努力義務とされた。このようにして高齢者の就業率を高めることができれば，社会保険料収入や税収の増加を通じて年金財政を改善することができる。

　短時間労働者に対する厚生年金の適用拡大も行われている。従来，所定労働時間や所定労働日数がその事業所で働く通常労働者の 4 分の 3 に達しない労働者は，厚生年金の適用対象外となっていた。このため多くのパートタイム労働者やアルバイト労働者が週 30 時間未満で働き，厚生年金に加入していなかった。しかし 2016 年以降，数度の法改正で厚生年金の適用範囲が拡大されていき，24 年 10 月からは週労働時間が 20 時間以上で一定の条件を満たす労働者は厚生年金に加入することとなった。これらの改正により厚生年金の被保険者数は近年大幅に増加している。

2.7 第3号被保険者制度の問題

　厚生年金の適用拡大は，女性の働き方にも変化をもたらしている。現行制度のもとでは，サラリーマンの妻（第3号被保険者）は，年収130万円未満か，厚生年金が適用されない程度のパートタイム就労であれば，保険料拠出なしに65歳から老齢基礎年金を受給できる。さらに，夫（第2号被保険者であるサラリーマン）の死後は遺族厚生年金も受給できる。そのため多くの妻は就業しなかったり，短時間労働に抑えたりする傾向にあった。しかし，厚生年金の適用拡大によって週労働時間の上限が低くなったため，それに合わせて短時間就労するよりも，厚生年金に加入したうえで労働時間を延ばして増収を図ろうとする女性が増加している。

　第3号被保険者制度は，夫婦それぞれが保険料を拠出する共稼ぎ世帯や自営業世帯よりも専業主婦世帯を優遇するもので不公平だという指摘が根強くある。現在の年金制度がつくられた時期には，サラリーマンの夫と専業主婦の妻という家族形態が一般的であったが，女性の社会進出が進み，働き方が多様化した今日においては，働き方やライフスタイルに中立的な制度に見直していく必要がある。

2.8 年金の持続可能性は改善したか

　厚生労働省による2024年の財政検証では，さまざまな経済前提のもとで4ケースの試算が行われている。このうち，過去30年間の平均的な実質経済成長率や実質賃金上昇率が続くと仮定したケース（「過去30年投影ケース」）では，2060年度の所得代替率は50.4％になる見通しで，2024年度の61.2％から低下はするものの，法律で定められた目標である50％以上は維持される見込みとなっている。

　前回（2019年）の財政検証結果と比較すると，女性や高齢者の就業参加が進んだことや厚生年金の適用範囲拡大による年金制度の支え手の増加，および積立金運用収益が好調であったことから，全体として年金財政は改善している。ただし，出生率の回復が遅れたり，外国人労働者の流入が想定よりも低調になったりすれば，「過去30年投影ケース」でも2060年度の所得代替率は50％を割り込む見通しである。

　さらに，最も厳しい仮定を置いたケース（実質経済成長率がマイナス0.7％で推

移）では，2059年度に積立金がなくなり，以後は保険料と公費だけで給付をまかなうようになるため，所得代替率は37〜33％程度まで低下すると見通されている。

こうした財政検証の結果は，経済成長と並んで女性や高齢者の労働参加が年金財政の持続可能性にとってどれほど重要かを示しているといえよう。財政検証後の年金制度改正においても，厚生年金のさらなる適用範囲拡大や在職老齢年金制度☆の見直しが検討課題とされている。

第3節 医　療

3.1 医療費の増大

日本の国民医療費は45兆359億円で，対GDP比は8.18％に達している（2021年度。厚生労働省が定義する国民医療費には，医療保険からの給付，公的負担の医療費，自己負担分が含まれるが，予防や健康増進のための費用などは含まれない）。このうち5割が被保険者や事業主の拠出する保険料で，4割が公費で，そして1割が患者の自己負担でまかなわれている（図4-4）。医療保険は社会保険ではあるものの，公的年金と同様に，財源に占める公費の割合が高い。

国際的に見ると，日本の保健医療支出（OECD基準）の対GDP比は11.5％（2022年）で，アメリカ（16.6％），ドイツ（12.7％），フランス（12.1％）に次いでOECD加盟国中では4番目に高い。ただし，OECD加盟国の中で日本は高

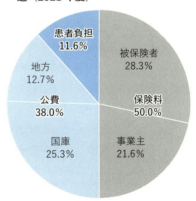

▶図4-4　国民医療費の財源別負担構造（2021年度）

（出所）厚生労働省ウェブサイト https://www.mhlw.go.jp/stf/newpage_40287.html（2024年5月15日最終アクセス）。

☆在職老齢年金制度：就労し，一定以上の賃金を得ている60歳以上の老齢厚生年金受給者を対象に，老齢厚生年金の一部または全部の支給を停止する仕組み。高齢者の就業意欲を抑制しているという批判がある。

112　第Ⅰ部　基礎編

▶表 4-1　医療関係主要指標の国際比較

	年	日本	アメリカ
GDP に占める医療支出の割合（％）	2022	11.5	16.6
1 人当たり医療費（購買力換算 US ドル）	2022	5,251	12,555
年齢調整をした 1 人当たり医療支出（OECD 平均＝100）	2022	88	258
平均寿命（女性）	2021	87.6	79.3
平均寿命（男性）	2021	81.5	73.5
65 歳以上人口比率	2021	28.9	16.8
80 歳以上人口比率	2021	9.5	3.7
1 人当たり年間受診回数	2021	11.1	3.4
人口 1000 人当たり病床数	2021	12.6	2.8
平均在院日数（急性期医療）	2021	16.0	6.5
人口 100 万人当たり医療機器数（CT スキャナー，MRI，PET スキャナー合計）	2021	178	86
人口 1000 人当たり医師数	2021	2.6	2.7

（出所）　OECD［2023］*Health at a Glance 2023*.

齢化率が最も高く，最も長寿な国でもある。そうした年齢要因を調整すると，日本の国民 1 人当たり医療支出は OECD 平均を下回っており，高齢化が進んでいる割には医療費が抑えられていると評価することもできる（表 4-1）。ここ十数年，高齢化は医療費を年率 1％ 程度で増加させる要因となってきた。医療費は年齢とともに増加する傾向にあり，とくに 75 歳を超えると顕著に増加する。団塊の世代（1947〜49 年生まれ）が後期高齢者（75 歳以上）に達するなかで，医療保険財政には大きな支出圧力がかかっている。高齢になるほど健康状態が悪化して医療ニーズが高まるのは自然なことではあるが，人々の健康と安心を保障しつつ，医療保険制度を維持するためには，医療の効率化に取り組む必要がある。

3.2　医療に政府が介入する理由

　日本の医療保険制度の最大の特徴は，すべての住民が何らかの公的医療保険に強制加入するという「皆保険」の仕組みをとっていることにある。また，紹介状を必要とする場合もあるものの，基本的には患者が医療機関を自由に選べるフリーアクセスの制度となっている点も特徴である。医療サービスの供給側

イギリス	ドイツ	フランス	スウェーデン	韓国	OECD 平均
11.3	12.7	12.1	10.7	9.7	9.2
5,493	8,011	6,630	6,438	4,570	4,986
108	148	126	124	95	100
82.4	83.3	85.5	84.9	86.6	83.0
78.4	78.4	79.3	81.3	80.6	77.6
18.8	22.0	21.4	20.0	16.6	18.0
5.1	7.1	6.3	5.2	3.9	4.8
—	9.6	5.5	2.3	15.7	6.0
2.4	7.8	5.7	2.0	12.8	4.3
6.9	8.8	9.1	5.5	18.5	7.7
19	74	40	43	81	48
3.2	4.5	3.2	4.3	2.6	3.7

である医療従事者には医師免許などの国家資格保持が義務づけられており，医療機関が行う個々の医療行為や処置については，公定価格である診療報酬が定められている。薬についても，診療報酬と同様に，個々の薬について薬価が定められており，全体として政府による介入が大きい。

　このような政府介入が行われる根拠として，以下の点をあげることができる。

　第1に，任意加入の民間医療保険では，健康状態が悪い人ほど自主的に保険に加入するという逆選択の問題に対処できない。また，保険会社側が医療保険への加入条件を厳しくして，健康状態の良い人のみを選別するという，クリーム・スキミングも発生しうる。そうなると，慢性疾患や先天性疾患を抱えている人々のように，最も医療を必要とする人々が医療保険から排除されてしまう。

　第2に，医療サービスの需要者である患者と供給者である医師との間に情報の非対称性が存在する。医師は，疾病や治療方法についての専門知識や情報を持っているが，患者の側は医師が行う治療が適切なものなのかどうかを判断する情報を欠いている場合が多い。こうした状況で医療サービスの需給調整を

完全に市場メカニズムに委ねると市場の失敗が発生しやすくなる。

　第3に、医療サービス市場では競争原理が働きにくい。たとえば急病やケガで一刻を争う場合は、複数の医療機関の中からよいものを選ぶ余裕はなく、地理的・時間的な近さを優先せざるをえないだろう。また、地域によっては、選べるだけの数の医療機関が存在しない場合もある。そうした地域では、病院間でサービスの質や価格をめぐる競争が働かないので、医療サービス価格が高額になる可能性がある。

3.3　公的医療保険制度の概要

　日本の医療保険は、①職域保険と②地域保険（国民健康保険）、および75歳以上を対象とする③後期高齢者医療制度の3つに大別される（図4-5）。職域保険には、中小企業の被用者が加入する協会管掌健康保険（協会けんぽ）、大企業の被用者が加入する組合管掌健康保険（組合健保）、公務員等が加入する共済組合の3制度がある。これらの職域保険では、被保険者の扶養家族もカバーされる。保険料は、給与・ボーナスに保険料率を乗じた額を事業主と労働者が折半して拠出する。

▶図4-5　医療保険制度の体系（2023年度予算ベース）

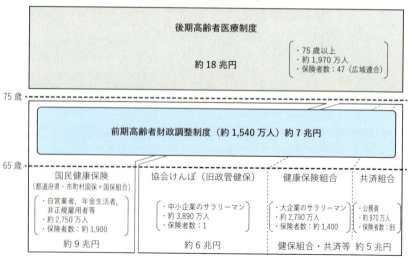

（出所）厚生労働省ウェブサイト　https://www.mhlw.go.jp/stf/seisakunitsuite/bunya/kenkou_iryou/iryouhoken/iryouhoken01/index.html（2024年5月15日最終アクセス）。

一方，地域保険は職域保険が適用されない人々が加入する制度で，国民健康保険（国保）と呼ばれる。国保には市町村を保険者とする国民健康保険と，医師，弁護士，理美容などの同業種でつくる国民健康保険組合の2種類があるが，保険者数では前者が圧倒的に多い。市町村の国民健康保険では，被保険者から保険料を徴収しているところもあれば，税の形で徴収をしているところもあるので，しばしば国民健康保険料（税）と記される。

後期高齢者医療制度には75歳以上の人（寝たきりなどの障害のある65歳以上の人も含まれる）がすべて加入する。この制度の特徴は，他の制度と異なり個人単位で加入する点で，保険料も後期高齢者本人が個人単位で納める仕組みとなっている。

3.4 医療保険制度が直面する問題

日本の医療保険制度の最大の課題は，国民医療費の4割を占める後期高齢者医療の費用負担である。高齢になるほど疾病リスクは上昇するうえに，病気は慢性化しやすい。そのため，高齢者が多く加入する保険ほど医療給付が増加し，独立した財政運営が困難となる。実際に，後期高齢者医療に関わる費用のうち，後期高齢者自身が拠出する保険料や自己負担でまかなわれている部分は2割程度にすぎず，5割は国や地方自治体の公費（税）から，そして残りの4割は被用者保険や国民健康保険が拠出する後期高齢者支援金でまかなわれている。つまり，日本の公的医療保険制度は，現役世代が拠出する税や社会保険料で高齢世代の医療費をまかなうという，実質的な賦課方式で運営されており，公的年金制度との類似点が多い。

後期高齢者支援金を拠出するために，健康保険組合や協会けんぽの保険料は引き上げが続いており，財政収支も悪化している。現役世代と高齢世代の負担のバランスをとるため，原則1割であった高齢者の自己負担割合は，一定以上の所得がある場合は2割へと引き上げられた（2022年10月～）。しかし依然として現役世代（3割負担）よりも自己負担が軽減されていることには変わりない。一般的に高齢者は，現役世代よりもフローの所得は少ない半面，金融資産は所持している傾向にあることを考えると，将来的には資産を含めて高齢者の負担能力を判定することも必要となろう。これはまた，高齢世代内での所得再分配を強化することにもつながる。

医療費の増大は，医療技術の高度化による面も大きい。そのため高価な高度

116　第Ⅰ部　基礎編

医療については，現在は原則禁止されている混合診療（保険適用外の診療と保険適用の診療の併用）の対象範囲を拡大することも議論されている。一方，比較的軽微な不調については医療機関を受診せずに市販薬などで対応することも可能という考えから現在，セルフメディケーションが推進されている。

3.5　医療サービスの効率化

　医療費を抑制するうえでは，給付と負担の見直しだけでなく，医療サービスの効率化を図ることも重要である。一例としては，診療報酬支払方式における包括払い方式の導入がある。包括払い方式とは，診療行為の量にかかわらず，1日あるいは1カ月単位で定額の診療報酬を支払う仕組みのことで，日本では2003年から導入されている。

　従来の診療報酬支払方式は基本的に出来高払い方式で，検査や注射などの個々の医療サービスの量に応じて診療報酬が支払われるようになっていた。しかし出来高払い方式では，医療行為を増やすほど保険からの収入が増えるので，過剰診療を招きやすい。そこで，医療機関に医療費を抑制するインセンティブを与えるため，包括払い方式が導入されたのである。ただし，包括払い方式では医療行為を減らすほど利幅が大きくなるので，過少診療になるおそれが生じる。このため包括払い方式は，提供する医療サービスの内容が定型化されている長期入院の一部や，急性期の入院医療における診断群分類（DPC）に基づく1日当たり包括払い制度として普及してきている。

　後発医薬品（ジェネリック医薬品）の利用も推進されている。後発医薬品とは，先発医薬品の特許が切れた後に製造・販売される薬のことで，先発医薬品と治療学的に同等の効果を持つとされている。後発医薬品は研究開発費用を低く抑えられるので，先発医薬品に比べて薬価が安く，薬剤費の抑制に役立つ。後発医薬品は新薬の販売開始から時間が経っており，効能も知られているので，処方する医師と患者間の情報の非対称性の問題は小さいと考えられる。

第4節　介護保険

4.1　介護保険の仕組み

日本では2000年に介護保険制度がスタートした。それまで介護は税を財源

とする措置制度として運営されていたので，特別養護老人ホームなどの施設サービスは不足が著しく，家庭内で高齢者を介護する家族には大きな負担がかかっていた。その一方で医療の現場では，介護ニーズの高い高齢者が医療の必要性が低いにもかかわらず退院後の介護者が見つからないために長期入院するという社会的入院が問題化していた。そこで社会保険の仕組みで介護リスクを分散する制度として，介護保険制度が発足したのである。

　介護保険の保険者は市町村である。これは住民に近い市町村の方が利用者の状況を把握できると考えられたためである。一方，介護保険の被保険者は年齢によって2つに分かれる。65歳以上の人は第1号被保険者になり，40〜64歳の人は第2号被保険者となる。第1号被保険者の保険料は，所得段階別の定額保険料となっており，被保険者の負担能力に応じて市町村が徴収額を決めている。この保険料は原則として公的年金から天引きで徴収される。第2号被保険者の保険料は，被保険者が加入するそれぞれの医療保険の保険料とともに労使折半で徴収する。介護保険は社会保険の形をとっているが，財源は保険料と公費（税）が半分ずつを担っており，社会福祉の性格を強く残している。

　介護保険の給付は現物給付（介護サービス）が主体である。給付を受けるには，市町村に申請して要介護認定を受けなければならない。認定を受けたあとは，要介護度に応じて利用できる介護サービスの支給限度額が設定される。その限度額を超えないように介護計画（ケアプラン）を作成して，居宅介護サービスや施設介護サービスなどの各種サービスを利用する。介護保険が提供する各種の介護サービスには介護報酬が定められており，一種の公定価格制となっている。この点は医療の診療報酬と似ているが，介護報酬は同じサービスでも地域によって金額が異なる。介護保険は市町村が保険者なので，人件費や物価・地価などの地域差が医療保険よりも反映されやすい仕組みとなっている。

4.2　介護保険が直面する問題

　介護保険の総費用は，制度発足時に3.6兆円（2000年度）であったものが2022年度には11.2兆円に達している。また，介護サービス受給者数（各年4月サービス分）は同期間に149万人から593万人へと4倍近くに増加している（図4-6）。全国的に保険料も上昇しており，介護保険制度を維持するためにはサービス供給の重点化と効率化が求められる。

　その対策の1つとして展開されているのが介護予防の重視と地域包括ケア

▶図 4-6 介護サービス受給者数の推移（各年 4 月サービス分）

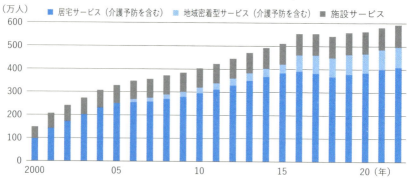

（出所）厚生労働省老人保健局「介護保険事業状況報告」。

システムの構築である。これは介護を必要とする人が地域で暮らし続けられるように，医療・介護・介護予防・住まい・生活支援サービスを切れ目なく提供するもので，保険者である市町村や都道府県が地域の特性に合わせて，住民や民間団体，事業者など多様な主体と協力して構築することが目指されている。住み慣れた地域での生活は高齢者の生活の質の維持につながるとともに，介護の重度化を防ぐものとして期待されている。

その一方で，介護分野では人材不足が深刻化している。その主な理由は，介護労働者の賃金が全産業平均と比較して低いことにある。介護労働者の賃金は介護報酬に左右されるため，財政的な問題から介護報酬が抑制されると，人材不足であっても介護労働者の処遇改善が進まない。厚生労働省によると，2040 年度までに 19 年度よりも約 69 万人，介護職員数を増やす必要があると推計されており，人材確保は大きな問題となっている。介護人材確保の一手段として 2019 年 4 月には改正入管法が施行され，新たに設けられた在留資格「特定技能」による外国人介護労働者の受け入れが始まっている（第 10 章第 5 節参照）。

第 5 節　貧困と公的扶助

5.1　日本の貧困の動向

2008 年のリーマン・ショックを契機として，日本でも貧困問題が社会的に

第 4 章　社 会 保 障　**119**

▶表 4-2　**貧困率の年次推移**

	1985 年	1994	2000	2009	2012	2015	2018 旧基準	2018 新基準	2021 新基準
相対的貧困率（％）	12.0	13.8	15.3	16.0	16.1	15.7	15.4	15.7	15.4
子どもの貧困率（％）	10.9	12.2	14.4	15.7	16.3	13.9	13.5	14.0	11.5
子どもがいる現役世帯(%)	10.3	11.3	13.0	14.6	15.1	12.9	12.6	13.1	10.6
大人が 1 人（％）	54.5	53.5	58.2	50.8	54.6	50.8	48.1	48.3	44.5
大人が 2 人以上（％）	9.6	10.2	11.5	12.7	12.4	10.7	10.7	11.2	8.6
中央値（a）（万円）	216	289	274	250	244	244	253	248	254
貧困線（a/2）（万円）	108	144	137	125	122	122	127	124	127

(注)　1. 貧困率は，OECD の作成基準に基づいて算出している。
　　　2. 大人とは 18 歳以上の者，子どもとは 17 歳以下の者をいい，現役世帯とは世帯主が 18 歳以上 65 歳未満
　　　　の世帯をいう。
(出所)　厚生労働省「国民生活基礎調査」。

注目されるようになった。翌年から公的統計に基づく貧困率が公表されるようになり，過去にさかのぼって貧困率の動向が把握できるようになっている。

今日，貧困の指標として最もよく用いられているのは相対的貧困率で，政府が公表しているのもこちらの指標である。これは世帯の可処分所得を世帯人員数の平方根で割って調整した所得（等価可処分所得）の中央値の 50％（EU では 60％）を貧困線と定義して，それを下回る世帯または世帯員の割合を相対的貧困率とするものである。なお，発展途上国支援を行う国際機関では，絶対的貧困率が用いられることもある。たとえば世界銀行は，衣食住にまつわる最低限度の所得水準を計算し，それを下回る場合を絶対的貧困と定義して各国の絶対的貧困率を公表している。現在の国際貧困ラインは，1 日 2.15 ドルに設定されている。

日本の 2021 年の相対的貧困率は 15.4％ で，12 年以降は若干低下傾向にある（表 4-2)。それでも同じ OECD 諸国のアメリカ（2021 年 15.1％）やイギリス（2020 年 11.2％）よりも高い。子どもの相対的貧困率は 2012 年の 16.3％ をピークとして 2021 年には 11.5％ まで改善している。ただし子どもがいる現役世帯のうち，ひとり親世帯のように大人が 1 人の世帯は 4 割以上が貧困で，これは OECD 諸国中でも顕著に高い。このため 2023 年に発足したこども家庭庁を中心に，こども大綱（2023 年 12 月閣議決定）に基づく施策が推進されている。

120　第Ⅰ部　基礎編

5.2　最後のセーフティネット

　健康で文化的な最低限度の生活保障は，社会保障が担う重要な役割の1つである。そのため多くの先進諸国は，生活に困窮する国民に公的扶助を提供して最低生活を保障している。日本では生活保護制度がこれに該当する。公的扶助は，他の制度では救済されなかった生活困窮者にとってのよりどころなので，最後のセーフティネットとも呼ばれる。

　公的扶助では，財源となる税の拠出者と給付を受ける者は通常一致しない。そのため，濫給（必要のない人にも給付すること）を避ける工夫をしないと，給付がかさんで財源不足に陥ったり，納税者の不満が高まったりするおそれがある。そこで公的扶助では，給付の必要性を判断するために所得や資産についての厳しい資力調査（ミーンズテスト）を行い，必要性が認定された人だけに給付を行う選別主義を採用している。給付についても，自らの力を尽くしても最低生活水準に達しない部分についてのみ，給付を行う仕組みをとっている（これを補足性原理と呼ぶ）。なお，政府が定める最低生活費は，家族構成や居住地域，持ち家の有無等によって異なるため，最低生活水準と相対的貧困線は必ずしも一致しない。

　公的扶助の濫給を避けるために資力調査などの給付要件を厳格化すると，最低生活水準を下回っているにもかかわらず受給を抑制する人々が出てくる。こうした漏給（必要な人が給付を受けられないこと）が深刻化すると，最後のセーフティネットとしての公的扶助が形骸化してしまうという問題が生じる。しばしば生活保護費の不正受給が話題となるが，不正受給額は保護費全体の0.3％程度にすぎない（厚生労働省「全国厚生労働関係部局長会議資料」より算出）。一方，多くの研究は，最低生活水準未満で暮らす世帯のうち，生活保護を受給している世帯の割合（捕捉率）は2割程度にとどまる推計している。つまり，日本の生活保護に関しては，濫給よりも漏給の方が深刻である。

5.3　生活保護制度の現状

　生活保護を受給している世帯（被保護世帯）数は164万世帯，受給者（被保護人員）数は202万人で，人口100人当たりの保護率は1.62％である（2022年度）。被保護世帯の半数以上は高齢者世帯が占めており，次いで多いのは世帯主が障害者・傷病者の世帯で，この2類型で被保護世帯全体の約8割を占め

▶図 4-7　年齢階級別被保護人員の年次推移

(出所)　厚生労働省「被保護者調査」。

る。世帯規模別では，被保護世帯の約8割が単独世帯である。被保護人員の年齢構成を見ると，5割以上が65歳以上で保護率も2.9%と高く，生活保護制度にも高齢化の影響が見られる（図4-7）。

　生活保護制度は，①生活扶助，②教育扶助，③住宅扶助，④医療扶助，⑤出産扶助，⑥生業扶助，⑦葬祭扶助，⑧介護扶助の8種類で構成され，これらの中から実情に応じて必要な扶助を組み合わせて支給する。扶助費の総額は，2022年度（当初予算ベース）で約3.7兆円に達している。財源はすべて公費であり，国が4分の3，国から委託されて生活保護を実施（法定受託事務という）している自治体が4分の1の比率で負担している。受給者の多くが高齢者であることを反映して，内訳では医療扶助が約5割を占め，生活扶助は約3割，住宅扶助は2割弱を占めている。

　生活保護の受給者の半数以上が高齢者で，扶助費の半分を医療扶助が占めている現状は，公的年金や医療保険などの社会保険制度から漏れてしまう低所得者への対応を，生活保護制度が一手に担ってきたことを示している。たとえば国民年金には保険料を免除する仕組みがあるものの，免除期間に応じて老齢基礎年金額は低くなるので最低生活費を下回るケースも出てくる。その場合，たとえ減免されていても医療保険や介護保険の保険料や自己負担分を支払うのが困難になり，医療扶助や介護扶助を受給せざるをえなくなる。また，1990年代以降，労働の非正規化が進んできたが，近年の制度改正が行われるまで非正

規労働者の多くは厚生年金の適用対象外とされてきたため，老後に低年金に陥るリスクも高かった。低所得な高齢者の最低生活保障は，生活保護制度だけではなく，社会保険制度を含めた制度間で調整する必要がある。

　一方，何らかの支援を行えば就労が可能と考えられる被保護者に対しては，自立支援を講じることが望まれる。現在は，以下の3つの取り組みが行われている。第1は勤労控除の仕組みで，就労収入から定められた控除額を差し引いた分を収入認定するというものである。これは被保護者が就労収入を得る際に，稼いだ分だけ扶助費が削減されて可処分所得が増えないという問題への対処として導入された。ただし勤労控除があっても，多くの場合は90%の限界税率に直面することになるので，その就労促進効果は限定的と見られている。第2は就労自立給付金の創設（2013年）で，生活保護受給中に安定就労を得て保護脱却に至った場合に一定額を支給することで，就労自立へのインセンティブを与えるという仕組みである。第3は，生活困窮者自立支援法の制定（2013年）で，経済的に困窮して生活保護に入るおそれのある者を対象として，自治体が自立支援相談や住宅確保給付金（この2事業は必須）を講じるほか，就労準備支援・就労訓練，一時生活支援，家計相談支援，学習相談支援などを実施することが規定されている。

　さらに，2007年の最低賃金法改正により，最低賃金の改定にあたっては，生活保護水準との整合性を考慮することとされた。最低賃金でフルタイム就労をしても生活保護水準を下回るようでは就労意欲が阻害されることを問題視したからである。そこで2007年以降，生活保護水準とのギャップをなくす方向で以前よりも大幅な最低賃金の引き上げが行われている。ただし，最低賃金の引き上げが雇用機会の減少をもたらしているという研究もあり，最低賃金の参照基準に生活保護水準を用いることの妥当性が問われている。

本章のまとめ

　本章では，社会保障給付費の動向をみたのち，高齢化が進展するなかで，賦課方式で運営されている社会保障制度の持続可能性が問われている実態を指摘した。社会保障給付費の中で最も大きなシェアを占める公的年金制度は，頻繁な制度改正を経たのち，現在では保険料水準固定方式のもとで給付と負担の調整を行っている。足元では厚生年金の適用範囲拡大による被保険者数の増加という年金財政にプラス

の変化も見られるが，近年の出生数の大幅な落ち込みにより，長期的には厳しい財政調整を迫られることが予想される。

医療保険制度と介護保険制度も，高齢化によるニーズの増大に直面しており，給付の効率化が求められている。しかし，診療報酬や介護報酬は市場ではなく政府によって決定される一種の公定価格制をとっている。このため，市場メカニズムによる効率性の向上が図りにくく，過剰（過少）診療や介護人材不足などの問題を生むことを指摘した。

本章の最後では，貧困率について説明したのち，「最後のセーフティネット」である生活保護制度が，医療保険などの社会保険からこぼれおちた高齢者の受け皿となっている実情を指摘した。

社会保障は，人々が拠出する税や社会保険料を財源に，現金あるいは現物の給付を行っており，その点では大規模な所得再分配装置ともいえる。しかしこれまでの社会保障を通じた再分配は，現役世代から高齢世代へという世代間移転の性質が強く，現役世代内の再分配や将来を担う子どもへの再分配は重視されてこなかった。人口減少社会に入った日本の社会保障は今後，全世代のセーフティネットとしての機能を高めていくことが求められる。

▶練 習 問 題

1. 社会保険が強制加入である必要性について，情報の非対称性という用語を用いて説明せよ。

2. 社会保障制度の持続可能性を高めるうえでどのような施策が有効か。いくつか例示して理由を説明せよ。

3. 日本のひとり親世帯の親の就労率は 80% 以上と国際的に見ても顕著に高い。それにもかかわらず半数以上が貧困であることを踏まえて，どのような対策が望まれるか考察せよ。

（解答はウェブサポートページに掲載）

▶参 考 文 献

① 椋野美智子・田中耕太郎［2024］『はじめての社会保障——福祉を学ぶ人へ（第 21 版）』有斐閣。

② 小塩隆士［2013］『社会保障の経済学（第 4 版）』日本評論社。

③ 駒村康平・山田篤裕・四方理人・田中聡一郎・丸山桂［2015］『社会政策——福祉と労働の経済学』有斐閣。

④ 加藤久和［2011］『世代間格差——人口減少社会を問いなおす』筑摩書房。

⑤ 橋本英樹・泉田信行編［2016］『医療経済学講義（補訂版）』東京大学出版会。

⑥ 川上憲人・橋本英樹・近藤尚己編［2015］『社会と健康——健康格差解消に向けた統合科学的アプローチ』東京大学出版会。

⑦ 阿部彩・國枝繁樹・鈴木亘・林正義［2008］『生活保護の経済分析』東京大学出版会。

⑧ 阿部彩［2008］『子どもの貧困——日本の不公平を考える』岩波書店。

124　第Ⅰ部　基礎編

⑨　山口慎太郎［2019］『「家族の幸せ」の経済学——データ分析でわかった結婚，出産，子
　　育ての真実』光文社。

　社会保障制度全般を扱ったものとして①～③がある。①は社会保障の各制度の仕組みを学ぶ
うえで初心者に最適。毎春，制度改正を盛り込んで新版が刊行されるので最新版を入手された
い。②と③は経済学の視点から社会保障制度を論じている。②は理論的な考察に優れ，③は，
本章では触れられなかったものの社会保障制度との関連が深い雇用政策や住宅政策についても
取り上げている。④は公的年金制度を中心に，社会保障制度における世代間格差の問題につい
て学ぶのに適している。⑤は医療経済学の基本書であり，情報の非対称性の問題について理論
的に解説している。⑥は医学・経済学・社会学など複合的な視点から健康と社会経済的要因と
の関連を扱っている。⑦は経済学の視点から生活保護制度を分析しており，⑧は子どもの貧困
が社会問題になる契機となった本で，続編も刊行されている。⑨は国内外の豊富な学術研究成
果を踏まえて家族政策を論じている。

第5章
政　府
政府の機能・役割と財政・財政政策

©iStock/Mari05

本章で学ぶこと

　本章では，政府の役割と機能，政府の枠組み，財政と財政運営，経済政策について学習する。まず，財政の3機能（資源配分，所得再分配，経済安定化）および公平性と効率性の観点から，政府の役割や機能を理解する。次に，政府の範囲の捉え，国と地方の役割分担や財政調整の仕組みを学ぶ。さらに，国の予算編成プロセス，歳出と歳入の推移と内訳，国民負担率の意味を理解する。経済政策については，景気変動に対する経済対策の役割，財政政策の有効性と課題，これまでの主な経済対策について学習する。最後に，財政収支や政府債務残高の推移を把握し，政府債務における問題を理解する。本章を通じて，政府と財政が経済や国民生活に果たす役割を多角的に理解することができる。

126　第Ⅰ部　基礎編

第1節　政府の役割

1.1　政府の機能

1.1.1　財政の3機能

政府は，国または地域の統治機関として，国防や外交活動，法律や政策の策定，警察や消防など公共サービスの提供，医療や公的年金制度の維持，道路や公園といった社会資本の整備など，人々の生活に関わるさまざまな活動を行っている。

経済面での政府の役割は，民間の取引で生じるさまざまな問題に関わり，経済をできるだけ効率的な状態に保つことである。アダム・スミスがその著書『国富論』において市場の見えざる手と呼んだ作用により，多くの場合，民間の自由な取引で経済は効率的になる。けれども，すべてについてというわけではない。所得格差，環境破壊，景気変動による人々の突然の生活苦，上下関係のある経済取引（優越的地位の濫用）など，自由な経済活動からはさまざまな問題が生じてしまう。民間の自主性に任せていては解決しにくい問題に関わることで，政府は社会全体での経済的満足度あるいは幸福度である経済厚生を高めることができる。

財政学者 R. A. マスグレイブは，財政の機能を以下の3つに分類したが，この財政3機能は政府の役割としても捉えることができる。

①資源配分機能　　②所得再分配機能　　③経済安定化機能

1.1.2　資源配分機能

資源配分機能とは，政府が市場メカニズムを補完する役割のことをいう。財・サービスの中には市場の失敗と呼ばれる状況に陥り，効率的な取引がなされない性質のものがある。市場の失敗が生じる例としては以下の4つがあげられる。

市場の失敗（例）

- 費用逓減産業（初期費用が大きい産業）
- 外部性（環境問題など）
- 公共財（排除不可能，非競合性）
- 情報の非対称性

費用逓減産業とは，たとえば，生産基盤となる社会資本（インフラストラクチャー）のように，事業を開始するときの初期費用あるいは固定費用が大きいものをいう。初期費用が大きいと新規参入が難しく，自ずと既存企業による独占

（これを自然独占という）になりやすい。独占市場では価格が高くなり，社会全体の経済厚生が低下することが知られている。そこで政府が直接事業を行ったり，価格規制したりする。たとえば，郵便や鉄道は，かつては国が行う事業であった。今でも水道事業は政府（市区町村）が行っている。電気は，2016年に電気小売自由化がなされたものの，現在でも一般家庭向け電気には規制料金の仕組みが残っている。

経済学での政府の価格規制分析を見てみよう。競争市場での価格は限界費用に等しくなるが，この水準で価格規制できれば市場は効率的になる。政府が限界費用で価格を規制することを限界費用価格規制という。限界費用とは企業が財・サービスの供給を1単位増加させたときに，その1単位にどれくらいの費用がかかるのかを示す。しかし，初期費用が大きい事業で限界費用価格規制を行うと，企業の利益は赤字になってしまう。

単純な例を考えてみよう。ゼロの状態から財を1個作り始めるときの費用が初期費用で，2個目以降を生産するときにかかる追加的費用が限界費用である。たとえば2個目を生産する追加的費用で価格設定してしまうと，初期費用の分だけ企業利益は大幅な赤字になる。平均費用で価格規制すれば赤字にならないが，価格は限界費用よりも高くなり，経済厚生が最大となるとは限らない。そこで，日本での電気料金は，固定の基本料金と消費量に応じて上乗せされる従量料金とで構成される二部料金制となっている。二部料金制は，固定費用を基本料金でカバーしつつ，従量料金は限界費用価格とする仕組みといえる。電気の従量料金は燃料費調整額と電力量料金からなるが，そのうち電力量料金の単価改定は，政府機関（電力・ガス取引監視等委員会〔電取委〕）による審査を経て経済産業大臣によって認可される。

市場の失敗は公共財と呼ばれる財・サービスでも生じてしまう。公共財とは，対価を支払わない人の消費が排除不可能（または非排除性）で，かつ，ある人の消費が他の人の消費を妨げない非競合性を持つ財・サービスのことをいう。

公共財には，料金を支払わなくても消費できてしまうという問題がある。例として警察が月々料金を支払う制度だったとすると，どうなるだろうか。料金を支払わない人がいても治安は維持されなければいけない。そうすると，支払わなくても治安というサービスは享受できるので，多くの人がフリーライダー（ただ乗りする人）となる可能性がある。そこで，警察や消防は，税を財源とし

128　第 I 部　基礎編

て政府が提供することで，サービスの対価を受益者が直接支払わずにすむように
なっている。日本では，NHK（日本放送協会）の受信料について議論となる
ことが多い。家計は受信料を支払う必要があるが，放送サービスは公共財の性
質を持つため，フリーライダーの問題が生じやすい。

　そのほかの市場の失敗の例には外部性や情報の非対称性がある。外部性は環
境問題のように，ある経済主体の活動が他へ影響を与えることをいう。情報の
非対称性は経済取引における情報格差のことである。例として医療を考える
と，患者は医師の医療知識がどの程度かはわからない。そこで，政府が医師資
格制度（医師免許）を構築し，医師の質を保証することで，情報の非対称性を
軽減する。このように政府の役割にはさまざまな社会制度の構築も含まれる。

1.1.3　所得再分配機能

　次に所得再分配機能を考えてみよう。これは格差是正や社会保障制度維持の
役割を政府が担うことをいう。代表的なものとして所得税や相続税がある。資
本主義経済では，各人の能力や生活環境が一様でないために，自由な経済活動
の結果として所得や資産の分布が不平等化する傾向がある。とくに資産は家系
で受け継がれるため，生まれながらの経済格差につながりやすい。このような
格差に対応するため，日本の国税は所得が多くなるほど所得税率が高くなる累
進課税である。一方で，消費税のようにどの水準の額でも一律の税率の税は比
例税という。

　社会保障制度は所得再分配機能のほかに，資源配分機能でもある。たとえ
ば，長生き保険ともいえる年金保険は，市場の失敗が発生しうる。長生きを予
想する健康な人は加入したいと思うが，短命だと感じる人は加入しないため
だ。

1.1.4　経済安定化機能

　政府の役割として 3 つ目にあげた経済安定化機能とは，マクロ経済（すなわ
ち日本経済全体）の景気循環を抑制するものである。景気後退に対する経済対
策として，政府は財政支出や減税などによる財政政策（fiscal policy）を行う。
イギリスの経済学者 J. M. ケインズが，不況期に財政支出が景気回復に有効な
ことを示したことから，このような政策はケインズ政策とも呼ばれる。

第 5 章 政　　府　**129**

1.2　公平性と政府の大きさ

1.2.1　公平性から見た政府の役割

　所得再分配においては分配や負担の公平性が求められる。政府の経済活動には財源が必要となるが，公共サービスは料金を対価として徴収することが難しい。そのため，財政は税や社会保険料を人々から強制的に徴収する仕組みとなっている。このような財政の仕組みにおいて，不公平な分配が行われれば，人々の不満が高まり，民主主義において政府の経済活動を維持することが難しくなる。税制度はこの公平性に中立，簡素を加えた 3 つの租税原則に基づき制度設計されることが望ましいとされる。

　租税理論における公平性の基準に応能原則と応益原則がある。たとえば日本の所得税は，税負担能力が高い者がより大きく負担するという応能原則に基づき制度設計されている。所得税率のように税負担能力が高い者がより大きく負担するという公平性を垂直的公平性という。また，税制度は，所得水準が同じであれば，再分配が性別や居住地などの属性には依存しないという水平的公平性も満たされていることが望ましい。

　もう 1 つの応益原則は，公共サービスから同じ利益を得ている者は等しく税を負担すべきという公平性基準である。高速道路が有料なのは，利用者がその費用をより多く負担すべきという考えに基づく。また，公的年金保険のように，応益原則あるいは受益者負担の観点から，加入者が保険料を負担する仕組み（保険料方式という）もある。生活保護のように，受益者負担の考え方がなじまない制度については，保険料ではなく租税方式とするものもある。

　公平性の観点からは，高齢者と若年者との間の世代間格差などについて議論されることが多い。日本の公的年金は積立金があるものの，大枠としては現役世代の保険料負担が退職世代の年金支給を支える賦課方式となっている。日本では少子高齢化により，若年世代ほど負担に対する便益（支給額）が小さくなるという世代間格差が発生している。

　政府の役割を強めると，より多くの財源が必要となり，政府の規模は必然的に大きくなる。そのため，政府や財政の規模がどの程度なら適切かは常に議論されてきた。大きな政府が社会福祉制度を充実させるべきとする福祉国家論に対して，小さな政府が市場メカニズムを活用して政府の役割を国防や警察，司法などに限定すべきという自由主義国家論もある。

▶図 5-1　OECD 各国の一般政府歳出（対 GDP 比）

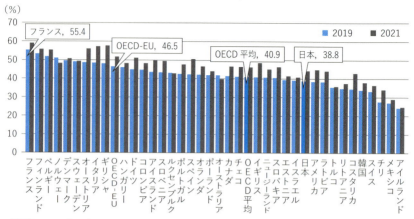

（出所）　OECD［2023］*Government at a Glance 2023* の統計をもとに筆者作成。

　日本の政府は，財政歳出規模で国際比較すると大きいとはいえない。図 5-1 は OECD［2023］の *Government at a Glance* 2023 にある一般政府（2.1.1 参照）の歳出対 GDP 比を，OECD 加盟国（2023 年時点で 38 カ国）について，2019 年時点での値が大きい国から順に並べたものである。図を見ると 2019 年における日本の一般政府歳出の対 GDP 比は 38.8％ で，OECD 平均の 40.9％ よりもやや小さく，加盟国中下位に位置する。2021 年は新型コロナウイルス感染症対策や経済対策により増加しているが，他国も同様であった。

　同資料で 2019 年の機能別支出を見ると，日本の社会保障（social protection）は対 GDP 比 16.1％ で，EU 加盟国平均 19.3％ よりは小さいが，OECD 平均の 13.3％ よりは大きい。この歳入に占める割合を計算してみると，EU が約 42％ なのに対して，日本は約 44％ である。すなわち，日本の一般政府は国際比較で大きいわけではないが，社会保障の割合が大きいという特徴がある。

　さらに，同統計によると，公務員として働く人の割合も比較的少ない。2021 年における一般政府公務員の全就業者数に対する比率は 4.6％ であり，OECD 平均の 18.6％ よりもずいぶんと低い。日本の国家公務員は 58.3 万人（うち行政機関職員は 30.5 万人）で，地方公務員は 231.7 万人（うち一般行政職は 55.4 万人）である。地方公務員で人数が多い部門は，教育部門（100 万人），消防部門（16.4 万人），警察部門（29 万人）である（総務省「地方公共団体定員管理関係」資料）。

1.2.2 効率性から見た政府の役割

政府には，規模が大きいか小さいかだけではなく，効率性の問題もある。J. M. ブキャナンと R. E. ワグナーは，議会制民主主義のもとでは，財政赤字が恒常化しやすいことを指摘した。一般的に人々は公共サービスの財源を自ら負担しているという意識を持ちにくい。また，政府が提供する公共サービスには市場原理（あるいは競争原理）が働きにくいため，効率的ではない場合も多い。このような政府部門の非効率性は政府の失敗と呼ばれる。

これまで日本では，政府の失敗に対する行財政改革や構造改革が行われてきた。たとえば，1980 年代に，当時は公的企業であった日本電信電話公社，日本専売公社，国鉄（日本国有鉄道）が民営化され，それぞれ日本電信電話株式会社（NTT），日本たばこ産業株式会社（JT），地域や事業で分割された旅客鉄道会社（JR）となった。また，2007 年には郵政 3 事業（郵便，郵便貯金，簡易生命保険）が民営化された。

第2節 政府の枠組み

2.1 政府の範囲と財政

2.1.1 政府の範囲

政府には国，都道府県，市区町村など地域や目的あるいは設置形態が異なる枠組みがある。政府の経済活動を見るにあたっては，政府の範囲を適切に把握しておく必要がある。図 5-2 は国民経済計算（SNA，以下では GDP 統計と呼ぶ）での政府の範囲と財政との対応関係を大まかにまとめたものである。国民経済計算での公共部門は一般政府（General Government）と公的企業（Public Corporations）からなる。このうち一般政府は，中央政府（Central Government），地方政府（Local Government），社会保障基金（Social Security Fund）の 3 つをあわせたものである。

財政学やマクロ経済学での政府分析においては，中央銀行（日本の場合は日本銀行）を含めた統合政府（Consolidated Government）を対象とすることもある。中央政府か，一般政府か，統合政府かで，資産や負債の捉え方や金額が異なる。統合政府のバランスシート（貸借対照表）においては，日本銀行が購入した国債（資産）でその分の中央政府の国債残高（負債）が相殺される。とは

▶図 5-2　国民経済計算における政府の範囲

(出所)　内閣府「2021 年度(令和 3 年度)国民経済計算における政府諸機関の分類」をもとに筆者作成。

▶図 5-3　税収および保険料(2021 年度決算)

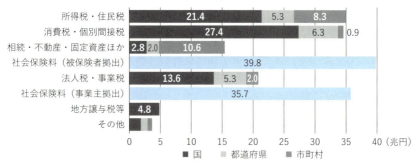

(注)　税収総額は国 71.9 兆円(印紙収入含む)、都道府県 19.9 兆円、市町村 22.5 兆円である。国税の酒税、たばこ税、揮発油税は「消費税・個別間接税」に含まれるが、関税およびとん税は含めていない。道府県税の自動車税と不動産取得税は「相続・不動産・固定資産ほか」、道府県たばこ税は「消費税・個別間接税」に含まれる。市町村税の都市計画税は「相続・不動産・固定資産ほか」、市町村たばこ税は「消費税・個別間接税」に含まれる。国税として国が徴収するが、一般会計を経由せずに地方公共団体に譲与するのが地方譲与税である。地方譲与税には地方法人税、特別法人事業税、地方揮発油税(ガソリン税)、自動車重量税など直接税と間接税の両方が含まれるため分類できず、図では別立てにしたが、地方税に上乗せされる税収と捉えられる。
(出所)　財務省「令和 3 年度租税及び印紙収入決算額調」、総務省『令和 5 年版　地方財政白書』、国立社会保障・人口問題研究所「令和 3 年度社会保障費用統計」をもとに筆者作成。

いえ、国の借金が消えるわけではない。日本銀行が購入した国債への支払いは、金融機関が日銀に有する日銀当座預金に計上されるか、あるいは現金(紙幣、貨幣)となり、それらが統合政府のバランスシートにおける負債となる。

　政府が経済活動を行うための財源を国民経済の中から調達し、それを国民経済へ還元していく仕組みが財政(public finance)である。財源の調達は課税や社会保険料により行われる。図 5-3 は、総額(税収)の違いを比較したものである(2021 年度決算)。社会保険料は、労働者の給与から差し引かれる分に対応する被保険者拠出のほかに、同額を会社が負担する事業主拠出もある。会社

が負担するといっても，事業主拠出がなければ労働者へ支払われる給与が増えるだろうから，実質的には被保険者拠出との違いはない。そうすると，図からわかるように，手取り（経済学では可処分所得という）を小さくする最も大きな要因は事業主拠出も含めた社会保険料である。

2.1.2 財政と GDP 統計

政府支出の意味や中身は GDP 統計と財政とで異なる。GDP は付加価値の合計のため，年金給付金や失業手当など金銭の移転のみが発生する移転支出は含まれない。一方で，医療費は，たとえば窓口負担（自己負担）が 3 割のとき，残りの 7 割は社会保障から支出されるが，これは現物給付と呼ばれ，GDP の政府最終消費支出に含まれる。近年では高齢化に伴い，医療や介護が政府最終消費支出の動向を見るうえで重要となっている。

国内総生産（支出側）における一般政府の項目としては，政府最終消費支出，公的固定資本形成，公的在庫変動があり，これらをあわせて公的需要（あるいは政府支出）という。公的固定資本形成は公共投資を意味する。図 5-4 で国（中央政府）の一般会計歳出決算額と GDP 統計での公的需要を対 GDP 比（％）の値で比較している。GDP 統計における 2021 年度の公的需要（一般政府）は 148.7 兆円で，国（中央政府）の一般会計歳出決算額は 144.6 兆円であった。GDP 統計では 1968 SNA, 1993 SNA, 2008 SNA の違いがあるが，これらは国際連合が定める体系の時期を示しており，体系が改定されると推計方法が変わる。そのため図でも改定前後で接続していない。

2000 年代半ば以前では両者は似た動きをしている。一方で，それ以降，具体的には 2008 年の世界金融危機に対する経済対策以降では異なる動きが見られる。2020 年度は新型コロナウイルス感染症への経済対策として 1 人当たり 10 万円の特別定額給付がなされた。支給は市区町村が行ったが，財源は国が負ったため，支給のための財政歳出が膨らんだ。一方で GDP 統計は移転支出である特別定額給付が公的需要に含まれないため，この時期でも政府支出の変化が小さい。近年は，経済政策として現金給付などの移転支出が目立つ。

2.1.3 国の会計

次に，財政について見ると，国会での承認が必要な国の予算は，一般会計，特別会計，政府関係機関予算からなる。一般会計は最も基本的な国の予算である。特別会計予算は，特定の事業ごとに作成される会計のことで，一般会計と区別することでそれらの事業の状況を明確にしている。特別会計には，国が発

▶図 5-4　財政と GDP 統計の違い（対 GDP 比）

(注)　財政・歳出は国の一般会計の決算額，GDP・公的需要は GDP 統計の政府最終消費支出，公的固定資本形成，公的在庫変動の合計額。国民経済計算は国際連合が定めた体系（SNA）により値が異なる。1968 SNA から 93 SNA への改定では，それまで家計最終消費支出に計上されていた移転的支出（現物社会給付［医療費のうち社会保障基金からの給付分および教科書購入費］等）を政府の最終消費支出へ移し替えたり，社会資本減耗を政府最終消費支出に計上したりなどの変更があったため，前後で図にあるような大幅な違いが生じている（内閣府ウェブ資料「基礎から分かる国民経済計算」（93 SNA 移行による 主な変更内容）より）。
(出所)　財務省「財政統計」，内閣府「国民経済計算」をもとに筆者作成。

行した国債を管理する国債整理基金特別会計，地方政府への移転である地方交付税を管理する交付税及び譲与税配付金特別会計，為替介入などを管理する外国為替資金特別会計などがある。政府関係機関予算は，日本政策金融公庫や国際協力銀行といった政策金融機関の予算である。

　一般会計や特別会計などの間で資金の移転がある。そのため，全体像や純額は把握しにくいが，財務省「国の財務書類」で確認できる。国の財務書類では，歳出・歳入の純計（重複分を除いたもの），資産や負債，政府関係機関を含めた連結財務がわかる。

2.2　国と地方

2.2.1　国と地方の役割分担

　政府には，行政サービスについての事務配分と自治体間の税収格差を是正するための財政調整（あるいは，事務配分の財源を国が提供するという視点からは財源保障という）の 2 つの政府間財政関係がある。日本において財政調整は，地方交付税交付金や国庫支出金により行われる。地方交付税交付金とは，税収等が少ない地域でも一定の行政サービスが実施できるようにするための国からの移

転であり，その使途は制限されていない。もう 1 つの国庫支出金は国が教育，社会保障，建設事業などに対して，使途を指定して地方公共団体に交付する補助金や負担金の総称である。国庫支出金は「ひも付き補助金」とも呼ばれ，地方にとっては自由度が低い収入である。

　国と地方の役割分担について，経済学者の W. E. オーツは資源配分機能のうち，便益が地域に限定される地方公共サービスの供給は地方政府が担うことが望ましいとした。これを地方分権化定理という。すなわち，地域住民に身近な行政サービスは市町村が，全国的なサービスは国が担当する方がよいということになる。日本では，水道やごみ，戸籍など生活に関わるような事業は市町村が行っている。

2.2.2　地方政府の会計

　地方政府の会計も同じく一般会計と特別会計に区分されているが，団体ごとにその中身や分類が異なる。そのため，総務省『地方財政白書』や「地方財政統計」などの資料では，地方政府の財政が地域間で比較可能となるように集計されて，普通会計とその他の会計（公営事業会計など）で分類したものが示されている。

　地方における所得税である住民税には，そこに住む住民が等しく負担する均等割部分と前年の所得に応じて負担する所得割部分がある。地方の財政支出は住民生活にとって基盤となるものが多いため，水平的公平性の観点から均等割がある。所得割の税率は，かつては累進課税であったが，2007 年度の制度改正により都民税および道府県民税が 4%，市町村民税が 6% の比例税率となった（合計で 10%）。

　市町村においては，住民税（市町村民税）と固定資産税が主な税収入である。2021 年度（総務省『令和 5 年版　地方財政白書』による）の全国の市町村税総額 22.5 兆円のうち，住民税が 10.3 兆円（個人分および法人分），固定資産税は 9.3 兆円である。固定資産税は，土地，家屋および償却資産の所有者に対し評価額に応じて課税される。安定性に富むのが特徴となっている。

　都道府県では，道府県税総額 19.9 兆円（都道府県の地方税から東京都が徴収した市町村税相当額を除いた額）のうち道府県民税（2021 年度 5.6 兆円），地方消費税（同年度 6.2 兆円），事業税（同年度 4.7 兆円）が主な税収である。事業税は，法人および個人の行う事業からの所得や収入金額に課せられる。地方消費税は消費税のうち地方の税収となる分のこと。2019 年以降では消費税率 10% の

うち 2.2% 分（軽減税率 8% は 1.76%）が地方消費税率である。

2021 年度において，歳入に占める地方税収の割合は，都道府県で平均 32.5 %，市町村では 28.7% にとどまる（総務省『地方財政白書』，歳入決算額の構成比 〔2021 年度決算ベース〕より）。地方政府の収入では，国からの移転である地方交付税交付金や国庫支出金が大部分を占めている。多くの地方自治体において国からの資金の割合が大きいが，とくに，人口・経済規模が小さい地域ほどその傾向がある。

2.2.3 財政調整

日本における市町村間の財政調整を図で直感的に捉えてみよう。図 5-5 は，左図が市区町村ごとの人口 1 人当たり地方税収額の違いで地図を塗り分けたものである。地図上で地方税収の違いがわかりやすくなるように，1741 市区町村のうち 1 人当たり地方税がちょうど真ん中の位置の額（中央値）を 1 と基準化した。1.6 以上の市区町村（すなわち中央値の 1.6 倍以上の 1 人当たり税収がある地域）は最も濃く塗られている。1.6 未満では濃いほど税収が相対的に大きく，逆に値が小さいほど白くなる。一方で，右図は財政調整後である。住民税に地方交付税交付金（ただし普通交付税のみ）と国庫支出金を加えた額の 1 人当たりの値（図では「1 人当たり地方税＋財政調整」）を示している。

左図では首都圏，中京圏，近畿圏の 3 大都市圏や沿岸地域の市区町村が地図上で濃くなっており，税収が多い地域である。ところが，財政調整後の右図で濃淡がほぼ反転し，地方，とくに中山間地域で濃くなっている。

住居地にかかわらず一定以上の公共サービスがなされるべきという考え方をナショナル・ミニマムという。ナショナル・ミニマムを実現するには地方において 1 人当たりの費用が高くなることが課題となる。図で財政調整後に濃淡が逆転したことは，少子高齢化や過疎化の地域では行政サービスの費用が割高であることを意味する。市町村合併や複数の自治体が市町村区域を越えて事業を共同化する広域連携は，行政規模の拡張による行政サービスの効率化や財政基盤の強化を目的とする。1999 年からの市町村合併は平成の大合併とも呼ばれ，大幅な合併が進んだ。2004 年 3 月時点の市区町村数は 3132 であったが，その 1 年後には 2395 まで減少した。図の 2019 年度では 1741 である。少子高齢化社会においては行政サービスの効率化のみならず，持続可能な地域社会の構築が必要だ。生活機能や行政サービスを街の中心地に集約しようというコンパクトシティの取り組みもなされている。

第 5 章 政　　府　　137

▶図 5-5　市区町村 1 人当たり地方税のばらつきと財政調整（2019 年度決算）
　　　　左図：1 人当たり地方税　　右図：1 人当たり地方税＋財政調整

（注）　サンプルサイズは 1741 市区町村。人口 1 人当たり額の市区町村中央値を 1 として指数化した。財政調整は住民 1 人当たりの「普通交付税＋国庫支出金」額。左図では，最小値 0.38，平均値 1.11，最大値 10.73，右図では最小値 0.48，平均値 1.28，最大値 12.39 である。実際の値は，左図では最小値 4.7 万円，平均値 13.9 万円，最大値 134.2 万円，右図では最小値 15.9 万円，平均値 42.8 万円，最大値 414.7 万円である。区は東京都の特別区のみ。
（出所）　総務省「2020 年（2019 年度決算）地方財政状況調査」，国土交通省「国土数値情報」の行政区域データ（基準年令和 2［2020］年）をもとに筆者作成。

第 3 節　財　　政

3.1　国の予算編成

　政府の経済活動は予算と呼ばれる歳入と歳出の計画に基づいて実施される。予算は議会制民主主義のルールに基づいて，事前に国会や地方議会において，その使い方が決定される（事前決議の原則）。議会が財政を監視することを財政民主主義という。日本の予算は会計年度（4 月から翌年 3 月）ごとに作成される単年度主義をとっている。会計年度独立の原則により，一部は繰り越しが認められているものの，原則として予算の執行は年度内に完結する。

　国の予算における編成過程を図 5-6 で確認してみよう。出発点として，4 名

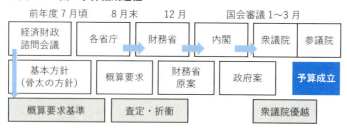
▶図 5-6 国の予算編成過程

の民間議員も参加する経済財政諮問会議によって経済財政運営と改革の基本方針（骨太の方針）が出され，この基本方針に沿う形の概算要求基準が前年度の7月頃に内閣で閣議決定される。概算要求基準に基づき各省庁は概算要求書を作成し，8月末頃までに財務大臣に提出する。各省庁の概算要求の金額は多くなりがちだが，財務省により査定されるとともに，各省庁は財務省に説明する。12月頃に財務省原案が発表され，閣議決定後に政府案として国会に提出される。国会の審議はまず先議権を持つ衆議院の予算委員会で行われる。衆議院の優越権があり，衆議院本会議で採決されたのち，参議院が衆議院で可決した予算案を受け取ってから30日以内に議決されない場合には予算が自然成立する。

予算が成立し新年度に入ったあとでも天災地変，経済情勢の変化などで政策の変更は生じる。そこで，年度途中でも補正予算として予算が組まれる。補正後の予算と区別するため，最初の予算は当初予算という。会計年度が終わり予算の執行が完了すると決算が行われる。会計検査院が決算を検査し，決算検査報告としてまとめる。

3.2 歳出と歳入

3.2.1 歳出の推移と内訳

国（中央政府）の一般会計の歳出には4通りの分類法（主要経費別分類，所管別分類，目的別分類，経費の使途による分類）がある。ここでは最も注目される主要経費別分類で歳出の特徴を見ていく。主要経費別分類で歳出を表すと以下のようになる。

$$歳出 = 基礎的財政収支対象経費 + 国債費$$

▶図 5-7　一般会計歳出の推移（決算ベース）

（注）　5年度ごとの図だが，2020年度は新型コロナウイルス感染症対策の影響が強く特殊なため，2019年度決算と2024年度当初予算の値もあわせて見ている。
（出所）　財務省「財政統計」の「昭和42年度以降主要経費別分類による一般会計歳出予算現額及び決算額」をもとに筆者作成。

　国債費は，政府債務に対する利払費と償還費からなる。国債費を除く歳出が基礎的財政収支対象経費で，項目としては，社会保障関係費，地方交付税交付金等，公共事業関係費，防衛費などが含まれる。基礎的財政収支対象経費から地方交付税交付金等を除いた歳出を一般歳出という。

　　　　　一般歳出＝基礎的財政収支対象経費－地方交付税交付金等

　図 5-7 は，国の一般会計歳出における一般歳出，地方交付税交付金等，国債費を，1960年度から2020年度まで5年ごとに見たもので，決算ベースの名目額である。歳出規模の大きさを理解するため，一般会計歳出総額と基礎的財政収支対象経費の対GDP比（％）も重ねて示している。

　2020年度のほかに歳出総額対GDP比率が顕著に上昇しているのは，1970年度の10.2％から80年度の16.6％への時期，2005年度の16.0％から10年度の18.9％への時期においてである。これらは国債費や社会保障関係費の増加が主な要因となっている。国債費については，1965年度から85年度にかけて急増した。とはいえ，国債費は政府債務残高の増加や大きさに対してはそれほどの額ではない。国債費のうち利払費は2000年度まで10兆円から11兆円程度でほぼ一定で，その後は21年度決算の7.2兆円までむしろ減少傾向で推移してきた。この間，低金利が継続してきたためである。

▶図 5-8 基礎的財政収支対象経費の内訳の推移（決算ベース）

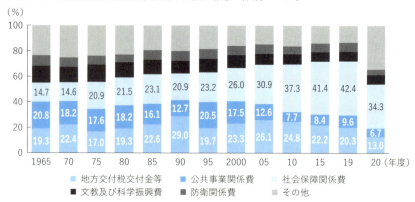

（出所）財務省「財政統計」をもとに筆者作成。

　次に歳出の内訳を見てみよう。図 5-8 は主要な項目について，基礎的財政収支対象経費の総額に占める割合の推移を示した（歳出総額に占める割合ではないことに注意）。公共事業関係費は，道路整備，港湾，空港，住宅，治山治水などさまざまな社会資本を形成するための支出である。1980 年代までは基礎的財政収支対象経費における構成比が 18〜20% と歳出の中心の 1 つであった。公共投資の硬直性や非効率性への批判が高まるなか，2003 年度からは一般会計の公共事業関係費は前年度予算から 3% 削減の方針がとられた。2010 年度予算のように，民主党政権における「コンクリートから人へ」の方針のもと，前年度から 18.3% ポイントもの削減となったこともある。

　社会保障関係費は年金や医療などへの支出である。ただし，社会保障費全体の一部にすぎない。たとえば，国民年金の基礎年金では，その財源の半分は基礎年金保険料で，残り半分が国庫負担である。一般会計の社会保障関係費に計上されているのは，年金や医療費での国庫負担分となっている。2021 年度決算において，一般会計の社会保障関係費は 50.2 兆円だが，社会保障関係費純計は 106.6 兆円にものぼる（財務省「『国の財務書類』のポイント」より）。

　そのほかでは，防衛関係費は自衛隊など国防のための費用である。防衛関係費は，2023 年度当初予算に 6.8 兆円だが，22 年に策定された「国家安全保障戦略」に基づき前年度の 5.4 兆円から大幅に増額された。別途，防衛力強化資金として 3.4 兆円も計上されている。

3.2.2 歳入の推移と内訳

次に一般会計の歳入を見る。歳入は税収と公債金からなる。税収の主なものは所得税，法人税，消費税である。公債金は国の借金に相当する。

税の種類としては，労働所得や資本所得にかかる所得課税，間接税である消費課税，固定資産税や相続税など資産にかかる資産課税がある。日本の所得税には総合課税の原則が採用されており，課税対象となるのは給与のみならず，利子所得，株からの配当所得，雑所得など，さまざまな所得である。1年間に得た所得の総額から，基礎控除や配偶者控除，扶養控除，医療控除などの所得控除を差し引いたあとの所得を課税ベース（課税対象）とする。そうして得られた課税所得額に所得税率がかかる。なお，この課税所得額がゼロの場合は非課税となる。非課税かどうかに加えて，社会保険料支払いが発生するかどうかが「年収の壁」となり，労働供給を阻害する要因となっている。

日本の所得税は所得が多いほど税率が高くなる超過累進税率となっている。超過累進税率とは，課税所得の総額に税率をかけるのではなく，段階的に195万円までの金額に5%，195から330万円未満の分に10%（すなわち135×10%），330万円から695万円未満まで20%（すなわち365×20%）というような税額とするものである。

消費税は1989年4月から導入された。当初の税率は3%であったが，1997年4月に5%，2014年4月に8%，2019年10月に10%（軽減税率は8%）へと段階的に引き上げられてきた。2023年10月には，各取引段階における仕入商品の納品書（インボイス）に，前段階までの支払税額を表記し，次段階の税額からそれを控除して課税するインボイス方式が導入された。

図5-9では，1990年度からの税収と公債金の名目額の推移（決算ベース）を示している。所得税や法人税は景気動向からの影響を受けやすい。また，経済対策として減税政策が採用されることもある。一方で，消費税は比較的安定的で，経済対策としての減税は，議論になることはあるものの2023年度までに実施されたことはない。1998年度に消費税率が5%のときの税収は10.1兆円であったが，10%となった後の2020年度は21.0兆円であった。このように消費税では税収と税率の変化はおおむね比例する。

3.2.3 国民負担率

租税負担（国税および地方税）と社会保障負担を合わせたものを国民負担といい，その対国民所得比率を国民負担率という。国民の税および保険料負担を議

▶図 5-9　国の一般会計・歳入（名目額，決算ベース）

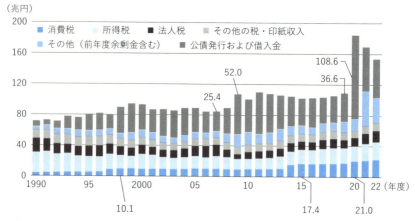

（注）　2021 および 22 年度決算でその他の金額が大きいのは，前年度余剰金が多いため。とくに 2020 年度中小企業対策費の繰り越しが多かった（財務省「令和 2 年度決算の説明」参照）。
（出所）　財務省「財政統計」をもとに筆者作成。

論する場合，額や税率，保険料のみではなく，国民負担率をあわせて見るのがよい。たとえば，累進課税では，インフレで名目 GDP が上昇すれば，税率や実質所得が変わらなくても税収が増えるかもしれない。けれども国民負担率は高まる。

　財政赤字を公債発行によりまかなった場合，とりあえずの税負担とはなっていないが，将来においていずれ国民が負担することになる。将来の負担も加味して，現時点での国民負担率にさらに財政赤字分を加えたものを潜在的国民負担率という。

$$国民負担率 = \frac{租税負担 + 社会保障負担}{国民所得}$$

$$潜在的国民負担率 = 国民負担率 + 財政赤字対国民所得比$$

　ここで，国民所得とは要素費用表示の国民所得である。要素費用表示とは，財・サービスを生産するために使用された生産要素（労働，資本，土地など）の価値によって評価する方式である。要素費用は，消費税などの間接税が価格に含まれていないなど，市場価格表示と違いがある。具体的には，国民所得はGDP から純間接税（＝間接税－補助金）と固定資本減耗を差し引き，海外からの純要素所得を加えた額になる。2020 年度の GDP は 538.2 兆円で，国民所得（要素費用表示）は 376.5 兆円であった。

▶図 5-10　国民負担率の国際比較（対国民所得比，対 GDP 比，2019 年，20 年）

（出所）財務省ウェブページ「令和 5 年度の国民負担率を公表します」および「令和 4 年度の国民負担率を公表します」をもとに筆者作成。

　図 5-10 は国民負担率を国際比較（2019 年，2020 年）したものである。日本の国民負担率はそれだけ見ると必ずしも高くはない。日本の国民負担率は，2019 年に 44.4%（うち社会保障負担率は 18.6%）である。財政赤字対国民所得費が 5.3% なので，これを足し合わせた潜在的国民負担率は 49.7% となる。ただし，国民所得は GDP から純間接税を差し引いているため，消費税などの間接税の金額が大きい国で小さい値となりやすい。そこで間接税を差し引かない GDP に対する比率を見ると，潜在的国民負担対 GDP 比は，2019 年に日本が 35.8% なのに対して，スウェーデンもほぼ同率の 37.1% となる。日本の国民負担率は対 GDP 比で見たり，将来の負担を考慮したりすると，国際比較で低いとはいえないことがわかる。

第 4 節　経 済 政 策

4.1　景気と経済対策

4.1.1　GDP ギャップと財政政策

　政府の役割のうち経済安定化機能とは，政府が景気循環を抑制することである。財政支出や減税などによる経済対策を財政政策といい，そのための財源は国の財政からのことが多い。また，金融政策（monetary policy）は中央銀行で

144 第 I 部 基 礎 編

ある日本銀行が担う。金融政策の主たる目的は物価の安定だが，物価は景気動
向に応じて変化し，不景気では下落しやすく，好景気では上がりやすい。日本
銀行は金融市場における金利の形成に影響を及ぼすことで景気循環を抑制し，
物価の安定を図っている。

　経済はさまざまな理由で変動するが，とくに重要なのは予期しない経済ショ
ックによる急激な景気後退である。経済ショックには主に需要ショックと供給
ショックがある。需要ショックには，バブル経済崩壊のような国内需要の減少
もあれば，海外需要の減少による輸出減が日本経済に及ぼすものもある。供給
ショックは，東日本大震災のような災害による生産能力の喪失や，石油ショッ
クのような生産コストの変化がある。

　経済学分析でとくに重要な景気指標は GDP ギャップ（あるいは需給ギャップ）
である。GDP ギャップとは実際の GDP と潜在 GDP の差を率で表したもので
あり，以下のように定義される。

$$\text{GDP ギャップ} = \frac{\text{実際の GDP} - \text{潜在 GDP}}{\text{潜在 GDP}}$$

　ここで実際の GDP は経済全体での需要の変化を表している。一方で，潜在
GDP は経済全体での供給能力のことを指し，また，働く意志のある人がすべ
て働いている状態なため，完全雇用水準の GDP とする場合もある。資本も最
大限に利用されている。潜在 GDP や GDP ギャップの推計値は内閣府や日本
銀行が公表している。図 5-11 は内閣府による 2023 年 10-12 月期四半期別
GDP 速報（2 次速報値）に基づく推計値を描いたものである。

　財政政策は，経済ショックにより生じた GDP ギャップ（マイナス）の穴埋
めをすることで，失業やデフレの発生を抑えるという役割を持つ。経済の成長
率は高ければ高いほどよいというわけではない。実際の成長率が高くて GDP
ギャップがプラスの場合，過剰な投資や消費が行われている可能性が高い。過
剰な支出はやがて調整され，日本のバブル崩壊や 2008 年の世界金融危機のよ
うな景気後退をもたらしてしまう。政府は，GDP ギャップ等の指標で経済状
況を見極めながら経済対策を行う必要がある。政府見解がわかる代表的な資料
としては，内閣府から毎月公表される月例経済報告がある。

4.1.2　財政政策の有効性

　財政政策の代表的な効果分析手法である *IS-LM* 分析で示されるように，財
政政策は乗数効果と呼ばれる効果をもたらしうる。*IS* は財・サービス市場の

▶図 5-11　GDP ギャップと実際の GDP 成長率（内閣府推計，前期比年率）

（注）2023 年 10-12 月期四半期別 GDP 速報（2 次速報値）に基づく推計値。
（出所）内閣府「GDP ギャップ，潜在成長率」（2024 年 3 月 15 日更新）をもとに筆者作成。

均衡状態（供給＝需要）を示すもので，主に民間投資と金利との関係を見る。IS-LM 分析では，需要が供給を決めるというケインズの有効需要の法則を前提として，需要面の変化を捉える。政府支出の増加は需要増加につながり，乗数効果として政府支出増加額以上の GDP 増が見込める（乗数が 1 以上）。しかし，政府支出増加は金利上昇をもたらすと，民間投資を抑制してしまう。財政政策が民間需要を減少させてしまうことをクラウディングアウトという。不景気下であれば，そもそも民間投資が低迷しているため，クラウディングアウトは生じにくい。一方の LM は貨幣市場・金融市場の均衡を表す。貨幣供給（マネーサプライ）は日本銀行が行い，貨幣需要は経済や金利に依存する。

　財政政策の有効性には，さまざまな議論がある。人々の消費が短期的な所得変化に反応しなければ乗数効果はもたらされない。バブル経済崩壊後，1990 年代の不良債権問題や 1997 年からの金融システム不安が重大なできごととしてあったが，公共投資増加ではそれらを解決できない。1990 年代の経済構造の変化や，無駄と見られた公共事業への批判の高まりから経済対策の中身は変化した。

　図 5-12 は実質 GDP 変化率と需要項目の寄与度の推移を見ている。各項目の寄与度を合計すると実質 GDP 変化率となるので，寄与度によりその項目（ここでは政府部門）の影響度を知ることができる。これまでの動きを見てみると，バブル経済崩壊後 1992 年度から 95 年度までの期間は公的固定資本形成

▶図 5-12　GDP 変化率と政府支出の寄与度

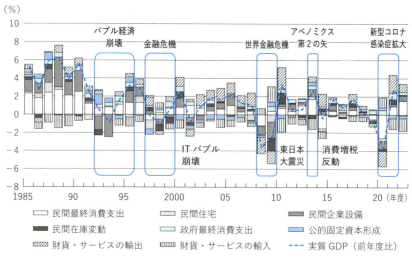

（出所）　内閣府『日本経済レポート（2023 年度）』の長期統計をもとに筆者作成。

（公共投資）の寄与度が大きい。ここから，公共投資中心の財政政策であったことがうかがえる。一方で，1997 年度から 99 年度の金融危機では，政府最終消費支出の寄与度は大きいが，公的固定資本形成は小さい。2008 年に生じた世界金融危機（リーマン・ショック）後は公共投資もあるものの，政府最終消費支出の寄与度も大きい。2009 年の経済危機対策は事業規模 56.8 兆円程度（うち国費は 15.4 兆円程度）であったが，そのうち 41.8 兆円は企業への資金繰りが中心の金融支援である。また，同時期，家電エコポイント，エコカー補助金，住宅エコポイントという補助金政策も行われた。消費者は受け取ったエコポイントを商品や商品券に交換できるため，実質的には家電購入に対する補助金であった。

4.1.3　これまでの経済対策

　日本のこれまでの経済対策の中身は内閣府のウェブページ（内閣府経済財政運営担当「経済対策等」）で確認でき，それらの規模は本書の図 9-2（1990 年代以降の主な経済対策の事業規模）にまとめられている。たとえば，2013 年からのアベノミクスと呼ばれる政策パッケージは，大胆な金融政策，機動的な財政政策，民間投資を喚起する成長戦略の「3 本の矢」を中心としたもので，「日本経済再生に向けた緊急経済対策（平成 25 年 1 月 11 日）」という名でまとめられ

第 5 章　政　府　**147**

ている。

　これらを比較してみると，近年では個別対応の補助金政策が目立つ。世界金融危機後の家電エコポイント，エコカー補助金，住宅エコポイントのほか，新型コロナウイルス感染症拡大後の需要喚起策「Go To キャンペーン」では，飲食業や食品業界向けの Go To Eat（プレミアム食事券による実質値引き）や旅行業界や地域商店向けの Go To トラベル（宿泊料金割引や地域共通クーポンという商品券の配布）などがある。雇用調整助成金は，事業主が支払った休業手当負担額を補助する制度であるが，特例措置により助成割合が引き上げられた。この措置により，失業率の大幅な上昇は避けられた。そのほか 2020 年度の 1 人当たり 10 万円を国が給付する特別定額給付金（財政支出は 13 兆円程度）のように，世帯へお金を配分する政策も採用された。個別対応の政策については，それが適切かどうか，規模に見合った効果があるか，財政の健全化が維持できるかなどが論点となる。政策効果をその都度検証し，今後の政策に活かしていくべきだ。

4.2　財 政 運 営

4.2.1　財 政 収 支

　国の国債（普通国債）残高は 1068 兆円で，GDP 比 187% にも及ぶ（財務省2023 年度末見通し）。第 2 次世界大戦終戦前の 1944 年度で 144.5% 程度であったが，2013 年度にその水準を超えて増え続けている。そのため，日本の経済政策において課題となっているのは，その中身とともに財源の確保である。

　政府の支出が税収を上回るとその差が財政赤字となる。日本の中央政府一般会計においては，公債金（国債発行額）を含まない歳入（主に税収）と歳出の差

▶図 5-13　国の一般会計における財政収支，基礎的財政収支の定義

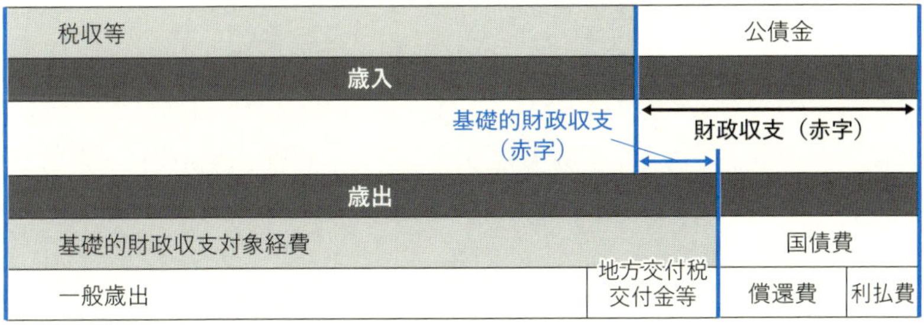

税収等				公債金		
歳入						
		基礎的財政収支（赤字）		財政収支（赤字）		
歳出						
基礎的財政収支対象経費				国債費		
一般歳出			地方交付税交付金等	償還費		利払費

148 第Ⅰ部 基礎編

が財政収支であり，その差がマイナスの場合を財政赤字という。一般会計の歳入に占める公債金の割合を公債依存度というが，財政赤字と公債金（国債発行額）の金額は等しくなるので，公債依存度は財政赤字の指標でもある。

公債金を除く歳入と基礎的財政収支対象経費との差を基礎的財政収支（またはプライマリー・バランス）という。ややわかりにくいかもしれないので，図5-13でこれらの定義を図に示した。

4.2.2 国債と政府債務残高

政府が金融市場を通じて借入を行うために発行する債券を公債といい，さらに，国の発行する公債を国債，地方政府が発行する公債を地方債という。国債には特例国債（または赤字国債）と建設国債の2種類がある。建設国債は，公共事業費等のいわば将来に残る投資的経費の財源にあてられる国債であり，財政法でもその発行が容認されている。これに対して，赤字国債は特例であり，その都度特別の法律によって根拠づけられる必要がある。

図5-14では1975～2022年度の決算ベースの一般会計の歳出，公債金を除いた歳入，および公債金を示した。公債金については建設国債と赤字国債の内訳も示している。日本の財政法は原則として財政赤字がゼロとなる均衡予算主義を謳っているが，近年では財政赤字と赤字国債の発行が常態化していることがわかる。

図5-15では1975～2023年度（決算ベース，2022，23年度は当初予算ベース）の基礎的財政収支，財政収支，政府長期債務（普通国債）残高の対GDP比（％）を示している。1980年代後半から90年代初めにかけて基礎的財政収支は黒字であったが，98年度から大きく赤字化が進んだ。2006年の骨太の方針では11年度までにこれを黒字化する方針となり，この方針に基づいて徐々に赤字が改善された。しかし，2008年の世界金融危機により再度悪化し，その後も赤字が続いている。2010年度の基礎的財政収支は－3.5％で，コロナ禍の20年度には－9.2％にまで赤字が膨らんだ。

政府債務残高も増え続けている。図5-15では普通国債（赤字国債および建設国債）残高の推移も示しているが，2023度末で対GDP比187％である。今年度の残高は以下のように計算できる。このうち，新規国債発行額が公債金（＝財政赤字）に対応する。

第 5 章 政　府　149

▶図 5-14　一般会計歳出，歳入，公債金（決算ベース，名目額）

（注）　期間は 1975～2022 年度。
（出所）　財務省「財政統計」をもとに筆者作成。

▶図 5-15　財政収支および政府債務の対 GDP 比

（注）　2022 年度までは決算ベース，23 年度は当初予算ベース。財政収支と基礎的財政収支は左目盛り，普通国債残高は右目盛りでどちらも単位は対 GDP 比（％）。
（出所）　財務省「財政統計」および財務省「国債統計年報」をもとに筆者作成。

今年度末債務残高＝前年度末の残高＋新規国債発行額
－償還＋借換債発行額

　ここで借換債とは，償還年限を超えた国債を償還（返済）しつつ，一部を再び借入として残すための国債のことである。国債は 60 年償還ルールで管理されており，たとえば 10 年債が満期を迎えたとき，そのうち 6 分の 1 は償還す

るが残りは借換債の発行により再度債務として保持され続ける。そして，すべてが償還されるのは 60 年後となる。なお，国債には償還が 10 年後である 10 年債を中心として，他に満期が 6 カ月や 1 年の短期債，2 年から 5 年の中期債などがある。

　60 年償還ルールは債務返済を先送りしてしまうが，毎年度の返済額を平準化できるという利点もある。しかし，金利変化が大きくなると，たとえば，借り換える時点の金利が元の金利よりも高くなると，利払費が増加してしまう。財務省『債務管理リポート 2023』によると，2023 年度（当初）の借換債の発行予定額は約 157.6 兆円である。たとえば仮に，償還前の国債の金利が 1%だったものが，借換債発行時に 2% になったとする。その差 1% ポイントは借換債発行額約 157.6 兆円にかかるから，一般会計の利払費が約 1.576 兆円増加し，その支払いは以後しばらく継続される。

　これまで日本は低金利が継続したため，利払費はむしろ減少してきた（これを金利ボーナスという）。しかし，もし今後金利が上昇することがあれば，財政問題が生じやすい財政運営の構造となっている。

本章のまとめ

　政府の役割は，国防，外交，法制度の策定，公共サービスの提供など，国民生活全般に関わる広範な活動を行うことにある。経済面では，市場の失敗を補完し，資源の効率的配分，所得再分配，経済の安定化を図ることが求められる。

　政府による所得再分配には公平性が求められる。たとえば，租税には応能原則と応益原則による公平性の考え方がある。世代間の公平性の観点から，年金制度における現役世代と高齢世代の負担と受益の格差が問題となっている。政府の規模や役割については，小さな政府を重視する自由主義と，社会福祉の充実を重視する福祉国家論との間で，常に議論が行われてきた。政府の役割を強めれば財政規模は大きくなる。日本の政府は国際比較で財政規模は大きくないが，社会保障費の割合が高い。一方で公務員数は少ない。

　地方分権化定理により，地域の公共サービスは地方政府が担うことが望ましい。地方税の地域間格差は大きいが，地方交付税交付金や国庫支出金による財政調整により是正される。市町村合併や広域連携などにより行政サービスの効率化が進められてきたが，少子高齢化が進むなかで持続可能な地域社会の構築が課題となっている。

　財政は，国会での予算編成プロセスに基づいて行われる。歳出では高齢化による

第 5 章 政 府 **151**

社会保障関係費の増大が課題となっている。歳入は主に所得税，法人税，消費税でまかなわれているが，恒常的な財政赤字が生じており，国債の発行によりこれを補填している。

政府は，景気後退期に政府支出増加や減税などによる経済対策を講じる。バブル崩壊後は公共投資を中心とした財政政策が行われたが，1990 年代後半以降は多様な政策が採用されてきた。コロナ禍では雇用調整助成金の特例措置や現金給付などが行われた。

財政健全化が大きな課題となっている。基礎的財政収支は恒常的な赤字が続き，国債残高は膨れ上がっている。仮に金利が上昇すれば，利払費の増大が避けられない。今後の政策運営にあたっては，持続可能性と公平性の双方を勘案しつつ，財政の健全化に向けた取り組みが求められる。

▶**練 習 問 題**

1 財政の 3 機能とは何か。それぞれの機能について具体例もあげること。

2 垂直的公平性と水平的公平性の違いを，日本の所得税を例にあげながら，説明せよ。

3 政府の範囲について，中央政府，一般政府，統合政府の違いを述べよ。

4 日本における地方政府間の税収格差是正のための財政調整について説明せよ。

5 基礎的財政収支とは何かを説明せよ。

6 財政政策の有効性について，公共投資によるものと給付金支給によるものとの違いについて議論せよ。

7 現時点の日本政府債務（普通国債）残高を財務省ウェブサイトなどで調べ，その状況について論ぜよ（金利との関係を含めて論じるのがよい）。

(解答はウェブサポートページに掲載)

▶**参 考 文 献**

① 財務省「日本の財政関係資料」（財務省ウェブページよりファイルで入手）。

② 財務省大臣官房総合政策課長編『図説日本の財政』（各年度版）財経詳報社。

③ OECD *Government at a Glance*（各年版）。

④ 総務省『地方財政白書』（各年版）。

⑤ 釣雅雄・宮崎智視 [2009]『グラフィック財政学』新世社。

⑥ 内閣府『経済財政白書』（各年版）。

財政制度は制度改正によって頻繁に変化するため，政府の資料やウェブ情報を確認するのがよい。①や②は財務省作成の資料で，本来は複雑な予算をわかりやすくまとめている。国際比較したいときは，対象が OECD 加盟国に限られるものの③が便利である。より多くの国について財政比較するには IMF の Government Finance Statistics がある。地方財政の状況を把握するには④の地方財政白書がよい。

政府の活動を把握する学問あるいは科目は，財政学のほか，公共経済学，経済政策などがある。また，マクロ経済学やミクロ経済学でも政府分析を扱う。⑤の『グラフィック財政学』は

本章筆者が著したもので，図表が豊富で直感的に理解しやすい。

　経済政策については，なぜそのような政策が採用されるのかの経済状況把握が欠かせない。⑥は内閣府による経済分析で，その時々の論点について書かれている。

　政府分析のための統計としては，財務省『財政統計』，財務省『国債統計年報』，総務省『地方財政統計年報』などがある。国際統計としては前述の OECD や IMF の統計がある。また，GDP 統計でも政府部門を確認できる。

第6章

金　融

進化する金融システム

新貨幣（©iStock/petesphotography）

本章で学ぶこと

　金融とはお金を融通するという意味を持つ。そして，先立つものは金，との格言のとおり，ビジネスであれ，私たちの生活であれ，お金の融通は日々必要不可欠な経済活動である。つまり，金融が円滑になれば，自ずと各経済主体の経済活動も円滑になりやすい。

　本章では，経済活動におけるお金（マネー）の基本的な役割を理解する。まず，代表的な金融商品（資金調達手段）とそれに関わる民間および公的金融機関の特徴を学ぶ。さらに，資金調達または資金運用のデータの国際比較を通じて，日本の金融市場の実際について時代別に考察する。

　次に，お金の融通はどのように行われるのかについて，実際の日本のマクロデータを観察することを通じて，経済主体別に考察していく。その際，日本の戦後から現在に至る経済成長と金融の関係の歴史にも触れ，金額的な動きの背景となる実際の金融機関の行動や金融行政について触れていく。

　最後に，国際化の進んだ金融市場・金融システムの安定の重要性とそれに関係する日銀と金融庁によるプルーデンス政策にも触れていく。

　本章を通じて，
　① お金の役割を理解し，日本の金融システムの基本的特徴はどのようになっているのか
　② 日本のマクロ経済と金融の関係についての歴史的変遷がどのようなものなのか
　③ 多様な金融機関の日本経済における役回りはどうなっているのか
について理解を深めていく。

154　第Ⅰ部　基礎編

第1節　日本経済における金融の役割

1.1　金融は円滑な交換を可能にする手段

　金融取引は，私たちの生活にとって身近なものである。たとえば，私たちは働くことの対価を企業からお金で得るし，コンビニで買物をするとき，購入するモノやサービスの対価をお金で支払う。このように，実体的取引（働くこと，モノやサービスを得ること）と金融的取引は表裏の関係にあり，日々当たり前に行われる。

　このような取引をお金なしで行うにはいわゆる物々交換（バーター取引）をする必要があるが，これは案外難しい。たとえば，教員の授業という教育サービスに対し，各学生が実家から送ってきた米，学生バンドライブチケット等で対価を支払うといわれても教員は困る。物々交換は，非常に原始的な経済においてのみ成立する仕組みであり，現代の高度に発展した社会では非現実的な取引となる。つまり私たちは，お金のおかげで，各種の経済取引を円滑に行うこと（効率的な市場取引）ができている。これは国内に限らず，海外との取引（例：国際貿易や国際投資）についても同様である。

　お金には「現在」だけではなく，「将来」時点の取引を可能にする機能（将来の購買力）もある。私たちが全財産を財布に入れないのは，暗にこの機能を意識しているからだろう。また，貯蓄して将来使えることを念頭に，先行きの行動を決められるようになる。たとえば，試験準備のため来月のアルバイト時間が減ることを見越して，今月は多めにアルバイトをしておくかもしれない。

　仮にお金が生鮮食品のように賞味期限付きだったとしよう。その場合，お金をすぐに使い切らざるをえず，不便といわざるをえない。しかし，実際には，（その価値が安定しているかぎりにおいて）しばらく先までお金を使うタイミングを先延ばししても大きな問題はない。それどころか，預金をすれば（なけなしではあるが）利子が付く。

　今の時代，私たちはお店にない商品をオンラインで簡単に買える。物流の効率化も一因ではあるが，目の前の相手以外にも簡単に支払いができることも，オンライン・ショッピングを身近なものにする。

　以上のとおり，金融の仕組みは，各経済主体が効率よく経済活動を行ううえで必須だといえる。そのため，経済的成熟度と金融サービスの充実は車の両輪

第 6 章 金　融　155

のような関係で発展していく傾向があり，先進国ほど金融サービスの多様性・利便性・安定性が実現している傾向が強い。

1.2　マネーとは何か

はじめにお金の機能について考えてみたい。ここでは，交換手段，価値貯蔵手段，価値尺度の（マネー〔貨幣〕の）3 機能に触れる。支払いは，このうち交換手段の部分を捉えたものである。ただし，お金が価値尺度として機能し，価値貯蔵手段として機能するがゆえに，交換手段として活用される側面もある。すなわち，この 3 機能を同時に有するからこそ，お金の利便性が担保される。価値貯蔵手段は，すでに説明をした購買力を現在から将来に移す機能である。価値尺度は，人々が価格を示したり，借金を記録したりする際の尺度としてお金が便利なことを意味する。

なお，人々がお金を信用しているおかげで，お金とモノやサービスの交換比率（お金の価値）が安定していることを忘れてはならない。現在は金（ゴールド）を価値尺度とし，お金をゴールドと引き換えること（兌換）は約束されていない。非兌換，つまり不換であるがゆえに，人々がお金の価値を信じなければ，安定的にお金を使えなくなる可能性がある。

さて，ここまではお金という非常に曖昧な言葉を使ってきたが，経済学ではマネー（貨幣）という言葉が使われる。貨幣というと法的には硬貨を意味するが，経済学的には現金（お札や硬貨）に加えて預金も含まれる。なぜだろうか。支払いを例に考えてみると，現金も預金も同じように使えることに気づく。預金が支払手段として使われているケースを示している図 6-1 では，A さんが X 銀行に預金口座を持っていたとして，そこから，Y 銀行に口座を持っているオンライン・ショッピングサイト B 宛に 10 万円の支払い（振込）を行うケースを示している。この場合，X 銀行にある A の預金口座のお金を，Y 銀行の B の預金口座に振り込むことで支払いが成立する。これが可能なのは，両銀行とも「銀行の銀行」と呼ばれる日本銀行（日銀）に当座預金口座（日銀当座預金）を持っており，そこを通じてお金の付け替えができるためである。つまり，いちいち現金輸送車を用意しなくても資金移動ができ，現金と同様に預金を使って支払いができる。

日銀作成のマネーストック統計でも，一般法人，個人，地方公共団体などが保有する「現金や預金」がマネーとされている。預金にはさまざまな種類があ

▶図 6-1　振込の仕組み

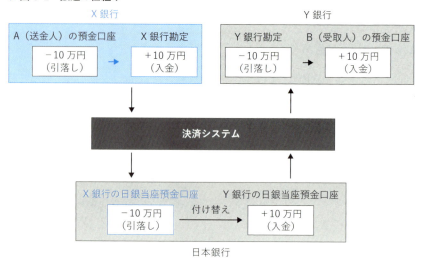

（出所）　全国銀行資金決済ネットワーク「内国為替取引・資金清算の仕組み」。

り，範囲次第で M1，M2，M3，広義流動性の 4 指標が存在する。全指標とも現金を含むが，この順に預金等の範囲が広がり，より流動性が低いものが含まれる。流動性とは現金化のしやすさを意味し，流動性が低いほど，現金化が難しい。たとえば，広義流動性に含まれる投資信託や外債（海外で発行される債券）は流動性が低く，M1〜M3 には含まれない。なお，マクロ経済分析では，M2（以前は M2+CD）を使うことが一般的である。

1.3　金利はマネーのレンタル料

　貯蔵手段としてのマネーは，現在と将来のモノやサービスの交換を円滑にさせる機能を提供する。たとえば，アルバイトで今月 6 万円を稼ぎ，4 万円しか使わない場合，2 万円を貯蓄しておく。なぜ貯蓄するかといえば，今月ではなく将来使うからである。このように，マネーが余る状態を資金余剰と呼ぶ。逆に，今月は病気になったためバイト代が 2 万円しかないものの，どうしても生活していくには 5 万円が必要ならば，3 万円足りない。この資金不足の状態の場合，過去の貯蓄を取り崩すか，誰かに資金を借りないと不足分を埋め合わせられない。

　世の中には，資金余剰（資金の出し手）の経済主体もいれば，資金不足（資金

第 6 章 金　融　157

column　キャッシュレス決済の拡大がマネーの量に与える影響

　最近は，クレジットカード（例：Visa，Master Card，JCB），交通系 IC カード（例：Suica，ICOCA，PASMO），スマートフォン決済（QR コード決済，例：Pay-Pay，au PAY，メルペイ）など，手軽で利便性の高い支払手段（キャッシュレス決済と呼ばれる）が増えてきた。とくに消費税率の引き上げに伴い，一時的な消費需要の低迷を防ぐことを目的に，2019 年 10 月から政府が導入した「キャッシュレス・消費者還元事業」には，日本でのキャッシュレス決済の普及を進めることが期待され，実際に普及の呼び水となった。

　不思議に思うかもしれないが，これらのキャッシュレス決済が増えても，現金と預金の合計であるマネーは増えない。なぜだろうか。

　まず，クレジットカードによる支払いは掛払いとも呼ばれ，代金を後日になってから支払う取引である。購入時点で，モノやサービスを手に入れられるが，実際の支払いは 1～2 カ月後になる。カードを渡してサインをしたりするのは，そのうち払うとお店に約束したということにすぎない。そして，1～2 カ月後に銀行預金口座から，カード会社に代金が支払われる。このように，カード払いは，銀行預金による支払いとタイム・ラグを除けばほぼ同等である。

　交通系 IC カードの場合，事前にチャージと呼ばれる入金作業がある。現金チャージの場合，チャージ額分だけ支払いができる。もしも支払いがチャージ額を上回る場合，支払いができない。つまり現金チャージによる支払いとは，単に現金による先払いにすぎない。同様に，銀行預金口座を使ってオートチャージをする場合も，銀行預金口座から先払いをしていることになる。さらに，近年急速に普及の進んでいるスマートフォン決済も，同様のチャージによって利用できるサービスのため，とどのつまりは現預金による支払いと同じである。

　なお，現金や預金と同等ではないものの，各種のキャッシュレス決済は，マネーの機能面（3 機能）の特性をある程度有している。銀行預金口座に紐付けられた（決済後，即座に口座から引き落とされる）キャッシュレス決済の場合を例に取れば，この決済は預金振込とはインターフェースが異なるにすぎない。ただし，利用上限がある点や利用可能店舗が限られる点は，現金や預金に比べると交換手段としての利便性に劣る。

　日本はキャッシュレス決済の普及率がまだまだ低いため，キャッシュレス後進国と指摘される場合がある。確かに，スマホ決済の普及率は韓国や中国などの後塵を拝する。しかし，かなり以前から銀行振込や口座引き落とし（事前に登録をすることで，水道代や電気代などの公共料金や塾の授業料などの振込が自動的に行われるサービス）が普及していた事実を踏まえると，単純にキャッシュレス後進国と考えるのは不適切といえよう。

158　第I部　基礎編

　では，ビットコインのような暗号資産（仮想通貨）はマネーなのだろうか。結論をいえば，ビットコインは円やドルとの交換は可能なものの，そもそもコインやお札のような法定通貨ではなく，定義上のマネーには含まれない。そして，3機能の観点から見ても，要件を満たしていない。まず，価値が不安定な（ビットコインと法定通貨の交換率の変動が大きい）ため，日常の決済に安心して使いづらい。つまり，価値尺度として問題がある。結果的に，ビットコインを蓄えておいても，将来の価値がどうなるか見通しを立てづらく，価値貯蔵手段としても難がある。それゆえ，交換手段としても安心して利用できない。実際，ビットコインを受け入れる小売店舗が限定されていることも，以上のような課題を反映している。

の取り手）の経済主体もいる。もしも，前者が資金の出し手（貸し手），後者が資金の取り手（借り手）となって資金の融通をし合えれば，社会全体で効率的にマネーを活用できる。もちろん，資金の融通は慈善行為ではないので，資金をレンタルする，つまり資金余剰主体から資金不足主体にマネーを貸す場合，レンタル料が課される。マネーの場合，レンタル＝資金貸借，レンタル料＝金利（利子率）と呼ばれる。

　個人が家を買う例を考えてみる。手元資金だけで家を買おうとすると，20代や30代では資金不足で家を手にすることは難しいだろう。そこで，大半のケースで資金を借りることになる。もし20年間で完済したいならば，返済期間20年（20年満期）の住宅ローン☆を使えばよい。2024年8月における金利の相場は，返済期間中金利が一定のタイプ（固定金利）で約2%である。金利とは，借りる資金総額（元金または元本）に占める利子の割合であり，3000万円を借りるならば60万円である。60万円はあくまで1年分の利子である。その後も19年間の返済期間中は利子を支払うことになる。ただし，少しずつ元金の返済をするので，それに応じて返済する利子も減っていく。図6-2のとおり，返済のパターンは選ぶことができる。

　資金貸借の期間は短いと1日，長い場合は数十年にもなり，1年未満を短期，1年以上を長期と呼ぶ。ただし，短期であろうと長期であろうと金利☆は

☆住宅ローン：購入する不動産，つまり土地と建物を担保（後述）とすることを条件とした貸出。担保の証しとして，金融機関が当該不動産に「抵当権」を設定する。
☆金利：金利には，単利と複利がある。金融経済活動に関する金利は原則として，複利が用いられる。単利とは，利子を中途で元本に組み入れない方法である。逆に，複利とは，利子を元本に中途で繰り入れる計算方法である。

▶図 6-2　住宅ローンの返済イメージ

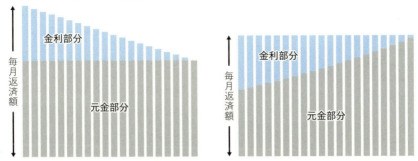

（注）　左図は元金均等払い（元金部分を毎月均等に返済，金利部分は元金の残高に応じた金額分を毎月返済），右図は元利均等払い（元金部分＋金利部分を毎月均等にして返済）の場合。元金部分の総面積は借入総額，金利部分の総面積は利子の支払総額。

▶図 6-3　預金金利（左），貸出金利（右）の推移

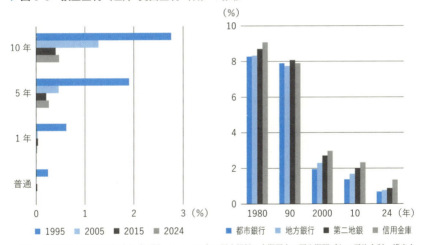

（注）　預金金利：普通は郵便貯金（通常），1，5，10 年は国内銀行の定期預金の預入期間ごとの平均金利。貸出金利：銀行の業態別貸出約定平均金利。本データは，金利のため，フローやストックの概念はあてはまらない。
（出所）　日本銀行「預金種類別店頭表示金利の平均年利率等」，ゆうちょ銀行，日本銀行「貸出約定平均金利」（いずれも，NEEDS-FinancialQUEST よりダウンロード）。

必ず年率表記をする。普通預金と定期預金の金利の時系列的な推移を示した図6-3 より，長期間の定期預金ほど，流動性が低く，金利水準（年率）が高めなこと，近年の超低金利環境で期間ごとの金利差はおおむね縮まっていることがわかる。

160 第I部 基礎編

1.4 金融のプレイヤーとその役割

　金融は，資金不足主体が資金余剰主体からお金を供給してもらうことを可能にすることはすでに説明したとおりである。では，資金不足の企業，つまり資金調達をする必要がある企業はいったいどのように資金を調達するのだろうか。

　日本で最もスタンダードな資金調達の方法は，銀行から借りるという方法である。また，大企業は市場を通じて資金を調達することも多い。銀行を通じた資金調達を間接金融，市場を通じた株式や債券といった有価証券による資金調達を直接金融と呼ぶ。直接・間接という言葉の意味しているのは，資金余剰の主体から直接資金を調達しているのか，それとも間接的かということである。銀行は企業に貸出を実行するが，元手は銀行自体の保有する資金ではなく，多くの人々が行っている預金である。一方，直接金融の場合，資金余剰主体は投資家と呼ばれる。個人投資家の場合も，機関投資家（第2章49頁の用語解説を参照）の場合もある。これらの投資家が直接特定の企業に資金を供給しているので，直接金融と呼ぶ。

1.4.1 銀行（金融仲介機関）が間接金融で果たす役割

　間接金融の担い手の金融仲介機関には，銀行（都市銀行，信託銀行，地方銀行，第二地方銀行）だけではなく，信用金庫や信用組合も含まれる。都市銀行や信託銀行に比べ，地方銀行や第二地方銀行は地元密着型である。信用金庫や信用組合はさらに密着度が強まり，所在地周辺の小規模企業を主たる貸出先とするのが典型的である。

　間接金融の担い手である銀行のビジネスを理解するためには，第2章で学んだバランスシート（貸借対照表，以下 BS）の仕組みの理解が近道となる。2022年度末時点における全国の 110 銀行の BS を集計した表 6-1 を見てみよう。これは銀行の財産状況を示し，左を資産サイド，右を負債サイドに区分して書き込まれている。お金は，負債から資産へという順に動くと考えるとわかりやすく，BS の右側（負債サイド）でお金を工面する方法（資金調達）が示され，左側（資産サイド）でそのお金をどう運用したかが説明されている。個人や企業などから受け入れた預金が銀行にとっての主たる負債である。運用手段はさまざまあるが，銀行にとって最も基本的なのは貸出（融資，ローン）であり，資産の半分を占める。そのほか，現金や銀行の保有する日銀当座預金など

第6章 金 融　**161**

▶表6-1　**2022年度末の全国銀行のバランスシート**（単位：兆円）

資産サイド			負債サイド		
現金預け金	372	（26%）	負債計	1,381	（96%）
有価証券	258	（18%）	預金	995	（69%）
貸出金	663	（46%）	譲渡性預金	60	（4%）
貸倒引当金	− 4	（0%）	その他	325	（23%）
その他	144	（10%）	純資産計	53	（4%）
			資本金	10	（1%）
			資本剰余金	11	（1%）
			利益剰余金	28	（2%）
			その他	3	（0%）
資産計	1,434	（100%）	負債・純資産計	1,434	（100%）

　（注）　カッコ内は資産計または負債・純資産計に対する構成比。本データは，2022年度末時
　　　　点の残高なのでストックのデータ。
　（出所）　全国銀行協会「全国銀行決算発表」。

で構成される現金預け金，銀行の保有する株式や債券などの有価証券が主要な
運用先であり，これら3項目で資産全体の9割を占める。負債サイドは負債
と純資産で構成されており，負債のうち7割を占めるのが預金である。純資
産は資産と負債の差に相当し，株主が出資した資本金および資本剰余金と留保
された利益の利益剰余金が主な項目となる。

　BSからも明らかなように，銀行ビジネスの基本は預貸（預金を集めて貸出を
実行すること）である。預金は多数の個人や企業等が行い，銀行はそれを原資
にさまざまな借り手（企業，個人，公的部門など）に貸し出す。銀行貸出は借り
手にとっては借入となり，「ローン（貸出）を借りる」などと表現される。貸
出には，返済の時期つまり満期，借入額つまり元本，そして貸出金利が設定さ
れる。同様に，銀行の受け入れる預金にも，満期，元本，そして預金金利が設
定される。貸出金利は，預金金利を上回るように設定され，その差額の利ざや
が銀行の収入となる。ただし，貸出のすべてが返済されるわけではない。一部
が返済されずに不良債権化することもあり，その場合は銀行の収益が悪化す
る。

　預貸の過程を通じて，銀行はリスク変換を行っている。預金に比べ，貸出の
リスクは高く，銀行はその間を取り持ってリスク変換を行っている。銀行は小

口かつ大量の預金を受け入れ，その預金を使って多様な貸出先に（個々の預金に比べれば）大口の貸出を実行する。多様，すなわちさまざまな業種，規模，地域等の貸出先に融資することによって，リスク分散を実現し，リスク変換が可能になる。仮に，偏った業種に貸出を集中させると，その業種の業績が悪化したとき，大きな損失を被る可能性があるが，業種を分散させると，損失も限定的にできる。たとえば，1980 年代のバブル期に建設業，不動産業，ノンバンク業への貸出の割合を増やした銀行は，これらバブル 3 業種への貸出の焦げ付き（不良債権化）度合いが高く，90 年代に業績の悪化に苦しんだ。

　銀行は期間変換も行っている。多くの貸出は数年単位での長期取引である一方，たとえば普通預金は満期が設定されないため，預金口座からいつ引き出されるかわからない短期取引である。国内銀行の場合，2023 年 9 月末現在で，預金の 96％ が普通預金を含めて満期までの残存期間 1 年以下なのに対し，残存期間 1 年以下の貸出は貸出全体の 23％ にすぎない（日本銀行「貸出金・債券・預金の期間別残高」による）。つまり，負債サイドと資産サイドで取引期間にギャップが生じる。しかし，小口の預金が大量に集まれば，一定程度の預金が随時引き出されるにしても，各時点での預金量の見通しは立つため，銀行は期間ギャップの問題を解決できる。

　ところで，製造業がモノを生産するように，銀行業は情報生産をしているといわれる。銀行の預貸ビジネスとは，表面的には資金を右から左に動かしているだけにすぎない。しかし，銀行はただ右から左に動かしているのではない。右から左に動かして問題ないかについて，貸出実施前に貸出先に関連する情報を収集・分析したうえで，スクリーニング（貸出審査または融資判断）をしている。スクリーニングは銀行による情報生産の典型例である。情報生産に用いられる情報の例としては，貸出先企業の返済能力（信用力）や返済姿勢があげられる。これらの情報を，銀行はなかなか完全には把握できない。とくに借り手の企業は自らの借入に不利になるような情報を積極的に銀行側に伝えたがらないだろう。情報の非対称性と呼ばれるこの問題をいかに改善するかは銀行の腕のみせどころ（＝情報生産力）となる。

　情報生産のタイプは，具体的には，貸出実施前と実施後に区分して整理できる。いずれも，貸出先の信用リスク（債務不履行［利子や元本を予定どおりに返済できないこと］の発生可能性）の把握を目的としている。前者はスクリーニングであり，後者はモニタリング（監視）と呼ばれる。前者は，貸し倒れの確率が

どの程度かを勘案して貸出の実行いかんを決めるプロセスである。後者は，貸出実施後に，貸出が予定どおりに使われているか，貸出実施後も企業が怠けることなく真摯にビジネスを遂行しているかをチェックするプロセスである。

　情報生産のため，銀行は貸出先の信用力や返済姿勢に関する情報が必要となる。伝統的な銀行は，ハード情報（財務情報のような定量情報や数値化しやすい定性情報等）に加え，ソフト情報（銀行と企業間の長期取引関係から得られる，経営者の資質や事業の将来性等についての情報，簡単に入手しにくい定性情報）を活用する。ソフト情報は簡単には手に入らないので，銀行員が貸出先を毎月のように訪問して，情報の蓄積と更新を行うことが多い。この過程を通じて銀行と貸出先の関係を強めることをリレーションシップの構築と呼ぶ。リレーションシップの構築と維持には人件費などのコストがかかる。一般に，地元密着型の銀行ほど，リレーションシップの構築にコストをかけるため，このコストをカバーするためもあり貸出金利は相対的に高めとなる（前掲図 6-3）。

1.4.2　直接金融と証券会社の役割——負債取引と株式取引の違い

　直接金融と呼ばれる資金不足主体が資金余剰主体よりダイレクトに資金調達をする際に証券会社が手続きをサポートする仕組みには，主に 2 種類の方法がある。1 つは債券に代表されるデット（debt）による資金調達，もう 1 つは株式に代表されるエクイティ（equity）による資金調達である。債券や株式はまとめて証券と呼ばれる。債券は資金不足主体が発行する債務，つまり借金であるから，投資家への利払い（キャッシュフロー）のパターンが発行時点で決められている。このため，フィックスド・インカム（fixed income）とも呼ばれる。資金不足主体の発行する債券は，資金余剰主体に販売される（資金余剰主体による債券投資）。発行主体は，政府，自治体，企業，学校法人等多岐にわたり，それぞれ国債，地方債，社債，学校債を発行する。日本の場合，近年は国債シェアが支配的になっている。他方，社債の発行額は国債に比べ，それほど大きく増えていない（表 6-2）。

　銀行借入と社債はいずれも企業にとっては借金だが，「末端の」資金の出し手にとって，返済リスクに対する認識はかなり異なる。社債の場合は，末端の出し手である投資家が返済リスクを直接認識する。そして，市場で金利が上昇すると保有する債券の価値が下がるというキャピタル・ロスのリスクも意識する。他方，前者の場合の末端の出し手は預金者である。預金者は預金の運用を銀行に委ねているので，自分の預金がどの企業に貸出されているのか，直接的

164　第 I 部　基礎編

▶表 6-2　**日米の債券市場規模**（単位：日本は兆円，アメリカは 100 億ドル）

		発行額			残高		
		2000 年	2010 年	2023 年	2000 年	2010 年	2023 年
日本	国債	106	166	209	359	750	1,136
	地方債等	7	17	10	41	17	125
	普通社債	8	10	15	50	111	90
	合計	149	198	237	570	951	1,364
アメリカ	国債	31	232	352	295	885	2,637
	地方債等	65	180	172	334	666	601
	普通社債	58	106	144	346	673	1,074
	合計	255	731	827	1,619	3,407	5,809

（注）　合計は国債，地方債等，普通社債以外の債券も含む。日本：地方債等は地方債，政保債，財投機関債等
　　　　の合計。アメリカ：地方債等は Municipal, Federal Agency Securities の合計。本データは，発行額は各
　　　　年 1 年間での発行総額のためフロー，残高はストックのデータ。
（出所）　日本証券業協会，Securities Industry and Financial Markets Association（SIFMA）.

には把握できず，間接的にしか返済リスクを認識できない。すなわち預金者に
とっては，銀行の貸出姿勢や貸出自体の質等について正確な情報を取得するの
が難しい。そのため，銀行が破綻した場合に備えて，ペイオフ（預金保険制度
の加盟銀行について，1000 万円までの普通預金等が保護される仕組み）などの預金保
険制度によって預金者を公的に守る仕組みが整備されている（2.4 のプルーデン
ス政策を参照）。

　株式に話を移そう。株式も資金不足主体が発行するものの，投資家に対して
返済義務を負わないこと，発行時点でキャッシュフローのパターンが決まって
いないこと，発行体が企業の中でも株式会社に限定されることの 3 点が債券
との大きな違いとなる。

　株式投資家の要求する見返りは，基本的に 3 つの方法で還元される。第 1
に，キャピタル・ゲイン☆である。企業は利益を出すこと等によって企業の価
値を高め，結果として株価が上昇すれば，投資家の保有株式価値が高まる。購

☆キャピタル・ゲイン（capital gain）：有価証券のキャピタル・ゲインとは，有価証券の価格（この
　場合は債券価格）の上昇を意味する。たとえば，保有する債券の金利が 4% のとき，市場の金利
　が 3% になると保有債券の相対的魅力が上がるため，債券の価値が上がる（債券価格が上昇す
　る）。逆に有価証券の価格下落はキャピタル・ロス（capital loss）と呼ばれる。

入時の株価を現在の株価が上回（下回）れば，キャピタル・ゲイン（ロス）となる。ただし，株価は市場で決まるので，企業はあくまで業績等を通じて間接的に影響を与えるにすぎない。第2に，配当（インカム・ゲイン）である。配当は各期における利益の一部を企業が投資家に還元するものであり，利益の水準次第では0円となる（つまり，キャッシュフローのパターンは発行時点で未定）。第3に，株主総会における議決権（コントロール権）である。株主になるとは当該企業のオーナーになることを意味する。10万株発行している株式会社の株式を1万株保有していたら，その企業の10分の1のオーナーであることを意味する。オーナーとして株主総会に出席し，企業経営に関する重要事項の議案について，株式保有数に応じて議決権を行使できる。

国税庁「会社標本調査」によると，2022年度に日本に存在する291万社のうち269万社が株式会社であるが，その大半は非上場である。日米を比べた表6-3によると，国内最大の株式取引所である東京証券取引所の上場株式会社数は4000社弱にすぎない。この数自体は，アメリカのニューヨーク証券取引所を上回るが，過去30年ほどの時価総額（上場企業の株価×発行済株式数の総和）の伸びには大きな差がある。

上場企業は株式を一般に公開して出資者を募る一方，非上場企業は公開しておらず，関係者しか株式を購入できない。上場には，形式要件（株主数，事業継続年数，時価総額など）を満たし，審査をクリアする必要がある。なお，大企業でも非上場の場合がある。つまり，上場するかしないかは，各企業の資金調達に関する考え方次第であり，企業規模とは必ずしも関係はない。

証券会社は有価証券の発行市場，流通市場の双方で市場参加者（有価証券の発行主体と投資家）間の取引を取り持つ。資金不足主体による証券の発行と資金余剰主体である投資家による取得（購入）の行われる発行市場においては，有価証券の発行の手続きをサポートし，投資家を募って販売を代行する（募集・売出）。売れ残った場合に証券会社が買い取る場合は，引受・売出という。すでに発行された証券の投資家間での売買が行われる流通市場では，証券会社自体が投資家として投資活動を行う自己売買と，顧客の投資家の売買を代行する委託売買業務を行う。

1.4.3 資金の出し手から見た株式投資と社債投資の違い

資金の出し手にとって，株式と社債を保有することのリスクには，大きく3つの違いがある。第1に，株式の方が一般的には価格変動幅が大きい。これ

166　第I部　基礎編

▶表 6-3　日米の株式市場規模（時価総額と売買代金の単位：日本は兆円，アメリカは 100 億ドル）

		1990 年	2000 年	2010 年	2023 年
日本	上場企業数	1,627 社	2,055 社	2,280 社	3,933 社
	時価総額	379	361	311	867
	売買代金	187	249	359	1,017
アメリカ	上場企業数	1,774 社	2,468 社	2,317 社	2,272 社
	時価総額	269	1,144	1,339	2,556
	売買代金	152	1,103	1,780	2,636

（注）　上場企業数と時価総額は年末値，売買代金は当該年間。日本：東京証券取引所。アメリカ：ニューヨーク証券取引所。なお，東京証券取引所は，2022 年 4 月 4 日前後で，旧市場区分（市場第一部，市場第二部，マザーズ，JASDAQ）と新市場区分（プライム市場，スタンダード市場，グロース市場，TOKYO PRO Market）のデータを用いた。ニューヨーク証券取引所の 1990 年の売買代金が取得不能なため，1991 年の売買代金。本データは，時価総額はストック，売買代金は 1 年間の売買額のためフローのデータ。
（出所）　日本取引所グループ，World Federation of Exchanges.

は，株式の方がキャッシュフローのパターンが発行時点で決められていないことや，第 2 の違いをなす資金調達の返済義務の有無のためと考えられる。企業にとって株式は返済義務がない。企業が倒産した場合，借入や社債の返済が優先され，その後に残った部分（残余財産）のみを株主が受け取れる（残余財産がゼロの可能性もある）。第 3 に，取引のされ方に伴うリスク，つまり保有する有価証券を適正な価格で随時売却しやすいかどうかに関する違いがある。企業が有価証券を発行し，投資家に買ってもらう市場を発行市場と呼ぶ。一方，発行後の売買市場は流通市場と呼ばれる。日本では，株式や国債の流通市場は取引が活発な一方，社債の流通市場はあまり活発ではなく，投資家は発行市場で一度購入したら満期まで保有し続ける場合も多い。

　なお，金融の世界ではリスクとリターン（収益性）には理論的には正の関係があり，高リスクの場合にはリターンは平均的に高くなる（高リスク・高リターン）し，逆もまた真である（低リスク・低リターン）。ここで高リスクとは，リターンの変動幅（ボラティリティ）が大きいことを意味する。図 6-4 によると，変動幅がゼロの現金や限りなくゼロに近い預貯金のリターンは低く，株式のリターンは高く変動幅は大きい。債券は基本的にはこれらの中間に位置する。また，市場規模が拡大している投資信託（投資家から広く募った資金をまとめたうえで，専門家が複数の有価証券や不動産などに投資・運用する金融商品）の位置は，投資信託に含まれる有価証券の中身次第となる。

▶図 6-4　金融商品別のリスクとリターン

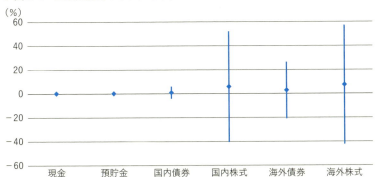

(注)　債券と株式の期待リターン（◆）は，GPIF（年金積立金管理運用独立行政法人）が 2020 年以降用いている基本ポートフォリオ策定に用いた数値。変動幅（垂直線の幅）は，1994〜2018 年のGPIF の年次データに基づく各資産の標準偏差 σ とした場合の期待リターン±2 σ の範囲。なお，現金の期待リターンはゼロ，預貯金の期待リターンは期間 3 年以上の定額預金金利の 0.11%（2024 年 7 月現在）とした。本データは，金利関連であり量のデータではないので，フローやストックの概念はあてはまらない。
(出所)　年金積立金管理運用独立行政法人「2023 年度業務概況書」，ゆうちょ銀行。

1.5　各プレイヤーの特徴と規模

　日本の金融市場には，銀行や証券会社以外にも，その他の金融機関や金融当局（金融庁や日銀）がプレイヤーとして存在する。それらのプレイヤーが金融市場を通じて取引をしたり，それを管理（規制や監視）したりすることで，金融システムが構築されている。
　そして，各プレイヤーが，貯蓄を投資に振り向ける役割を担ったり，決済などのさまざまな経済取引を担ったり，金融面での経済政策を実施したりすることで，経済成長を支えている。

1.5.1　主なプレイヤーの特徴

　このうち，プレイヤーについて，紹介をしておこう。日本経済における資金の行き来をマクロ的に集計した日銀による資金循環統計をベースに考えると，金融機関を中央銀行（＝日銀），預金取扱機関（①），保険（②）・年金（③），その他（④）に区分できる。
　預金取扱機関（①）には図 6-3 に登場した間接金融を司る金融機関が含まれ，資産規模は 2441 兆円である（2024 年 3 月末現在，「資金循環統計」による。以下，記載のないかぎりは同様）。銀行と名の付く金融機関のうち信託銀行は，預

168 第Ⅰ部 基礎編

金取扱機関だが，信託業務を兼営し，信託業務を主業とする。信託業務としては，たとえば，顧客から委託された金銭を管理・運用して，そこからの収益を分配する金銭信託がある。また，信託される財産は，金銭以外にも有価証券や不動産の場合もある。さらに，併営業務としては，相続関連，不動産売買の仲介，証券代行などがある。

次に，保険・年金（②＋③）については，保険や民間の年金に加入する顧客からの資金を運用する金融機関が当てはまる。このうち保険（②）は，生命保険（以下生保）と，損害保険（以下損保）などの非生命保険に区分される。生保の場合は，人命に関して保険金が支払われる。これに対して，偶然の事故によって生じたモノへの損害に対して保険金が支払われるのが損保（たとえば，車両保険や火災保険）である。また，生保・損保どちらの対象ともいえない傷害や病気に関する保険（傷害保険や医療保険）は第三分野の保険と呼ばれ，生保でも損保でも取り扱いができる。さらに，保険と同様のサービスを提供する共済と呼ばれる，地域別や特定の団体別の相互扶助の仕組みもある。生保と損保の資産規模は，それぞれ 395 兆円，61 兆円となっており，生保の規模が圧倒的に大きく，金融市場における量的プレゼンスも大きい。とくに，生保は保険商品が長期間にわたる傾向が強いため，国内外への長期の証券投資での運用が多い傾向にある。

資産規模が 515 兆円と非常に大きな年金（③）とは，一般に老後を支えるお金を受け取れる仕組みである。社会保障基金の中の公的年金と民間の運営する私的年金である年金基金で構成される。前者については，GPIF（年金積立金管理運用独立行政法人）が，2023 年度末において，公的年金 253 兆円の積立金の運用を担っている（GPIF「業務概況書」による）。後者については，企業年金とそれ以外（国民年金基金，個人型確定拠出年金など）の年金・退職一時金給付のために積み立てられた基金の運用主体によって構成される。

その他（④）は，証券会社（資産規模は 197 兆円）やノンバンク（資産規模は 153 兆円），そして公的金融機関（資産規模は 284 兆円）を含む。ノンバンクとは，預貯金以外の方法で資金調達を行い，貸出等を実施する貸金業者やクレジットカード会社を含む。

1.5.2　民業補完に取り組むプレイヤーの特徴

さて，上記の公的金融機関を含めた政府の省庁と関連機関も金融市場にプレイヤーとして参加している点にも触れよう（表 6-4）。いずれも民業補完，つま

第 6 章　金　融　**169**

▶表 6-4　政府系金融機関の貸出等残高（単位：兆円）

日本公庫				政投銀		商工中金		支援機構
国民生活	中小企業	農林水産	危機対応	貸出	危機対応	貸出	危機対応	住宅
12.2	8.4	3.7	3.8	12.6	2.5	7.3	2.3	18.8

（注）　2023 年 3 月末時点。日本公庫の「国民生活」，「中小企業」，「農林水産」は「危機対応」を含まない。政投銀と商工中銀の「貸出」は「危機対応」を含まない。（住宅金融）支援機構は機構の買取債権残高。本データはいずれもストックのデータ。

（出所）　日本政策金融公庫，日本政策投資銀行，商工組合中央金庫，住宅金融支援機構。

り民間だけでは対応の難しいものの，政策的必要性の高い案件に対応することが目的となる。ただ，民業補完と民業圧迫の境目は時代によって変化しており，常に議論の対象となっている。日本経済および民間金融機関等の発展と成熟に伴い，業務範囲を見直していく必要があると考えられている。以下では主要なものを紹介する。

　まず，企業向け貸出を行う政府系金融機関について見ていく。政府系金融機関による貸出は，資金調達を預金ではなく，政府系金融機関自体による資金調達，すなわち財投機関債（および必要に応じた財投債という国債）発行で行う。この方式に改革されたのは 2001 年度であり，それ以前は（民営化前の）郵便貯金と公的年金積立金に集まった資金が，丸ごと財政投融資という国の制度を通じて政府系金融機関に配分されていたが，この制度は改革に伴い廃止されている。

　たとえば，政府の完全出資による株式会社日本政策金融公庫（日本公庫）は，旧財投時代の国民生活金融公庫（所轄官庁：財務省，厚生労働省），中小企業金融公庫（所轄官庁：経済産業省），農林漁業金融公庫（所轄官庁：農林水産省）の 3 公庫を承継し，国民生活（＝国民に加えて零細企業やスタートアップ向け），中小企業，農林水産の資金調達支援事業を担当する政府系金融機関である。これらの事業は，民間銀行の補完的役割に加え，経済危機や災害対応への金融面からの支援の役割も担う。

　また，大企業への長期事業資金調達支援を担った日本開発銀行（所轄官庁：財務省）等の流れを汲む日本政策投資銀行（政投銀），2025 年に完全民営化が予定され，中小企業団体のメンバー企業への貸出等を行う商工組合中央金庫（商工中金，所轄官庁：経済産業省，財務省ほか）は，日本公庫同様に有事における危機対応業務が義務づけられている。

　次に，個人向け貸出を行う政府系金融機関に目を向けると，旧財投時代は，

170　第 I 部　基　礎　編

住宅金融公庫が住宅ローンの貸出を行っていた。その後，2007 年度から住宅金融支援機構に移行して以降，民間金融機関の実施した住宅ローンを買い取り，これらを束ねたうえで細分化して投資家に売却するために不動産担保証券（MBS）を発行する証券化業務を行っている。日本公庫も国民生活の資金調達支援事業として，教育費のためのローンを提供している。また，政府系金融機関には相当しないが，大学生の 3 人に 1 人以上が利用している独立行政法人日本学生支援機構（所轄官庁：文部科学省）の貸与型奨学金も，実質的な学生向けの割安な教育ローンとして，類似の目的で運営されている。

　最後に貸出以外の取り組みとして，信用保証と貿易保険について，触れておこう。信用保証とは，全国にある信用保証協会（保証協会）が，中小企業向け貸出を保証することによって，中小企業の資金繰りを円滑にする仕組みであり，全国信用保証協会連合会によると，保証債務残高は 36.5 兆円（2024 年 3 月末現在）にのぼる。信用保証に際して中小企業は保証料を保証協会に支払い，保証協会はそれを束ねたうえで，信用保険を提供する日本公庫に対して信用保険料を支払う。中小企業の返済が困難化した場合，信用保険を使えば，貸出を実行した金融機関は損失をカバーできる。以前は信用保証によって 100% の保証が実行されていたが，金融機関の情報生産努力（つまり，貸出審査や貸出後の監視努力）のインセンティブを削ぐことから，2007 年 10 月以降は 80% の部分保証に制度が改められた（責任共有制度）。しかし，その後も世界金融危機対応，東日本大震災対応，新型コロナウイルス禍対応で 100% の保証が特別に実施される場合があった。このうちコロナ対応の保証を付けた融資はゼロゼロ融資と呼ばれ，担保も利子もなしの貸出に信用保証が付けられた。将来的な返済が滞らないか注目されている。

　貿易保険とは，企業の行う海外向けの取引（たとえば，貿易や海外プロジェクト向けの融資・出資）に伴う損失に備える保険であり，日本では主に商社や銀行やメーカーなどが利用している。通常の保険ではカバーできない取引企業の所在国にかかるリスク（紛争，為替取引制限，輸入制限，自然災害等）や取引企業にかかるリスク（取引先の破産や契約不履行等）が対象となる。政府が 100% 出資する株式会社日本貿易保険の引き受けている保険金額の総額（責任残高）は17.2 兆円（2024 年 3 月末現在）である。なお，日本貿易保険の引き受けた保険に対して，政府は再保険を付けている。再保険とは，保険の保険，すなわち，日本貿易保険の引き受けた保険の一部を引き受ける仕組みである。貿易保険は

第 6 章 金　融　**171**

円滑な海外向けの取引を実現するうえで必要不可欠な一方，保険の支払いが発生する事案の発生する確率の予測が難しいため，民間の損害保険会社には参入が容易ではないといわれている。そこで，日本貿易保険が再保険を付けることで，貿易保険を引き受ける民間保険会社のとるリスクを緩和して，彼らのいっそうの市場参入を促している。

第2節　各経済主体の経済活動と金融

2.1　市場規模の捉え方

　金融の市場規模や量を把握する際，対象とする範囲や単位など，気をつけることがいろいろとある。その中でもとくに，フローかストックかに意識を向ける必要がある。第 1 章で学んだように，フローは，ある一定期間の経済活動，たとえば，1 カ月間に支払った支払額の合計である。これに対し，ストックは，ある時点で現存する量，つまり過去からのフローの蓄積を意味し，たとえば 2020 年 3 月末（＝2019 年度末）時点の全財産があげられる。参考までに，本章および第 9 章第 2 節のすべての図表について，ストックかフローかについては，注で付記しておいたので，参考にされたい。

　気をつける必要があるのは，フローには入ってくるものと，出ていくものがある点である。たとえば，風呂にたまっている水量（ストック）は，蛇口から風呂桶に入る水量（フロー）と，下水に流れる水量（フロー）のバランスで決まる。10 万円が銀行預金口座に入っているとすれば，それは現時点における預金残高のストックとなる。この 10 万円の「残高」になるまでには，さまざまな「（フローの）取引」があったはずである。たとえば，幼稚園の年長のときに初めてお年玉を 1000 円預金したところから始まったかもしれない。この預金は，年長の 1 月に行われたフローの金融取引である。その後，お小遣いやお年玉を貯めつつ，必要に応じて預金口座からお金を引き出して何かを買ったかもしれない。このような，そのときどきにおけるお金の出入りのフローがあり，結果として現時点で 10 万円の残高が口座にストックされている。

　では，公社債市場について考察してみよう。日本証券業協会「公社債発行額・償還額等」によると，2023 年度末現在の公社債の現存額，つまり市場残高は，約 1374 兆円（ストック）となっている。公社債とは，国債・地方債と

いった公債と社債などの民間で発行された債券の合計である。ここまで積み上がったのは，新しく公社債が毎年度発行されたのと同時に，返済も毎年度行われた結果である。2022 年度末における公社債の残高は 1353 兆円（ストック），23 年度 1 年間の中で新しく発行された公社債が 228 兆円，返済済み（償還された）公社債が 207 兆円であった。228 兆円と 207 兆円は 2023 年度の 1 年間におけるフロー取引であり，同期間で発生した新規の政府や企業による借金が返済を 21 兆円上回っていたことを意味する。以上より，2023 年度末における公社債残高は，1353 兆円＋21 兆円＝1374 兆円となる。

2.2　資金フローから見た日本経済と金融の役割――資金過不足

　資金余剰（貯蓄超過）および資金不足（貯蓄不足）は，両者をまとめて資金過不足と呼ばれ，日本経済におけるフローでの資金の動きを捉えるうえで重要なものである。家計にとっては，ある年の「収入」が「支出（食費や洋服代など）と実物投資（住宅投資など）の和」を上回れば資金余剰，下回れば資金不足と呼ぶ。企業や政府にとっても同様である。企業の場合，ある年の「収入」と，運転資金のような「支出」と設備資金のような「実物投資」の合計を比べる。政府についても，歳入と歳出を比較する。つまり，資金過不足とは，金融面から見たマクロ経済学の投資・貯蓄バランス☆に相当する。なお，個々の家計や企業では資金余剰も不足も双方が存在するが，それらをすべて集計してマクロ的に見ていることに注意を要する。

　日本の資金過不足を示した図 6-5 からは，特徴的な事実が見えてくる。1990 年代までは家計の貯蓄率が高く，資金の出し手として圧倒的な存在であった。他方，企業は積極的に設備投資を行っていたため，投資超過（貯蓄＜投資）となって恒常的な資金の取り手となっていた。

2.2.1　戦後から 1970 年代

　以上の特徴を踏まえ，戦後の日本経済の発展と金融部門の関わり合いについて，簡単に触れていこう。戦後，生産力の拡大のため，傾斜生産方式が導入された。鉄鋼産業や石炭産業に優先して資源を配分するなかで，これを資金面から下支えするために，政府系金融機関の復興金融金庫（その後の日本開発銀行，

☆投資・貯蓄バランス：一国経済全体の投資と貯蓄（＝民間貯蓄＋政府貯蓄）の関係のこと。マクロ経済学のバランス式によれば，貯蓄と投資の差は経常収支と等しい。

▶図6-5　各経済主体の資金過不足（対GDP比）

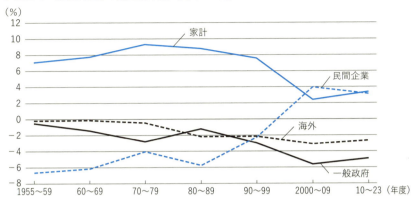

（注）　各期間中の各年度におけるフローのデータの平均値。正（負）値であれば資金余剰（不足）。民間企業は金融機関を除く法人企業。
（出所）　日本銀行「資金循環統計」，内閣府。

そして現在の日本政策投資銀行）が設立された。このような，企業活動を金融面から支えるという取り組みは，高度成長期にも積極的に行われた。高度成長期の企業の生産力の増加に直結する工場新設や機械導入，すなわち設備投資への企業の意欲は非常に旺盛であった。これを実現するには資金調達とそれを支える金融システムを通じた資金の配分が必要であった。この時期，日本の証券市場は未発達であり，企業等の資金調達に関しては，貸出が決定的な役割を果たす，つまり銀行信用に基礎を置く金融システムがこの役割を担った。さらに，道路や港湾といった政府による社会インフラの整備・拡充も一般生活のみならず，企業活動を支えていくうえでは核となる取り組みとなった。これにかかる資金調達の仕組みは財政投融資と呼ばれた。財政投融資は，大蔵省（現・財務省）の資金運用部が，郵便貯金などからの預託金を原資として，日本開発銀行（現在の日本政策投資銀行）や日本興業銀行（現在のみずほ銀行の前身3行のうちの1行）を通じて，長期的な資金を各種のインフラ開発に対して投融資する仕組みであった。

　ところで，2000年代の金利水準に比べれば遥かに高い金利水準ではあったが，経済成長率に比べるとかなり低い水準という意味での（人為的）低金利政策が，高度成長期にはとられた。資金過不足の動きからも明らかなとおり，家計の貯蓄意欲が強いなかで，その資金を円滑に企業の投資に回していく仕組みを作ることが肝要であった。そこで，預金金利を低位固定化し，企業の資金調

174 第I部 基礎編

達コスト（＝借入金利負担）を極力抑えることで，旺盛な投資需要を支えた。

　また，俗に「護送船団方式」と呼ばれる旧大蔵省（現在の金融庁）の金融行政は，銀行間の預金金利を含め，銀行間での競争をさせず，金融機関の破綻を避けることで，金融システムの安定的な運用を目指し，資金の安定的な供給を実現した。

　ただし，このような金利の規制は，市場における自由な取引に基づく金利の決定を妨げる。仮に現在のように，国境を越えて資金を自由に移動させられるならば，このような規制は機能しなくなる可能性が高い。なぜなら，為替変動に伴う価値の変動などがあるとしても，家計にとっては低金利の国内で預貯金をするよりも，海外で資金を運用した方が，収益性が高い可能性があるためだ（むろん，インターネットもなく，国際電話も高額であったので，今ほど手軽には海外での運用はできなかったはずである）。このため，当時は，外国為替取引，海外との資本取引は厳しく規制され，国内金融市場と海外金融市場は分断されていた。これが原則自由化されたのは，1980年の外国為替及び外国貿易法（通称・外為法）改正の際である。このような規制が必要だったのは，日本の国際的な産業競争力が当時は未熟であり，産業を育成していく必要があったためにほかならない。

　1970年代以降，高度成長期後の日本経済では，設備投資の鈍化が進んだ。これは，2度の石油ショックという負の経済的なショックとそれに伴う日銀による金融機関に対する貸出抑制が一因ではあるが，それだけでは説明がつかないと考えられている。日本が世界の一流国へのキャッチアップをある程度実現し，耐久消費財需要が一巡したことや，高度成長期の地方から都市部への人口移動も落ち着いてきたことも要因と考えられる。ただし，当時問題となっていた公害問題を改善すべく，企業による公害防止を目的とした投資意欲は旺盛であり，日本開発銀行などの政府系金融機関による低利融資などがそれを下支えした。

2.2.2　1980年代以降

　しかし，1980年代のバブル期を経て，失われた10年と呼ばれる90年代，とくに90年代中頃になると資金フローの動きは大きく変わり，民間企業が資金余剰に転じ，家計の資金余剰度合いが低下した。

　一連の変化の原因の中で大事なのは，バブル期以降の銀行行動の構造的な変化とバブルの崩壊に伴ういわゆるバランスシート（BS）問題と考えられる。小

川［2009］や北坂［2001］は，バブル期の銀行行動の特徴として，①大企業から中小企業へ，製造業から非製造業への貸出先のシフトが生じていたこと，②不動産担保貸出が拡大したこと，③個人向けの貸出が増えたこと，を指摘している。①はとくに製造業の大企業が銀行離れを始めて，直接金融による資金調達を拡大したことで，銀行が新たな貸出先を模索し，とくにバブル3業種への貸出を拡大させたことを意味する。②の担保とは，貸出実行時に借り手が貸し手に差し出す不動産などの資産である。返済が滞らないかぎりは差し出した資産を借り手が使えるが，返済が滞ったり不能になったりした場合，貸し手が資産を売却することができる。つまり，貸し手は貸出が不良債権化しても，担保によって損失をカバーできるメリットがある。とくに，バブル期には担保の不動産の価格が，経済のファンダメンタルズと比べて極端に上昇した結果，不動産担保貸出が過度に増えたと考えられている（フィナンシャル・アクセラレータ効果☆）。③の個人向けの貸出についても，②と同様のメカニズムで住宅ローンが増加する効果があった。さらに，株価の上昇によって家計の株式の含み益（キャピタル・ゲイン）が増加し，この資産効果によって購買意欲の高まった個人（家計）による耐久消費財（高級車のような贅沢品を含む）の消費を支える借入が拡大した。

　以上の①～③のような銀行行動の背景には，1980年代以降の金融の自由化の進展があった。1970年代までの日本の金融市場・金融機関に対してはさまざまな規制があったが，80年の外為法の改正以来，大企業は海外での資金調達も可能になった。これは，国内での社債市場の規制の厳しさも一因であった。このような変化に加え，国際的な圧力もあり，国内金融市場と海外市場の分断は難しくなり，金融の国際化が大きく進み，日本の金融機関も次々と海外の拠点を開設していった。

　また，1970年代の石油ショック後の財政悪化に伴う国債の大量発行は，国債の流通市場の誕生を促した。すなわち，1977年以前においては，国債を国が発行した場合，それを購入した銀行などは購入した国債の売却が認められて

☆**フィナンシャル・アクセラレータ効果**：貸し手と借り手の間に情報の非対称がある場合に生じるマクロ経済的な影響を指す。借り手の保有する担保の資産の価値が上昇するため，借入の条件が緩和されて設備投資等を積極化させやすくなる。逆に担保価値が下落する場合は，借入が制約されていく。結果として，景気変動が増幅される。

おらず，バイ＆ホルド（購入した後保有すること）を続けなければいけなかったが，その規制が緩和された（そのため，流通市場が誕生した）。さらにその結果として，従来の金利規制の維持も難しくなり，1970年代以降，90年代にかけて各種の金利の自由化が進み，銀行間の競争が厳しくなるなかで，銀行の収益性の押し下げ要因にもなった。

話をバブル崩壊後に移そう。不動産価格や株価が下落すると，バブル期のメカニズムがすべて反転し始めた。貸出が焦げ付いても担保を差し押さえれば，損失をカバーできるはずであったものの，土地担保の資産価値の低下はこれを妨げた。とくに，バブル3業種向けの貸出の不良債権化は，多くの金融機関の経営を立ち行かなくさせ，1990年代後半，日本の金融システムが危機的な状況に陥いる主因となった（いわゆる，不良債権問題または金融機関のBS問題。第8章第5節も参照）。それまで銀行が破綻することなどないという国民の暗黙の認識を覆すように，1992～2004年度に20銀行，27信用金庫，134信用組合が破綻した。

企業のBS問題とは，企業が保有する土地や株式の価値が急落したものの，その購入原資である借入はそのままのため，債務過多となる問題である。そして，負債を削減するために返済を優先させた結果，企業は新規の借入を抑制して投資も差し控えた。しかも，後述するとおりデフレ下では債務の実質価値，つまり返済負担が高まり，一段と企業の設備投資活動にマイナスの影響を与えた（デット・オーバーハング）。この一連のメカニズム，すなわち負債残高を毎年削減（＝ストックで見た負債残高の削減＝フローで見た資金余剰化）し，フローの投資を控え，利益剰余金（内部留保）を蓄えた結果，企業は1990年代半ばには資金余剰主体となった。さらに，上述の1990年代後半と2000年代前半の国内金融危機，97年のアジア通貨危機，2008年以降の世界金融危機という一連の経済危機は，リスクへの備えとして一段と内部留保を蓄える企業行動につながった可能性もある。実際バブル崩壊から30年以上が経過する現在でも，企業部門が資金不足主体に戻る兆候は見られない。

家計のBS問題とは，デフレによって借金の実質価値が増大して資産価格が低下した結果，保有資産（たとえば不動産や株式）の価値が目減りし，消費意欲が減退する（逆資産効果）問題である。さらに，高齢化に伴う貯蓄の取り崩し，バブル崩壊後の景気低迷や長期にわたる低成長に伴う所得低下が，資金余剰度合いを低めたと考えられる。

政府は1980年代後半の好景気による税収増もあり，資金不足がかなり縮小した。しかし，1990年代以降，税収減，公共投資や社会保障関係費の増大等により，歳入が歳出を下回る財政赤字が常態化（＝プライマリー・バランスの黒字化の先延ばし）し，慢性的な資金不足状態となっている（詳細は第5章参照）。

海外とは日本以外の世界であり，日本と海外という2国で世界が構成されていると考えるとわかりやすい。世界全体で考えると，資金超過と資金不足の和は必ずゼロになるので，日本経済（3主体の合計）が資金余剰になっていたら，海外は資金不足となる。日本から見れば「対外金融投資＞対内金融投資」となっていることを意味し，経常収支の黒字と表裏の関係となっている。

2.3 金融資産・金融負債（ストック）から見た日本経済

次に，経済主体別に見た金融資産，金融負債というストックベースで見た特徴的な動向を考察していく。まず，家計の金融資産構成の国際比較をした表6-5（a）を見ると，日本の家計は欧米に比べると，低リスク・低リターンの現金・預金のシェアが圧倒的に大きく，家計の金融資産の過半となっている。逆に，高リスク・高リターンの株式等は直近でも10％ほどにとどまる。この傾向は過去20年ほどほとんど変わっていない。

▶表6-5　日米欧の経済主体別の金融資産・負債残高（単位：％）

(a) 家計の金融資産構成

	現金・預金	債券	投資信託	株式等	保険年金他	合計
日本	54 (54)	1 (5)	4 (2)	11 (7)	29 (32)	20.4 (100兆円)
アメリカ	13 (11)	5 (10)	12 (12)	39 (34)	31 (32)	114.3 (兆ドル)
ヨーロッパ	36 (30)	2 (11)	10 (12)	21 (22)	31 (25)	28.6 (兆ユーロ)

(b) 民間企業の金融負債構成

	借入	債券	株式等	その他	合計
日本	25 (39)	5 (10)	54 (30)	17 (21)	19.6 (100兆円)
アメリカ	6 (14)	10 (10)	67 (55)	17 (21)	78.6 (兆ドル)
ヨーロッパ	26 (28)	4 (6)	58 (55)	13 (11)	46.3 (兆ユーロ)

(注) 2023年3月末現在。カッコ内は2001年12月末現在。ヨーロッパは，2023年の場合はユーロ・エリア（20カ国），2001年の場合は独・仏・伊。民間企業に金融機関は含まない。いずれもストックのデータ。
(出所) 日本銀行「資金循環の日米欧比較」，日本銀行調査統計局（2003）「資金循環統計の国際比較」。

178　第Ⅰ部　基礎編

　日本の家計の金融資産は2024年3月末現在で2199兆円にのぼり，過去20年以上にわたり「貯蓄から投資へ」とのスローガンが掲げられ，構造変化が必要といわれてきた。現金・預金から国内外の有価証券などへの分散投資（幅広く多くの金融資産へ投資すること）のメリットは，長期的なリターンを下げずに保有資産のリスクを軽減できることである。しかし，家計は資産運用パターンを変えない。長寿化に伴い，将来的に公的年金の仕組みの維持可能性が問題となるなか，この傾向がどう変化していくかが注目される。

　次に，企業の金融負債構成（表6-5（b））を見ると，過剰債務の圧縮を進めたこともあり，借入は直近で全金融負債の4分の1程度に縮小している。とはいえ，直接金融による資金調達が優位なアメリカに比べ，2000年代はじめに比べると差は縮まったもののいまだ間接金融の優位傾向が強い。なお，金融資産・負債については，各時点における市場価格評価（時価評価）が採用されているため，株価上昇局面では株式のシェアが相対的に上昇しやすい傾向がある。

　続いて，政府の資金調達手段である国債について見ておく（表6-6）。1970年代以降，国債が大量発行されるようになったものの，80年度末の残高は77兆円にすぎなかった。だが，2023年度末では1224兆円にまで膨れ上がっている。政府は（バブル期の数年を除き）継続的に資金不足主体のため，国債残高も増加の一途をたどっている。投資家別に見ると，第Ⅱ部第9章にて後述する非伝統的金融政策の結果，日銀の割合が銀行等と入れ替わって拡大している。個人向け国債という言葉がかなり世の中で浸透してきたものの，家計のシェアは数％にとどまる。他方，海外投資家の保有割合は徐々に拡大している。政府による国債保有層の多様化を狙った海外向けIR活動（投資家向けの広報活動）の奏功のほか，一定の投資妙味（海外投資家が，ドルを貸すと同時に同額の円を借りて国債に投資するスワップ取引を行うと，日米金利差ゆえに利益が発生すること）等が理由と考えられる。なお，財務省理財局「債務管理レポート2024」によると，2023年末時点で各国国債の海外投資家保有割合はアメリカ，イギリス，ドイツ，フランスでそれぞれ33，29，54，55％であり，他先進国に比べて日本は自国民が政府部門の借金の主たる資金の出し手となっている。

2.4　金融システムを支えるプルーデンス政策

　金融とは水のようだといわれる。蛇口から水が出るように，ATMからお金は簡単に引き出せ，いまや自宅からオンライン振込ができる。しかし，なんら

第 6 章 金 融 **179**

▶表 6-6　**国債等の保有者内訳の推移**（単位：%）

	日本銀行	銀行等	保険年金	家計	海外	残高
1980 年度末	20.0	31.4	5.6	6.0	1.0	77 兆円
1990 年度末	17.4	31.7	7.1	4.3	2.6	179 兆円
2000 年度末	10.6	35.1	20.8	2.2	5.8	456 兆円
2010 年度末	8.9	41.7	30.0	3.4	7.1	884 兆円
2023 年度末	47.4	11.2	23.4	1.1	13.7	1,224 兆円

（注）　国債等とは，資金循環統計における「国庫短期証券」と「国債・財投債」の合計。国債等は，中央政府だけではなく公的金融機関（財政融資資金）の発行分を含む。保険年金は，資金循環統計における保険・年金基金と公的年金。本データはストックのデータ。
（出所）　日本銀行「資金循環統計」。

かのトラブルで水が出なくなると生活が滞るように，当たり前に使えるはずのお金が急に使えなくなると，日本経済のみならず，海外経済にすら大打撃を与えうる。

　金融当局の政策目的の１つは，安心してお金のやり取りができる金融市場環境を国民に提供することであり，このような政策はプルーデンス政策と呼ばれる。プルーデンスとは，不要なリスクを回避して賢明かつ慎重に行動することを意味する。本政策は，日本銀行（以下，日銀）法第１条第２項の「銀行その他の金融機関の間で行われる資金決済の円滑の確保を図り，もって信用秩序の維持」をすることを目的としている。金融システムや決済システムの安定性を担保すべく，システムに破綻が生じている，または生じそうな場合に，日銀が最後の貸し手として，一時的に資金不足となっている民間金融機関に資金を供給する（一時的に資金の貸付をする）という最終手段も含まれる。

　近年では，プルーデンス政策をマクロ，ミクロに区別して考えることが標準化しており，両面からの統合的なアプローチが不可欠と考えられている。ミクロ・プルーデンスとは，個別の金融機関の経営の健全性が実現すれば，金融システム（金融機関の相互関係）も安定するはずなので，政策当局は金融機関の健全性を確保するための不断のチェックを行うべきである，という見解である。日銀による考査（オンサイト・モニタリング：金融機関への立ち入り検査）やオフサイト・モニタリング（金融機関の提出資料の分析やヒヤリング）がこれに相当する。考査は影響の大きい大手金融機関についても実務的な観点から２年に１度程度の実施なのに対し，オフサイト・モニタリングはより高い頻度で日常

180　第Ⅰ部　基礎編

的・継続的に行えるだけでなく，機動的な対応にも効果的となる。

　これに対し，マクロ・プルーデンスとは，金融システムの安定には，実体経済と金融システム（＝金融市場と金融機関行動）の相互的な関係性を考慮し，金融システム全体にかかるリスクを把握して，制度設計や政策対応を行うべきである，という見解である。とくに，世界金融危機を踏まえ，国際的にもマクロ・プルーデンスの重要性に対する意識は高まっている。

　なお，日銀のマクロ経済政策である金融政策を効果的に行うためにも，適切なプルーデンス政策は不可欠であり，逆もまた真である。すなわち，両政策は密接不可分な関係にある。

　そして，金融庁も，①金融システムの安定／金融仲介機能の発揮，②利用者保護／利用者利便，③市場の公正性・透明性／市場の活力のそれぞれを両立させることを目的としている。つまり，プルーデンス政策は金融庁と日銀の連携のもと，遂行されている。

　金融庁が取り組む案件は多岐にわたるが，いくつかの例をあげてみたい。第1に，金融庁による民間金融機関に対するオンサイト・モニタリングの検査が行政権限の行使として実施される。第2に，預金者保護に関連する施策である。前述の預金保険は預金者を守るだけではなく，システミック・リスク☆を抑える効果もある。そして，金融庁は預金者の代わりに，銀行経営をモニターする役目を果たす。第3に，金融機関の経営健全性が十分に担保されていない場合に発動される早期是正措置である。健全性の評価は原則として純資産（自己資本）を基準に行われ，自己資本比率規制と呼ばれ，一定の基準値を満たすことが市場に参加する（＝業務を行う）要件となる。銀行経営に何かがあった際に備えて，諸々のリスクに対してのバッファー（備え）として，銀行自体の資本（自己資本）量が，健全性の目安になると考えるとよい。やっかいなのは，銀行の保有する資産のリスク度合いに応じて，求められる資本の量が違ってくるが，通常の会計計算の自己資本比率ではその違いがわからない点である。そこで，バーゼル規制☆と呼ばれる世界的な統一の方式で資産の内包するリスクを勘案した自己資本比率が用いられる。

　このような世界的なルールのもとで日本の金融機関も行動することが求めら

☆**システック・リスク**：預金者の過度な不安心理醸成によって多くの銀行で預金の引き出しが発生するような連鎖的な動き（取り付け騒ぎ）が発生するリスクのこと。

第 6 章 金　融　**181**

れるのは，金融の国際化が進んでいるからにほかならない。たとえば，2008年 9 月に発生したリーマン・ブラザーズというアメリカの一証券会社の破綻は，世界経済に波及する負のインパクトを持った。これは，欧米における銀行間での資金の貸借の場であるインターバンクの市場で資金の出し手がいなくなり，市場取引が成立しなくなってしまったことが 1 つの大きな理由であった。金融機関同士が疑心暗鬼となり，金融システムを通じた資金の融通ができなくなってしまったのである。つまり，金融機関のやり取りが成り立つためにはお互いを信用できるような状況というのが，非常に大事だということだ。現代的な金融規制は，スムースに運用される金融システムを実現するために適用されるルールとしてデザインされているのである。

本章のまとめ

　本章では，第 1 節で金融の基本的な仕組みを学んだ。とくにお金（マネー）の役割と定義を理解したうえで，資金余剰主体から資金不足主体にお金の貸借ができることが，円滑な経済活動を実現するうえで必要不可欠なことを理解した。そのうえで，資金調達の基本的な方法である直接金融と間接金融の違いを理論と実際の両面から考察した。第 2 節ではフローとストックの違いを学んだうえで，各経済主体の経済活動と金融取引の規模についてデータを用いて概観した。その際，1960年代以降の金融環境の変化とマクロ経済の関係，各経済主体のリスク選好，国債市場の特徴について解説した。

▶練 習 問 題
1　日本では，スタートアップと呼ばれる，革新的なアイデアでイノベーションを起こすような小企業などにとって，資金調達が難しいといわれる。なぜ，基本的に銀行がそのような小企業に貸出を行いにくいのか，調べよ。また，この問題は日本におけるリスクマネーの欠如とも呼ばれる。リスクマネーとは何か，調べてみたうえで，どうしてリスクマネーの出し手が足りないのか，考えてみよ。
2　債券や株式には，発行市場と流通市場がある。発行市場がなければ，そもそも債券や株式を発行できないが，流通市場はなくてもひとまずは構わない。しかし，流通市場があるこ

☆バーゼル規制（BIS の自己資本比率規制）：1988 年に国際決済銀行（BIS）のバーゼル銀行監督委員会で合意された，銀行の自己資本比率規制。1993 年から適用された（バーゼルⅠ）。その後，世界金融危機の経験を踏まえた見直し等が行われ，現在はバーゼルⅢと呼ばれる自己資本の量と質の両面から評価し，銀行の財務健全性を測る仕組みが運用されている。

182　第 I 部　基 礎 編

とは，大きなメリットがあるのだが，その理由は何だろうか。流通市場でできることが何か
を考えることが，メリットを理解するうえでヒントとなるだろう。

(解答はウェブサポートページに掲載)

▶参 考 文 献

① 池尾和人編［2004］『エコノミクス入門金融論』ダイヤモンド社。
② 植田和男［2017］『大学 4 年間の金融学が 10 時間でざっと学べる』KADOKAWA。
③ 小川一夫［2009］『「失われた 10 年」の真実──実体経済と金融システムの相克』東洋経済新報社。
④ 北坂真一［2001］『現代日本経済入門──「バランスシート不況」の正しい見方・考え方』東洋経済新報社。
⑤ 福田慎一・照山博司［2023］『マクロ経済学・入門（第 6 版）』有斐閣。
⑥ 藤木裕［2022］『入門テキスト金融の基礎（第 2 版）』東洋経済新報社。
⑦ 細野薫・石原秀彦・渡部和孝［2019］『グラフィック金融論（第 2 版）』新世社。

　最初に手にとって欲しいのは⑥または⑦である。⑥は日本の金融市場と金融政策を幅広く実証的に理解できる入門テキスト。金融市場を理解するうえで大事なトピックを網羅的にカバーしている。⑦は現代的な金融論の基礎理論と実際を網羅的に学びたいときに便利。①と②も入門書ではあるが，⑥や⑦の方が取っつきやすいと思われる。①は古くなったが，現代的な金融論をミクロ・マクロの両面並びにファイナンス的な側面から紹介している。2023 年に日銀総裁となった植田による②は一見内容は簡単に見えるが，本質を理解するためには，基礎的な金融の理解をした後に読むことを勧めたい。

　マクロ経済と金融の接点を理解するには，③，④，⑤がわかりやすい。③は日経・経済図書文化賞を受賞した小川一夫・北坂真一［1998］『資産市場と景気変動』などをベースに，バブル期・バブル崩壊後の失われた 20 年を論じた一般書。④は同書を初学者向けに理論を交えて紹介した入門書。バブル期と失われた 10 年のマクロ経済と金融の関わりをわかりやすく論じている。⑤は日本経済のマクロ経済動向をカバーしながら基礎的なマクロ経済学をひととおりカバーする定番の入門テキスト。

第7章

貿易

貿易構造と貿易システム

©iStock/primeimages

本章で学ぶこと

　本章では，まず第1節で，日本の近年の貿易構造や国際収支の推移を概観し，貿易構造を決める要因について説明する。

　第2節では，日本の直接投資や多国籍企業の動向について概観し，直接投資が投資企業や投資国にどのような経済効果をもたらすのかを解説する。また，東アジアにおいて国際的な生産ネットワークが進展した背景や，日本の多国籍企業が担ってきた役割について述べる。

　第3節は，GATT（関税及び貿易に関する一般協定）やWTO（世界貿易機関）のもとで進められた貿易自由化について，その基本原則や多国間交渉の動向を説明する。また，WTOでの交渉停滞を受けて増加してきた，2国間や特定地域間のFTA（自由貿易協定）やRTA（地域貿易協定）について，そのメリットやデメリットを解説する。日本も2000年代以降，多くの協定を締結してきたが，近年は，CPTPP（環太平洋パートナーシップに関する包括的及び先進的な協定）やRCEP（地域的な包括的経済連携）など，より多くの国や地域を含む広域のFTAを発効させていることを述べる。

　本章を通じて，
　①貿易構造はどのような要因によって決まるのか
　②日本企業の海外直接投資と，国際的な生産ネットワークの進展にはどのような関連があるか
　③多くの国や地域が参加する広域FTAのメリットは何か
という問いに答えていく。

184　第 I 部　基 礎 編

第1節　日本の貿易

1.1　日本の貿易構造

　第 2 次世界大戦後の日本経済の成長，発展過程において，貿易は重要な役割を果たしてきた。そして，現代においても，私たちの生活は海外から輸入されたエネルギーや財・サービスに多く依存している。「貿易」とは，財・サービスの国境を越えた移動のことをいうが，日本では，財については財務省・関税局，サービスについては日本銀行が中心に統計を整備している。財貿易について記録した統計は，通関統計または貿易統計と呼ばれる。そして，財貿易だけでなく，サービス貿易や金融の国際取引なども含めて，国境を越えた経済取引を体系的に整理した統計が国際収支統計である。

1.1.1　財 の 貿 易

　これらの統計データを使って，世界と日本の財貿易の構造を見てみよう。表 7-1 のとおり，2022 年において，世界で輸出額が最も多いのは中国，輸入額が最も多いのはアメリカで，日本は輸出額，輸入額ともに世界第 5 位となっている。世界全体の輸出額や輸入額のうち，中国とアメリカの 2 つの大国が大きなシェアを占めているが，日本も貿易取引が多く，世界経済において重要な役割を担う国の 1 つである。

　では，日本はどのような国々とどのような品目を貿易しているのだろうか。日本との取引額が大きい上位 10 カ国を見ると（表 7-2），中国が輸出では第 2位，輸入では第 1 位で，日本の輸出入の 20% 程度を占める。次いで取引額が大きいのはアメリカで，日本の輸出額の 20.0%，輸入額の 10.5% を占める。日本は，中国に対しては輸入額が輸出額を大きく上回る一方，アメリカに対しては輸出額が輸入額を大きく超過している。また，日本は資源やエネルギーの多くを輸入に依存しているため，輸入相手国上位には中東の産油国が入っている。韓国や台湾，タイなどの東アジア諸国も重要な貿易相手国である。

　日本の貿易における品目構成を見ると，機械機器が輸出額の過半を占め，その中でも自動車・輸送用機器が日本の輸出額の 20% を超えている（表 7-3）。輸入では，燃料・鉱物資源が約 36% と大きなシェアを占めるが，次いで機械機器のシェアが大きい。つまり，日本は，機械機器を多く輸出するとともに輸入も多いことを示している。機械機器の中でも，自動車・輸送用機器やその他

第 7 章 貿　易　**185**

▶表 7-1　世界の財貿易に占める上位 10 カ国 （2022 年，単位：10 億ドル）

順位	輸出	金額	シェア	順位	輸入	金額	シェア
1	中国	3,544	14.2%	1	アメリカ	3,372	13.1%
2	アメリカ	2,065	8.3%	2	中国	2,707	10.5%
3	ドイツ	1,676	6.7%	3	ドイツ	1,583	6.2%
4	オランダ	965	3.9%	4	オランダ	897	3.5%
5	日本	747	3.0%	5	日本	897	3.5%
6	韓国	684	2.7%	6	イギリス	824	3.2%
7	イタリア	659	2.6%	7	フランス	823	3.2%
8	ベルギー	638	2.6%	8	韓国	731	2.8%
9	フランス	620	2.5%	9	インド	720	2.8%
10	香港	610	2.4%	10	イタリア	694	2.7%
上位 10 カ国計		12,207	49.0%	上位 10 カ国計		13,248	51.6%
世界計		24,917	100.0%	世界計		25,700	100.0%

（出所）　WTO データベース（https://stats.wto.org/ ［2024 年 7 月 31 日ダウンロード］）をもとに筆者作成。

▶表 7-2　日本の貿易相手国上位 10 カ国 （2023 年，単位：10 億ドル）

順位	輸出	金額	シェア	輸入	金額	シェア
1	アメリカ	144	20.0%	中国	174	22.1%
2	中国	126	17.6%	アメリカ	82	10.5%
3	韓国	47	6.5%	オーストラリア	65	8.3%
4	台湾	43	6.0%	アラブ首長国連邦	37	4.7%
5	香港	33	4.5%	台湾	36	4.5%
6	タイ	29	4.1%	サウジアラビア	35	4.4%
7	ドイツ	19	2.7%	韓国	31	3.9%
8	シンガポール	19	2.6%	ベトナム	26	3.3%
9	ベトナム	17	2.4%	タイ	26	3.3%
10	オーストラリア	17	2.3%	インドネシア	24	3.1%

（出所）　JETRO ウェブサイト「日本の貿易相手国ランキング」（https://www.jetro.go.jp/world/japan/stats/trade/ ［2024 年 8 月 2 日ダウンロード］）をもとに筆者作成。データの原出所は，財務省「貿易統計」。

の機械は，輸出額が輸入額を大きく上回る一方，電気通信機器は輸入額の方が大きいのだが，実は，2000 年代初め頃までは，電気通信機器も輸出が輸入を大きく上回っていた。こうした品目構成の変化の背景には，情報通信機器など

186　第Ⅰ部　基礎編

▶表7-3　日本の財貿易の品目別構成（2022年，単位：10億ドル）

品目	輸出額	シェア	輸入額	シェア
農産物・食料品	13.5	1.8%	93.9	10.5%
燃料・鉱物資源	43.9	5.9%	323.1	36.0%
鉄鋼・金属	36.0	4.8%	11.3	1.3%
化学製品	88.0	11.8%	100.4	11.2%
機械機器	403.4	54.0%	218.8	24.4%
電気通信機器	64.0	8.6%	104.1	11.6%
自動車・輸送用機器	164.6	22.0%	30.2	3.4%
その他機械	174.7	23.4%	84.5	9.4%
繊維・アパレル	6.9	0.9%	36.7	4.1%
その他品目	155.2	20.8%	113.1	12.6%
合計	746.9	100.0%	897.2	100.0%

（出所）　WTOデータベース（https://stats.wto.org/〔2024年1月25日ダウンロード〕）をもとに筆者作成。

の輸出拠点として中国やその他アジア諸国が大きく成長したことがあるが，それについては第2節で詳しく説明する。

1.1.2　サービスの貿易

　次に，サービスの貿易の現状も見ておこう。サービス貿易とは，輸送サービスや旅行，モノの加工・組立など委託手数料，保険料や保険金の支払・受取や金融取引に伴う手数料，特許使用料や通信・情報サービス料などの国境を越えた取引を指す。1990年代以降，急速にグローバル化が進展する中で，財の貿易の増加に伴って輸送サービスが増加し，国境を越えたヒトの移動の増加を反映して旅行サービスも増加，さらに情報通信サービスの貿易も増加してきた。2022年の世界の財輸出額または輸入額の合計はそれぞれ25兆ドル程度だが（表7-1），世界のサービス輸出額または輸入額の合計はそれぞれ約7兆ドルであった（表7-4）。つまり，取引金額で見ると，サービス貿易は財貿易の3割弱だが，近年，情報通信技術（ICT）の加速度的進歩に伴って，財貿易額を上回るスピードで増加している。サービスの貿易額が多い上位10カ国を見ると，財貿易額で上位の国がサービス貿易額も大きい傾向だが，サービス輸出の上位3カ国は欧米諸国が占めており，中国は第4位である。日本は輸出額でも輸入額でも第10位であるが，財貿易のみならずサービス貿易においても世界の中

第 7 章 貿 易 **187**

▶表 7-4　世界のサービス貿易に占める上位 10 カ国（2022 年，単位：10 億ドル）

順位	輸出（受取）	金額	シェア	順位	輸入（支払）	金額	シェア
1	アメリカ	920	12.7%	1	アメリカ	688	10.4%
2	イギリス	503	7.0%	2	中国	461	7.0%
3	ドイツ	423	5.9%	3	ドイツ	460	7.0%
4	中国	422	5.9%	4	アイルランド	358	5.4%
5	アイルランド	357	4.9%	5	イギリス	317	4.8%
6	フランス	343	4.8%	6	シンガポール	295	4.5%
7	シンガポール	336	4.7%	7	フランス	289	4.4%
8	インド	309	4.3%	8	オランダ	274	4.1%
9	オランダ	283	3.9%	9	インド	248	3.8%
10	日本	166	2.3%	10	日本	209	3.2%
上位 10 カ国計		4,062	56.3%	上位 10 カ国計		3,601	54.4%
世界計		7,218	100.0%	世界計		6,622	100.0%

（注）　国際収支表では，サービスの輸出については，その対価の「受取」，輸入についてはその対価の「支払」と表現する。
（出所）　WTO データベース（https://stats.wto.org/［2024 年 8 月 9 日ダウンロード］）をもとに筆者作成。

で取引額の多い国の 1 つといえる。

　日本のサービス貿易の内訳を見ると（表 7-5），輸送，知的財産権等使用料，通信・コンピュータ・情報サービス，その他業務サービスが金額，シェアともに大きい。また，2023 年は訪日客の増加を反映して旅行サービスの輸出額も大きいが，サービスの輸入額合計が輸出額合計を上回っており，輸入超過であることがわかる。

1.1.3　貿易依存度

　日本は，財・サービスの貿易が多い国であるが，国内の経済規模と比較すると，貿易はどれほど重要なのだろうか。国内総生産（GDP）に対する財・サービスの輸出額の比率を輸出依存度といい，GDP に対する貿易額（輸出額と輸入額の合計）の比率を貿易依存度☆という。図 7-1 は，日本の財・サービス輸出入額の対 GDP 比を示すが，日本は国内の経済規模が比較的大きな国で，輸出

☆貿易依存度（trade dependency）：貿易開放度（trade openness）ともいい，一般的には国内経済規模が小さい国ほど，貿易依存度は大きい傾向がある。

▶表7-5　日本のサービス貿易の構成（2023年，単位：億円）

サービス項目	輸出額（受取額）	シェア	輸入額（支払額）	シェア
輸送	42,153	14.5%	48,585	15.2%
旅行	54,211	18.6%	17,898	5.6%
委託加工サービス	2,106	0.7%	6,752	2.1%
維持修理サービス	2,097	0.7%	10,398	3.2%
建設	9,768	3.4%	9,260	2.9%
保険・年金サービス	3,128	1.1%	26,705	8.3%
金融サービス	18,914	6.5%	12,477	3.9%
知的財産権等使用料	71,965	24.7%	40,456	12.6%
通信・コンピュータ・情報サービス	16,422	5.6%	32,572	10.2%
その他業務サービス	63,187	21.7%	109,115	34.1%
個人・文化・娯楽サービス	2,356	0.8%	2,731	0.9%
公的サービス等	4,840	1.7%	3,357	1.0%
合計	291,148	100.0%	320,306	100.0%

（注）　国際収支表では，サービスの輸出については，その対価の「受取」，輸入についてはその対価の「支払」と表現する。
（出所）　日本銀行「時系列統計データ検索サイト」（https://www.stat-search.boj.or.jp/index.html〔2024年7月28日ダウンロード〕）をもとに筆者作成。

▶図7-1　日本の財・サービス輸出入（対GDP比）の推移（1970～2022年）

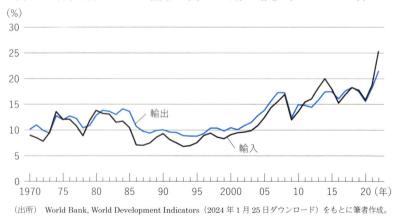

（出所）　World Bank, World Development Indicators（2024年1月25日ダウンロード）をもとに筆者作成。

第 7 章　貿　易　**189**

または輸入の対 GDP 比は 10% 前後で推移していた。しかし，2000 年代以降，徐々に上昇し，2022 年には輸出依存度は 20% 超，輸入の対 GDP 比は 25% を超えている。その背景には，高齢化や人口減少により GDP の拡大が緩やかなことや，諸外国が経済成長し外国の生産や消費が拡大していることなどの要因があるが，日本経済にとって貿易の重要性が増していることがわかる。

1.2　貿易取引の統計——国際収支

国境を越えた経済取引を体系的に整理した統計が国際収支統計で，IMF（国際通貨基金）のマニュアルに従って各国が作成している。日本では 2014 年 1 月取引分から第 6 版マニュアルに準拠した統計に移行した。なお，IMF では，2020 年からマニュアル改訂に向けた議論が進められている。

国際収支は，経常収支，資本移転等収支，金融収支の大きく 3 つの部分から構成される。経常収支の中の貿易・サービス収支に，財やサービスを外国に売った（輸出）代金を外国から受領した金額や，それらを外国から買った（輸入）代金を外国へ支払った金額が記録される。経常収支には，第一次所得収支（対外金融債権・債務から生じる利子・配当金等の収支）と，第二次所得収支（海外援助や国際機関への出資などで生じた収支）という項目も含まれる。資本移転等収支には，政府による無償の資本財の援助や債務免除などが記録されるが，ここに計上される金額は他の収支項目に比べて非常に小さい。

金融収支には，株式など金融資産の売買に関する取引が記録され，直接投資（投資先企業の経営を目的とした外国への投資）や証券投資（配当金や株式等の売買差益の獲得を目的とした外国への投資）などから構成される。経常収支や資本移転等収支の項目では，外国からおカネを受け取る場合はプラス，外国に支払う場合はマイナスで計上するが，金融収支では海外資産の取得（対価の支払）の場合にプラス，国内資産の売却（対価の受取）の場合にマイナスで計上する。下の式のとおり，経常収支と資本移転等収支の合計から金融収支を引いたものに誤差を加えるとゼロになるように，国際収支統計は作成されている。

$$経常収支＋資本移転等収支－金融収支＋誤差脱漏＝0$$

表 7-6 から，2023 年の日本の経常収支は 21 兆円を超える黒字であるが，貿易収支もサービス収支もともに赤字である。経常収支の黒字は，第一次所得

190　第I部　基礎編

▶表 7-6　日本の国際収支（2023年，単位：億円）

経常収支	213,810
貿易・サービス収支	−94,167
貿易収支	−65,009
輸出（＋）	1,003,546
輸入（−）	1,068,555
サービス収支	−29,158
第一次所得収支	349,240
第二次所得収支	−41,263
資本移転等収支	−4,001
金融収支	233,037
直接投資	228,423
証券投資	278,262
金融派生商品	65,026
その他投資	−381,117
外貨準備増減	42,444
誤差脱漏	23,228

（出所）財務省ウェブサイト「国際収支の推移」（https://www.mof.go.jp/policy/international_policy/reference/balance_of_payments/bpnet.htm〔2024年7月24日ダウンロード〕）をもとに筆者作成。

収支が大幅な黒字になっているためであり，このことは，日本企業の海外子会社からの配当金や投資収益の受取が大きいことを示している。

　1990年代後半以降の日本の経常収支の推移を見てみよう（図7-2）。日本は，2010年まで長い間，貿易収支が黒字基調（財輸出が輸入を上回る）であった一方，サービス収支は赤字が続いてきた。さまざまな要因が貿易・サービス収支に影響を与えるが，為替レートの変動もその要因の1つである。2008年のリーマン・ショックを契機とした世界金融危機は，世界的な需要の減退をもたらしたうえ，為替レートの円高・ドル安が進んで，日本の輸出は大きく減少した。さらに，2011年の東日本大震災後に燃料輸入が急増したことで，2011年には貿易収支が赤字となった。2012年12月に発足した第2次安倍内閣のもとで進められた経済政策「アベノミクス」によって円高が是正され，円安方向に為替レートが動いたものの，日本の輸出は大幅には増加せず，近年は貿易収支赤字の年も多くなっている。サービス収支は，訪日客の増加で旅行サービスの受取が増えるなど，2015年頃から赤字縮小の傾向であった。2020年の新型コロナウイルスの世界的大流行による訪日客の激減を経て，23年には訪日客は大きく増加したが，デジタル関連などの海外への支払が大きく，サービス収支は赤字が続いている。一方，日本企業の海外活動の拡大に伴って，第一次所得収支の黒字はきわめて大きくなっている。

▶図7-2　日本の経常収支の推移（1996〜2023年）

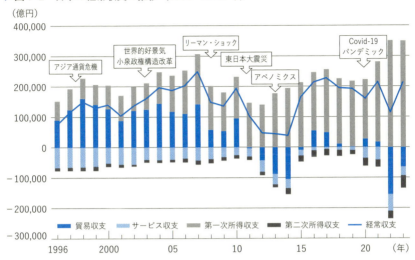

（出所）財務省ウェブサイト「国際収支の推移」（https://www.mof.go.jp/policy/international_policy/reference/balance_of_payments/bpnet.htm［2024年7月24日ダウンロード］）をもとに筆者作成。

1.3　貿易構造の決定要因

1.3.1　相対価格と比較優位

　日本は，機械機器，とくに自動車などを多く輸出しているが（前掲表7-3），各国が何を輸出し輸入するかは，どのような要因で決まるのだろうか。

　国際貿易理論においては，各国の貿易パターンは，財の相対価格に依存して決まると考える。たとえば，日本で自動車が1台200万円，シャツが100枚100万円で売られており，中国では，同じ自動車が1台15万元，シャツが100枚3万元で売られているとする。日本における2つの財の相対価格は2（＝200/100）で，中国における相対価格は5（＝15/3）であるので，日本の自動車の相対価格は中国のそれよりも低い。つまり，日本国内で，自動車を1台購入し，それを中国で15万元で売却すれば，中国でシャツを500枚購入することができる。日本国内では，1台の自動車はシャツ200枚としか交換できないため，日本で購入した自動車を中国に売って，中国でシャツを購入した方が，300枚も多くシャツを手に入れることができるわけだ。

　日本における自動車の相対価格が中国での相対価格よりも安いとすれば，そ

れは，日本はシャツに比べて自動車を安く生産でき，中国は自動車に比べてシャツを安く生産できるからだ。比較的安く生産できるとは，その国はその財の生産が得意であるということで，比較優位を持つといい，比較的生産コストが高いとは，その財を生産するのが不得意で，比較劣位であるという。各国が比較優位を持つ財（比較的安く生産できて相対価格が安い財）を輸出し，比較劣位の財（比較的生産コストが高く相対価格が高い財）を輸入すれば，両国が貿易前よりも多くの財を手に入れることができる。これが，貿易の利益である。

　各国の比較優位を決める要因はいくつかあるが，1つの代表的な考え方は，D. リカードの比較生産費説である。リカードは，産業間での相対的な技術水準の違いが比較優位を決めると考えた。財を1単位生産するために必要な労働投入量を技術水準とすると，比較的少ない労働投入で生産できる財の方が生産費用が安くなり，その財の相対価格が安くなる。

　技術水準の違いだけでなく，各国の生産要素賦存量☆の違いも，各国の比較優位を決める要因としてあげられる。たとえば，単純労働者が多く存在していて，単純労働者の賃金が安い国もあれば，資本（＝おカネ）が蓄積していて資本を安く調達できる国もある。一方，財の生産には，労働だけでなく資本の投入も必要で，労働よりも資本を相対的に多く投入して生産される財（資本集約財）と，資本よりも労働を相対的に多く投入して生産される財（労働集約財）とがある。資本を多く投入するとは，おカネで購入される機械設備などを生産活動に使用するということである。労働が豊富な国は，労働集約財を比較的安く生産できるため，労働集約財に比較優位を持ち，資本が豊富な国は資本集約財を比較的安く生産できるため，資本集約財に比較優位を持つことになる。つまり，各国は自国に豊富な生産要素を集約的に用いて生産される財を輸出することになり，これがヘクシャー＝オリーン定理である。

1.3.2　産業間貿易と産業内貿易

　日本は，伝統的に，農産物や鉱物資源・燃料などを輸入し，自動車などの機械機器を輸出する傾向がある。日本は，大規模農業に適さない急峻な地形が多く，天然資源も少ないため，農産物や鉱物資源には比較優位がない。一方，自

☆生産要素賦存量：生産要素とは，生産活動に必要な要素のことで，労働や資本，土地などを指す。賦存量は，各国に存在している量のことで，各国は生産要素の相対的な豊富さが異なると想定される。

第7章 貿易　193

動車などの生産においては技術水準が高く，かつ資本集約的な生産には比較優位を持つと考えられるため，日本の貿易パターンはリカードやヘクシャー＝オリーンの貿易理論で説明できる。農業の財を輸入し，自動車産業の財を輸出するような，異なる産業に属する財を互いに輸出入する貿易を産業間貿易といい，これらの貿易理論は，産業間貿易の構造を説明するのに適している。

　しかし，前掲の表7-3のとおり，日本は機械機器を輸出も輸入もしている。このように，同一産業に属する財を輸出も輸入もするような貿易は，産業内貿易と呼ばれる。産業内貿易には，大きく2つのタイプがある。1つは，日本がドイツから高級乗用車を輸入する一方，日本からドイツへも高級乗用車を輸出するような場合である。これは，同じ財だがデザインなどが差別化された最終製品を貿易する場合で，水平的産業内貿易という。各国の消費者は，製品差別化されたさまざまな種類の財を消費することを好むこと，また，各生産者が1カ所で大量に生産して多くの国の消費者に販売できると平均生産費用も安くなることなどから，水平的産業内貿易が生じる。

　もう1つのタイプは，日本が電子部品を中国へ輸出し，中国からスマートフォンを輸入しているような場合だ。同じ電気通信機器産業内の貿易であるが，生産工程において上流に位置する電子部品と，下流に位置する最終製品としてのスマートフォンとが貿易されている。同一産業内ではあるが異なる生産工程間における財の貿易を，垂直的産業内貿易という。垂直的産業内貿易は，ヘクシャー＝オリーン定理のような比較優位で説明できる。ある財の生産工程のうち，労働集約的な工程は労働が豊富で賃金が安い国（多くの場合は途上国）に，資本集約的な工程は資本が豊富で資本価格が安い国に，そして，知識（技能・熟練）労働集約的な工程は知識（技能・熟練）労働が豊富で技術知識の水準が高い国（多くの場合は先進国）に配置される。さまざまな国に配置された工程間で，部品などの中間財を輸出入し合い，最終的に完成品となるという工程間分業に密接に関連しているのが，垂直的産業内貿易である（中間財については第1章1.2.3を参照）。

194 第Ⅰ部 基礎編

第2節 日本の直接投資と生産ネットワーク

2.1 日本の直接投資の動向

2.1.1 日本の対外直接投資の変遷

　前節で触れた工程間分業に深く関わっているのが多国籍企業と呼ばれる，複数の国に生産や販売の拠点を持つ企業である。企業は，海外直接投資（FDI）☆を行って外国に事業拠点となる子会社を所有し，その経営に参画することによって多国籍企業となる。海外子会社を所有するには，外国に新しく企業を設立するか，既存の外国企業を買収するのだが，どちらの場合も国際的に資本が移動することになる。一般的に，外国に対して直接投資を行うことを海外直接投資というが，ある国から外国へという方向をより強調した表現として対外直接投資ともいう。逆に，外国からその国への直接投資を対内直接投資という。財やサービスの貿易に加えて，国際資本移動もグローバル化の一側面である。

　日本の企業による対外直接投資は，1980年代から活発に行われるようになった。1970年代から80年代前半にかけて，日本は自動車や電気機械，半導体などの輸出を拡大したことにより，アメリカやヨーロッパ諸国との間で深刻な貿易摩擦が生じた。こうした状況下で，日本は，1981年に自動車の対米輸出自主規制を導入する一方，アメリカに直接投資し，自動車の現地生産を拡大した。

　1985年9月には，ニューヨークのプラザホテルで開催された，アメリカ，日本，イギリス，フランス，ドイツの先進5カ国財務大臣・中央銀行総裁会議において，ドル高を是正するプラザ合意が発表された。これを受けて，円ドル為替レートは，1985年9月の1ドル＝240円台から1986年7月には155円前後へと急激に円高が進行した。

　たとえば，為替レートが1ドル＝240円のとき，国内の生産労働者の賃金が1時間480円であったなら，ドル換算で2ドルである。しかし，1ドル＝155

☆**海外直接投資**（FDI：Foreign Direct Investment）：投資先企業の経営を目的とした外国への投資のことをいい，配当金や株式等の売買差益（キャピタル・ゲイン）の獲得を目的とする証券投資（ポートフォリオ投資，間接投資ともいう）とは性格の異なる投資である。ある企業の株式をどれだけ保有すれば経営に参加できるのか厳密な定義はないものの，国際収支統計では，IMFマニュアルに従って，議決権ベースで10％以上の株式を保有している場合を直接投資と定義している。

▶図7-3　日本の対外直接投資（フロー）の推移（1996〜2023年）

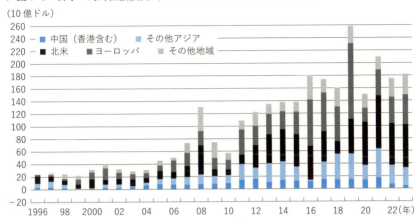

（出所）　JETROウェブサイト「直接投資統計」（https://www.jetro.go.jp/world/japan/stats/fdi.html〔2024年7月24日ダウンロード〕）をもとに筆者作成。データの原出所は、財務省・日本銀行「国際収支状況」，日本銀行「外国為替相場」など。

円になると，同じ時給480円でもドル換算で3.1ドル（＝480÷155）で，ドルで見ると日本の労働コストは約1.5倍に上昇したことになる。

　このように，急激な円高は，国内生産のドル建てコストを上昇させ，日本の輸出品のドル建て価格競争力が大きく低下した。そこで，多くの日本企業が，低コスト生産を目的に賃金の安い東南アジア諸国に直接投資を行い，現地での生産を拡大していった。そのころ，東南アジア諸国は，原材料や部品の輸入関税減免などの優遇措置を与えることによって，輸出志向型多国籍企業を誘致し経済成長へつなげる政策をとっていた。当時，日本の賃金水準と東南アジア諸国のそれとの間には，何十倍もの差があった（世界銀行のデータによると，1986年の日本の1人当たりGDPは，当時の為替レートで約1万7450ドルであったが，タイのそれは約840ドルで，20倍を超える差があった）。とくに，労働集約的な製品や工程は，賃金が上昇し，かつ円高の進んだ日本での生産は不採算となり，これらを東南アジア諸国へ移転させていった。

　1990年代に入ると，中国が経済の改革・開放を進め，日本企業も中国への直接投資を増加させていく。2001年12月に中国が世界貿易機関（WTO：World Trade Organization）に加盟すると，日本企業の対中直接投資はさらに増加し，多くの日本企業が中国に進出した。図7-3は，日本の対外直接投資額の推移を表しているが，2000年代半ば頃から，中国への直接投資額が大きく

なっている。2000年代以降，中国以外の地域へも直接投資は大きく増加しており，2009〜10年には世界金融危機の影響で急減したものの，それ以降はまた増加の傾向が見られる。

図7-3のとおり，投資額では，中国やその他のアジア諸国向けよりも，北米やヨーロッパ向けの方が大きいが，これは先進国向けの直接投資は既存の現地企業を買収あるいは合併するケース（クロスボーダーM&Aという）が多いからである。企業が海外直接投資を行う動機としては，①現地の安い労働力などを利用した低コスト生産の追求，②市場アクセスの確保，③天然資源の開発・確保，④技術・情報収集，⑤税・規制の回避，などがある。日本企業は，既存の欧米企業が持つ技術を入手するなどの目的で（④の技術・情報収集），大規模な買収を行ってきた。2019年には，武田薬品工業が日本企業の対外M&Aとしては過去最高額（約460億ポンド。当時の為替レートを1ポンド＝148円として約6.8兆円）でアイルランドの同業シャイアーを買収するなど，製薬や半導体，電気・電子機器，情報通信などの分野でM&Aが多い。

一方，途上国向けの直接投資では，先進国企業が新規に子会社を設立するものが比較的多い（グリーンフィールドFDIという）。日本の製造業企業も，中国やアジア向けには，①の低コスト追求のため，新規に子会社を設立して工場を開設し，部品や完成品の生産を行ってきた。しかし，近年は，市場としてのアジアの重要性も増している。アジアは，人口規模が大きい国が多いうえ，各国が経済発展を続けてきた結果，1人当たりの購買力も上昇してきた。日本企業に対するアンケート調査では，アジア向け直接投資の理由として②の市場アクセスの確保をあげる企業が近年多くなっている。

その他地域向けでは，③の天然資源の開発・確保を目的に中南米などへの直接投資も活発に行っている。また，1980年代に日本の自動車企業がアメリカに進出したのは，貿易摩擦の回避（⑤の税・規制の回避）が目的であった。近年は，アメリカと中国との対立を背景に，アメリカ政府が対中貿易規制を強化しており，こうした規制強化に対応して，日本企業が中国から東南アジア諸国へと生産を移管したり，アメリカでの生産を拡大したりする動きも見られる。

2.1.2 対外直接投資の現状

日本企業は活発に対外投資を行い，世界のさまざまな国・地域に進出している。経済産業省の「海外事業活動基本調査」より，日本企業の海外子会社・関連会社（これらを合わせて海外現地法人と呼ぶ）の地域別分布をまとめたのが表

▶表 7-7　地域別日系現地法人分布（2022 年度）

地域	法人数		常時従業者数	
	（社）	シェア	（万人）	シェア
全地域	24,415	100.0%	557.5	100.0%
アジア	16,547	67.8%	365.4	65.5%
中国（香港含む）	6,900	28.3%	116.0	20.8%
ASEAN4	4,783	19.6%	143.6	25.8%
NIEs3	2,754	11.3%	33.3	6.0%
北米	3,079	12.6%	86.8	15.6%
ヨーロッパ	2,709	11.1%	60.9	10.9%
中南米	1,277	5.2%	34.0	6.1%
オセアニア	488	2.0%	4.9	0.9%
中東	160	0.7%	1.4	0.3%
アフリカ	155	0.6%	4.1	0.7%

（出所）　経済産業省「海外事業活動基本調査」をもとに筆者作成。

7-7 である。同調査では，全地域合計で約 2 万 5000 の日系海外現地法人が捕捉されており，合計で 560 万人近い従業者を雇用している。法人数の分布と常時従業者数の分布とは類似しており，全現地法人数の約 7 割はアジア地域に立地している。また，表 7-8 は，産業別の日系現地法人の分布だが，法人数では非製造業の現地法人が全体の過半を占める一方，常時従業者数で見ると，全体の 7 割超は製造業の現地法人に雇用されている。法人数で見ると，卸・小売業に属する法人が最も多く，海外に多くの販売拠点を展開していることがわかる。また，従業者数では，輸送機械や卸・小売，電気・通信機器に属する現地法人が多くの従業者を雇用している。

　製造業企業に注目すると，その海外生産比率は上昇しつづけてきた（図 7-4）。海外に拠点を持つ製造業企業の 2022 年度の海外生産比率は 40% を超えており，日本企業において海外での事業活動はきわめて重要になっている。

2.1.3　対内直接投資の現状

　日本企業の活発な海外事業展開により，対外直接投資額では，日本は世界の上位にランクしており，2022 年の対外直接投資額はアメリカに次いで第 2 位である（国連貿易開発会議〔UNCTAD〕のデータより）。一方，外国から日本への対内直接投資は，対外直接投資に比べてきわめて少ないことが以前から指摘されてきた。2023 年の日本の対外直接投資額は 1840 億ドルであったのに対し

▶表 7-8　産業別日系現地法人分布（2022 年度）

	法人数（社）	シェア	常時従業者数（万人）	シェア
全産業	24,415	100.0%	557.5	100.0%
製造業	10,433	42.7%	408.5	73.3%
食料品	486	2.0%	21.7	3.9%
繊維	410	1.7%	11.7	2.1%
化学	981	4.0%	15.8	2.8%
鉄鋼金属	1,260	5.2%	26.3	4.7%
はん用・生産用・業務用機械	1,662	6.8%	41.3	7.4%
電気・通信機器	1,528	6.3%	76.2	13.7%
輸送機械	2,220	9.1%	162.7	29.2%
その他の製造業	1,886	7.7%	52.7	9.5%
非製造業	13,982	57.3%	149.0	26.7%
情報通信業	730	3.0%	14.2	2.5%
運輸業	1,312	5.4%	12.5	2.2%
卸・小売業	7,772	31.8%	79.4	14.2%
サービス業	2,497	10.2%	25.4	4.6%
その他の非製造業	1,671	6.8%	17.5	3.1%

（出所）　経済産業省「海外事業活動基本調査」をもとに筆者作成。

▶図 7-4　日本の製造業企業の海外生産比率（1985～2022 年度）

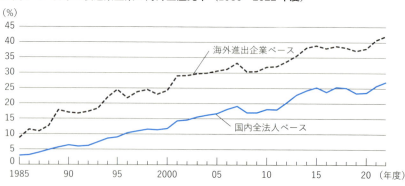

（注）　国内全法人ベースの海外生産比率＝(製造業現地法人売上高)÷(製造業現地法人売上高＋製造業国内法人売上高)×100
　　　海外進出企業ベースの海外生産比率＝(製造業現地法人売上高)÷(製造業現地法人売上高＋製造業本社企業売上高)×100
（出所）　財務省「法人企業統計調査」と経済産業省「海外事業活動基本調査」をもとに筆者作成。

て，同年の対内直接投資額は214億ドルにとどまっている（ジェトロ『世界貿易投資報告2024年版』より）。日本の経済規模に対して極端に少ない対内投資を増やすべく，日本政府は1994年に対日投資会議を設置し，それ以降，対内投資促進政策を打ち出してきた。その結果，対内直接投資は徐々に増加してきたものの，対外直接投資とのアンバランスは続いている。

1.2で，日本の経常収支において第一次所得収支の黒字がきわめて大きいことを述べたが，これは，海外現地法人から日本の親会社（株主）への配当金や再投資収益☆（第一次所得の受取）が巨額であることによる。日本企業が海外事業によって稼いでいるともいえるが，対内直接投資が極端に少ないこととも関連している。もし，もっと多くの外国企業が日本国内に投資し，日本での利益を海外の親会社へ配当していれば，第一次所得の支払いが増え，第一次所得収支の黒字も少なくなるはずである。第一次所得収支黒字が少なくなったとしても，多くの外国企業が国内市場に参入して，雇用を創出したり外国の優れた技術やノウハウを日本国内に導入したりすれば，日本経済の活性化にもつながる可能性がある。国際収支は黒字が善で赤字が悪というものではなく，海外との取引の構造を示すものであるということに留意されたい。

2.2　直接投資の経済効果

直接投資は，投資国側・投資受入国側両方の経済にさまざまな影響を与える。まず，外国市場に供給するには，外国に事業拠点を持たず，自国で生産して輸出してもよいのだが，直接投資して多国籍企業となることによるさまざまなメリットがある。経営資源（原材料調達，技術，ブランド，流通チャネルなど）の優位性を持つ企業は，市場を海外にも拡大することで大きな利益をあげることができるが，輸出する場合は輸送のコストがかかる。海外の市場で大規模に販売できる見込みがあるなら，市場の近くで生産し，輸送コストを節約すればより大きな利潤を得られる。また，自社が直接海外で生産や販売活動を行うこ

☆**再投資収益**：海外現地法人が配当として分配しない収益（内部留保）のうち，親会社の株式保有比率に応じた親会社の取り分のこと。再投資収益は，海外現地法人がいったん親会社に収益を配当した後すぐに，親会社から海外に再投資されたものとみなすものである。つまり，実際に資金が国境を越えて移動したわけではない。日本の第一次所得の受取額が大きいということは，日本企業の海外現地法人が稼いだ利益が大きいことを反映するが，再投資収益の部分はそのまま海外にとどまるため，実際に日本の親会社に還流するものではない。

とによって，海外市場のニーズをつかみ，売上を拡大することもできる。一方，輸出にかかる輸送コストを節約したいならば，自ら海外進出しなくても，現地の企業に技術を供与（ライセンシング）して生産や販売を委託し，自社のブランド名で外国市場に供給する方法もある。その場合，自社の海外拠点を設立したり運営したりするコストもかからないが，委託先の企業を探し，生産・販売に関する契約を締結するなどの取引コストがかかる。とくに，他社へ流出させたくない重要技術や，契約書に文書化しにくい技術やノウハウが伴う場合，取引コストが大きくなる。取引コストが大きい場合は，他社に委託せず，自社の子会社で生産や販売を行うメリットが大きい。さらに，外国の持つ天然資源や安価な労働力，優れた技術知識や産業基盤，インフラ，税制など，外国の立地を活かした事業活動を展開することによっても，利潤や生産効率を高めることができる。

　企業は，自社の経営資源や取引コストの大きさ，外国の立地条件を考慮したうえで，国内外から得られる利潤が最大になるように直接投資の意思決定を行う。しかし，投資国側にとっては，生産拠点が海外に移転することによって国内の雇用や産業基盤が失われ，産業空洞化☆が起きるという指摘がある。ヘクシャー＝オリーンの貿易理論で説明されるように，国内の比較劣位産業は，海外への生産移転が進んで衰退するかもしれない。しかし，比較優位産業が拡大・成長すれば，一国全体としての利益は大きくなる可能性がある。

　むしろ，近年懸念されているのは，同一産業内における企業間の格差や労働者間の格差の問題である。2000年代から研究が進んできた新・新貿易理論と呼ばれる貿易モデルでは，生産性が高い企業は直接投資を行って利潤を増やす一方，生産性の低い企業は競争激化によって退出を迫られることを示している。退出する企業に雇用されていた労働者がスムーズに他企業や他産業に移動できるなら，労働者に不利益はなく，経済全体の効率性を高めると説明される。しかし，他企業や他産業への移動が難しい場合，失業などの経済的損失を被る労働者が発生することになる。

☆**産業空洞化**：製造業の工場が海外に移転することで，関連する部品や素材産業も含めて国内の生産や雇用が減り，国内産業が衰退する現象を指す。雇用の減少だけでなく，技術が海外に流出して国内技術基盤が失われれば，一国全体の経済成長や発展を阻害すると懸念される。日本では，生産の海外移転が活発になった1980年代後半からとくに問題視されるようになったが，むしろ国際分業が進み，日本の産業の高度化をもたらしたとの評価もある。

▶図 7-5　国内と海外における製造業雇用規模（1988〜2021 年度）

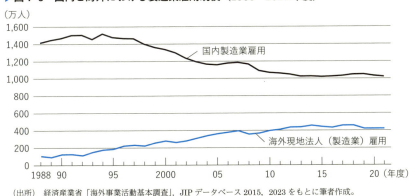

（出所）　経済産業省「海外事業活動基本調査」，JIP データベース 2015，2023 をもとに筆者作成。

　生産拠点の海外移転に伴い，余剰労働力を成長部門に向け，新産業や高度技術産業へと産業構造の高度化を実現できれば，投資国の持続的な経済成長につながると期待される。日本の場合，過去には，加工組立型機械産業の成長や消費者向け最終財の輸出拡大を通じて経済成長を実現したが，これらの産業や工程は他のアジア諸国などに移転した。図 7-5 のとおり，製造業の海外現地法人での雇用の拡大とともに，国内の製造業雇用は減少を続けてきた。1991〜2021 年の 30 年間で，国内の製造業雇用は 3 割以上（約 480 万人）減少した。その代わりに雇用が増加してきたのは，医療・介護・福祉などの分野であるが，低賃金や非正規の仕事が多い。経済全体の賃金水準が上がり，高度技術産業へのシフトが進んだとは必ずしもいえない状況である。今後は，より付加価値の高いインフラ，プラント，システム産業の育成や，航空・宇宙，バイオ・テクノロジー，環境など新しい高度技術産業へのシフトが求められている。新産業の育成のために，対内直接投資を誘致し，外国企業の技術を吸収することや競争を促進することも必要であろう。

　投資受入国にとっては，直接投資はさまざまな正の影響をもたらすと指摘されてきた。外国企業の進出によって新産業や雇用の創出につながる効果や，外国企業からの技術移転効果も期待できる。消費者は，外国企業の生産する優れた財やサービスを消費できるようになり，消費者の利益にもつながる。また，進出した外国企業に対して，中間財・サービスを供給する企業が参入したり，生産が増えたりすることも期待される。外国企業の進出が，川上（進出した外国企業から見て後方）に位置する産業を発展させることを後方連関効果といい，

川下（前方）に位置する最終財産業や流通，消費者向けサービス産業などの拡大をもたらすことを前方連関効果という。これらの連関効果の好循環が実現すれば，投資受入国の産業構造の多様化や経済成長が促される。

2.3　生産ネットワークの進展

2.3.1　水平的直接投資と垂直的直接投資

　直接投資には，その目的によって水平的と垂直的といわれる2つのタイプがある。水平的直接投資とは，本国の拠点とほぼ同種の活動を海外拠点でも行うための直接投資を指す。つまり，自国と外国とで同種の財を生産する場合だ。輸送費用が比較的大きい自動車のような財では，外国で生産して現地の消費者に供給すれば輸送費用を節約できる。また，市場規模が大きい国では，消費者のニーズに合わせて差別化された製品を大規模に現地生産して供給すれば利潤を高めることができる。

　もう1つのタイプの直接投資は，海外拠点で国内拠点とは異なる活動を行うためのもので，垂直的直接投資という。国内生産の原材料として用いる天然資源を安定的に獲得するための直接投資も垂直的直接投資といえる。また，生産コストを削減するため海外に生産工程の一部を移転することや，外国の企業や大学・研究機関と共同で効率的な技術開発を行う目的で研究開発拠点を海外に設けることも，垂直的直接投資の例である。つまり，商品開発から原材料・部品の調達，製造，販売，アフターサービスまでの一連の活動を川上から川下への垂直的な流れと捉え，その中の異なる活動を国内と海外とで実施するための直接投資を垂直的直接投資という。

　こうした垂直的直接投資によって，特定の生産活動を最もコストが低い国で集中的に行うことができる。1つの完成財の生産工程を細かく分けて，各生産工程を，それぞれの活動に適した立地条件の国に分散立地させることをフラグメンテーション☆という。これは，1.3.2で触れた工程間分業のことである。アメリカの通信機器メーカーのブランド名で販売されているスマートフォンを例にとると，その開発や設計はアメリカで行われるが，生産に必要なさまざ

☆フラグメンテーション（fragmentation）：英語の fragment（バラバラにするという意味）からきており，ある財の生産工程をバラバラに分けるという意味がある。工程間国際分業ともいわれ，1990年代以降，アジアやヨーロッパ，北米などで活発に行われるようになった。

▶図 7-6　フラグメンテーション

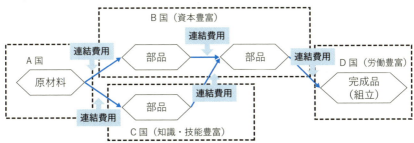

(出所)　若杉隆平［2007］『現代の国際貿易』岩波書店，図 12-1 を参考に筆者作成。

な部品は，アメリカのみならず，韓国や台湾，日本などの部品メーカーが，さまざまな国の拠点で製造している。最終的に，中国などに立地する組立工場に各部品が集められ，そこでスマートフォンの完成品となって，世界中に輸出される。1.3.2 で説明した垂直的産業内貿易である。

　スマートフォンだけでなく，パソコンや家電，T シャツなど，さまざまなモノがフラグメンテーションよって生産されており，そこには多くの国・企業が関わっている。どの工程をどこに配置するかは，ヘクシャー＝オリーンの貿易モデルのような比較優位で説明できる。労働集約的な工程は労働が豊富で賃金が安い国に，資本集約的な工程は資本が豊富で資本価格が安い国に，知識（技能・熟練）労働集約的な工程は知識（技能・熟練）労働が豊富で技術水準が高い国に配置される。図 7-6 のように，各国の比較優位に即して工程を配置することにより，部品生産から完成品に至るまでの各工程の生産費用が下がる。しかし，工程間を連結する費用（サービス・リンク・コスト）がかかる。サービス・リンク・コストには，工程間の輸送費用，情報通信費用，時間費用のほか，関税，非関税障壁，通関手続き，税の減免を受ける証明書取得費用などの越境費用も含まれる。

2.3.2　アウトソーシングと企業内貿易

　1990 年代以降の世界的な貿易自由化の進展や ICT の進歩によって，サービス・リンク・コストが大きく低下したことがフラグメンテーションを促進した。1980 年代後半から，アジア諸国への直接投資を拡大してきた日本の製造業企業は，アジアにおけるフラグメンテーションの進展に大きく貢献した。アジア地域には，経済の発展段階が異なる（つまり，生産要素賦存状況が異なる）多

204 第Ⅰ部 基礎編

様な国が多いため，各工程の生産要素集約度に応じて，各国に工程が配置され
てきた。また，生産工程をどの国に配置するかだけではなく，自社の拠点で生
産するのか，他社に生産委託（アウトソーシング）するのかによっても，生産コ
ストの大きさは異なる。多国籍企業の場合，自社の国内拠点で生産するか，自
社の海外拠点で生産するかの選択がある。また，一部の工程は国内の他社もし
くは海外の他社（現地企業や現地の外資系企業）に生産委託（海外アウトソーシン
グまたはオフショア・アウトソーシングという）するという選択もある。一般的
に，自社の海外拠点で生産する場合と海外の他社に生産委託する場合とを合わ
せて，オフショアリングと呼ぶ。

　日本の多国籍企業は，自社による国内生産と国内他社へのアウトソーシン
グ，そしてオフショアリングを組み合わせ，最も効率的な生産形態と拠点の配
置を追求してきた。アウトソーシングでは，他社との契約締結などの取引コス
トがかかるが，いくつかの工程を他社に委託することによって，自社が最も強
みを持つ中核（コア）部門に注力できるというメリットがある。日本の多国籍
企業は，各工程の技術や特性を考慮し，アジア域内の複数の国でオフショアリ
ングを行って，国境を越えた生産ネットワークの構築に寄与した。

　フラグメンテーションまたは国際的な生産ネットワークの進展に伴い，貿易
パターンも変化してきた。第1節で，日本の重要な貿易相手国の多くがアジ
ア諸国であり，輸出，輸入ともに機械機器が主な貿易品目であることを述べ
た。かつては，日本の貿易に占める対米貿易の比重が圧倒的に高く，日本の輸
入の大半が燃料・鉱物資源や農産品の輸入であった。1980年代半ば以降，対
アジア貿易の比重が高まり，機械機器の輸入が増加してきた背景の1つに，
日本の多国籍企業がアジアの生産ネットワークにおいて重要な役割を担ってき
たことがある。とくに，機械機器を輸出も輸入もする産業内貿易が拡大してき
たが，フラグメンテーションの進展の結果，同じ産業に属する財の中でも，中
間財を貿易し合うという中間財貿易比率が顕著に高まった。図7-7は，日本
とアジア諸国との貿易における生産段階別構成の変化を表しているが，1980
〜2000年の期間に，輸出においても輸入においても中間財の比率が大きく上
昇したことがわかる。2000年以降の変化は小さいが，依然として中間財貿易
比率は高く，20年においては輸出の約68%，輸入の約43%が中間財であ
る。輸入においては最終財の比率が高いが，これは，電気・通信機器のよう
に，賃金の安い中国などに最終組立工程が配置され，そこから日本が最終財を

第7章　貿　易　205

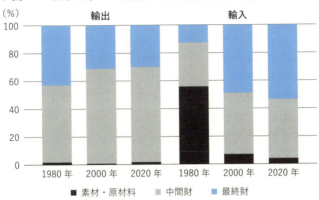

▶図7-7　日本の対アジア貿易の生産段階別構成の変化

（注）ここでのアジアは，中国，香港，台湾，韓国，シンガポール，タイ，マレーシア，インドネシア，フィリピン，ベトナム，ブルネイ，カンボジア，インドの13カ国・地域である。
（出所）経済産業研究所「RIETI-TID2020データベース」。

輸入するケースが多いことを反映している。

　また，日本の多国籍企業においては，日本の親会社と海外子会社との貿易や，同じ企業が異なる国に所有する子会社同士の貿易，つまり企業内貿易が多いことも知られている。多くの国の拠点で活発に事業を展開していることを反映し，2022年度の日本の企業内貿易比率は，輸出で54.6%，輸入で32.2%と高い比率となっている（経済産業省「企業活動基本調査」より）。

2.4　グローバル・バリューチェーンにおける位置

　フラグメンテーションにおいては，製品開発から製造，販売までの一連の流れの中の各工程が，前工程から受け取った中間財に対して新しい価値を付加し，次工程に引き継いでいる。つまり，フラグメンテーションは，各工程間で産み出された価値が，鎖のようにつながってモノやサービスを完成させていくプロセスであり，フラグメンテーションによって多国間にまたがるバリューチェーン（価値連鎖）が形成されているともいえる。フラグメンテーションをグローバル・バリューチェーン☆と捉え，各国の各工程が産み出した付加価値の大きさという観点からも，貿易パターンや貿易と経済発展との関係が分析されている。

　図7-6で，中間財が国境を越えるたびに輸出または輸入として各国の貿易

206 第I部 基礎編

統計に記録される。しかし，B国からD国への輸出として記録される金額には，A国からB国への輸出としてすでに記録された原材料の価値も含まれている。同様に，A国からC国への輸出やC国からB国への輸出としてすでに記録された価値も，B国からD国への輸出額に含まれている。つまり，バリューチェーンが多くの国にまたがっていると，貿易統計に重複計上される金額も大きくなる。第1節で，世界の輸出額第1位が中国であることを見たが，中国の輸出額として貿易統計に記録された金額の中には，たとえば日本や韓国，アメリカなどから中国へ輸出された中間財の価値も含まれている。そこで，貿易統計の輸出入額だけでなく，どの国で産み出された付加価値がどの国に輸出または輸入されたかという，付加価値貿易の概念で国際取引を把握する重要性が指摘されている。

付加価値貿易の計測は，各国の国際的な競争力を評価するうえでも重要である。なぜなら，グローバル・バリューチェーンの中で付加価値の大きな工程を担うほど付加価値の輸出は大きくなり，報酬も大きくなるからである。製品の開発から販売に至る流れにおける各工程の付加価値の大きさを図示すると，図7-8のようにU字型になっており，笑った口の形に似ているとしてスマイルカーブと呼ばれている。

図7-8で，最も高い付加価値を産み出す工程は，両端に位置する企画・開発や製品販売後のサービスなどの工程である。これらの工程は知識やアイディアを必要とするので，スキルの高い労働者の多い先進国に配置される傾向がある。部品を集めて組み立てるだけの工程は最も付加価値が低く，単純労働集約的で（スマイルカーブの真ん中），途上国に配置されることが多い。

日本企業は，付加価値の低い製造工程をアジアにオフショアリングし，国内はより付加価値の高い中間財生産や開発工程の比重を高めてきた。こうした変化に伴い，国内の製造業従事者のうち単純労働者の割合が低下し，学歴の高い熟練労働者の比率が高まっている。また，前掲の図7-5で，1990年代以降，

☆グローバル・バリューチェーン（GVC: Global Value Chain）：フラグメンテーションや国境を越えた生産ネットワークと表現しているものとほぼ同じ現象を捉えている。グローバル・サプライチェーンという表現もある。各工程が鎖のようにつながってモノやサービスを完成させていくプロセスがフラグメンテーションや生産ネットワークであり，それによって多国間の価値連鎖，グローバル・バリューチェーンが形成される。フラグメンテーションにおいて各サプライヤーが生産した中間財や完成財など，「モノの流れ」をより意識した表現がグローバル・サプライチェーンである。

▶図7-8 スマイルカーブ

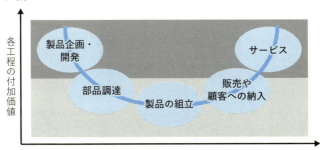

国内の製造業従事者数が大きく減少してきたことを示したが，製造業の生産額はほとんど減少しておらず，日本のGDPに占める製造業の割合も20%前後で推移している（内閣府「国民経済計算」より）。これは，日本国内の製造業生産が，労働者1人当たりの付加価値が高い工程にシフトしてきたことを示唆する。

日本は，依然として，高付加価値の工程や技術水準の高い中間財生産を担っているものの，韓国や台湾，中国などは急速に技術水準を向上させてきた。また，他のアジア諸国もより高付加価値の工程を担うべく，業務の多様化や高度化を進めている。

第3節　貿易自由化に向けた多国間の枠組み

3.1　GATT・WTOによる貿易自由化

世界の多くの国が経済成長を遂げ，経済のグローバル化が進んだ背景には，第2次世界大戦後に各国が貿易自由化を推進してきたことがある。1929年の世界大恐慌後，不況に苦しむ国内産業を保護する目的で各国が輸入品に高関税をかけるなど，保護主義の台頭が世界大戦を引き起こした原因の1つであった。こうした戦前の失敗への反省から，大戦後の1948年，自由貿易推進のため，関税及び貿易に関する一般協定（GATT：General Agreement on Tariffs and Trade）が発効した。

GATTにおいては，ラウンドと呼ばれる多国間交渉を通じて，貿易におけ

▶図 7-9　主要国の平均関税率の比較（2021 年，単位：％）

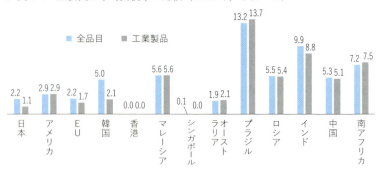

（注）　各国の関税率は，各品目の関税率の単純平均値である。
（出所）　World Bank, World Development Indicators をもとに筆者作成。

る差別的な待遇の解消や関税等の貿易障壁の引き下げが行われてきた。当初，欧米の 23 カ国が調印した協定であったが，日本も 1955 年から GATT に加盟し，貿易自由化のメリットを享受した国の 1 つである。日本は，1960 年代のケネディ・ラウンド，70 年代の東京ラウンドを通じて，段階的に工業品の関税を引き下げてきた。1986 年に始まったウルグアイ・ラウンドでは農産物の貿易自由化交渉が行われ，日本は牛肉やオレンジの輸入自由化に合意した。こうした貿易自由化交渉を経て，日本の輸入関税は非常に低くなっている。

　図 7-9 は，2021 年における関税率の国際比較であるが，日本の工業製品の平均関税率はアメリカや EU よりも低い水準である。しかし，国内の農畜産業を保護するため，一部の農産品（コメ，小麦，粗糖）や乳製品などの品目には高関税を課しており，全品目の平均関税率では EU と同じ水準で，オーストラリアよりも高くなっている。

　企業活動のグローバル化や技術進歩に伴い，ウルグアイ・ラウンドでは，財貿易の自由化だけではなく，直接投資やサービス貿易，知的財産権の保護など，新しい分野が交渉の対象に加えられた。こうした問題をより包括的に扱うため，ウルグアイ・ラウンド終了後の 1995 年に GATT は発展的に解消され，世界貿易機関（WTO）が誕生した。日本は WTO 発足時からの加盟国だが，「国際機関」となった WTO には，多くの発展途上国を含む 164 の国・地域が加盟している（2024 年 5 月現在）。

　WTO においては GATT の基本原則が受け継がれているが，それは，最恵国待遇☆と内国民待遇☆を柱とする互恵・無差別主義である。WTO に加盟する

と，これらの原則を適用する義務を負うが，自国の輸出品に対しても他の加盟国からこれらの待遇を受けられるというメリットがある。

WTO では，サービス貿易に関する一般協定（GATS：General Agreement on Trade in Services）や知的所有権の貿易関連の側面に関する協定（TRIPS 協定：Agreement on Trade-Related Aspects of Intellectual Property Rights）が締結されるなど，サービス貿易自由化や知的財産権の貿易に関わるルール作りを重視している。また，WTO は，貿易自由化を進める一方で，輸出国あるいは輸出企業による不公正な貿易行為に対し，条件付きで貿易保護措置を発動することも認めている。たとえば，ダンピングといって，ある国から他国へ輸出された商品が，輸入国内において，輸出国内よりも不当に安い価格で販売されている場合，輸入国は相殺関税（アンチ・ダンピング税）を賦課することができる。ある特定の商品の輸入が急増し，国内産業に重大な損害を与えるおそれがある場合，セーフガード（緊急輸入制限）を発動することも認められている。日本は，外国に対してアンチ・ダンピング措置を発動した件数は少ないが，外国（中国，アメリカ，インド，韓国など）から化学製品や鉄鋼に関してたびたびアンチ・ダンピング措置を発動されてきた。

自国の産業が外国からの輸入急増によって大きな被害を受けた場合にはこうした措置を発動できる，すなわち，貿易自由化の「逃げ道」を認めることによって，自由貿易推進への各国の協力を引き出してきた面もある。しかし，一方で，こうした措置が過度な国内産業保護につながるという批判や，各国間の貿易紛争を引き起こすこともある。

WTO では紛争解決機関（DSB：Dispute Settlement Body）を設けて，貿易に関する紛争解決手続きの強化，迅速化を進めてきた。ある加盟国が別の加盟国による差別的な貿易措置について WTO に提訴した場合，まず当事国同士で協議を行う。協議によって解決しない場合，パネルと呼ばれる小委員会が設置され，専門家による審議の結果，報告書が提出される。当事国がこの報告書の内

☆**最恵国待遇**（Most Favored Nation〔MFN〕treatment）：加盟国すべてに同じ利益を与え，特定国を差別しないこと。たとえば，ある加盟国が別の加盟国に対する関税を引き下げたら，他のすべての加盟国に対してもその低い関税を適用しなければならない。

☆**内国民待遇**（national treatment）：国内製品に与えられる便宜は，すべて輸入品にも与えるということ。たとえば，国内製造品と輸入品との間で，消費税率に差を設けたり，安全性に対する試験基準に差を設けたりすることは禁止されている。

容に不満がある場合は，常任の委員から構成される上級委員会に上訴できる。

WTO の紛争解決手続きは，「すべての加盟国が反対しないかぎり採択する」というネガティブ・コンセンサス方式により，迅速化が図られている。また，パネルの設置から報告書の採否までに期限を設けたり，上級委員会への上訴が可能になったりと，GATT 時代の紛争解決方法から大きな改革が行われた。その結果，紛争解決手続きの案件数は大幅に増加した。GATT のもとでの紛争案件数は年平均 6.8 件（1948～94 年の間に 314 件）であったが，WTO のもとでは年平均 23.3 件（1995～2021 年の間に 607 件）にのぼる。日本も，協定違反の可能性がある他国の貿易措置の是正を訴え，多くのケースで日本の主張が認められてきた。しかし，韓国による福島県など日本産水産物等の輸入規制の撤廃を申し立てた案件については，2019 年の WTO 上級委員会で日本の主張は退けられた。WTO 紛争解決制度は，加盟国から一定の信頼を得て効果的に機能してきた面もあるが，近年，上級委員会の裁定に不満を募らせたアメリカが委員の選任を拒否しており，上級委員会は 2019 年 12 月以降，審理を行えず機能不全に陥っている。

3.2　地域貿易協定の増大と日本の FTA

WTO の設立後は，2001 年から開始されたドーハ・ラウンドで貿易自由化交渉が進められてきた。しかし，多くの国が加盟する WTO では，先進国と途上国の利害が対立し，また，先進国同士でも農業輸出国と輸入国との間で主張に隔たりがあるなど，多国間交渉は難航した。ドーハ・ラウンドは交渉開始から 20 年以上を経ても妥結の糸口を見出せていない。

ドーハ・ラウンドの行き詰まりを背景に，2000 年代以降，日本を含む多くの国々が 2 国間や特定地域間の自由貿易協定（FTA）や地域貿易協定（RTA）☆を活発に締結してきた。日本は，2002 年にシンガポールとの経済連携協定☆を発効させたが，シンガポールとの間では農業分野の自由化がほとんど問題と

☆地域貿易協定（RTA：Regional Trade Agreement）：自由貿易協定（Free Trade Agreement：FTA）や関税同盟，共同市場など，特定地域内の貿易自由化を目指す協定の総称である。北米では，アメリカ，カナダ，メキシコの間で NAFTA（北米自由貿易協定）が 1994 年に発効し〔ただし NAFTA は 2017～18 年に再交渉が行われ，20 年に USMCA〔アメリカ・メキシコ・カナダ協定〕が発効〕，ヨーロッパでは 1993 年発効の EU（欧州連合）によって貿易自由化のみならず，通貨統合も進められた。

第7章 貿 易 **211**

▶表 7-9　日本の経済連携協定

	発効年月		発効年月
日・シンガポール	2002 年 11 月	日・ベトナム	2009 年 10 月
日・メキシコ	2005 年 4 月	日・インド	2011 年 8 月
日・マレーシア	2006 年 7 月	日・ペルー	2012 年 3 月
日・チリ	2007 年 9 月	日・オーストラリア	2015 年 1 月
日・タイ	2007 年 11 月	日・モンゴル	2016 年 6 月
日・インドネシア	2008 年 7 月	CPTPP（TPP11）	2018 年 12 月
日・ブルネイ	2008 年 7 月	日 EU	2019 年 2 月
日 ASEAN	2008 年 12 月から順次	日米貿易協定・日米デジタル貿易協定	2020 年 1 月
日・フィリピン	2008 年 12 月	日・英国	2021 年 1 月
日・スイス	2009 年 9 月	RCEP	2022 年 1 月

（出所）　外務省ウェブサイトをもとに筆者作成。

ならなかったために，比較的スムーズに交渉が進んだ。その後は，メキシコ，マレーシア，チリと次々と経済連携協定を発効させた（表 7-9）。近年は，貿易金額が大きいアメリカとの間で日米貿易協定を発効させ，さらに，CPTPP（環太平洋パートナーシップに関する包括的及び先進的な協定）や RCEP（地域的な包括的経済連携）など，多くの国・地域を含む広域の協定を発効させている。

　各国が FTA を結ぶと，締結国間の貿易障壁が小さくなり，締結国間の貿易が増える効果（貿易創出効果という）がある。たとえば，自国の輸入業者が A 国からある財を 1000 ドルで輸入して自国で販売しようとする際に，20% の関税が課せられていたならば，輸入業者は 200 ドルを関税として自国政府に納める必要がある。そのため，1200 ドルを下回る価格では自国市場で販売されない。もし，自国が A 国との間で FTA を結び，関税を撤廃すれば，関税を納入しなくてよい分，以前よりも安い価格で販売できる。価格が低下すれば，需要が増え，A 国からの輸入数量が増えることが期待される。関税を撤廃すれば，自国政府は関税収入を失うことにはなるが，関税収入の減少分よりも，市

☆経済連携協定（EPA：Economic Partnership Agreement）：物品やサービス貿易の自由化に加え，知的財産の保護や投資，政府調達，2 国間協力等を含めて締結される包括的な協定を指す。

場価格が低下して消費が増えることによる消費者の利益の方が大きいことが，理論的に示されている。

一方，FTA は，締結国からの輸入財とそれ以外の国からの輸入財とに異なる関税率を設定することになり，それによって発生する負の影響もある。1 つは，特定国と FTA を結んだことにより，これまで生産効率の高い別の国から輸入していたものが，FTA を締結した国からの輸入に置き換わるという貿易転換効果である。たとえば，ある財を A 国は 1000 ドルで生産できるが，B 国は 900 ドルで生産できるとする。自国が A 国と FTA を結ぶ前は，A 国からの輸入にも B 国からの輸入にも 20% の関税率が適用されていた。そのとき，関税を上乗せした価格は，A 国からの輸入の場合は 1200 ドル（＝1000×1.2），B 国からの輸入の場合は 1080 ドル（＝900×1.2）なので，自国はこの財を B 国から輸入する。しかし，自国が A 国と FTA を締結して A 国からの輸入関税を撤廃すると，A 国からの輸入品は関税なしの 1000 ドルとなり，関税込みの B 国の輸入品価格 1080 ドルよりも安くなる。結果的に，より生産効率が高い B 国からの輸入が，生産効率が低い A 国からの輸入に代替されるという非効率が生じる。さらに，関税のかからない A 国からの輸入に置き換わったことで，自国政府は関税収入を失うことにもなる。

もう 1 つの負の影響は，FTA による低関税率を適用するためには，煩雑な貿易手続きが必要で，その費用は決して低くはないということだ。輸入業者や輸出業者は，FTA 締結国で生産された財であることを判定する原産地規則を満たしていることを証明する書類を作成しなければならない。世界各国がさまざまな国・地域との間で異なる FTA を数多く締結してきたために，異なる原産地規則や制度・ルールが適用され複雑化して，こうした経済的費用が累積的に増加し，せっかくの協定税率が利用されないという問題も指摘されてきた。多くの異なる協定が複雑に絡み合い，FTA がその本来の有効性を発揮できなくなることは，スパゲッティ・ボウル現象などと呼ばれている。

3.3　FTA の広域化と米中対立

特定国間のみで FTA を結ぶという地域主義は，GATT・WTO の基本原則である最恵国待遇に抵触するが，「妥当な期間内」に域内で「実質上すべての貿易」について自由化するという GATT 第 24 条が規定する条件を満たせば，例外として認められる。地域主義は WTO の多国間主義には反するものの，まず

は可能なところから自由化を進めて徐々に協定参加国を増やし，より広域の協定を，さらには世界規模の協定を実現しようという考え方に基づくものだ。

FTA の負の影響をできるだけ最小化するには，規則の統一や手続きの簡素化とともに，FTA をより多くの国・地域が参加する広域な協定に広げていく必要がある。日本も，広域連携の実現に向けた努力を進めてきた。その 1 つが，2013 年 3 月に当時の安倍首相が参加を表明し，2016 年 2 月に 12 カ国で署名された TPP（環太平洋パートナーシップ協定）である。TPP は，2005 年にブルネイ，チリ，ニュージーランド，シンガポールによって署名された環太平洋戦略的経済連携協定（TPSEP または P4）の拡大として始まった協定である。2009 年にアメリカが交渉参加を表明し，続いてオーストラリア，ペルー，ベトナムなどが交渉に参加した。当初，アメリカが TPP の交渉を主導し，関税撤廃やサービス貿易自由化にとどまらず，政府調達，知的財産権，競争政策，さらに環境，労働など，きわめて高度で包括的な FTA を目指した。当面は中国抜きで TPP 交渉を締結することで，アメリカ主導の中国包囲網を形成し，最終的には中国に参加条件として TPP のルール遵守を迫るというのが，アメリカのシナリオであった。

しかし，2017 年 1 月，トランプ大統領就任直後にアメリカが TPP から離脱し，TPP は発効に至っていない。代わりに日本が主導して，アメリカ以外の 11 カ国による CPTPP（TPP11 ともいう）が 2018 年 12 月に発効した。アメリカの離脱によって，CPTPP がカバーする経済規模は当初の TPP よりもかなり小さくなってしまったが，太平洋を挟む広い地域で高い水準の FTA が誕生したことは，地域の通商秩序の形成に大きな意義を持つ。CPTPP の発効後，EU から離脱したイギリスが CPTPP への加入を申請し，2023 年 7 月に正式に加入が決定した。2021 年 9 月には中国と台湾が加入を申請し，その後，エクアドル，コスタリカ，ウルグアイ，ウクライナと相次いで加入申請している（2024 年 8 月現在）。CPTPP がカバーする経済圏が拡大するほど，そこから得られる経済的メリットが大きくなると期待される。

もう 1 つ，日本が推進してきた広域連携が RCEP である。RCEP は，2012 年 11 月に ASEAN10 カ国とその FTA パートナーである 6 カ国が参加して交渉の立ち上げが宣言されたものだ。妥結へ向けた交渉が続けられていたところ，2017 年に誕生したトランプ政権下で米中貿易摩擦が激化し，さらに 20 年の新型コロナウイルスの世界的流行など，グローバリズムには逆風となる出

来事が相次いだ。しかし，2020年11月のRCEP首脳会議において，東アジア15カ国（インドは2019年に交渉から離脱）によって署名され，2022年1月1日に日本を含む10カ国で発効した。

RCEPにはアメリカは参加しておらず，また，CPTPPと比べて自由化水準が低い点は否めない。しかし，世界の成長センターである東アジアで，日中韓の3カ国を含む初のメガFTAが実現した意義は大きい。東アジアのサプライチェーンの大部分をカバーするメガFTAのもとで，自由度の高い統一されたルールが採用されれば，サプライチェーンの効率性がさらに向上して生産が拡大し，経済成長が加速すると期待される。また，メガFTAの誕生は，参加しないデメリットが大きくなるため，未参加国にFTAへの参加が促され，長期的にはRCEPがさらに広域化していく可能性もある。

しかし，広域の貿易自由化や経済連携が進む一方で，米中の貿易摩擦や政治的・イデオロギー的対立が激化し，米中対立が日本や他のアジア諸国の経済にも影響を与えることが懸念されている。アメリカは2018年から対中追加関税措置を相次いで発動した。その背景には，アメリカが中国に対して巨額の貿易赤字を抱えていること，そして通信技術や半導体などハイテク分野において中国が急速に技術力を向上させ，アメリカの技術覇権を脅かす存在になりつつあることなどがあげられる。2021年にバイデン政権に代わった後も，米中対立は改善せず，人権侵害や強制労働を理由とした中国製品の輸入規制や，中国への技術流出を防ぐための対中投資規制を強化している。とくに半導体や情報通信機器などハイテク製品分野を中心に，米中経済を分断するデカップリングが進むことが懸念されている。

米中対立の顕在化から5年が経った2023年に入ると，米中間の貿易は顕著に減少した。アメリカ商務省が2024年2月7日に発表した貿易統計によると，2023年の米中貿易額は前年から大幅に減少し，2023年のアメリカの貿易総額に占める中国の割合は11.3％で，2005年以来18年ぶりの低水準となったという。アメリカ市場において，中国からの輸入の一部は，ベトナムや台湾，インド，韓国など，中国と競合する国・地域からの輸入に代替されている。日系企業を含む多くの多国籍企業は，アメリカによる対中貿易障壁を避けるために，生産拠点を中国以外の国に移し始めており，東アジアの国際生産ネットワークや域内貿易パターンも今後変容していくかもしれない。

米中対立が激化するなかで，2021年9月には，アメリカが参加していない

CPTPP に中国が加入申請した。さらに，アメリカは参加していないが中国が参加する RCEP が 2022 年に発効するなど，アジア太平洋地域の経済連携において中国が影響力を拡大しつつある。こうした中国の動きに対抗し，2022年 5 月にはアメリカが主導して，インド太平洋経済枠組み（IPEF）を発足させるなど，日本やアジアを取り巻く政治経済状況は変化を続けている。これら3 つのすべての協定や枠組みに参加している日本は，これらの枠組みを通じて各国と粘り強く対話を重ね，貿易・投資の自由化と国際協力の推進に向けて中心的な役割を果たしていくことが期待される。

本章のまとめ

　本章では，まず，日本の近年の貿易構造を概観し，貿易構造を決める要因について説明した。各国がどの産業の財を輸出し，どの産業の財を輸入するかは，相対的な技術水準の違いや生産要素の賦存量の違いによって説明できる。ただし，これらの要因だけでは説明できない，産業内貿易や企業内貿易と呼ばれる貿易パターンもあり，これらの貿易が増加した背景には，日本企業が海外に直接投資をして，海外での生産・販売活動を拡大してきたことがある。

　日本企業は 1980 年代以降，アジア諸国に多く進出し，これらの国・地域での生産を拡大してきた。1990 年代に入ると，貿易自由化の進展や ICT の進歩を背景に，生産工程を国際的に分散配置する工程間分業（フラグメンテーションという）がアジア域内で顕著に見られるようになってきた。多くの日本企業がフラグメンテーションの担い手となり，アジア地域の国際的な生産ネットワークの拡大に貢献してきた。フラグメンテーションにおいては，各工程を最も低コストで生産できる国に配置することにより，大幅な生産コストの低下も実現した。たとえば，スマートフォンやパソコン，アパレルなど，安価で高性能の財を大量に消費できるようになったことによって，消費者はきわめて大きな利益を得た。

　フラグメンテーションを促進した要因の 1 つが貿易自由化の進展だが，1995 年には WTO が発足し，多国間の貿易自由化交渉や通商ルールの策定が進められてきた。しかし，途上国を含む多くの国が加盟する WTO での交渉は，国家間の利害対立により妥結できない状態にある。WTO の交渉停滞を受けて，世界各国は 2 国間や特定地域間の FTA や RTA を活発に締結するようになった。日本でも 2002 年に発効したシンガポールとの EPA を皮切りに，2022 年までに 20 の協定が発効した。

　2010 年代半ば以降は，米中貿易摩擦の激化や新型コロナウイルスのパンデミックなどグローバル化には逆風となる出来事が相次いだが，日本が主導して CPTPPや RCEP など広域の FTA を発効させた。アジアにおける中国の影響力の拡大や米

216 第Ⅰ部 基礎編

中対立など，世界の政治経済環境は変化を続けているが，貿易・投資の自由化や国際協力の推進に向けて日本は重要な役割を担っている。

▶練習問題

1 近年の日本の貿易構造の特徴を簡単に説明せよ。

2 日本の対外直接投資による生産ネットワークの拡大と産業内貿易の増大について，簡単に説明せよ。

3 経済産業省が毎年公表している『不公正貿易報告書』から，どのような国がアンチ・ダンピング措置やセーフガードを多く発動しているか，また日本の発動件数はいくつかを調べてみよ。

4 FTA の長所・短所と，アジア太平洋地域で近年誕生した広域 FTA の意義を簡単に説明せよ。

(解答はウェブサポートページに掲載)

▶参考文献

① 石川城太・椋寛・菊地徹［2013］『国際経済学をつかむ（第 2 版）』有斐閣。

② 阿部顕三・寶多康弘［2023］『グラフィック国際経済学』新世社。

③ 伊藤恵子・伊藤匡・小森谷徳純［2022］『国際経済学 15 講』新世社。

④ 浦田秀次郎・小川英治・澤田康幸［2022］『はじめて学ぶ国際経済（新版）』有斐閣。

⑤ 伊藤萬里・田中鮎夢［2023］『現実からまなぶ国際経済学』有斐閣。

⑥ 大野健一・桜井宏二郎・伊藤恵子・大橋英夫［2024］『新・東アジアの開発経済学』有斐閣。

⑦ 木村福成・大久保敏弘・安藤光代・松浦寿幸・早川和伸［2016］『東アジア生産ネットワークと経済統合』慶應義塾大学出版会。

⑧ 猪俣哲史［2019］『グローバル・バリューチェーン──新・南北問題へのまなざし』日本経済新聞出版社。

⑨ 日本貿易振興機構（JETRO）『ジェトロ世界貿易投資報告』（各年版）。

⑩ 経済産業省『通商白書』（各年版）。

⑪ 経済産業省『不公正貿易報告書』（各年版）。

貿易や為替，国際収支の基礎を学習するための国際経済学の入門教科書として，①～④などがあり，⑤は基礎から応用分野までをカバーする。貿易構造の決定要因（1.3），直接投資の経済効果（2.2），貿易自由化の効果（第 3 節）などの理論的な解説については，①～③と⑤を参照されたい。多国籍企業やグローバル・バリューチェーン（第 2 節）については③に入門的解説があり，より深い学習には⑦や⑧を参照されたい。⑥は，東アジアと日本との経済関係（第 1 節，2.3）や東アジア地域における貿易自由化の進展や FTA の増大（3.2）を解説している。日本や世界の貿易に関する現状や動向については，⑨や⑩の統計資料や解説が参考になる。また，アンチ・ダンピングやセーフガードなどの貿易制限措置については，⑪で詳しく解説されている。

第Ⅱ部
発展編

第8章

日本経済の歩み1

高度成長，バブル経済，長期不況

第1次石油ショック時のトイレットペーパーの買いあさりパニック
(写真提供：毎日新聞社/時事通信フォト)

本章で学ぶこと

　本章では，戦後日本経済を概観する。日本経済が歴史的連続性を持っている以上，過去を学ぶことを通して現在の経済の仕組みや経済運営がどのような意図を持って，どのようにして出来上がり，そしてどのような機能と欠陥を持っているかを，より深く理解できるためである。

　第1節では，戦後日本経済の推移を概観した後，1950年代後半から60年代にかけて平均10%という高い経済成長を記録した高度成長期を支えた要因を解説する。高度成長との比較を通じて，1970年代以降の低成長期の背景も考察する。

　第2節では，インフレーションとデフレーションに注目して戦後日本経済を概観する。2022年以降，近年の日本経済では久々のインフレを経験した。1973年秋の第1次石油ショックをきっかけとしたスタグフレーション，85年のプラザ合意時とバブル崩壊後の90年代以降の物価動向の違いなどを通じて，現在のインフレを考えるヒントを探る。第3節では，円ドルレートに注目して戦後日本経済を概観する。やはり2022年以降進んできた円安ドル高を考察するヒントとなろう。

　第4節では，1980年代後半のバブル経済の特徴とその要因を解説する。金融政策との関連などを学ぶとともに，バブル崩壊後の日本経済で各種の景気対策が効果を持てなかった背景を考える。第5節では，バブル崩壊過程で日本経済の重荷となった不良債権問題に焦点を当てる。持株会社の解禁から加速した金融機関の再編にも触れる。

第1節　戦後日本経済における経済成長

図8-1は実質GNP（Gross National Product：国民総生産。1980年以降は国民総所得〔GNI：Gross National Income〕）を用いて戦後日本の経済規模の推移を示したものである。縦軸の目盛りは実質GNPの対数値を用いているため、グラフの傾きが、実質GNPの変化率（経済成長率）になる。経済規模を測る代表的な指標は国内総生産（GDP）であるが、GDPが代表的な指標になったのは1990年代以降であるため、GNPを用いた。

この図から、戦後の日本経済の推移について3点の特徴がうかがえる。

第1に、終戦後に半分近くに落ち込んだ経済規模は1950年代初頭には戦前水準（1934〜36年平均）を回復し、53年には戦前のピーク水準（1938年）を上回った（破線）。1955年頃にはその他の主要な経済指標でも戦前水準を回復し、56年度の『経済白書』では有名な「もはや『戦後』ではない」というフレーズが登場する。

第2に、終戦後から1970年代初頭までグラフの傾き（経済成長率）はほぼ変

▶図8-1　日本の実質GNPの長期推移（1946年＝1）

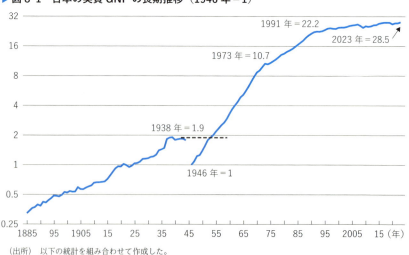

（出所）以下の統計を組み合わせて作成した。
1885〜1930年：『長期経済統計』（大川一司・篠原三代平・梅村又次監修、東洋経済新報社）
1931〜1955年：「日本の長期統計系列」（総務省統計局）
1956〜1980年：「国民経済計算（68SNA・1990年基準）」（内閣府）
1981〜2013年：「国民経済計算（08SNA・2015年基準）」（内閣府）

わらず，戦前と比べて高かったことである。1956 年度の『経済白書』ではその後の高成長の持続に対する懸念を表明したが，現実の日本経済は 1970 年代初頭まで高度成長期を迎える。この間，1954 年 11 月を谷として始まった神武景気から，岩戸景気，オリンピック景気，いざなぎ景気と 4 つの景気拡大を経験した。

　第 3 に，グラフの傾きは 1970 年代初頭と 90 年代初頭の 2 度，大きく屈折し，傾きが小さく，つまり経済成長率が低下していったことである。1970 年代初頭には「日本列島改造論」ブーム，80 年代後半にはバブル景気，そして 90 年代にはその崩壊を経験した。

　本節はこれら戦後日本経済における経済成長の中で，高度成長期を中心に扱う。バブル景気とその崩壊については本章第 4 節および第 5 節で扱う。2010 年代以降のいわゆる「アベノミクス」については第 9 章第 1 節で扱う。

1.1　高度成長期とそれを支えた諸要因

　1956～70 年の日本の平均成長率は約 10％ で，15 年間で実質 GDP は 4 倍近くに拡大した。前述したように，この間，4 つの景気循環を経験し，その名前の多くが日本の神話に由来してつけられた。4 つの景気循環は，高度成長の終わりに近づくと拡張期間が長くなり，1960 年代後半のいざなぎ景気（1965 年 11 月～70 年 7 月）は 2000 年代初めまで長らく戦後最長の地位を維持していた。高度成長の要因は需要面，供給面の両面から説明できる。

1.1.1　需　要　面

　実質 GDP 成長率の寄与度分解を見ると高度成長期の経済成長は 3 つの特徴が確認できる（図 8-2）。第 1 に，民間消費（民間最終消費支出）は一貫して経済成長を 5～6％ 押し上げている。第 2 に，景気拡大期は民間投資（民間住宅投資，民間企業設備投資，民間在庫変動の合計）の経済成長への押し上げ寄与が高かった。こうした国内需要が主導して高度成長が達成されたため，輸出（財貨・サービスの輸出）の寄与度はいざなぎ景気の末期までさほど大きくなかった。第 3 に，高度成長期で相対的に景気拡張期間が短かったオリンピック景気（1962 年 11 月～64 年 10 月）を含む 1960 年代前半は政府支出（政府最終消費支出，公的固定資本形成，公的在庫変動）の寄与が高まった。

　民間消費の堅調な拡大の一因になったのは，集団就職などに伴う地方から都会への人口移動である。伝統的に 3 世代が同居していた地方の農村から，後

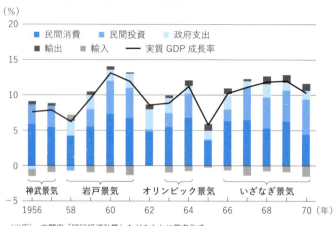

▶図 8-2　実質 GDP 成長率の寄与度分解（1956〜70 年）

（出所）　内閣府「国民経済計算」などをもとに筆者作成。

継ぎにならない次男などが都会に出て就職した。当初は 1 人暮らしをし，その後は結婚して核家族が増えていった。この時期，日本の総人口の伸びは 1% 程度で推移していたが，世帯数は 3〜4% と大きく伸び，新製品の登場もあいまって耐久消費財の需要を高めることになった。1950 年代後半には三種の神器（白黒テレビ，洗濯機，冷蔵庫），60 年代後半の 3C（自動車，カラーテレビ，クーラー）が人気を集めた。

さらに，1950 年代初頭から海外の先端技術の導入などにより盛んになってきた民間投資によって，耐久消費財の生産コストが低下し，価格が下がることで普及も進んだ。また，耐久消費財は所得弾力性の高い財であったため，経済成長による所得向上のテンポを上回る勢いで需要が拡大していった。それがさらなる設備投資につながった。

1.1.2　供　給　面

長期的な経済成長のためには需要をまかなうだけの供給力の拡大が必要である。生産要素である労働力や資本が増加するか，生産技術が向上するかが必要であるが，それぞれの経済成長への貢献度合いを示したのが表 8-1 である。平均 10.2% の高度成長の内訳を見ると，労働力の寄与が 1.5%，資本が 4.8%。全要素生産性が 3.9% である。このうち，高度成長期における資本の寄与の大きさは，前述した設備投資ブームの結果ともいえる。

労働の寄与については，労働力人口の伸びだけでなく，高等教育への進学率

▶表 8-1　成長要因の分析（単位：％）

	高度成長期（1955〜70 年）				低成長期（1970〜79 年）	
		55〜60	60〜65	65〜70	70〜75	75〜79
実質経済成長率	10.2	8.7	9.7	12.2	5.4	5.1	5.9
労働力	1.5	2.4	0.8	1.3	0.6	−0.3	1.5
資本	4.8	4.0	5.3	5.4	2.9	3.7	1.9
全要素生産性	3.9	2.3	2.4	5.5	1.9	1.7	2.5

（出所）香西［2001］。

が高まり，労働の質が高まったことも一因である。実際，文部科学省「学校基本調査」によれば，高度成長が始まった 1955 年には中学卒業者の 42％ が就職していたが，70 年には 16％ まで低下し，代わりに高校進学率が上昇した。

全要素生産性は，労働，資本以外の成長要因をまとめて，すべての生産要素に影響を与え，経済全体の生産効率を引き上げるものである（第 1 章 3.1.3 も参照）。技術進歩によって高まるとされ，設備投資が，規模の経済性が高い製造業に集中したことも全要素生産性の高まりに寄与した。

前述したとおり，高度成長期には地方から大都市圏への人口移動が進んだが，生産性の低い農業部門から生産性の高い製造業への労働力のシフトを生み，それが日本経済全体の生産性向上につながった。また，大都市圏に人口が集積し，大消費地に隣接し良好な港湾を有する太平洋ベルト地帯に石油化学などの重化学工業の立地が進んだことで規模の経済が働いたことも全要素生産性の向上につながったと考えられる。

さらに，全要素生産性を高めるには，道路，港湾設備などの生産インフラが徐々に拡充されていることも重要であるが，この整備については，その資金調達方法として財政投融資制度☆が中核的役割を果たした。

1.1.3　政策面のバックアップ

高度経済成長は政策面でのバックアップもあった。代表的なものが，人為的低金利政策と保護貿易政策である。

人為的低金利政策においては，政府は第 1 に規制金利体系を維持した。す

☆財政投融資制度：財政政策のうち，民間では事業の実施または資金の調達が困難な場合に，租税によらず，有償資金の活用が適切な分野について，投資や融資という手法を用いる仕組み。

なわち，大蔵省（当時）・日本銀行がまず公定歩合（民間銀行が日本銀行から資金を借り入れる際の金利）を定め，その公定歩合に一定率を上乗せして預金金利を決める。銀行はその預金金利にさらに一定率を上乗せして企業への貸出金利を決めるという仕組みである。こうしておけば，民間銀行は日銀借入と預金を通して低利で資金を集め，それを旺盛な資金需要を持つ企業に対して貸付しても十分な利益を確保できる。しかも，家計所得増加などを背景に家計の貯蓄意欲が衰えることはなかった。第2に，国内金融市場と海外市場を分断することで，国内貯蓄を確実に国内企業の投資資金に振り向けるようにした。

貿易政策はとくに製造業の規模拡大を助けたといわれている。具体的には，政府は，①関税および海外直接投資制限などの保護貿易手段と，②為替管理を軸とした製造業保護政策を実施した。円を外貨に交換する取引を厳しく制限することで，輸出で獲得した外貨を加工貿易に必要な原材料の輸入や，新技術の導入資金に優先的に利用できるようにした。

1.2 構造変化の進展と高度成長の陰り

高度成長の過程では産業の構造変化，海外からの自由化圧力，成長の歪みとも呼ぶべき状況が生まれてきた。

高度成長において第1次産業（農林水産業）で働く人の割合が下がり，第2次産業，第3次産業へ雇用はシフトした。この第3次産業において高度成長期に起きたのが「流通革命」である。多品種・薄利多売をモットーとする大手スーパーが続々と誕生した（ダイエー，イトーヨーカ堂など）。

石炭から石油へのエネルギー源のシフトも進んだ。石炭は1955年には1次エネルギー供給源の約5割のシェアを誇っていた。しかし，安価で使い勝手のよい石油へエネルギー源がシフトし，1970年には石炭のシェアは1割まで低下し，石油（LNGを含む）のシェアは7割まで高まった。安価な輸入原油を安定的に活用できたことは高度成長の一因となった。

日本の高度成長にとって，アメリカが自由貿易を標榜し，外国企業の参入を許容していたことの意味は大きい。とくに日本の製造業はアメリカ市場での販売を伸ばすことによって生産面での規模の経済性を高めたことにより，投資収益率が押し上げられた。しかし，日本の経済規模が拡大するなかで，1960年代前半に貿易自由化が進んだ。1963年にはGATT 11条国☆へ移行し，国際収支上の理由で輸入制限のできない国になった。1964年にはIMF8条国☆へ移

行し，経常取引についての為替管理を行わない国になるとともに OECD 加盟を実現した。ただし，工作機械，自動車などの主力輸出品の国際競争力が高まり，貿易自由化を乗り切ることができた。

対応に苦慮したのが 1960 年代後半から強まってきた資本自由化圧力である。外資による買収を恐れた国内企業は，戦後まもなくの財閥解体政策によって分割された企業同士の合併を模索したが，王子製紙系 3 社（王子製紙，十條製紙，本州製紙）の合併は実現できなかった。一方，八幡製鐵と富士製鐵は 1970 年 3 月に合併し，新日本製鐵が誕生した。

工場からの排気，排水などによる公害問題が多数発生したのは，高度成長のひずみともいえる。しかし，公害対策基本法が制定された 1967 年まで，企業も政府も十分な対策をせず，水俣病など多くの被害が発生してしまった。

1.3　2つのショックを経て低成長期へ

およそ 5 年間続いたいざなぎ景気は 1970 年に入ると山をつける。1970 年代前半の日本経済は，71 年 8 月のニクソン・ショック，73 年秋の第 1 次石油ショックと国際経済危機が続き，インフレ率の急上昇もあり成長率も乱高下した（詳しくは第 2 節）。1974 年の実質 GDP 成長率は戦後初のマイナスを記録した。

その後の 1980 年代後半のバブル景気までの 15 年間（1971〜85 年）の平均成長率は 4% と，高度成長期の半分以下となった。

1.3.1　低成長期の背景

高度成長期と同様に実質 GDP 成長率の寄与度分解を確認すると，第 1 に民間投資の押し上げの小ささが目立つ（図 8-3）。第 2 は，成長率に対する輸出の寄与が高まっていることである。民間消費のプラス寄与が高度成長期の半分程度になり国内需要が低迷するなかで，経済成長の輸出依存度（成長率に対する輸出の寄与度）も高まっていった。第 3 に 1970 年代後半には政府支出の寄与が高まった一方で，80 年代前半はその寄与がかなり小さくなった。

☆ **GATT 11 条国**：輸出入に関して関税および課徴金以外の数量制限をとってはならないとする GATT 11 条の規定が適用される国。

☆ **IMF 8 条国**：経常取引を制限しないこと，差別的通貨措置をとらないこと，他の加盟国の保有する自国通貨に交換性を付与することなど，IMF 協定 8 条に規定する加盟国の一般的義務の履行を受託した国。

▶図8-3　実質GDP成長率の寄与度分解（1971〜85年）

（出所）内閣府「国民経済計算」などをもとに筆者作成。

　こうした需要面の変化の背景は企業の減量経営である。雇用人員の圧縮，金融機関からの借入抑制，設備投資抑制などを進めた。1970年までに日本のキャッチアップが終わったことも設備投資の伸びの鈍化につながった。高度成長期までのように欧米の技術を導入しても生産性が顕著に上昇せず，新技術の独自開発はリスクが高かった。さらに，政府が公害対策関連事業を強化したことに伴い，民間部門でも同様の支出が拡大し，生産性を犠牲にしても社会的責任を取り始めた。

　一方，成長会計を用いて供給面に注目すると，労働，資本，全要素生産性のそれぞれの寄与が高度成長期のほぼ半分となった。労働要因としては，労働力人口の伸びの鈍化，労働時間の短縮もさることながら，高校進学率の上昇に代表される教育水準の向上ペースが鈍化したことも大きい。資本要因は設備投資の鈍化が響いた。

　全要素生産性の寄与が低下したのは，①規模の経済性による成長循環が止まったこと，②高度成長期のような生産性の低い農業部門から生産性の高い製造業への大量の労働移動が止まったこと，③政府の公共投資が生産最優先型から生活関連投資へ重点が移ったこと，などが原因と考えられる。

1.3.2　輸出依存の高まりと貿易摩擦，プラザ合意

　国内需要が低迷するなか，日本経済の頼みの綱は輸出となる。企業は，石油依存率を低下させるような生産方法や省エネ型技術の開発に努めた。そのプロ

セスで「カンバン方式」や「カイゼン」などの，後に外国企業も取り入れるようになった日本的経営・生産方式が開発されていった。これらが，日本製品の国際競争力を向上させ，輸出拡大に貢献した。

また，1979年の第2次石油ショックに対しては，日本では労使がきわめて協調的な賃金交渉を進め，賃金上昇率をインフレ率以下に抑えることに成功した。1940年体制の残滓ともいえる企業別労働組合が，労使協調とインフレ抑制に役立ったという指摘もある（野口 [2010]）。こうした日本の状況は，1980年代前半に高インフレに悩み，高金利政策でその沈静化を図ろうとしていたアメリカと対照的であった。日米の金利差が拡大するなかで円と米ドルの交換レート（円ドルレート）は円安ドル高に転じ，日本製品の輸出拡大に寄与した。日本の貿易収支は1981年以来，2011年に赤字に転じるまで30年近くも黒字を記録する。ただし，継続的な貿易摩擦を伴うことになる（詳しくは第7章参照）。そして，プラザ合意による急激な円高・ドル安につながっていく（第3節参照）。

1.3.3　財政再建路線の強まり，金融自由化・国際化の進展

1980年代以降，日本の政府支出は抑制傾向となり，プラザ合意に伴う円高不況では金融政策が中心となった。

その一因は1970年代後半からの政府支出の拡大であった。当時，相対的に経済のパフォーマンスがよかった日本と西ドイツ（当時）にも，第1次石油ショック以降の世界経済の牽引役に加わってほしいという機関車論の強まりからである。こうした政府支出をまかなったのは国債発行による資金調達である。高度成長期の1966年度から建設国債の発行が始まっていたが，75年度には赤字国債（特例国債）も発行が始まった（第5章参照）。度重なる景気対策などにより，1978年度には国債残高が名目GNPの20%に達し，財政再建の必要性が意識されるようになった。

2つのコクサイ化とも呼ばれる金融自由化・国際化の進展に，日本の金融システムがうまく対応できなかったことは，後のバブルを生み出す遠因にもなったと考えられる（第6章参照）。

第2節　戦後日本経済におけるインフレとデフレ

「消費者物価指数」（総務省統計局）の総合指数の前年比上昇率で表した日本

▶図 8-4　消費者物価（持家の帰属家賃を除く総合）上昇率の長期推移

（出所）総務省統計局「消費者物価指数」長期時系列データをもとに筆者作成。

のインフレ率は，2023 年に 3.2%，長期間さかのぼれる持家の帰属家賃を除く総合指数では 3.8% となった（図 8-4）。消費税率引き上げの影響を除き，インフレ率が 3% を超えたのは 1991 年以来，32 年ぶりである。財のインフレ率は 4.6% と 2022 年の 5.5% に比べて縮小したが，サービスのインフレ率が 1.8% と 22 年のマイナス 0.5% から上昇に転じた。サービスのインフレ率は，1997 年の 2% 以来の高さであるが，97 年は消費税率が 5% へ引き上げられた影響が含まれている。それを除くと，1994 年の 1.8% 以来の高さである。「失われた 30 年」とも呼ばれ，物価の継続的な下落に悩まされてきた日本経済が，いよいよデフレ経済を脱却するのであろうか。

2.1　インフレは輸入物価の上昇をきっかけに

　2022 年から 23 年にかけてのインフレ率の上昇のきっかけは輸入物価の上昇であった。「企業物価指数」（日本銀行）の輸入物価指数（円ベース）の前年比上昇率は，資源価格の上昇や円安の進行などを背景に 2021 年（21.6%），22 年（39.1%）と高まった。2022 年の上昇率は，現行指数でさかのぼれる 1971 年以降で 3 番目の高さである。

　輸入物価上昇率が最も高かったのは，第 1 次石油ショックの翌年の 1974 年

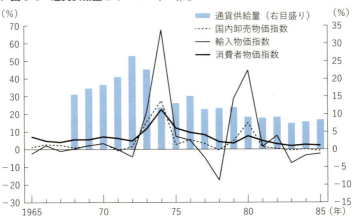

▶図8-5 通貨供給量とインフレ率の推移

（出所）通貨供給量は「マネーサプライ統計」（日本銀行）のM2＋CD。消費者物価指数は「戦前基準5大費目指数（東京都区部）」（総務省統計局）の持ち家の帰属家賃を除く総合。

（67.6％）であった。1973年10月に勃発した第4次中東戦争の影響で、OPEC☆（石油輸出国機構）加盟国が原油価格を一挙に引き上げたためだ。

当時の日本は、1971年8月のニクソン・ショック（第3節参照）をきっかけに強まっていた円高圧力に対抗するため、大型の景気対策と金融緩和を実施していた。1972年7月に首相に就任した田中角栄は、60年代までの高度成長の恩恵を全国にあまねく浸透させるため、日本列島の各地で大規模公共事業を展開する計画を打ち出した（「日本列島改造論」）。1973年は福祉元年と呼ばれ、年金・健康保険給付の大幅拡大が実施された。

一連の政策は通貨供給量を拡大させたが、その最中に第1次石油ショックが勃発した（図8-5）。戦後復興期（2.4参照）のように通貨供給量の拡大はインフレに結びつきやすい。企業は輸入原材料など生産要素価格急騰の一部を消費者に価格転嫁せざるをえなかったが、労働者は生活防衛のために賃上げを要求した。これが生産要素価格のさらなる上昇につながり、日本経済は生産コス

☆ OPEC（Organization of Petroleum Exporting Countries）：アメリカ、イギリス、フランスなどの国際石油資本の原油価格引き下げ攻勢に公示価格の値上げをもって対抗するため、1960年、イラク、クウェート、サウジアラビア、イラン、ベネズエラの5大石油産出国が結んだ機構。その後、リビア、アラブ首長国連邦、アルジェリア、ナイジェリア、ガボンが加盟。1973年の第1次石油ショックと79年の第2次石油ショックを主導した。

230　第Ⅱ部　発　展　編

ト増と物価上昇のスパイラル現象が起こりかけた。1974 年の消費者物価（総合）の上昇率は 23.2%（財は 26.7%，サービスは 16.3%）と現行統計でさかのぼれる 71 年以降で最大の伸びとなった（持家の帰属家賃を除く総合では 24.5%）。政府は金融政策，財政政策の引き締めに転じ，1974 年の実質 GDP 成長率は戦後初のマイナス成長を記録したが，物価はなかなか沈静化せず，日本経済はインフレと不況，失業率上昇が同居するスタグフレーション☆状態に陥った。

　輸入物価上昇率が 2 番目に高かったのは第 2 次石油ショックの翌年の 1980 年（44.8%）であった。しかし，このとき，日本では労使がきわめて協調的な賃金交渉を進め，賃金上昇率をインフレ率以下に抑えることに成功した。1980 年の消費者物価（総合）の上昇率は 7.7%（財は 8.8%，サービスは 7.8%），持家の帰属家賃を除く総合では 8% と第 1 次石油ショック時と比べると低い伸びにとどまった。

2.2　プラザ合意時とバブル崩壊後で異なった為替レートや輸入物価変動の影響

　輸入物価下落率が最大となったのは 1986 年（マイナス 35.8%）であった。1985 年のプラザ合意を契機として，急速に円高ドル安が進行したことなどが物価下落につながった（3.3 参照）。1986〜87 年の財の消費者物価上昇率は 71 年以降で初めてマイナス（86 年はマイナス 0.6%，87 年はマイナス 1.4%）となったが，消費者物価（総合）上昇率はマイナスにならなかった（86 年は 0.6%，87 年は 0.1%）。サービスの消費者物価上昇率がプラスを維持したためである。持家の帰属家賃を除く総合は 1987 年にマイナス 0.2% とわずかなマイナスとなった。

　これと対照的なのが，バブル崩壊後である。財の消費者物価上昇率は 1994 年からマイナスになる年が多くなった（2011 年までの 18 年間でマイナスの年は 12 回）。円高などを背景に輸入物価が下落したことなどを反映したためだが，消費者物価（総合）上昇率もマイナスになることが多くなり，1999 年以降は，財がマイナスの年は総合指数もマイナスとなった。サービスの消費者物価上昇率がゼロ近傍で推移したためである。

☆スタグフレーション（stagflation）：景気後退下の物価水準の上昇。スタグネーション（停滞）とインフレーションとの合成語。1970 年代に入ってから生産の停滞や失業率の上昇にもかかわらず物価の高騰が続く傾向が見られた。この新しい現象に対するイギリスの元蔵相マクラウドの造語。

▶図 8-6　GDP デフレーターの前年比上昇率の要因分解

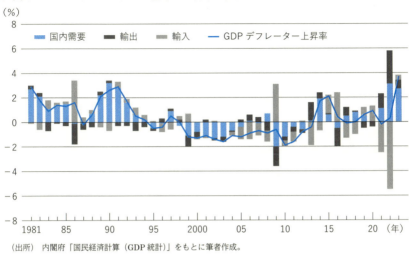

（出所）　内閣府「国民経済計算（GDP 統計）」をもとに筆者作成。

逆に，2004〜08 年は中国経済の高成長や資源価格の高騰を背景に輸入物価が上昇を続けたが，消費者物価（総合）上昇率は 2008 年にようやく 1.4% まで高まったにすぎない。輸入物価の下落は財価格の下落に直結し，輸入物価の上昇は十分に財価格に転嫁できないというデフレ経済を反映したものといえる。

バブル崩壊後の価格転嫁の弱さは GDP デフレーター変動率の要因分解☆にも表れている（図 8-6）。GDP デフレーター上昇率は 1999 年から 2013 年にかけて 14 年連続でマイナスとなったが，2005 年から 2008 年にかけては輸入デフレーターの上昇（GDP デフレーター変動率にはマイナス寄与）が，消費者物価や国内企業物価の動きを総合した国内需要デフレーターの上昇に結びつかず，GDP デフレーターが下落している。こうした価格転嫁の弱さが企業収益や賃金の下押し圧力となった。

一方，2021，22 年は輸入デフレーターの上昇に応じて，国内需要，輸出デ

☆ GDP デフレーター変動率の要因分解：GDP デフレーター変動率は，名目 GDP 成長率から実質 GDP 成長率を差し引いたものとして近似できる。また，名目，実質の GDP 成長率は国内需要，輸出，輸入の寄与度に分解できる。以上を利用して，GDP デフレーター変動率を国内需要デフレーター，輸出デフレーター，輸入デフレーターのそれぞれの変動率の寄与に分解した。なお，輸入デフレーターは上昇（下落）が，GDP デフレーターにマイナス（プラス）寄与する。

232　第Ⅱ部　発展編

フレーターが上昇し，GDP デフレーター上昇率はゼロ近傍で推移した。2023
年は輸入デフレーターが下落に転じたこともあり，GDP デフレーター上昇率
は 3.7% と 1981 年以降で最も高い伸びとなった。これが企業収益や賃金の増
加に結びつき，経済の好循環につながっていくかが今後注目される。ちなみ
に，1986 年は急激な円高に伴い輸入デフレーターが大きく下落したものの，
国内需要デフレーターは横ばいで推移したため，GDP デフレーターは 1.6%
上昇となった。円高メリットを享受した姿が確認できる。

2.3　低い物価上昇率が生んだ「安いニッポン」

　最後に，日本の物価上昇率が諸外国に比べていかに低いものであったかを確
認したい。図 8-7 は国際通貨基金（IMF）の World Economic Outlook データ
ベースを用いて，1980 年を 1 として G7 諸国の消費者物価の推移を示したも
のである。2022 年までの 42 年間の物価上昇率は，イタリア（5.6 倍）が図抜
けて高く，イギリス（3.9 倍），アメリカ（3.6 倍），カナダ（3.4 倍），フランス
（3.2 倍）がほぼ同程度，ドイツ（2.4 倍）がそれに続き，日本（1.4 倍）が図抜け
て低いことが確認できる。

　より詳細に観察すると，1980 年代の日本の物価上昇率はドイツと同程度で
あったが，90 年代以降は引き離されていった。1990 年代は日本の財やサービ
ス価格がアメリカなどに比べて高いという「内外価格差」が議論の的になって
いた。現在は，低い物価上昇と急激な円安の進行で「安いニッポン」がマスコ
ミを賑わせている。

2.4　補論：戦後復興期の急激なインフレと打ち出された政策

　終戦直後，日本は激しいインフレに悩まされた。たとえば卸売物価は 1945
から 50 年にかけてわずか 5 年で 70 倍となった。この原因には，通貨供給量
の高い伸び，供給不足，需要の強さの 3 つがあった。それぞれに対応するた
め，通貨供給量の抑制，傾斜生産方式による供給力の拡大，ドッジ・ラインに
よる需要抑制という 3 つの政策が打ち出された。

2.4.1　通貨供給量の抑制

　1946 年 2 月，金融緊急措置令が公布・施行された。それまで発行され，
人々が手元に置いていた旧円券は 3 月 2 日をもって流通が禁止され，人々は 7
日までに預金することが求められた。「旧円を担保に渡される新円は，世帯主

▶図 8-7　G7 諸国の消費者物価指数の推移（1980 年＝1）

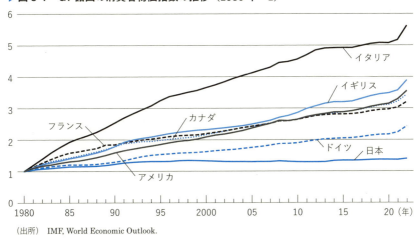

（出所）　IMF, World Economic Outlook.

300 円，家族 1 人当たり 100 円に制限され，月給生活者の給料も新円支払いは 500 円となった」（土志田編［2001］）。こうした施策で通貨供給量を抑制しようとしたが，効果は一時的なものにとどまった。

2.4.2　供給力の拡大（傾斜生産方式）

　1946 年 12 月の閣議で，当時の吉田茂内閣は傾斜生産方式を決定する。当初は，エネルギーのおおもとであった石炭の増産のために，重油などの物資（輸入品を含む），資金の重点配分を行うというものであった。増産された石炭は鉄鋼産業に優先して配分し，石炭と鉄の生産をてこにした経済全体の復興を目指した。鉄と石炭という基幹産業の生産が増えれば，それが他の民生品産業の生産に結びつくと期待されたのである。重点産業の生産増加を資金面からバックアップするために，1947 年 1 月には復興金融金庫☆が誕生する。融資資金は，復興金融債券の発行によりまかなわれた。傾斜生産方式はその後の片山哲内閣にも引き継がれ，食糧・輸出部門など産業部門が広がっていく。

　1947 年度の石炭産出量がほぼ目標（3000 万トン）を達成するなど，傾斜生産方式は結果的には政府の意図したように復興を進めるうえで一定以上の役割

☆復興金融金庫：全額政府出資で設立された。設立については GHQ の指導によりアメリカの復興金融会社にならったといわれる。1952 年に日本開発銀行（現：日本政策投資銀行）に債権・債務を譲渡して解散する。

234　第Ⅱ部　発展編

を果たした。しかし，インフレが収まることはなかった。生産能力の拡大が経済全体に広がるのに時間がかかっただけでなく，復興金融金庫の融資の原資となった復興金融債券の多くが日本銀行による引き受けによって発行され，通貨供給量も拡大したためである（当時のインフレーションは，復金インフレと呼ばれている）。

2.4.3　総需要抑制政策（ドッジ・ライン）

　1949 年以降になると，総需要抑制政策がインフレ政策の中心となっていく。この政策は，GHQ の財政顧問として来日したアメリカの銀行家 J. ドッジが中心になって進めたため，俗にドッジ・ラインと呼ばれている。財政，金融両面での引き締めが行われた。

　財政面では，一般会計のみならず特別会計を含めた財政収支赤字を是正し，収支均衡が求められた。たとえば，当時の為替レートは複数レート制のもとで 1 ドル＝160〜600 円の間にあった。輸出企業にとっては円安が有利，輸入企業にとっては円高が有利であるためである。しかし，現実の為替レートは単一であり，こうした複数レート制は政府の貿易管理特別会計からの企業に対する事実上の補助金のおかげで維持されていた。このほか，石炭などへの価格補給金など，さまざまな補助金・補給金が削減された。

　金融面では，復興金融金庫を通した融資が廃止された。前述したとおり，この融資資金の大半は日銀による復興金融債券の引き受けによってまかなわれていたため，その廃止は通貨供給量の伸びの抑制につながった。

　以上の結果，インフレは落ち着きを見せたが，経済成長も失速した。1949 年度の実質 GNP 成長率は 2.2% と前年の 13.0% から急速に落ち込んだ（ドッジ不況）。それを下支えしたのが 1950 年に勃発した朝鮮戦争に伴う特需☆である。

　なお，この当時，為替レートを 1 ドル＝360 円に固定することが決まった。このレートは，当時の状況では円高になっていた。外国財の価格を円に変換するとき，実勢の価格よりも低くなるという意味で，輸入財の日本国内での円建て価格を抑えることを通して，インフレを抑制する役割も果たしていたのであ

☆特需：戦争・軍備拡張などによる通常貿易外の特殊需要。普通は 1950〜53 年の朝鮮戦争を機に生じた在日米軍による物資・役務の特別調達を指す。特需景気は日本経済がドッジ・ライン下の不況を脱して成長の軌道に乗るきっかけとなった。

第8章　日本経済の歩み1　**235**

る。なお，1971年のニクソン・ショックまで，そのレートが維持されることになる。

第3節　戦後日本経済における円ドルレート

3.1　円ドルレートの長期トレンドを説明する購買力平価

　円ドルレートにおいて，近年，円安が進んでいる。2024年4月末には，円は1ドル＝160円台まで下落した。2021年半ばには110円前後だったことと比べると，わずか2年強の間に円の価値は3割近く下落したことになる。

　1970年代初頭に変動相場制に移行して以来，長い間にわたり，円ドルレートは円高ドル安傾向にあった。そうした長期的な円ドルレートの動きを決定する理論が購買力平価である。購買力平価とは，為替レートが当該国（たとえば，日本とアメリカ）の物価水準の比で示されるという考え方である。貿易障壁のない世界を想定すると，国が異なっても同じ製品の価格は1つになるという一物一価の法則という考え方が基礎にある。たとえば，日本の物価が変化せず，アメリカの物価が上昇すると，アメリカの通貨であるドルの価値は日本の円に比べて低下する。それを反映して円ドルレートは円高ドル安になるというのが購買力平価の考え方である。

　図8-8は，国際通貨研究所が企業間で取引される財の物価（企業物価指数）と消費者が購入する財やサービスの物価（消費者物価指数）から算出している円ドルレートの購買力平価と，現実の円ドルレート（月中平均値）を描いたものである。2022年頃までは，企業物価指数で算出された購買力平価以上に現実の円ドルレートが円高になったり，円安になったりを繰り返しながら，長い目で見て円高ドル安傾向にあったことが確認できる。企業間で取引される財は輸出入される機会も多く，一物一価が成立しやすいと考えられる。購買力平価というと企業物価指数ベースのものが参照されることが多い。

　それに対して，消費者物価には輸出入しにくいサービスの価格も含まれているため，企業物価に比べて一物一価が成立しにくいと考えられる。図8-8からわかるように，消費者物価から算出される購買力平価は，企業物価から算出される購買力平価よりも円安ドル高水準で推移してきた。そして，消費者物価で算出される購買力平価より，現実の円ドルレートが円安ドル高になることは

▶図 8-8　円ドルレートと購買力平価の推移（月次）

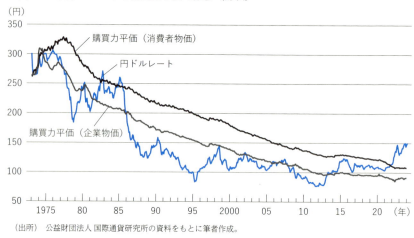

（出所）　公益財団法人 国際通貨研究所の資料をもとに筆者作成。

1980 年代前半を除き，最近までなかった。最近の円ドルレートは，2021 年末あたりから一貫して消費者物価で算出される購買力平価より円安ドル高水準にあり，異例の事態ともいえる。

　国際通貨研究所の購買力平価は 1973 年において現実の円ドルレートが，日米の物価の比で求められる理論値に等しかったとみなして算出されている。当時は，ドッジ・ラインと呼ばれる総需要抑制政策が行われた 1949 年から，1 ドル＝360 円に固定されていた円ドルレートが，現在のように日々変動する変動相場制に完全に移行した時期にあたる。

　1971 年 8 月，当時のアメリカのニクソン大統領は，金とドルの交換停止などの新経済政策を発表した（ニクソン・ショック）。これは，金との交換が保証されたドルを基軸として，各国通貨の価値を決める国際通貨制度（ブレトンウッズ体制）の終わりを告げるものであった。1971 年 12 月のスミソニアン合意☆により 1 ドル＝308 円の固定レートが設定されたが，結局，73 年 2 月には変動相場制に移行した。

☆スミソニアン合意：ニクソン・ショック後の 1971 年 12 月にワシントンのスミソニアン博物館で開かれた 10 カ国蔵相会議で合意された国際通貨秩序。スミソニアン体制ともいう。ドル切り下げを含む多国間通貨調整，変動幅の暫定的拡大などが取り決められたが，1973 年総フロート時代突入により崩壊した。

3.2 プラザ合意による急激な円高とバブル経済

3.1 に述べたように，1980 年代初頭は消費者物価ベースの購買力平価よりも現実の円ドルレートが円安になった戦後では珍しい時期であった。円ドルレートに影響を与える日米金利差の拡大が一因だったと考えられる[1]。日米金利差拡大の背景となったのが 1970 年代末の第 2 次石油ショックである。イラン革命をきっかけにイラン産原油の輸出が全面禁止となり，原油価格が約 2 倍となった。アメリカは再び景気停滞のもとで物価が持続的に上昇するスタグフレーションに悩まされ，大幅な金融引き締めによるインフレ抑制策を打ち出した。日本は，第 1 次石油ショック時のような物価上昇と賃金上昇のスパイラルを回避したことで，金融引き締めも小幅で済んだ。日米金利差の拡大を背景に，1981 年初頭には 1 ドル＝200 円程度であった円ドルレートは 82 年には 1 ドル＝270 円程度まで円安ドル高が進んだ。

当時の日本は機械機器を中心に国際競争力を高めていた。円安ドル高の進行に伴い日本の輸出は伸び，GDP 統計で見た日本の純輸出（国際収支統計の貿易・サービス収支）は 1981 年から黒字に転じた。自動車分野での貿易摩擦も激しさを増した。

こうした円安ドル高とその原因でもあったアメリカの高金利政策や双子の赤字（財政収支と経常収支の赤字）が世界経済に及ぼす悪影響を懸念した日米独英仏の先進 5 カ国蔵相・中央銀行総裁（G5）は，1985 年 9 月にニューヨークのプラザ・ホテルで会談し，ドル高是正のための政策協調で一致した（プラザ合意）。円ドルレートは 1985 年 9 月の 1 ドル＝236 円 91 銭から 1 年後の 86 年 9 月には 1 ドル＝154 円 78 銭と 35％ も円高となった。

急激な円高による輸出産業の低迷を懸念し，金融緩和が進められた。プラザ合意時は 5％ だった日本の公定歩合は 1986 年 1 月 30 日から引き下げが始まり，同年 11 月 1 日には 3％ まで低下した。さらに，ルーブル合意直後の 1987 年 2 月 23 日には 2.5％ へ引き下げられ，当時の史上最低水準を記録した。こうした金融緩和状況は 1989 年 5 月 31 日に公定歩合の引き上げが始まるまで続き，バブル経済の原因になった（第 4 節参照）。

3.3 1990 年代半ばから始まった「安いニッポン」への道

近年，「安いニッポン」という言葉が流行している。長期間にわたったデフ

▶図 8-9　名目実効為替レートと実質実効為替レート（2020 年平均＝100，月次）

（出所）　日本銀行資料をもとに筆者作成。

レと近年の円安進行により，日本国内の財やサービスの価格が外国人から見て割安になっている状況を指している。この安さを示しているのが実質実効為替レートである。

　本節でも述べてきた円ドルレートなど私たちがニュース等で見聞きするのが名目為替レートである。これに対して，実質為替レートは国家間の物価上昇率の差を考慮したものである。たとえば，1 ドル＝100 円のときにある商品が 300 円だったとすると，アメリカの人はこの商品を 3 ドルで購入できる。1 年後，円ドルレートが 1 ドル＝100 円で変わらず，この商品の価格が 200 円に値下がりすれば，アメリカの人はこの商品を 2 ドルで購入でき，割安になる。このケースでは，名目為替レートは不変でも，実質為替レートは円安になる。

　実効為替レートとは，円ドル，円ユーロなど複数の通貨間の動きを統合したものである。各国の通貨に対して，円が高くなっているのか安くなっているのかを示すものといえる。そして，複数の通貨間の名目為替レートを統合したものが名目実効為替レート，実質為替レートを統合したものが実質実効為替レートである。

　以上を踏まえて図 8-9 を見てほしい。2020 年平均＝100 の指数で円の価値が示されている。指数が大きいほど円高，小さいほど円安である。実質実効為替レートは 1995 年 4 月（193.97）をピークに円安トレンドに入ったことが確

認できる。当時は 1995 年 1 月に発生した阪神・淡路大震災の後で，円ドルレートは一時 1 ドル＝80 円を超える円高ドル安になった。

1 ドル＝80 円割れは，東日本大震災発生（2011 年 3 月）の後の 2011 年 10 月 31 日にも記録した。1 ドル＝75 円 32 銭は現在でも円の最高値である。多額の保険金の支払いが予想される保険会社や復旧のための資金が必要な大企業が外貨建ての資産を売却して円資産を確保するのではという思惑が原因とされている。しかし，2011 年 10 月の実質実効為替レートは 135.86 であり，1995 年 4 月に比べて 3 割円安になっている。この間，日本だけデフレだったために円ドルレートが同水準まで円高になっても，実質実効為替レートでは円安となるわけである。こうした実質実効為替レートの低下は戦後最長を記録した 2000 年代の景気拡大における輸出増も支えた。

3.4 円安は止まらないのか

実質実効為替レートは最新の実績値（2024 年 3 月：70.94）が，1973 年初頭の水準から 2 割以上も低くなっている。円ドルレートも消費者物価ベースの購買力平価から 3 割以上安くなっている。こうした根強い円安について，日本銀行の金融政策の正常化が遅れ，日米金利差が大きいことで説明する向きも少なくない。その点で，現状は 1980 年代前半に似ているともいえる。

しかし，1980 年代前半と今では日本製品の国際競争力が大きく異なっている。現状，円安が進むなかでも日本の輸出は伸び悩み，GDP 統計の名目純輸出は 2019 暦年以降，赤字が続いている。円安で急増しているインバウンド需要（サービス輸出とカウントされる）も力不足が否めない。となると，円ドルレートなどの名目為替レートではなく，物価上昇という形で実質為替レートでの割安感が解消されていくのだろうか。

第4節　金融危機と日本経済 1──バブルの発生と崩壊

4.1 資産価格の高騰とバブルの崩壊──日本経済のストック化

1980 年代の後半期は，地価や株価等の資産価格（ほかには，マンション，ゴルフ会員権，絵画・骨董品等）の高騰期であったが，その後これらの資産価格は 90 年代に入ると急落したことから，今日ではバブル（bubble：投機の泡）であった

▶図 8-10　国民総資産の推移

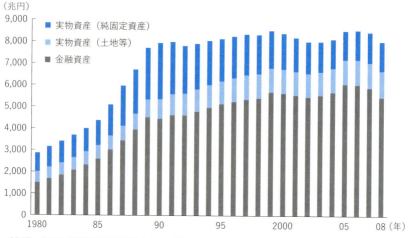

（出所）　内閣府『国民経済計算年報』をもとに筆者作成。

と理解されている。しかしながら，当時は，資産価格が上昇するのは**ファンダメンタルズ**（fundamentals：そもそも備わっている潜在的・基礎的条件）を反映したものであり，いわば日本経済の実力が向上したものとの見解もあった。

　資産蓄積が進み資産残高が増えると，経済のストック化が起こる。この時期に日本が急速にストック経済化したことは，世界一の債権国になったことや，1980年代後半の一時期には東京証券取引所上場の株式の時価総額が世界一を誇っていたこと，日本の土地の評価額がアメリカのそれをはるかに上回っていたこと，といった象徴的なニュースとして現れている。

　一国の資産を最も広く捉えるものとして，**国民総資産**（単に国民資産という場合もある）を取り上げる。これは，金融資産と機械や建築物の純固定資産と土地からなるが，耐久消費財や統計的に把握しにくい人的資本，自然環境，あるいは知識の蓄積などの無形資産は一部の例外を除いて対象外となっている。

　図 8-10 に示された 1980～2008 年の国民総資産の時系列推移からは，1989年末に 7757 兆円に達し，フロー変数である同年の名目 GNP の 16 倍に相当したことが注目すべきデータとして確認される。この比率は，1970 年段階では 8 倍前後であったことから，20 年ほどの間に 2 倍以上になったことになる（2008 年まで停滞した国民総資産であるが，2022 年末の数字としては，国民総資産は 1 京 2649 兆円〔非金融資産＝3577 兆円，金融資産＝9072 兆円〕まで増加し，失われた

30年の長期不況で停滞した名目GDP＝546兆円に対して2.3倍となった）。ちなみに，アメリカの対応する比率は1989年末で約8倍であり，しかもこの数字は長期にわたってほとんど変化がなかった。

4.2 合理的バブルの理論

　バブルとは，資産価格がその実体価値から著しく乖離している部分であり，1980年代後半期のバブル経済期には，当然のことのようにその存在が喧伝されていた。しかし，理論分析によると次のような解釈もありうる。すなわち，「バブルのように観察されるのは，実は当該資産のファンダメンタルズについて何か重要な説明要因を見落としているからであり，それらを正当に斟酌すればバブル部分というのは存在しえない。少なくとも，経済主体が将来も見据えて合理的に行動しているとすれば，バブルは理論的に排除される」といった主張である。こういった主張が，経済学の理論分析と一般常識との間に溝を掘るものであることは確かであり，経済学の現実妥当性に疑問が投げかけられる契機となるものでもあろう。しかしながら，バブルの存在が経済主体の合理的行動と整合的か否かは，キャピタル・ゲイン課税や土地保有税の導入等，政策介入の是非にも連なる重要な論点となる。以下ではたとえ資産価格にバブルがあったとしても，それは経済主体の合理的行動と矛盾しないことにも言及し，そのための条件も導出する。

4.2.1 裁定と資産価格の決定

　資産価格は，資産市場の一般均衡が達成されるように決まる。しかし，これでは記述が一般的すぎて，資産価格の決定メカニズムが明瞭に浮かび上がってこない。そこで，資産間の代替性が大きい場合の資産間の裁定条件を考えよう。これは，端的には，リスクの程度が同じクラスに属する資産は，同じ期待収益率を持つというものである。仮に，代替性が高いにもかかわらず，一方の資産の期待収益率の方が高いとすると，誰もが期待収益率が低い方の資産を売却し，期待収益率が高い資産を買う行動に走る。その結果，当初期待収益率が高い資産の価格は上昇し，増額された投資額に対する新たな期待収益率は低下する。逆に，当初期待収益率が低かった資産の価格は下落し，新たな期待収益率は上昇する。このようにして，2つの資産の期待収益率は均等化する。裁定条件の成立とは，期待収益率の均等化が，時間をおかずに起こることを意味している。

242 第Ⅱ部 発展編

　いま，資産として株式と債券を考える。両者は，厳密にはリスクの程度が同じではなく，いうまでもなく株式のリスクの方が大きい。しかし，簡単化のために，とりあえずリスクの程度は同じであるものとする（リスクの程度が異なる場合など，より詳しくはたとえば浅子［1992］を参照）。なお，取引コストや種々の税制の影響も無視できるものとする。

　さて，t 期から $t+1$ 期にかけて株式を保有すると，1 期後に株式を売却して得られるキャピタル・ゲインも計算にいれて，その期待収益率は

$$\rho_t = \frac{E_t\ (p_{t+1}+d_{t+1})}{p_t} - 1 \tag{1}$$

となる。ただし，p_t は t 期の株価，d_t は t 期の配当，E_t は t 期に利用可能な情報を用いて将来変数の期待（予想）値を計算するオペレーター（演算記号）を表す。他方，債券を保有した場合の期待収益率は，時間に関係なく一定であり r とする。このとき，株式と債券の間で裁定条件が成立すると，

$$\rho_t = r \tag{2}$$

が成立することになる。

　株式と債券の間での裁定条件式 (2) を踏まえると，(1) 式の右辺の p_{t+1} の代わりに，(1) 式を 1 期間先にずらしたものを代入し，次いで登場する p_{t+2} の代わりに，さらに (1) 式を 1 期間先にずらしたものを代入する逐次作業を続け，この作業が収斂した先では

$$p_t^* = E_t\Big[\sum \frac{d_{t+j}}{(1+r)^j}\Big] \tag{3}$$

と定義するとして，

$$p_t = p_t^* \tag{4}$$

となる。

　株式は満期のない資産であるから，それを永久に保有し続けるとした場合を想定し，無限先までの予想配当流列を代替資産である債券利子率で割り引いたのが (3) 式の p_t^* である。この株価水準は，通常，株式のマーケット・ファンダメンタルズ（以下，MF と略記する）と呼ばれる。ファンダメンタルズには基礎的条件との意味があり，実体価値を反映した部分というニュアンスがある。

　実際には，個別の投資家は永久に株式を保有するのではなく，中途で売却す

るのが一般的といえよう。しかし，その場合でも，新たに株式を購入する投資家がいるはずであり，市場で評価される株式価値は誰が株主であろうが関係ない（ただし，将来配当の予想について投資家の間に合意があるとして）。すなわち，MF はあくまでも市場での評価であり，投資家については匿名性を持っている。したがって，将来の配当流列の予想値も，おのずから市場の平均的なものとなるのである。

4.2.2 合理的バブル

今までの考察からは，資産価格の決定メカニズムとして，MF が重要な役割を演じることが理解された。しかし，以下では，MF 以外の要因も資産価格に影響を及ぼすことを見る。MF 以外の要因を，広くバブルと呼ぶ。バブルは投機の泡とも訳されるが，必ずしも「徒花」としての存在に限られるわけではなく，経済主体の合理的な行動の結果としてもたらされるものもあり，それは合理的バブル（rational bubble）と呼ばれる。

まず，MF だけが (1) 式を満足する唯一の解ではない。これを見るために，株価が MF に加えてバブルも含む

$$p_t = p_t^* + b_t \tag{5}$$

としてみよう。すると，容易に確かめることができるように，b_t の動学経路について

$$b_t(1+r) = E_t(b_{t+1}) \tag{6}$$

が満足されるかぎり，MF に b_t が加わったものも (1) 式の裁定条件を満たす。(6) 式より，

$$E_t(b_{t+j}) = (1+r)^j b_t \tag{7}$$

であるから，バブルは発散的な経路をたどると予想される。

(4) の株価決定においてバブル解が排除されたのは，(3) の MF を得るにあたって収斂条件を仮定したからである。この仮定によって，バブルの存在する余地はなくなる。しかし，これはあくまでも仮定であって，本来この項がゼロに収斂する必然性はない。むしろ (7) 式からは，将来の株価が少なくとも債券利子率と同率のキャピタル・ゲインを生むものと予想されるかぎり，いくらでもバブルが存在する可能性があることを示唆している。換言するならば，将来の株価に対する期待形成の仕方次第では，バブルをア・プリオリに排除することはできないのである。

今までの議論は，株式と債券の間での裁定条件の成立を前提としている。す

なわち，投資家の合理的行動を前提としたうえでも，バブルが存在しうることになる。この直観的な説明としては，MF は特定の株価水準で定義されるのに対し，(1) 式の裁定条件は株価の上昇率を含む経時的な株価経路，すなわち株式保有の収益率が問題となっていることにある。バブルを持続させる鍵は投資家の期待形成にあり，株式の取得価格が MF を上回っているとしても，株価がさらに上昇すると期待されるならば，債券の収益率を確保することは十分可能なわけであり，そのために株式は需要されることになる。

株価の上昇が期待されるということは，市場の大勢（厳密には，少数であっても株価形成に影響力を持つ投資主体であればよい）がその株式を需要するだろうという判断を伴う。他の投資家も同様の行動原理に従っているものとすると，J. M. ケインズの美人投票の例のように，自分自身の判断はともかく他人の行動の推測が重要となる（ケインズの美人投票は，最終的に選ばれる Miss Pageant を当てる投票であって，自分の好みの美人に投票するものではない）。すなわち，ここでは各投資家にとってお互いに自分以外の投資家が持つ将来の株価予想が関心事となり，結果として，何段階ものラウンドでお互いを推測し合うという期待の連鎖が生じる。そうした連鎖がどのような結末を迎えるかは定かではない（すなわち，いろいろな可能性が考えられる）が，1 つの可能性として期待形成が自己充足的ないし自己実現的（self-fulfilling）に働いた場合，バブルが実際に持続することになる。(1) 式が意味する裁定条件の背景では，そうした投資家行動が考えられているわけである。

4.2.3 バブルの崩壊

以上ではバブルの崩壊は考慮しなかった。崩壊のないバブルは，永久に膨張し続けるバブルとなり，そうした決定論的（deterministic）バブルを動学的一般均衡の枠組みで理論的に導出することも可能である。しかしながら，通常の理解では，投機の泡としてのバブルには，中身が空っぽという意味と同時に（シャボン玉の一生を思い浮かべるとピッタリするように）いずれはじけて崩壊するものというニュアンスも込められている。その意味では，決定論的バブルを修正しバブルの崩壊を考慮するのが，確率論的（stochastic）バブルである。

バブルの崩壊を考慮するならば，崩壊前の株価の膨張スピードはより急速となる。期待収益率は債券利子率と同じなのに対し，崩壊のリスクがある分，それをカバーするためにはバブルが持続する場合のキャピタル・ゲインはより大きなものでなければならないからである。そのような補償がなされてはじめ

て，確率的な（すなわち事前的な）意味での均衡が達成される。また，バブルの崩壊を考える場合には，当然ながらそれが実際に起こるタイミングはあくまでも不確実でなければならない。もし崩壊のタイミングが確実にわかっているならば，その時点で当該資産を需要する人は誰もなく，そうであるならばその直前の期に株式を需要する投資家も存在せず，さらにはその前の期にも需要者はいない……というわけで，いわゆる「後ろ向きの推理」を通じて，結局のところ現在時点でも需要者がいなくなってしまい，よってバブルは存在しえないからである。したがって，バブルが存在するためには，その崩壊時点は不確実なものでなければならない。

　同様の論理から，債券のような満期が存在する資産には合理的なバブルは発生しないことがわかる。満期時の価格が確定しているからである。さらに，資産価格が下落するような下方バブルも合理性と相入れない。資産価格にはそれが負にはならないという絶対的下限があり，下落スピードが加速するバブルは早晩確定時点で下限を打ってしまうと予想されるからである。

　バブルの崩壊は，銀行の取り付け騒ぎ（bank run）のように，ある情報の入手や単なる噂や社会不安などの群集心理的な extraneous beliefs（本質的でなく異質の思い入れ）をきっかけとして，ある閾値を超えた途端に投資家が競って「抜け駆け」を試みることから起こる場合が多い。きっかけとしては，MF そのものについての悪材料が発表されたり，市場取引についての規制が発動されたり，個別株式の売り手と買い手の間での仕手戦によく見られるように仕手本尊の破綻ということもあろう。あるいは，これらがまったくなくとも，バブルの膨張そのものがある段階で投資家に危険回避行動を触発させる可能性もある。

4.3　日本の株価・地価

　株価についての裁定条件を前提として，日本の株価が高すぎるとの立場は，たとえば 1 株当たりの収益との比較における株価収益率（PER: Price Earnings Ratio）

$$\text{PER} = \frac{\text{株価}}{\text{収益}}$$

を計算し，それが歴史的にも，諸外国との比較においても，かなり高いことが根拠とされた。日本の PER は 1987 年段階で 50 の水準を超えており，これが

246　第Ⅱ部　発展編

89年末まではさらに上昇した。同時期のアメリカやイギリスのPERは軒並み10台の前半であり，それと比べると相当程度に高かったといえる。

　これに対して，日本の株価が高すぎることはないとの主張は，投資家が依拠する投資尺度が変わったことが前提とされた。具体的には，投資家の行動が企業の収益よりも資産価値を重視するように変化し，株価の大幅な上昇は地価の大幅な上昇が契機となっていると主張された。当時もてはやされた企業のリストラ（新規業種への参入や業務再編成等）が，将来収益の流列を大きく変貌させるとの楽観論も，バブルを膨張させた。

　一方，地価については，バブルの存在についてはほぼコンセンサスが得られていた。たとえば，1988（昭和63）年版の『経済白書』に見られるように，東京の商業用地と住宅用地について，現実地価とファンダメンタルズ・モデルから得られる理論地価を，1970〜87年の期間について比較した分析によれば，次のようになる。すなわち，1970年時点で現実地価と理論地価が等しいと設定した場合に，商業用地と住宅用地ともに，70年代の後半に現実地価が理論地価をやや下回っている時期があるものの，残りの期間はおおむね現実地価が理論地価を上回っており，とくに86〜87年の乖離幅が大きくなる。

4.4　金融政策とバブル

　1980年代を通じてバブルが持続しえた条件は，自己実現的な期待形成による面が大きい。それを可能にしたより根本的な原因は，資産間の裁定を可能にした十分な流動性の供給——いわゆる過剰流動性の存在——であった。その意味では，1986年1月以降5次にわたって公定歩合が引き下げられ，ついには87年2月以降2年3カ月にわたって2.5％という低水準が維持された金融の超緩和政策に責任が帰せられる。この点は後に日本銀行も自己批判することになったが，この時期には，ノンバンク☆を含めた金融機関が猛烈な勢いで株式や土地を担保として融資競争を行っており，結果として，これがバブル崩壊後の1990年代に噴き上げる不良債権問題を招くことになった。

☆ノンバンク（non-bank）：預金等を受け入れないで与信業務（取引先に対する貸出業務や支払承諾など，貸出先に信用を供与する業務）を営む会社。具体的には，住宅金融会社，消費者信用会社（信販，クレジット会社など），リース会社などがある。法律的には出資法または貸金業法に基づく貸金業者とされる。

▶図8-11　公定歩合と日経平均株価の推移

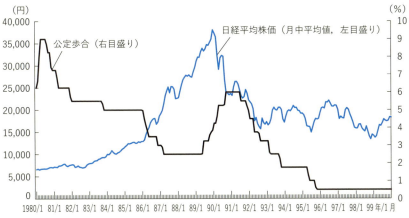

（出所）　日本銀行「金融経済月報」，日本経済新聞をもとに筆者作成。

　この時期にこれほどまでに金融緩和政策がとられたのは，1985年9月のプラザ合意によって進行した急激な円高のデフレ効果が懸念され，円高不況対策や内需拡大政策が望まれたことがある。不況対策はともあれ，とりわけ内需拡大政策は経常収支の黒字幅の縮小を伴いながら安定的な成長を目指したものであり，財政再建途中にある財政政策には多くを望めず，その分，金融緩和にかかる期待が高かった。

　金融政策が転機を迎えたのは1989年5月であり，公定歩合が2.5%から3.25%へ引き上げられ，続いて90年8月までに合計5次にわたり引き上げられ6%にまで達した。こうした流れのなかで，1989年末には株式市場で株価が天井を打ったが，この時点では地価の上昇は全国に波及しつつある段階であった。すなわち，金融政策の転換がただちに株価や地価の急落をもたらしたものではない。これは金利面での引き締め政策がとられても，量的な面での引き締めが浸透するには時間がかかったからである。

　もっとも，1990年に入ってから株価は急落した。すなわち，日経平均株価で見て1989年末の史上最高値（当時）3万8915円と比べ，90年4月には2万8000円台まで30%近く急落し，その後3万3000円台まで戻したものの，8月のイラクのクウェート進攻を受けて再び急落し，10月には一時的ながら2万円を切るまでになった。

　これに対して，地価の下落はしばらくは進まなかった。1991年7月時点の

248 第Ⅱ部 発展編

基準地価（国土庁調査）で見ても，東京圏（住宅地）の地価水準は83年と比べて約2.5倍の水準にあり，前年50%近い上昇を示した大阪圏では急落し15.3%の下落となったものの，全国平均では依然として2.7%の上昇を示した。東京圏でも大阪圏でも住宅地に比べると商業地の地価の下落率はよりマイルドであり，全国平均では3.4%の上昇となった。

とはいえ，地価の沈静化が進んだのは確かである。これには，金利の上昇や1990年の4月に導入された不動産関連融資の総量規制☆の影響が現れつつあったこと，地価税など一連の土地税制の改革についてのアナウンスメント効果がもたらされたこと，そしてミクロレベルでは地価監視区域指定の拡大がなされたことがあげられる。とりわけ不動産関連融資の総量規制の発動が，将来地価の予想形成に影響を及ぼし，実際に，その後の地価の反転や一転した下落をもたらし，バブルの崩壊へと導いた。「地価は決して下落せず上昇し続ける」といった土地神話に陰りが見られるようになったのもこの頃からである。

4.5 バブルと実体経済

プラザ合意後の円高不況を乗り越えた日本経済は，1986年11月を景気の谷として戦後11番目の景気循環の拡張期に入った。この拡張期は1991年の2月までの51カ月間持続し，新しい元号にちなんで平成景気と通称される（バブル景気とも呼ばれる）。平成景気の前半は資産価格のバブルの追い風が吹き，消費や投資の内需も輸出の外需も好調であった。しかし，1990年代に入るや否や株式市場でバブルの崩壊が起こり，次いで91年から92年にかけて地価の下落が顕著になり，ほぼタイミングを同じくして平成景気も終焉を迎え，景気局面の転換が起こった。戦後11番目の景気循環の後退期は，平成不況（複合不況とも呼ばれる）の幕開けであった。

金融政策は一足早く1991年7月に緩和に転じ，公定歩合を6%から5.5%に引き下げた。金融緩和政策はその後も続き，2年強の間に7次にわたって公定歩合の引き下げを行い，1993年9月にはバブル期の2.5%を下回る1.75%の水準まで低下した。日本銀行がなぜこれほどまでに金利を下げたかは，バブル

☆**不動産関連融資の総量規制**：バブル期の地価高騰に対処するため，1990年3月の大蔵省（当時）通達により，翌月から金融機関の土地関連融資についての量的規制を行ったもの。不動産業向け貸出比率の拡大の抑制，不動産業・建設業およびノンバンク向け貸出状況の報告義務等が含まれる。

経済の後遺症としての不良債権問題の処理との関連もあるが，より直截的には金融緩和にもかかわらず景気刺激効果が生じなかったことがあげられよう。その効果が現れなかった原因はいくつか考えられる。

①名目金利は低いものの，円高による輸入物価の下落や小売り・卸売りの流通業における規制緩和等の影響による価格破壊も進み物価が安定ないしデフレ気味に推移し，インフレ率を控除した実質利子率☆は高止まりしていた。

②さらなる不良債権化をおそれた貸出に慎重な銀行が少なくなく，仮に資金需要があったとしても，真の金融緩和になっていなかった。国際決済銀行（BIS）の自己資本規制の達成との関連もあり，全般に金融機関の貸出審査が厳しくなった。

③ケインズが1936年に刊行した『一般理論』で指摘した，いわゆる流動性の罠（liquidity trap）に陥った可能性であり，金融緩和が投資の刺激策として伝播しにくい。流動性（貨幣供給量）の供給増があっても，それにまさる流動性の需要があり，ポートフォリオの変更を促さないことから生じる。

④低金利は利息収入を減少させる。この時期の個人金融資産が1000兆円を超えるレベルであるので，単純に計算すると（実際は債務もあったりして単純ではないが），1% ポイントの利子率の低下は年間10兆円の所得減となり，マクロの有効需要を減じさせる。

⑤この時期の金融政策の運営目標に景気対策と同時に円高対策が意識されており，いわば2兎を追う形になり，結果として1兎も得られなかった可能性が高い。

以上のように，1990年代の平成不況の景気対策としては，金融政策は大きな効果を発揮したとはいえない。それに代わって期待が寄せられたのは，伝統的なケインジアン☆流の財政政策であった。すでに見たように，経済環境としては，戦後11番目の景気循環の後退期は1993年10月で局面転換を迎え，そ

☆**実質利子率**：物価変動により貸借期間中に生じる貨幣の実質価値（購買力）の変化を考慮した利子率（金利）を指し，理論的には名目利子率から期待インフレ率を差し引いたもの（事後的には，実際のインフレ率を差し引く）。たとえば，1年間に100万円の資金を1% で借り入れ，この間に物価が2% 下落すると，1年後には元本100万円と利息1万円を返済しなければならない。しかし，物価が2% 下落しているので，100万円の購買力が高まることから元本の実質価値は102万円となり，借り手は実質ベースで見ると102万円の元本返済と1万円の利息を合わせた103万円を返済していることとなり，実質的な負担増となっている。

250　第Ⅱ部　発展編

れ以降 97 年 5 月までは 12 番目の景気循環の拡張期にあった。しかし，厳密な意味では，景気が好転しているか悪化しているかという変化方向の意味での拡張期ではあっても経済活動が平均を上回っているか下回っているかという水準の意味での好況期とはいえないのが，それ以降も長期の平成不況と受け止められ続けた所以といえる。

第5節　金融危機と日本経済2──不良債権問題と金融機関の再編

不良債権とは，融資契約時に約束された元本や利息の支払いが行われなくなった貸出を指す。第 6 章で説明しているように，銀行などの金融機関は，個人や企業などから受け入れた預金を元手として貸出などを行い，そこで得た利息の一部を預金者に支払っている。銀行にとって貸出は資産に，預金は負債にあたるが，資産額は負債額より大きく，その差が純資産である。純資産に，株主が出資した資本金などが含まれる。

不良債権が発生すると貸出の資産価値は目減りし，その処理の結果，純資産が目減りする。最悪のケースでは，資産額が負債額より少ない（純資産がマイナスとなる）債務超過となり，銀行の破綻につながる。このような銀行破綻が数多く発生したのがバブル崩壊後の日本経済であった。本節ではバブル崩壊後の不良債権問題の経緯と，2000 年代から活発化した金融機関の再編について説明する。

5.1　不良債権の定義と不良債権残高の推移

金融機関に開示が義務づけられている不良債権には「金融再生法開示債権」の基準と「リスク管理債権☆」の 2 種類がある。

☆**ケインジアン**（Keynesian）：有効需要（財貨に対する単なる願望ではなく，購買力に裏づけられた需要）によって所得と雇用量が決定されるという，ケインズの理論を支持する経済学者（学派）のこと。

☆**リスク管理債権**：銀行が 1998 年 3 月期より公表を始めた新基準の不良債権の正式名称。銀行の不良債権の情報開示に対する不信感の強まりに対処するため，アメリカの証券取引委員会（SEC）の基準に沿う形で開示範囲を拡大した。具体的には，旧基準の「破綻先債権」と「延滞債権」（6 カ月以上元利支払が滞った債権）のほかに「3 カ月以上延滞債権」と「貸出条件緩和債権」を新たに加えている。

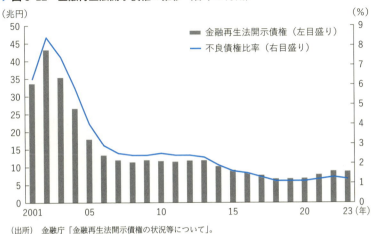

▶図 8-12　金融再生法開示債権の推移（各年 3 月期）

（出所）　金融庁「金融再生法開示債権の状況等について」。

　金融庁が毎年公表している「金融再生法開示債権の状況等」によると，「金融再生法開示債権」の基準に基づく不良債権は以下の 3 つの債権の合計額になっている。

① 　破綻更生等債権：破産，会社更生，再生手続きなどの理由で経営破綻状態にある債務者に対する債権
② 　危険債権：経営破綻の状態には至っていないが，財政状態および経営成績が悪化し，契約に従った債権の元本の回収および利息の受取ができない可能性の高い債権
③ 　要管理債権：3 カ月以上返済が延滞している債権や貸出条件を緩和した債権

　金融庁ホームページの資料によれば，全国銀行の不良債権は 2001 年 3 月期には 33 兆 6300 億円あり，貸出金合計（537 兆 1260 億円）の 6.3％ を占めていた。これが最新の 2023 年 9 月期では 8 兆 7670 億円，貸出金合計（732 兆 4700 億円）の 1.2％ まで減少している（図 8-12）。

　一方，「リスク管理債権」の定義は 1993 年 3 月期以降，98 年 3 月期まで徐々に拡大してきた（内閣府［2011］）。この結果，全国銀行の不良債権残高は 2001 年 3 月期には 32.5 兆円と当時の最高となり，貸出金に占める比率も 6.6％ まで上昇した。銀行以外に，信用金庫や信用組合等を含んだ「預金取扱金融機関」合計のリスク管理債権は，2001 年 3 月期で 43.4 兆円にのぼった。金

252　第Ⅱ部　発展編

融庁ホームページで把握できる最新値（2021年3月期）の不良債権は，全国銀行ベースで7兆7980億円（貸出金の1.3%），預金取扱金融機関ベースでは11兆8820億円（貸出金の1.5%）。いずれの定義を見ても，2000年前後に比べて金融機関の不良債権は大きく減少してきたことが確認できる。

5.2　1990年代に不良債権が増加した背景

　以上確認したように，不良債権はバブル崩壊後，2000年代初頭にかけて増加していった。内閣府［2011］は，不良債権の定義が拡大した以外の理由として，銀行が多額の不良債権処理を行ったにもかかわらず，新たに多額の不良債権が発生したこと，銀行自体の収益低迷で不良債権処理費用を十分にまかなえていない状況を指摘している。

　そして，新たに多額の不良債権が発生する理由として2点あげている。

　第1に，不動産，建設，卸小売の3業種の企業を中心に，バブル期に借入金による土地等への過大な投資が行われたが，バブル崩壊後の地価下落で，保有土地資産の価値が下落した。長期の景気低迷の影響もあり，3業種の貸出が不良債権化した。

　第2に，バブル崩壊の影響が少ない企業でも，景気低迷や産業の構造調整圧力が強まるなかで，いわゆる「負け組」企業への貸出が不良債権化した。

5.3　1990年代に相次いだ金融機関の破綻とケースバイケース処理

　不良債権の増加は，金融機関の収益を圧迫する。

　当初は体力のない中小金融機関の破綻であったため，業界内での救済合併で対応可能であった。たとえば，1992年には愛媛県松山市に本店を置いていた東邦相互銀行を，愛媛県を本拠とする伊予銀行が救済合併した。合併の際には，預金保険機構から資金援助も受けている。預金保険機構による資金援助には，92年の三和銀行による東洋信用金庫の合併，93年の信用組合大阪弘容による大阪府民信用組合の合併，95年の信用組合関西興銀による信用組合岐阜商銀の合併に対しても実施されている。1993年には岩手銀行に事業譲渡したうえで釜石信用金庫の破綻処理が行われたが，これにも預金保険機構から資金援助が行われた。

　ただ，徐々に破綻する金融機関の規模が大きくなるなかで，合併による救済が難しくなる。1995年に第二地方銀行の兵庫銀行の経営が破綻した際には，

第 8 章　日本経済の歩み 1　　**253**

神戸財界がみどり銀行を新たに設立し，業務を引き継いだ。

　不正融資問題があり，他社との救済合併ができなかったのが東京協和信用組合と安全信用組合の 1994 年の経営破綻である。不動産会社のイ・アイ・イー インターナショナル社長の高橋治則が，84 年に東京協和信用組合の理事長に就任したことで関係が密になった。バブル期は日本長期信用銀行の支援を受け，リゾート開発などを進めていたが，バブル崩壊後に日本長期信用銀行の支援が打ち切られると東京協和信用組合経由の資金集めが加速する。安全信用組合の理事長も高橋と関係が深く，イ・アイ・イーグループへの融資を拡大した。バブル期に行われた不動産開発事業がバブル崩壊で不良債権化した（後藤［1997］）。日銀と民間金融機関の出資により東京共同銀行を設立し，2 信組の事業を譲渡した。東京共同銀行は 1996 年のコスモ信用組合の破綻処理にも関わり，96 年 9 月には整理回収銀行に改組された。97 年には木津信用組合の破綻処理にも関わった。

5.4　公的資金投入のさきがけとなった住専処理

　1996 年の住宅金融専門会社（住専）☆の破綻処理では，農林系金融機関の救済に 6850 億円の公的資金（結局は国民の税金）が投入された。住専は 1970 年代に，個人向け住宅融資を扱わせるために都市銀行などによって設立されたノンバンクであった。1980 年代に入り，大企業の「銀行離れ」を背景に親会社である都市銀行などが個人向け住宅ローンに力を入れ始めると，住専は企業向けの不動産融資に力を入れた。さらに「大蔵省は 90 年，地価高騰を止めるため，金融機関の不動産向け融資には総量規制を発動したが，住専向け融資は対象外とした。そのため，銀行に加え，貸出先を探していた農林系金融機関から多額の融資が住専に流れ込んだ」（清水［2015］）。これらがバブル崩壊による地価下落で焦げ付いたという経緯があり，破綻処理では，親会社が損失を穴埋めすべき（母体行責任論）などの意見が強かった。最終的には，住専への債権放棄のうち，農林系金融機関の負担能力を超える 6850 億円の公的資金が投入さ

────────────────────────────

☆**住宅金融専門会社（住専）**：住宅ローンを専門に扱う会社で，銀行等の金融機関の共同出資によって設立された。個人の住宅資金を融資の対象にする金融機関が少なかったことが設立の背景にある。銀行ではないので預金を集めることはできず，資金は主に借入金によった。住宅金融では競争力を失い，不動産業への貸付が増えた結果，バブルの崩壊とともに不良債権化し，1996 年に住宅金融債権管理機構に整理された。

れた（なお，住専 8 社のうち，農林中央金庫などが出資する協同住宅ローンは破綻処理の対象とはならなかった）。

また，協同住宅ローンを除く住専 7 社の不良債権回収などの破綻処理を目的として住宅金融債権管理機構（住管機構）が 1996 年 7 月に設立された。

5.5 大手銀行の破綻でようやく進んだ金融再生の仕組み

1997 年 11 月には都市銀行の一角であった北海道拓殖銀行が経営破綻した。大手の金融機関でさえ破綻することを目の当たりにして，銀行の安全性神話が完全に崩壊した。北海道拓殖銀行の北海道内の事業は北洋銀行，それ以外は中央信託銀行に譲渡されたが，金融機関の破綻処理や再生に関わる制度の整備が喫緊の課題となってきた。同じ 11 月には大手証券の一角であった山一證券が自主廃業した。バブル崩壊後の粉飾決算などが原因であった。

1998 年 4 月，金融監督庁（当時）は早期是正措置を導入した。不良債権などを調整した自己資本比率が一定水準を下回った金融機関に対して，是正指導を発動する措置である。しかし，自己資本を充実させるために，金融機関が新規の貸出を抑制（貸し渋りと呼ばれる）したため，企業からの批判を浴びた。

1998 年 10 月に金融再生法と金融早期健全化法が成立したことで，ようやく金融再生の仕組みが動き出した。

金融再生法は，金融機関の破綻処理の原則，倒産金融機関の公的管理（一時国有化）などの緊急措置を定めた。不良債権の回収だけでなく企業再生の機能も加えた整理回収機構も 1999 年 4 月に誕生させた。前述の住管機構と整理回収銀行が合併したものである。

金融早期健全化法は，金融機関に予防的に公的資金を注入できるように定めた。都市銀行や地方銀行など 32 行に 8 兆 6053 億円の公的資金が注入された。

金融再生法の成立を受けて，1998 年 10 月には日本長期信用銀行が，98 年 12 月には日本債券信用銀行が一時国有化される。

5.6 橋本構造改革で解禁された金融持株会社と大手銀行の再編

1990 年代末は，橋本龍太郎内閣のもとで構造改革が進められた時期でもあった。1998 年 4 月に成立した改正外国為替法で，外為銀行に限られていた外国為替業務や海外との資本取引が自由化された。1998 年 6 月に成立した金融システム改革法では，証券会社や資産運用業の業務の多角化，株式売買委託手

数料の完全自由化などが打ち出された。1997年の独占禁止法改正で純粋持株会社☆が解禁され，続いて98年3月には金融持株会社☆が認められた。これにより，持株会社の傘下に銀行，証券会社などが入る金融グループを形成できるようになった。

大都市に本店を置き，全国の主要都市に支店を展開する都市銀行は，1973年に太陽銀行と神戸銀行が合併して太陽神戸銀行が誕生して以来，1980年代まで13行体制が続いていた。また，全国規模で展開する大手銀行は，都市銀行に長期信用銀行3行，信託銀行7行を加えた23行を指していた。前述したように90年代末までに，このうち都市銀行が1行（北海道拓殖銀行），長期信用銀行2行（日本長期信用銀行，日本債券信用銀行）が経営破綻した。

現在は，3つのメガバンクグループとりそなグループ，三井住友信託銀行グループが5大金融グループと呼ばれている。これらの5大金融グループは，金融持株会社の仕組みを利用して2000年代に相次ぎ誕生した。

2002年12月に誕生した三井住友フィナンシャルグループは，さくら銀行（三井銀行と太陽神戸銀行が90年4月に合併し，92年4月に行名変更）と住友銀行が2001年4月に合併して誕生した三井住友銀行を中心とした金融グループである。1980年代に都市銀行であった3行が統合されている。

2003年3月に誕生したみずほフィナンシャルグループは，都市銀行だった第一勧業銀行と富士銀行，長期信用銀行だった日本興業銀行の3行が統合してできた。銀行同士の合併には紆余曲折があったが，2013年7月にみずほ銀行に一本化された。信託銀行の安田信託銀行（現・みずほ信託銀行）もグループ傘下にある。

2005年10月に誕生した三菱UFJフィナンシャルグループは，三菱東京フィナンシャルグループとUFJホールディングスを統合した。三菱東京フィナンシャルグループ（2001年4月誕生）は，東京三菱銀行（都市銀行であった三菱銀行と東京銀行が1996年4月に合併），信託銀行の三菱信託銀行，日本信託銀行が経営統合した。UFJホールディングス（2001年4月誕生）は都市銀行であっ

☆**純粋持株会社**：持株会社の一形態で，持株会社自体は事業を営まず，所有・支配する子会社の統括・運営を専らとする会社。

☆**金融持株会社**：銀行・証券・保険などの異なる種類の金融業の子会社を傘下に持つことができる持株会社。

た三和銀行，東海銀行，東洋信託銀行が経営統合した。現在は，銀行部門は三菱 UFJ 銀行，信託部門は三菱 UFJ 信託銀行に一本化されている。1980 年代の都市銀行 4 行と信託銀行 3 行が統合されている。

りそなグループは上記 3 行とは異なり，地域金融機関の連合体（スーパーリージョナルバンク）を志向した。2002 年 3 月，大和銀ホールディングス（2001 年 12 月に都市銀行の大和銀行，地方銀行の近畿大阪銀行，奈良銀行が経営統合）の傘下に，あさひ銀行（都市銀行であった協和銀行，埼玉銀行が 1991 年 4 月に合併，92 年 9 月に行名変更）が入った。2003 年 3 月にはりそなホールディングスに名称変更するとともに，大和銀行とあさひ銀行が再編され，都市銀行のりそな銀行と地方銀行の埼玉りそな銀行に分かれた。現在はこの 2 行に地方銀行の関西みらい銀行，みなと銀行（前述のみどり銀行が 99 年 4 月に阪神銀行と合併）が加わった 4 行を傘下に持つ。

なお，りそな銀行は 2003 年 3 月期決算で自己資本比率が 4％ を下回ったことから公的資金による資本増強（実質国有化）が行われた。当時の小泉純一郎内閣で進められた改革先行プログラムを背景に，不良債権の厳格な把握などが進められた。りそな銀行には 2003 年 6 月に 1 兆 9600 億円の公的資金が注入されたが，旧大和銀行などに過去注入された金額を加えると累計で 3 兆 1280 億円となった。この公的資金は 2015 年 6 月に完済された。

2011 年 4 月に誕生した三井住友トラストホールディングスは，信託銀行の連合体という面で上記の 4 グループとは異なる。住友信託銀行と，中央三井信託銀行（2000 年 4 月に三井信託銀行と中央信託銀行が合併）が経営統合した。2012 年 4 月に両者は合併して三井住友信託銀行となった。

以上の再編などの結果，1980 年代に 13 行あった都市銀行は 4 行（三井住友銀行，みずほ銀行，三菱 UFJ 銀行，りそな銀行），7 行あった大手信託銀行は 3 行（みずほ信託銀行，三菱 UFJ 信託銀行，三井住友信託銀行）に集約された。しかも，信託銀行のうち 2 行はメガバンクグループの傘下にあり，独立しているのは三井住友信託銀行のみである。そして，3 行あった長期信用銀行はゼロであり，バブル崩壊後にいかに大規模な金融機関の再編が行われたかがわかる。

5.7 地方銀行でも進む再編

そして，現在，地域金融の担い手である地方銀行，第二地方銀行（旧相互銀行）でも再編が進んでいる。2024 年 3 月末現在，地方銀行は 62 行，第二地方

銀行は37行あるが，預金保険機構「預金保険対象金融機関数の推移」によると，2000年度には地方銀行は64行，第二地方銀行は57行あった。第二地方銀行を中心に合併が進んできたことがわかる。

　さらに，金融持株会社の仕組みを用いて経営統合を進めている地方銀行，第二地方銀行も多い。代表的なものとしては，地方銀行の北海道銀行と北陸銀行を傘下に持つほくほくフィナンシャルグループ（2004年9月誕生），地方銀行の横浜銀行と第二地方銀行の東日本銀行を傘下に持つコンコルディアフィナンシャルグループ（2016年4月誕生），2007年4月の発足後，傘下の銀行を増やしてきたふくおかフィナンシャルグループ（2024年3月末現在は，地方銀行の福岡銀行，十八親和銀行，第二地方銀行の福岡中央銀行，熊本銀行の4行）などがある。

　日本の人口減少，少子高齢化が進み，地域経済の地盤低下が目立ってきたなかで，1つの都道府県に活動を特化する地方銀行，第二地方銀行の経営環境は厳しい。こうした再編は今後も進んでいくだろう。

▶注

1）　なお，佐々木［2011］が主張するように，2国間の金利差と為替レートの関係を一般化，かつ単純化して語るのは難しい。佐々木［2011］は，日米金利差と円ドルレートは1990年代にはほとんど相関がなかったが，2002年頃からは比較的安定していると説明する。また，最近の急激な円安ドル高の説明として，日米金利差，日米の金融政策の違いはしばしば用いられている。

▶参 考 文 献

浅子和美［1992］「資産価格のメカニズム」，伊藤隆敏・野口悠紀雄編『分析・日本経済のストック化』日本経済新聞社，21～53頁。

香西泰［2001］『高度成長の時代──現代日本経済史ノート』日本経済新聞社。

後藤新一［1997］「銀行不倒神話の崩壊と1986年以降の金融機関破綻」日本証券経済研究所『証券経済研究』第10号，105～139頁。

佐々木融［2011］『弱い日本の強い円』日本経済新聞出版社（日経プレミアシリーズ）。

清水真人［2015］『財務省と政治──「最強官庁」の虚像と実像』中央公論新社（中公新書）。

全 国 銀 行 協 会「最 近 の 銀 行 の 合 併 を 知 る に は」https://www.zenginkyo.or.jp/article/tag-h/7454/（2024年8月10日最終アクセス）。

土志田征一編［2001］『経済白書で読む戦後日本経済の歩み』有斐閣。

内閣府［2011］『日本経済の記録──金融危機，デフレと回復過程』（「バブル／デフレ期の日本経済と経済政策」第2巻）。

野口悠紀雄［2010］『1940年体制──さらば戦時経済（増補版）』東洋経済新報社。

第9章

日本経済の歩み 2

アベノミクス，金融政策，企業統治改革

安倍元首相（左）と植田日銀総裁（右）（写真提供：時事）

本章で学ぶこと

　本章では，2000年代以降の日本経済および政策について解説する。第1節ではアベノミクスとは何であったのかを振り返り，第2節では，アベノミクスでも重要な役割を担った日本の金融政策とその変遷を解説する。第3節では，アベノミクスの成長戦略にも盛り込まれた企業統治改革を扱う。

　アベノミクスは，2012年12月に2度目の首相の座に就いた安倍晋三が打ち出した経済政策の俗称であるが，第1節では2008年のリーマン・ショックまでさかのぼり，アベノミクス前史も含め，アベノミクスの政策の特徴やアベノミクス景気の特徴を解説する。

　アベノミクスの第1の矢は，日本銀行による非伝統的な金融政策とも呼ばれた。大学生など若い読者は生まれてからほぼ非伝統的な金融政策のもとで暮らしていたため，何が伝統的で何が非伝統的かわからないかもしれない。第2節では金融政策とは何か，なぜ行われるかから説き起こし，伝統的な金融政策と非伝統的な金融政策の違いなどを解説する。

　第3節の企業統治改革は，アベノミクスが終わった後に，一段と加速しつつあるともいえるが，なお道半ばにある。東京証券取引所の株式市場改革などの最新の動向を取り上げ，企業統治改革の今後の課題について考える。

260 第Ⅱ部 発展編

第1節 アベノミクスとは何だったのだろうか？

戦後 16 番目の景気拡大局面（2012 年 11 月〜2018 年 10 月）は 71 カ月続き，2000 年代の第 14 循環の 73 カ月に次ぐ長さとなった。この時期に行われていた経済政策は「アベノミクス」と俗称される。2012 年 12 月の衆議院議員総選挙で自民党が与党に返り咲いたことで始まった第 2 次安倍晋三内閣が進めた経済政策である。安倍は 2020 年 9 月まで首相の座にあり，通算在職日数3188 日（第 1 次安倍内閣：2006 年 9 月〜2007 年 9 月を含む）は，戦前も含めて歴代 1 位であった。本節ではリーマン・ショック以降の日本経済を振り返りながら，アベノミクスと呼ばれた政策，アベノミクス景気の特徴について解説する。

1.1 アベノミクス前史①──リーマン・ショックの発生

2008 年 9 月，アメリカ発のリーマン・ショックが発生した当時の日本は，戦後最長の景気拡大（第 14 循環）が 2008 年 2 月に終わり，緩やかな景気後退局面にあった。戦後最長の景気拡大は小泉純一郎内閣のときに始まったが，2006 年 9 月に小泉政権を引き継いだのが第 1 次安倍内閣であった。第 1 次安倍内閣の時期は，2006 年 3 月に量的緩和政策を終了させた日本銀行が，2006年 7 月，2007 年 2 月に 0.25 ポイントずつ政策金利を引き上げ，金融政策の正常化への道筋が見えてきたかに思われた時期であった。しかし，リーマン・ショックとそれに続く世界金融危機のなかで，正常化は先送りされた。

リーマン・ショックは，アメリカで 4 番目に大きな投資銀行（法人向け証券会社）のリーマン・ブラザーズが破綻申請したことがきっかけであった。アメリカの金融システム不安が一気に表面化し，世界的な信用不安と株価の同時暴落を引き起こした。この主因は，サブプライム・ローン問題である。サブプライム・ローンとは信用力の低い低所得者向けの住宅ローンであり，借入時の審査が厳格でない分，金利が高く設定された。ただ，借入当初数年間は低めの金利を適用したり，利息だけの支払いとして借りやすくしたりしていた。住宅価格の急上昇により，住宅転売によってローンを返済し，場合によっては差益を得られる状況が生まれ，サブプライム・ローンの貸出がさらに増えていった。

一方，住宅ローン債権（貸出金や利子を受け取る権利）は証券化☆され，世界各国の投資家に販売された。当時，先進国では低金利状況が続いていたため，利

回りの高さが人気を集めた。アメリカの住宅価格の上昇により，貸し倒れリスクが低下していたことも人気を支えた。

しかし，日本の1980年代後半のバブルと同様に，利回りが高いがリスクが一見すると低い投資という"幸せな時代"は長続きしなかった。住宅価格の上昇率が鈍化し，下落し始めるとサブプライム・ローンの返済の延滞が目立ち始めた。ローン債権を組み込んだ証券化商品の信用リスクが高まり，こうした金融商品に多く投資してきた欧米を中心とした世界の投資銀行の信用不安につながった。

1.2　アベノミクス前史②──「3つのラグ」で対応が遅れた自民党政権

リーマン・ショック直後は，日本経済への影響は軽微なものにとどまるとの観測が優勢であった。当時の経済財政政策担当大臣であった与謝野馨が「（日本経済への影響は），ハチが刺した程度」と述べていたほどである。不良債権処理に注力していた日本の金融機関に，サブプライム・ローンの証券化商品に投資する余力がなかったためである。また，2000年代を通じて高度成長を果たし，日本の主力輸出先となった中国をはじめとしたBRICsなどの新興工業国の経済成長がアメリカなどから独り立ちしている（デカップリング論）ため，輸出の落ち込みも軽微というシナリオもあった。しかし，実際には輸出の大幅な減少を主因として日本の実質GDP成長率は2008年がマイナス1.2%，2009年はマイナス5.7%と大幅に下落した。2009年の減少率は，震源地のアメリカやEUを上回るほどであった（図9-1）。

リーマン・ショック発生当時の首相は福田康夫であった。2007年7月の参院選に敗北し，体調不良などを理由に1年足らずで退陣した安倍政権を引き継ぎ，2007年9月から政権を担当していた。福田は2008年2月以降の景気後退に対応し2008年8月に「安心実現のための緊急総合対策」を決定するが，リーマン・ショック直後の9月24日に退陣する。後を継いだ麻生太郎が補正予算を国会に提出したのは9月29日，成立したのは10月16日であった。事業費は11.5兆円程度とされたが，実質的な追加歳出は1兆円程度と小規模なものであった（図9-2）。

その後，各種経済指標が日本経済の急激な悪化を示すなか，麻生政権は「世

☆証券化：保有している不動産や債権など，収益を生み出す資産を有価証券として売り出すこと。

262　第Ⅱ部　発展編

▶図9-1　リーマン・ショック以降の実質GDP成長率の寄与度分解

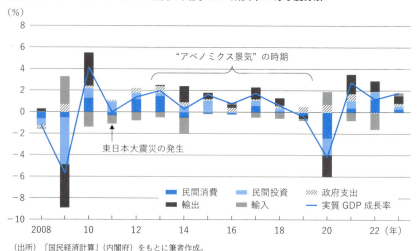

（出所）「国民経済計算」（内閣府）をもとに筆者作成。

▶図9-2　1990年代以降の主な経済対策の事業規模

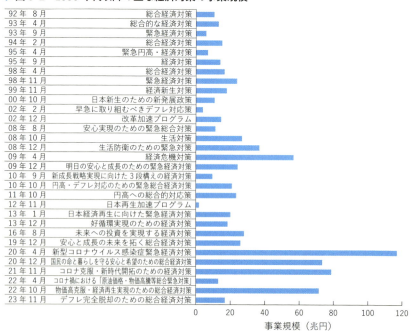

（注）　地方への好循環拡大に向けた緊急経済対策（2014年12月）は事業規模が明示されていないため省略。
（出所）　内閣府ウェブページ「経済対策等」をもとに筆者作成。

界の金融資本市場は 100 年に 1 度と言われる混乱に陥っている」という認識のもと，第 2 次補正予算を打ち出す。追加歳出は 5 兆円と拡大するが，補正予算が国会に提出されたのは 12 月 20 日，成立したのは翌 2009 年の 1 月 27 日であった。さらに，麻生政権は 2009 年 4 月に事業費 56.8 兆円という大型の経済対策を打ち出したが，景気基準日付（第 1 章・表 1-3）からわかるように日本経済は 2009 年 4 月から輸出主導で景気拡張局面に入っていた。

　経済政策には認知ラグ（経済状況を把握するまでに時間がかかる），実行ラグ（予算を作成，政策を実施するまでに時間がかかる），効果ラグ（政策の効果が表れるまでに時間がかかる）という 3 つのラグが存在するが，リーマン・ショック発生直後の経済政策はそれを学ぶうえで絶好のテキストになってしまった。

1.3　アベノミクス前史③──民主党政権における政策運営

　2009 年 8 月，衆議院議員総選挙で大勝した民主党が政権を握り，9 月に鳩山由紀夫が首相に就任した。リーマン・ショック後に非正規労働者を中心に雇用調整が進み（「派遣切り」と称された），市場原理主義とも称された小泉政権以降の自民党政治への反発が高まったことが民主党の勝利につながったと考えられる。

　「コンクリートから人へ」のスローガンに集約されるように，民主党は公共事業中心に予算を配分する方法を改め，浮いた予算を社会保障などに重点的に再配分する政策を打ち出した。子ども手当，公立高校の実質無償化，高速道路の無料化，農業の戸別所得補償など 2009 年の総選挙におけるマニフェスト（選挙公約）で打ち出した諸政策に必要な財源 16.8 兆円（政策が完成する 13 年時点）を，予算の無駄遣いをなくすことなどでまかなうと主張した。予算の見直しのために事業仕分けを実施し，インターネット中継などを用いて国民に公開しながら，国の予算，独立行政法人への補助金の精査を行った。しかし，見込んでいた財源確保が達成できずに，中途半端な形で各種政策は実行され，最終的には終了したものが少なくなかった。

　民主党の政権運営に対してはさまざまな批判，総括があるが，①中長期的な目標と短期的な政策の不整合，②日本の財政状況の厳しさに対する認識不足，などがあげられるだろう。

　「コンクリートから人へ」という公共事業に依存しない経済政策自体は中長期的な日本経済の方向性としては間違っていなかったと考えられる。無駄な事

▶図9-3 国の主要経費別歳出純計の推移

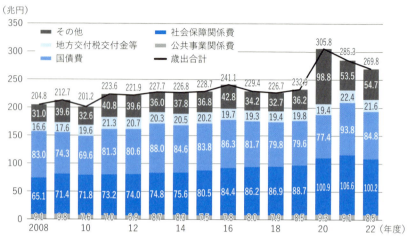

(注) 国債整理基金特別会計における借換償還額控除後の額。
(出所) 国の決算資料をもとに筆者作成。

業を実施する代わりにその財源で社会保障政策を打ち出すのは自然な姿であろう。しかし，民主党が政権を握った2009年9月時点の日本経済は輸出主導でようやく立ち直り始めたところであった。デフレ圧力も強いなか，公共事業費の削減を急いでしまったことは失敗であったといえる。

民主党政権が発足した2009年度の国全体の歳出（一般会計と特別会計を合わせた主要経費別歳出純計☆）の212.7兆円のうち，削るのが難しい国債費，地方交付税交付金等，社会保障関係費を除くと49.4兆円。そこから9兆円を捻出する，つまり約2割のカットを行うことは難しかったのではないか（図9-3）。

公約の達成に手間取るなかで，政権交代当初に高まった民主党政権への期待は急速にしぼんでいく。2010年の参議院議員選挙では，それまで第1党であった民主党は大幅に議席を減らし，連立を組んでいた国民新党を加えても参議院の議席の過半数を確保できなくなってしまう。2011年3月に発生した東日本大震災と，原子力発電所の再稼働の遅れによる電力不足なども民主党には逆風になっていく。リーマン・ショック以降，購買力平価を上回る円高ドル安が

☆主要経費別歳出純計：一般会計歳出総額と特別会計歳出総額の合計から会計間の入り繰りを控除し，政策分野ごとに整理したもの。国の歳出の全体像を示すものである。

第9章　日本経済の歩み2　**265**

進み，東日本大震災後には1ドル＝70円台まで円高が進んだ。これに対応するように企業の対外直接投資が増加していった（第7章・図7-3）。

1.4　アベノミクスの3本の矢

　小峰［2019］は，最も狭義の「アベノミクス」を安倍首相が就任直後に打ち出した3本の矢としている。すなわち，第1の矢の「大胆な」金融政策，第2の矢の「機動的な」財政政策，第3の「民間投資を喚起する」成長戦略である。この中で，実際に放たれた矢は第1の矢のみで，第2の矢，第3の矢は取り組み不足であったという評価がよく聞かれる。

　第1の矢は，2013年3月に日本銀行総裁に就任した黒田東彦のもとで13年4月から導入された量的・質的金融緩和である。着任後2年で2%の消費者物価上昇率を目標設定したが達成できず，マイナス金利などさらなる非伝統的な金融政策が実施された（詳しくは第2節参照）。消費税率引き上げの影響を除けば安倍首相の在任中に2%の消費者物価上昇率の目標は達成できなかったが，2022年に入って2%超えが実現した。大胆な金融緩和が，購買力平価を大きく上回る円高を修正したという見方もある。

　第2の矢は，公共投資を中心とした財政支出の拡大である。2013年1月の「日本経済再生に向けた緊急経済対策」を皮切りに，安倍政権では毎年のように経済対策を打ち出したが，実質GDP成長率における政府支出の寄与（2013〜19暦年の単純平均）に注目すると，実質GDP成長率の平均が1%だったのに対して，政府支出の寄与度は0.3ポイントであり，民主党政権時代（2009〜12年の単純平均）の寄与度の0.4ポイントとほぼ変わりがない（飯塚［2020］）。国の主要経費別歳出純計の推移を見ても節約傾向が確認できる（図9-3）。

　むしろ，緊縮気味だったとも評価できる。安倍政権下では2014年4月に消費税率が5%から8%へ，19年10月には8%から10%へと2度引き上げられたためである。2019年10月の消費税率引き上げは，結果的に，景気後退局面での財政引き締めになった。第5章・図5-15に示したように，コロナ禍前の2019年までは財政収支赤字の名目GDP比も縮小傾向にあった。

　第3の矢は，規制緩和などを通じて国内のビジネス環境を改善するものであった。2013年6月に打ち出した「日本再興戦略」では，成長志向型の法人税改革などが打ち出された。金融緩和に依存し構造改革が不十分だったという声がある一方で，法人税率を下げ，経済連携協定を進めるなど国内のビジネス

266　第Ⅱ部　発 展 編

環境が改善したと評価する声もある（永濱［2022］）。ただし，永濱［2022］は高い電気料金と労働規制改革が課題として残ったとも指摘している。

1.5　新 3 本の矢の登場

安倍政権は，2016 年 6 月に「ニッポン一億総活躍プラン」を閣議決定し，新 3 本の矢も打ち出している。すなわち，新第 1 の矢の「希望出生率 1.8 の実現」，新第 2 の矢の「介護離職ゼロの実現」，新第 3 の矢の「名目 GDP600 兆円の実現」である。

新第 1 の矢を実現するには，結婚したい人は全員結婚し，希望する子どもの数を持てる必要がある。新第 2 の矢の「介護離職ゼロ」とともに，働き方改革や子育ての環境整備，介護の環境整備を進めるとした。このうち，働き方改革については法律が整備されつつある（第 3 章参照）。

新第 3 の矢は 2023 年度の名目 GDP が 596.5 兆円であることから達成間近という報道も散見される。しかし，この目標は 1993 SNA 2005 年基準のデータで打ち出されたものであり，研究開発投資など GDP に含まれるものが増えた現行の 2008 SNA 2015 年基準とは単純比較できない。当時の目標であった600 兆円は，現在の基準であれば 640 兆円に相当するため，目標達成はまだ先といえる。

1.6　アベノミクス景気の特徴

冒頭に述べたように，アベノミクス景気は 2018 年 10 月に景気拡大局面が終わった。

まず平均成長率を過去の景気拡大局面と比較しよう（図 9-4）。実質 GDP の平均成長率は年率 1.2％ にとどまる。本節執筆時点で戦後最長である 2000 年代初頭の第 14 循環の年率 1.6％ よりも低い。浅子・飯塚・宮川編［2011］は，第 14 循環を「戦後最長で最弱の景気拡大」としたが，それすら下回る。一方，名目 GDP 成長率の平均が実質 GDP のそれを上回っている。これは，バブル期の景気拡大（第 11 循環）以来の出来事である。

労働市場に注目すると，完全失業率は 2012 年 11 月の 4.1％ から 18 年 10月には 2.4％ と 1.7 ポイント低下した。この低下幅自体は第 14 循環（2002 年1 月の 5.2％ から 2008 年 2 月の 4.0％）を若干上回る程度であるが，就業者数の伸びが年率 1.1％ と高いのもアベノミクス景気の特徴といえる（図 9-5）。1998

▶図 9-4　景気拡張局面における経済成長率の平均（年率）

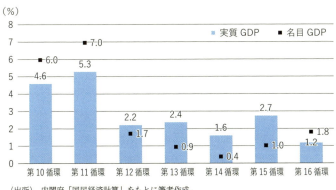

（出所）　内閣府「国民経済計算」をもとに筆者作成。

▶図 9-5　景気拡張局面における雇用・所得成長率の平均（年率）

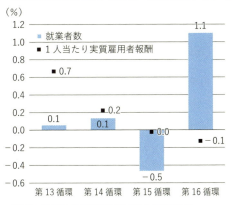

（出所）　内閣府「国民経済計算」をもとに筆者作成。

年をピークに減少傾向となっていた労働力人口が，2013 年から 6 年連続増加したためである。女性，高齢者の労働参加が進んだことが背景にある。

ただし，就業者数の伸びに比べて実質 GDP の平均成長率が低いことから賃金上昇率は弱いものにとどまっている。物価変動を調整した 1 人当たり実質雇用者報酬（＝実質雇用者報酬÷雇用者数）の平均成長率はマイナス 0.1％ とほぼ横ばいにとどまっている。

こうした所得環境は，アベノミクス景気における民間消費の寄与の小ささの一因になっている（前掲図 9-1 参照）。スタート時の 2013 年こそ実質 GDP 成長率 2％ のうち 1.5 ポイントを民間消費で稼いだものの，その後の寄与は小さ

268 第Ⅱ部 発展編

なものにとどまった。民間消費と並んで期待外れとなったのが公共投資である。逆に存在感を高めたのは輸出と民間投資であった。

第2節 金融政策

日本銀行法☆2条は,「物価の安定を図ることを通じて国民経済の健全な発展に資すること」を日銀に求めている。世の中のモノやサービスの取引量を勘案して集計された一般物価として消費者物価指数に注目し,物価の上昇や下落を含めたマクロ経済動向の基調(トレンド)判断を行い,物価の安定を目指す「物価の番人」としてマクロ経済政策運営の一翼を担う。本節では,教科書において財政政策とセットでマクロ経済政策として紹介される(狭義の)金融政策について学んでいく。なお,広義の場合は,狭義に加え第6章で触れた金融システム・決済システムの安定化に資するプルーデンス政策が含まれる。

2.1 物価の安定と「物価の番人」としての日本銀行

物価の安定が法律に明記されるほどに大事なのはなぜか。第1に,物価変動が社会的費用,つまり望ましくない社会的影響を伴い,経済活動全般に悪影響をもたらすからである。貨幣価値(お金の価値)の変化の影響を考えてみる。インフレはお金の価値の下落を意味し,デフレは上昇を意味する。今年ペットボトル1本が100円で,来年は同じボトルが150円で売られているとする。手元に300円あれば今年は3本買えるが,来年は2本しか買えない。もしも,来年は1本が50円ならば6本も買える。この例のように価格の見通しが立てづらい状況では,お金を使った取引はやりにくくなる。

第2に,物価の変化が実質金利(実質利子率)に与える影響を通じて,マクロ経済に大きな影響を与えるからである。たとえば,銀行の店頭で表記される金利,つまり名目金利が5%ならば,100万円を1年預金すると名目で105万円となる。仮にこの1年間のインフレ率が3%と予想されるならば,貨幣価値の変化を考慮すると名目の105万円は実質では102万円(≒105万円÷

☆日本銀行法:日本銀行の根拠法規であり,今日の日本銀行法は1942年制定の旧日本銀行法を全面改正する形で97年6月に公布され,98年4月に施行された。同法の基本理念は,金融政策における日本銀行の独立性を強化し,政策決定過程の透明性を確保することにある。

1.03) となるため，実質的に付く利子は2%程度となる。つまり，予想されるインフレ率（期待インフレ率）＞0%のため，実質金利は名目金利を下回る。このとき，第6章で学んだ資金余剰の経済主体，たとえば預金をする家計は，名目よりも実質的に利子が得られない。一方，資金不足の経済主体，たとえば借金をしている政府は，名目よりも実質的に利子を支払わなくて済む。これは，資金の出し手である資金余剰主体から受け手である資金不足主体への所得移転と呼ばれる。なお，デフレ予想の場合は，インフレの場合とは逆に，資金の受け手から出し手への所得移転が生じる。

　物価変動にはもう1つ強制的な所得移転機能がある。保有する資産や負債について考えてみよう。資産には金融資産（例：預金や株式）と実物資産（例：不動産）がある。一方，負の資産，すなわち（金融）負債としては，借入がある。個人であれば住宅ローンの借入，企業であれば設備投資資金の借入が典型的である。インフレの場合，資産や負債の実質的価値は下落する。保有する資産が実質的に減り，負債の返済負担は軽くなるため，資産を保有していると損に，負債を保有していると得になる。このことを，（資産保有者から負債保有者への）所得移転と呼ぶ。他方，デフレの場合は，借金の返済負担が高まる。バブル期に過剰な借金があった家計や企業にとって，返済負担が大きな重しとなり，経済活動の長期的な停滞の一因となった。

　第3に，デフレ下ではモノやサービスの値段が上がらず，おのずと企業の売上額は減少し，賃金も下落傾向になる。家計の購買力も低下し，消費が低迷する。借金をしていると返済負担の高まりに直面する。これらが同時に発生し，景気が低迷すると，物価は下落する。この悪循環はデフレ・スパイラルと呼ばれる。スパイラルのインパクトについては意見が分かれる。ただし，バブル崩壊以降，日本経済がデフレから脱却するのに時間を要し，低い経済成長率を経験したという事実は，このメカニズムがある程度は働いた可能性を示唆する。

　上記のような問題の影響をなるべく小さくすることが，金融政策の目標であるが，では銀行券を独占的に発行する発券銀行である日銀が，なぜ「物価の番人」の役割を担うのだろうか。いくつかの理由が考えられるだろう。まず，すでに第6章でも説明したとおり，過度なインフレがおきればお金が使われなくなり，経済活動が非効率化することがあげられる。また第2に，物価は「マネタリーな（貨幣的な）現象」と理論的には考える向きがあるためである。

270 第Ⅱ部 発展編

この考えは，経済学の教科書にも登場する貨幣数量説に基づく。この説は，ある期間にマネー（お金）が何回人手から人手に流通するかを示す貨幣の流通速度が一定のもと，マネーの需給の一致関係が成り立つならば，（長期的に見て）物価はマネーの量に対して比例的に動くという考え方だ。第3に，（貨幣数量説とは相いれない理論だが）マクロ経済学の総需要・総供給分析において，金融政策は総需要曲線をシフトさせる効果を持つからである。日銀は，理論的には貨幣供給を制御して，経済全体の均衡における金利とマネーの量に影響を与える。その結果，マネーの供給量を増やす緩和的政策により金利が低下して投資を刺激するため，モノやサービスの需要が増え，均衡における国内総生産が増加し，物価も上昇する。

2.2 伝統的な日本銀行の金融政策

平時の金融政策では，金融調節によって短期金利を目標とする水準に誘導している。誘導目標である政策金利は，無担保コールレート・オーバーナイト物（無担保コール翌日物ともいう）である。これは金融機関同士が短期の資金貸借を行うインターバンク市場における翌日満期の金利だ。

誘導に用いられる日銀の金融調節手段の主力は公開市場操作（オペ〔レーション〕）である。日銀が国債等を民間銀行から買い上げて金利を低下させたり（買いオペまたは資金供給オペ），逆に民間銀行に売却することで上昇させたりする（売りオペまたは資金吸収オペ）。さらに，民間銀行が一時的に短期の資金調達をうまくできない場合の政策手段として，彼らの求めに応じて0.5%（2024年8月現在）の基準貸付金利で貸出を実行する補完貸付制度もある。

日銀の日々の金融調節によって決まってくる短期金利は，より長い期間の金利を変化させ，それが経済全般に影響を与えていく。たとえば，t日を初日とする3日満期の金利は，①t日における$(t+1)$日満期の金利，②$(t+1)$日における$(t+2)$日満期の予想金利，③$(t+2)$日における$(t+3)$日満期の予想金利，これら3つの1日満期の金利の平均値となる。より満期の長い長期金利についても同様の計算が可能である。だから，たとえば将来の短期金利が上昇すると市場が予想する場合，現在の短期金利よりも現在の長期金利の方が高くなる。この仕組みは，金利の期間構造☆の純粋期待仮説と呼ばれる。ただ

☆金利の期間構造：国債などの金融資産の金利と，それぞれの残存期間との対応関係。

し，実際には長期金利は，先行きの経済動向などについての予想の不確実性を考慮した期間プレミアム等を含む。つまり，日銀は短期金利をほぼ完全にコントロールできる一方，長期金利については完全にコントロールできるわけではない。こうして決まってくる長期金利は各経済主体の行動に影響を与える。

　金融調節方針を含む日銀の主たる政策は年 8 回開催される金融政策決定会合の場において，総裁 1 名，副総裁 2 名，審議委員 6 名の計 9 名による多数決で決められる。歴史的教訓を踏まえた「中央銀行の（政治からの）独立性」故に，政府関係者はこの多数決に議決権を行使できない。しかし，第 2 次安倍政権下の経済政策では，経済政策の第 1 の矢として金融政策があげられており，政治と金融政策の距離については議論がある。

　さて，決定会合で決まった金融調節方針に基づき，日銀が買いオペを実施するケースを考える。国債を日銀に売却した民間銀行については，日銀当預（日本銀行当座預金）と呼ばれる民間銀行が日銀に保有する当座預金口座の残高が売却額相当分増える（民間銀行は増えた日銀当預を取り崩して現金化することもできる）。この結果，ベース・マネー（＝市中に出回っている現金＋各民間銀行の日銀当預の総額。マネタリー・ベースとも呼ばれる）が増える。

　経済学の教科書的な説明では，金融調節を通じてベース・マネーを増減させることで，日銀がマネーの供給を決められ，マネーの需要と合致する均衡点で金利が決まると説明される。だが，実際にはベース・マネーの量は，金融調節による短期金利誘導の結果として決まってくるということになる。

　なお，日銀当預は準備預金とも呼ばれ，経済学ではこちらの方がよく使われる。民間銀行は受け入れた預金の一定割合（法定預金準備率）分を日銀当預にする義務を負い，それを超える準備預金（超過準備）は任意で行う。そして，両者の和が日銀当預となる。平時は日銀当預の金利はゼロのため，超過準備は極力少なくするのが標準的である。

　最後に，金融調節の仕組みを理解するために，日銀のバランスシートについて説明しておこう。日銀のバランスシートは独特だが，発券銀行と銀行の銀行としての特徴を考えれば理解しやすい（表 9-1）。

　負債サイドを見ると主な構成要素はベース・マネーであり，資産サイドは，国債等の有価証券と金融機関向けの貸出で大半が構成される。つまり，資金を供給する金融調節（つまり買いオペ）の結果，負債サイドのベース・マネーが増加し，これに対応して，資産サイドではオペで買い入れた国債等や補完貸付制

272 第Ⅱ部 発展編

▶表 9-1 日本銀行のバランスシート（単位：兆円）

資産サイド			負債サイド		
金地金	0.4	(0.4)	銀行券	120.0	(65.4)
有価証券等	636.9	(69.2)	日銀当座預金	544.2	(23.4)
うち国債	591.0	(69.2)	その他	92.2	(20.4)
貸出	110.8	(4.0)	資本金等	3.7	(2.2)
その他	12.0	(37.7)			
資産計	760.0	(111.4)	負債・純資産計	760.0	(111.4)

（注）2024 年 7 月 20 日時点（カッコ内は 1999 年末時点）。貸出は民間金融機関向けの貸出。本データはストックのデータ。
（出所）日本銀行「営業毎旬報告」。

度で増加した日銀の金融機関向け貸出が現れる。なお，銀行券が負債なのは，兌換（銀行券が金などの金属との引換をされること）時代の名残ではあるが，不換（銀行券が金などの金属との引換が約束されないこと）の現在でも日銀が物価（通貨価値）の安定に対して責任を負っていることを反映している。

　金融政策の実体経済への波及効果は，日銀がごく短期の（名目）金利をコントロールし，そこから金利の期間構造を通じて短期から長期の（名目）金利が形成されるところから始まる。ただし，実体経済に影響を与えるのは，名目金利ではなく実質金利である。金融政策により名目金利が変化しても，さまざまな価格（モノやサービスの価格，賃金）はそれに応じて伸縮的に動くわけではない。これは，金融政策のタイム・ラグ（政策効果が経済に浸透するのに時間を要すること）に加え，価格は本来の望ましい水準にはすぐには変化しない価格の粘着性（硬直性）☆があるためである（詳しくは，福田・照山 [2023] 参照）。結果として，名目金利が変化すると，実質金利も変化する。

　以下では，インフレ率を押し上げるための金融緩和を考えてみたい。名目金利の利下げによって実質金利も低下する場合，国内の各経済主体の需要（内需）が影響を受ける。家計部門の場合は，実質金利低下によって貯蓄の魅力が低下し，現在の消費が増える。さらに，借入コストの低下は家計の住宅投資や耐久消費財への支出を刺激する。企業部門の場合は，資金調達コスト（借入コ

☆価格の硬直性：価格がひとたび設定されると，たとえばメニューの価格を変更する際にコストがかかるため，価格を一定期間据え置くことに合理性があり，頻繁な価格変更が行われないこと。

スト）が下がるため，設備投資をしやすくなる。

　外需については，為替レートを通じた効果がある。短期的には金利平価説☆と呼ばれる内外名目金利差が為替レートの決め手の1つになる。たとえば，日本が金融緩和をすると，海外の金利に比べて日本の金利が低くなり，日本の金融資産の魅力が下がるため，日本円への需要が減って円の価値が下落（円安化）する。また，中期的にはマンデル＝フレミングモデル☆が知られ，同じく金融緩和の場合であれば，*IS−LM* 分析の *LM* 曲線を右へシフトさせることにより国内金利を引き下げ，所得は拡大する。このため，短期と同様に，円安化する。逆に，金融引き締めの場合は，短期でも中期でも円高化する。

　さて，もし緩和により円安化すると，日本で生産された商品は外貨建てで安くなり，日本の輸出が増えやすい。逆に海外の商品は円建てで高くなり，輸入は減りやすい。日本の場合，円安は輸出産業の業績改善を連想させ，株高にもつながりやすい。株高による家計や企業の保有資産の価値上昇効果（資産効果）により，消費や投資も促される。ただし，近年ではいわゆる産業の空洞化により，日本の企業の海外進出が進んだ結果，過去ほどには円安による輸出増の効果がなくなってきている。

　日銀は金融政策の操作目標や最終目標は為替ではないとの立場を取っている。緩和政策によってあくまで「結果的に」円相場が下落する，というのが公式見解である。円安化は海外の需要に頼り，海外からの供給を抑える。このような円安化による近隣（諸国に対する）窮乏化を明示的な政策目標とすれば，各国同士で窮乏化政策を繰り出す引き金となりうるため，自由貿易体制の現代において窮乏化策は禁じ手とされる。

　以上のような内外のルートを通じた政策の波及効果でマクロ経済動向が好転していくと，さまざまな価格に上昇圧力がかかり，徐々に物価が上昇してい

☆金利平価：為替レートの決定理論の1つで，自国通貨と外国通貨の短期金利の差によって為替レートの水準が決定されるとする理論。2国の金利が異なる場合，より高い収益を求めて資金が移動することにより，為替レートが変動し，最終的にはどちらの通貨で運用しても期待収益率が同じになる水準に落ち着くとされる。

☆マンデル＝フレミングモデル（Mundell-Fleming model）：開放経済下における金融・財政経済政策の効果に関して検証した *IS-LM* 分析を拡張したモデル。たとえば，変動相場制下では財政政策の効果が低下し，金融政策が有効になる一方，固定相場制下ではその逆になることを説明する。なお，R. マンデルと M. フレミングの2人の経済学者の名前をとっている。

274 第Ⅱ部 発展編

く。ただし，政策の波及効果の計測には，計量分析☆が必要となる。

2.3 非伝統的な日本銀行の金融政策

非伝統的金融政策とは，政策金利の誘導水準がゼロ金利になって以降，さらに一段の緩和を進める金融政策の総称であり，90年代後半以降2024年まで実施されたデフレ経済対策としての一連の金融政策を指す。

1999年2月にゼロ金利政策が導入され，2001年3月から量的緩和政策と呼ばれる非伝統的金融政策の第1弾が始まった。政策金利をゼロとすることに加え，金融調節の操作目標を「金利」から日銀当預残高という「量」に変更した。これにより，日銀当預を通じて潤沢な資金を直接的に供給することでベース・マネーを増やし，マネーを伸ばすことで最終的に物価を引き上げようとした。また，金融システム不安のあるなかで，大量の資金が供給されることで金融市場安定化に一定の効果があったと考えられている。

そもそも非伝統的な政策の波及効果は，伝統的な場合と基本的には同じだ。だが，政策目標実現まで，将来にわたって緩和政策を継続する約束（コミットメント）をする時間軸効果が採用されたのが大きな違いだ。「インフレ率が安定的に0%以上になるまで」という緩和の時間軸を設定したことは，金融政策のフォワード・ガイダンスの一類型とされる。フォワード・ガイダンスとは，民間主体が持つ「経済の先行きの見通し（＝「期待」または「予想」）」を踏まえ，日銀が市場に向けて，金融政策の先行きや方針について明示することで，民間主体の「期待」に働きかけて遂行される金融政策である。

物価や短期金利の先行きに関して日銀が約束をすると，理論的には金利の期間構造を通じて，現在の（名目）長期金利により強い影響を与えられる。さらに，約束によって人々の期待インフレ率が上昇すれば，実質長期金利も低下する。このような実質金利押し下げ効果によって，実体経済への金融政策の波及効果が強まることが期待される。

インフレ率が安定的に0%を超えたとの判断を踏まえ，日銀は量的緩和政

☆計量分析：計量経済学のような統計的手法を用いた分析を指す。インフレ率や景気指標（実質GDP成長率など）といった経済変数は，諸々の要因の影響を受ける。そのため，特定の政策による影響を識別して効果を評価していく必要がある。そして，このような評価を証拠として政策立案することは，EBPM（エビデンス・ベース・ポリシー・メイキング）と呼ばれる。

策を 2006 年 3 月に終了した。その後，利上げが行われ，金融政策の正常化，すなわち伝統的な金融政策への回帰の道筋が見えてきたかに思われた。だが，世界金融危機後，政策金利は 0.1% にまで再び引き下げられた。そして，非伝統的な政策への逆戻りとなっていった。

2010 年 10 月には，非伝統的政策の第 2 弾となる包括的な金融緩和政策が導入された。実質的なゼロ金利政策と資産買入等の基金の創設により，時間軸効果を明確化してデフレ脱却と持続的経済成長を促すことを目指した。「包括」緩和とは「量的」と「信用」の両面での緩和を意味する。量的緩和に期待される効果は，第 1 弾と同様である。信用緩和に期待される効果は，主に信用リスクを日銀が資産として抱え込み，民間の取るリスク量の軽減につなげることである。具体的には，資産買入等の基金では，社債，さらには ETF（上場投資信託），REIT（不動産投資信託）も購入対象となった。

2013 年 1 月には，政府と日銀間でデフレ脱却に向けた両者の政策連携強化が謳われた共同声明（アコード）が結ばれ，それに合わせ，日銀はインフレ率2% を政策の最終目標とするインフレーション・ターゲティング政策を導入した。

2013 年 4 月から日銀総裁となった黒田東彦が，任期の 10 年間に行った非伝統的政策は「異次元緩和」とも呼ばれた。着任早々，デフレ・マインドを一掃すべく，2 年をめどにインフレ率 2% を実現するため，量的・質的金融緩和政策（QQE：Quantitative and Qualitative Monetary Easing）を採用した。日銀が購入する長期国債の平均残存期間を伸ばすだけでなく，購入対象資産を多様化させる「質的緩和」を量的緩和に組み合わせた施策であった。

2016 年 1 月には日銀当預の一部にマイナス金利を適用するマイナス金利付き量的・質的金融緩和を導入した。マイナス金利に期待される基本的効果は，日銀当預（の一部）へのマイナス金利という名の「手数料」を課すことで，民間銀行による企業や個人への貸出が積極化することだ。実際，図 9-6 のとおり，QQE によってベース・マネーを急拡大させても，マネー（M2）の伸びは限定的であり，金利をマイナス化させないといけないほどに，個人や企業のデフレ・マインドの根が深いと日銀が判断していたことを意味する。ただし，マイナス金利は，銀行の貸出や保険・年金の資産運用を困難にさせ，彼らの収益を悪化させるという負の効果も孕んでいた。

2016 年 9 月には，異次元緩和の総括的検証や経済情勢を踏まえ，長短金利

▶図9-6 マネー，金利，インフレ率

(a) M2とマネタリー・ベース

(b) 金利とインフレ率

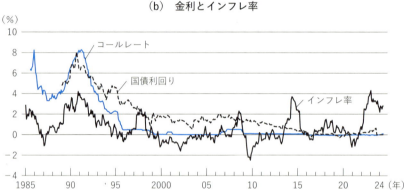

(注) コールレートは無担保・オーバーナイト物月平均，国債利回りは10年債利回り，インフレ率は消費税未調整の消費者物価指数（全国，総合）前年比。上段 (a) のデータはストックのデータ，下段 (b) のデータは量のデータではないため，ストックでもフローでもない。
(出所) 日本銀行，総務省統計局，FRB of St. Louis.

の操作（イールド・カーブ・コントロール，YCC：Yield Curve Control）を行いつつ，ベース・マネー拡大を継続する長短金利操作付き量的・質的金融緩和を導入した。イールド・カーブとは，残存期間ごとの金利を意味し，YCCは年限ごとの各金利を日銀がコントロールする。平時には日銀の長期金利操作は難しいが，一連の非伝統的政策の結果，日銀の国債市場でのシェアが拡大したこと（2000年度末：14%⇒2016年度末：39%）などからそれが可能になった。

なお，2023年度末でシェアが47%に到達した日銀の国債市場での際立つ存在感も問題視されることがある。買いオペは，民間銀行の保有国債を日銀が購入するので，財政法5条違反（国債を政府から直接日銀が引き受けること）では

ない。だが，民間銀行は日銀への国債売却を前提に国債を購入している（通称，日銀トレード）とされ，実質的に日銀が政府の借金を引き受ける財政ファイナンスになっているという指摘があった。

2023年から黒田の後任として東大名誉教授の植田和男が日銀総裁となった。着任から1年程の2024年3月の決定会合で，2%のインフレ目標の達成が見通せる状況になったとして，マイナス金利を解除し，政策金利である無担保コール翌日物レートを0〜0.1%程度に誘導するという17年ぶりの利上げが決まった。あわせてYCCが廃止され，ETF購入も停止され，異次元緩和は終焉を迎えた。すなわち，長期金利水準が再び市場で決まる環境，つまり金融政策正常化の入口にたどり着いたことを意味する。その後7月には，政策金利の誘導目標が0.25%に引き上げられた。

ただし，日銀によるとこれらの政策変更はただちに金融引き締めを意味するわけではなく，金融緩和の度合いの調整だとしている。総裁も「当面，緩和的な金融環境が継続する」とし，2024年夏の時点では急激な利上げを行う意図はない旨を明らかにしている。名目賃金が上昇基調にある一方，実質賃金（＝名目賃金÷消費者物価指数×100）の前年比の伸びはマイナスが続いており，これが反転して継続的にプラス化しないと「賃金と物価の好循環」が実現したとはいえず，景気が腰折れする可能性があるためだ。日銀は，さまざまな事態を想定しながら，慎重に正常化を進めていくこととなる。

第3節　企業統治改革の歩み

第2章の後半で見たように，失われた30年における日本企業の低迷の原因は，戦後の高度成長を牽引した日本型の企業システムがあらゆる面から制度疲労を起こし，経営者に対する規律づけが働かなくなっていたにもかかわらず，その変革が不十分（too little, too late）であったことに求められる。その結果，多くの日本企業はリスクをとって事業を拡大しようとする企業家精神を失い，グローバルな経営環境の変化に対応できず，競争力を低下させてしまった。しかし，近時になってようやく，こうした状況に対する危機感が政官財の間で共有され，企業統治改革や株式市場改革を梃子にした企業システムの再構築が進展しつつあり，市場の評価も上向いてきている。本節では，こうした改革の動きを概観し，今後の課題について考える。

3.1 企業統治改革と株式市場改革

3.1.1 アベノミクスの企業統治改革

2012年12月に発足した第2次安倍内閣は,「大胆な金融政策」「機動的な財政政策」「民間投資を喚起する成長戦略」の3本の矢からなる政策パッケージ「アベノミクス」を展開した。第3の矢である成長戦略について記した「日本再興戦略」では,企業統治改革が成長戦略の重要課題であり,それまでの保守的な経営を変革し,持続的な成長と中長期的な企業価値の向上につながる「攻めのガバナンス」を促す方針が明確に打ち出された。経済産業省は「持続的成長への競争力とインセンティブ──企業と投資家の望ましい関係構築」と題した有識者会合を立ち上げ,2014年8月に報告書(伊藤レポート)を取りまとめた。その骨子は,機関投資家などが投資先企業に対して建設的かつ質の高い対話(エンゲージメント)を行うことを通じて,中期的に最低8%までROE(自己資本利益率)☆を引き上げるべきというものであった。8%という数値目標が示されたことは,当初驚きとさまざまな議論を呼び起こしたものの,結果として投資家・企業双方に具体的な行動を促す点で効果があった。金融庁は,エンゲージメントや議決権の適切な行使を促す機関投資家向けの行動原則として日本版スチュワードシップ・コードを2014年2月に,独立社外取締役や政策保有株などに関する上場企業向けの行動原則として日本版コーポレートガバナンス・コードを2015年6月に,相次いで導入した(内容はその後も順次改訂されている)。

3.1.2 東京証券取引所(東証)の株式市場改革

東証は2022年4月,それまでの5市場(一部,二部,マザーズ,ジャスダック・スタンダード,ジャスダック・グロース)を,「プライム」「スタンダード」「グロース」の3市場に再編する大改革に踏み切った。プライム市場は「多くの機関投資家の投資対象になりうる規模の時価総額(流動性)を持ち,より高いガバナンス水準を備え,投資家との建設的な対話を中心に据えて持続的な成長と中長期的な企業価値の向上にコミットする企業向けの市場」と位置づけられ,同市場に上場する企業は,独立社外取締役,女性取締役比率,指名・報酬

☆ ROE(Return On Equity:自己資本利益率):当期純利益を自己資本で割った値。企業が株主から預かった自己資本をどれだけ効率的に利益に変換できているかを表している。

委員会の独立性などについてより高い基準が求められるようになった。さらに2023年3月に東証は，上場企業の多くでPBR（株価純資産倍率）☆が恒常的に1倍を下回るなど低迷が続く状況を改善するため，「資本コストや株価を意識した経営の実現に向けた対応等に関するお願いについて」を発出し，すべての上場企業に現状分析と今後の取り組みの公表を要請した。

　PBRが1倍を下回る状態は，企業の継続価値に対する市場の評価（株価）が，負債をすべて返済して解散した場合の残余財産の価値（1株当たり純資産）より小さいことを意味し，市場から事業をやめて解散した方がよいと宣告を受けているに等しい状態である（現実には企業が保有する資産が帳簿価格どおりに売却できるわけではないので，あくまで机上の計算にすぎないが）。これは，一定の前提のもとではROEが「資本コストから投資家の期待する利益成長率を差し引いた値」を下回っていることを意味し，投資家の資本コストを所与とすれば，PBR1倍割れから脱却するためにはROEと利益成長率の少なくともいずれか一方を引き上げることが必要であるといえる。ただし，ROEと利益成長率は相互に影響を与え合うことにも注意しなければならない。たとえば，コストカットによって利益を捻出したり，自社株購入によって分母の自己資本を圧縮することは，ROEを引き上げるうえでは手っ取り早い方法であるが，それが将来の利益成長にマイナスの影響を与えるのであれば，PBRの改善どころか低下につながってしまう可能性もある。

　PBRが低迷する企業には，リスクをとった設備投資や研究開発，あるいは大胆な事業ポートフォリオの入れ替えなど，腰を据えた本格的な成長戦略の提示とその実行により，ROEと利益成長率の両方を伸ばしていくことが求められている。

3.2　加速する経営環境変化と日本企業の針路

3.2.1　変化できる者が生き残る時代

　戦後の日本企業は，当初は米欧からの技術導入を受けつつ，その完成度を高め，1980年代には世界のトップランナーに躍り出た。一般社員から経営トップまで新卒一括採用で入社した同質的な集団が，特定の銀行と長期的な関係を

☆PBR（Price Book-value Ratio：株価純資産倍率）：株式時価総額が，会計上の解散価値に相当する純資産（簿価）の何倍であるかを表す指標。株価を1株当たり純資産で割ることで算出できる。

結び，株主の圧力から解放されて行う日本的経営は，米欧のトップ企業という
ロールモデルが明確に存在し，すでに確立された技術を用いて完成度を高める
ことを目指せばよかった「キャッチアップ型成長」の過程では，有効に機能し
ていた。しかし，それが成功したがゆえに，日本企業は世界のトップランナー
となり，その後は自らイノベーションを起こし新たなビジネスを創造すること
によってしか成長できないステージに入った。そのためには，多様性と柔軟性
のある組織が機敏にトライ・アンド・エラーを重ね，市場メカニズムによる淘
汰を経て適者が生き残っていくような企業システムへの転換が求められてい
た。実際，バブル崩壊と不良債権問題によって日本型企業システムはすでに持
続可能ではなくなっており，米欧型の経営スタイルやガバナンスを取り入れよ
うとした企業も少なくなかった。しかし，その多くは形だけの改革で，共同体
的な連続性を重視する日本的経営の本質が大きく変わったわけではなかった。
結局，過去の成功体験を捨てきれなかった日本企業は，キャッチアップ型成長
を遂げつつあったアジアの新興国・地域との価格競争に巻き込まれ，敗れ去っ
た。

　企業の経営環境には，DX（デジタル・トランスフォーメーション）とGX（グリ
ーン・トランスフォーメーション）☆という巨大な波が押し寄せていることに加
え，感染症や地政学リスクなど想定外の不確実性も高まっており，こうした環
境変化に対応できない企業は，淘汰されざるをえない。日本企業の復活には，
金融機関や資本市場が自ら変革できない，成長の止まった企業に圧力をかけ，
新陳代謝を促進する役割を果たすことが不可欠である。政府や公的部門の関与
も重要であるが，従来のように弱者救済的な形で自らが資源配分に介入するの
では逆効果である。企業ではなく個人を対象としたセーフティネットを充実さ
せたうえで，健全な競争を通じて市場を通じた資源の再配分が円滑に行われる
ようルールや制度の整備に徹する必要がある。

　変化が加速する時代のグローバルな企業間競争は，収穫逓減ではなく収穫逓
増の性格がますます強まっている。DXやGXなど新たな潮流を先取りし，い
ち早くそれに乗って自らに有利なルール作りを主導し，先行者利益を構築した
者が勝者総取りを果たすという構図である。日本企業は，これまで新たな潮流

☆ GX（Green Transformation）：環境に配慮した持続可能な社会や経済システムに適合するよう事
　業構造を抜本的に変革する取り組みのこと。

に対して慎重すぎたり，ルール作りで先行しても仲間を広げることに失敗したりで，結局は外濠を埋められる形で米欧などが作ったルールに渋々従わざるをえず，不利なゲームを強いられることが多かった。変化が加速する時代にあって，日本企業が事を有利に運ぶためには，技術力ばかりでなく，経営者の迅速果敢な決断と，世界が納得する新たな価値観やルールを提示できる発信力が不可欠となっている。

3.2.2 求められる新たな成長企業の創出

　日本企業の本格的な復活には，既存企業が旧来の日本的経営から脱却するだけでなく，有望なスタートアップ企業が続々と登場し，やがて上場企業の序列を塗り替えていくようなダイナミズムが必要とされる。そのためには，既存企業の覚醒を促す伊藤レポートとは異なる発想も求められる。アメリカで現在の時価総額上位を占めるテック・ジャイアンツも，スタートアップ時代から上場初期までは長期間赤字を出し続けていた。スタートアップ企業の大半は結果的に失敗に終わるが，リスクを負って赤字企業の持つポテンシャルに賭ける投資家や人材の厚みが大化けする企業を生む。

　日本型企業システムの崩壊によって，スタートアップ企業に有利な条件が徐々に整いつつあるのは明るい材料である。少子高齢化の進展によって構造的な労働力不足の時代が到来するなか，転職のリスクは以前よりも低下し，キャリアアップの機会として前向きに捉える労働者が増えている。とくに若年層は，日本の伝統的な企業が提供してきた安定や居心地のよさよりも，成長機会を求めるようになりつつある。また，コロナ禍がきっかけとなってリモートワークなど多様な働き方の選択肢が増えたことも，スタートアップ企業と親和的な変化だといえる。さらに，銀行がスタートアップ支援に特化したファンドを立ち上げる動きが増加するなど，資金調達面の選択肢も徐々に充実しつつある。

▶参 考 文 献

浅子和美・飯塚信夫・宮川努編［2011］『世界同時不況と景気循環分析』東京大学出版会。

飯塚信夫［2020］「『第2の矢』は放たれていたのか？──財政データに見る『アベノミクス』」東京財団政策研究所〈政策データウォッチ（33）〉，2020年9月（https://www.tkfd.or.jp/research/detail.php?id=3536）。

小峰隆夫［2019］『平成の経済』日本経済新聞出版。

282 第Ⅱ部 発 展 編

福田慎一・照山博司［2023］『マクロ経済学・入門（第 6 版)』有斐閣。

永濱利廣［2022］「『アベノミクス』を振り返る——日本で初めて施行された世界標準のマク
ロ経済政策」第一生命経済研究所「Economic Trends」，2022 年 7 月（https://www.dlri.
co.jp/report/macro/193740.html）。

第10章

日本経済の課題 1

格差，人口問題，地域経済の課題

こども家庭庁（写真提供：朝日新聞社／時事通信フォト）

本章で学ぶこと

　本章では，日本経済で長らく課題となってきた，格差，人口問題，地域経済について解説する。また，そうした課題への取り組みとなる子育て支援，外国人労働の現状を説明する。

　第1節の「格差」では，ジニ係数，相対的貧困率などの尺度を用いて，日本において所得格差，地域格差，産業格差が拡大しているかなどについて確認する。また，格差への対応について考察する。

　第2節の「人口問題」では，国勢調査などのデータを用いて，日本の人口減少の現状を確認する。その際，地域間の人口増減の格差についても触れる。そのうえで，こうした人口減少トレンドが，経済成長，社会保障制度にどのような影響を与えるかについて解説する。

　第3節の「地域経済の課題」では，そもそも地域経済をどう捉えていくかという考え方から説き起こす。東京一極集中や過疎化が生じる背景について解説し，政策のあり方について考察する。

　第4節の「子育て支援」では，支援の目的を確認したうえで，これまでの日本での支援策の歴史を振り返る。さらに，岸田政権で打ち出された「こども未来戦略」について説明し，財源負担のあり方について考察する。

　第5節の「外国人労働」では，外国人労働者数の現状を確認したうえで，受け入れの施策内容について解説する。また，外国人労働者受け入れと賃金動向の関係を理論的に確認し，今後を展望する。

284　第Ⅱ部　発展編

第1節　格　　差

1.1　所得格差

　かつて「一億総中流」という言葉が使われていたように，日本は先進資本主義諸国の中でも格差が小さい平等度の高い国と思われていた。しかし，1990年代以降それが壊れてきたのではないかといわれるようになった。人々の実感のみならず，データでもそのような傾向が指摘された。日本人の所得分配のデータを用いてジニ係数☆と呼ばれる不平等の指標を計算すると，格差を示すその値が大きくなっているというのである。

　図10-1に，原則3年に1度実施される厚生労働省「所得再分配調査」からとられた家計所得のジニ係数の推移が描かれている。まず当初所得と示されているグラフの方から見てほしい。税金が引かれる前の給与などの当初所得については，1980年代からジニ係数が上昇し，96年からさらに加速して，格差拡大がほぼ続いてきたことが示されている。

　1990年代に格差拡大が話題になり始めたとき，第8章で解説されたバブルとバブルの崩壊，その後の不況やデフレが大きく関係していると思われた。しかし当初所得の格差拡大はバブル以前から始まっており，バブル崩壊から10年以上たった2000年代の景気の良い時期にも格差は拡大した。経済学者の間で格差拡大の最大の原因と合意されているのは，高齢者の増加である。働いている若者世代に比べて，退職年齢後の高齢世代の所得格差ははるかに大きい。高齢になって年金しか収入のない者と，高齢になっても会社役員として多額の報酬を得ていたり巨額の資産所得で稼いでいたりする者との間に大きな格差があり，そのような世代の人口が増えるほどに国民全体として格差が拡大する。

　ただし，再分配所得で見ると，つまり累進課税制度（第5章3.2.2参照）のもとで高所得者に高税率が課され，低所得者には生活保護などの補助金が与えられれば，所得格差は縮小しジニ係数は低下する。実際，図10-1でも，再分

☆ジニ係数：所得分配の不平等を測る指標。縦軸に累積所得の比率を，横軸に累積人口の比率をとるとき，対角線は分配の完全平等を示し，現実の分配は対角線を弦とする弓形の曲線で示される。これをローレンツ曲線といい，ジニ係数はローレンツ曲線と対角線で囲まれた部分の面積と対角線下の三角形の面積の比となる。0〜1の間の値をとり，分配が不平等であるほど大きな値をとる。

第 10 章　日本経済の課題 1　　285

▶図 10-1　ジニ係数の推移

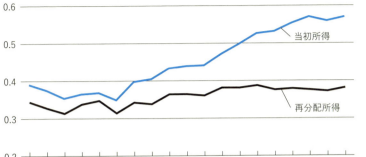

（注）2020 年に予定されていた調査は 1 年延期され 21 年に実施された。
（出所）厚生労働省「所得再分配調査」。

▶図 10-2　日本の相対的貧困率の推移

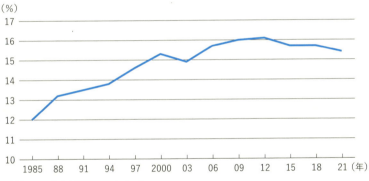

（注）2018 年から基準変更されている。
（出所）厚生労働省「国民生活基礎調査 2022」。

配所得については格差拡大がほとんど見られず，2000 年代後半など，むしろ格差が縮小した時期さえある。

　しかしながら他のデータにも目を向けると，やはり格差拡大をうかがわせるものが少なくない。たとえば図 10-2 に示された相対的貧困率によると，近年やや改善したものの日本の貧困率が上昇してきたことがわかる（相対的貧困率については第 4 章 5.1 も参照）。また，OECD 加盟国の中でも日本の相対的貧困率は高く，2022 年の調査では良い方から 30 番目，悪い方から 10 番目であった。

　その他のデータを見ても，社会保障統計で生活保護を受けている世帯数が，

286　第Ⅱ部　発展編

1995 年度の月平均約 60 万世帯から，2018 年度には約 164 万世帯へと急激に増えている（国立社会保障・人口問題研究所「生活保護」に関する公的統計データ一覧より）。また，日本銀行の関係機関によるアンケート調査で，金融資産を保有してないと答えた家計が 1970～80 年代には 5% 前後だったものが，2022 年には約 23% にまで増加している（金融広報中央委員会「家計の金融行動に関する世論調査」）。これらの現象を見ると，やはり所得や資産の経済格差が広がっているといってよいだろう。

1.2　地域格差

　第 1 章で強調したように，日本経済の大きさや成長は GDP などのマクロ数値で捉えることができる。1990 年代以降，不況やデフレに悩まされた日本経済ではあるが，物価変動を考慮した実質 GDP では，少しずつながら成長している。ただマクロ数値の背後には，さまざまな立場の国民や企業がいて，経済的に好調だと感じていない人も多数含まれる。日本経済に，「失われた 30 年」やデフレからの回復傾向が見られたとしても，その主役は東京に本社を置く大企業であり，地方の中小企業や地方に暮らす人々の実感とは，かなり違っているようである。

　内閣府経済社会総合研究所の「県民経済計算」によると，2020 年度の 1 人当たりの所得は，全国平均で約 312 万円であった。都道府県別の値を見ると，東京だけが突出して大きく，全国平均の約 1.7 倍の 521 万円であり，全国平均を超えているのは東京以外では 3 県にとどまっている。所得が最も低い沖縄県は，東京の半分以下の約 217 万円であった。

　雇用の状況を県別や地域別に見ると，完全失業率（総務省「労働力調査」）では格差は縮小傾向にあるものの，有効求人倍率（厚生労働省「職業安定業務統計」）における都道府県間の格差は大きい。そのほか，地価や鉱工業生産など，いくつもの指標で地域格差を確認することができる。

　人口増加率に目を転じてみると，2010～20 年の 10 年間に，関東の 1 都 3 県では増加しているのに対して，東北，信越，北陸，中国，四国は全県とも減少しているなど，都道府県格差がある。九州では福岡県と沖縄県だけ，中京では愛知県だけの人口が増加しており，地方経済圏の中でも，地方中核都市への集中が起きて周辺地域との格差が広がっていると考えられる。そうした一部地域を除くと，日本全国で人口減少が進み，地域経済は好調とは言い難い。

かつては，地域経済を活性化させるための企業誘致が重視され，地方自治体が，企業団地を整備したり補助金や税制上の優遇措置を与えたりすることに躍起になる時期もあった。しかし，企業は世界との競争の中で冷静な損益計算をしており，誘致はそう簡単ではない。たとえ誘致に成功しても，数年で撤退するケースもあった。新規企業の誘致どころか，既存の，何十年も地域に地盤を置き，雇用を支えていた企業が廃業するようになっている。その大きな理由が，後継者難と人手不足であり，多くの地域で人口減少と経済停滞とが悪循環に陥っている。どの地域でも医療・介護関係の産業は成長しているが，ここでも人手不足が問題になっている。財政が逼迫している地方自治体にできることは限られており，ふるさと納税により資金を集めても，地域活性化につなげることは簡単ではない。

1.3　産 業 格 差

取り上げる 3 つ目の格差は，産業格差である。「失われた 30 年」の間，名目的にはマクロ経済の規模はわずかにしか拡大していないが，その中でも低迷する産業がある一方，成長を期待させる産業もある。

図 10-3 は，労働政策研究・研修機構によって推計された産業別の労働生産性（労働者 1 人当たりの生産量）の動向（2013〜22 年）である。コロナの影響を受けて飲食サービスが大幅に下落しているのが目立つが，コロナにもかかわらず製造業や情報通信などは生産性を維持している。医療福祉はやや生産性を上

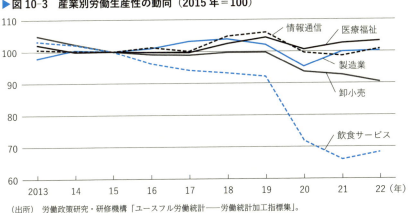

▶図 10-3　産業別労働生産性の動向（2015 年＝100）

（出所）　労働政策研究・研修機構「ユースフル労働統計——労働統計加工指標集」。

げている反面，卸小売や，図には入れてないが生活関連サービスなど第3次産業の多くは生産性を下げている。いずれも人手を多く必要とする割に付加価値が少ない産業である。その他に，このデータには農業や他のサービス産業が含まれていないが，先端産業との差は大きいと思われる。

1.4 求められる格差への対応

現在の日本経済では，所得・資産格差，地域間の格差，産業間や企業間の格差などが広がっている。かつての右肩上がりに経済成長を続けていた日本経済では，程度の差はあれ，誰もが今より5年後，10年後の方が豊かな生活をすることができていた。明るい未来が開けていたのである。ところが現在は，成功する家計，地域，企業がある一方で，所得や生産が低下する可能性も覚悟しなければならなくなった。それだけ将来不安は高まり，現状に問題がなくても将来への希望を感じることができにくくなったのである。

その格差を固定させてはならないだろう。一定の層だけが，一定の地域だけが，一定の産業だけがいつまでも成功する社会は，好ましくもなく持続可能でもない。そのように硬直化した社会では，国際競争の中で日本経済の地位を保つことはできまい。

世界でも有数の経済大国となった日本は，常に外国との競争にさらされている。アジアとの相互依存関係を認識しながら，柔軟に対応できる経済構造を目指すべきである。そのとき，昨日までの勝者が今日は敗者に転落することも覚悟しておかなければならない。日本国民や日本企業のリスクを吸収する仕組みと最低限のセーフティネットを備えておくことは政府の役割だろう。また，敗者復活を果たせるような制度的仕組みを整えることも必要である。

第2節　人　口　問　題

2.1　今後も続く人口減少のトレンド

2020年の国勢調査の結果によると，日本の総人口（外国人人口を含む）は1億2615万人であり，5年前と比べておよそ95万人の減少となった。戦後一貫して増加してきた総人口は2008年の1億2808万人をピークに減少を続けている。ちなみに，国連による2022年の推計では日本の人口ランキングは世

界第 11 位であり，1990 年の第 7 位から下降している。国立社会保障・人口問題研究所が 2023 年に公表した「日本の将来推計人口（令和 5 年推計）」によると，2070 年の総人口は 8700 万人と現在のおよそ 7 割となると見込まれている（出生中位・死亡中位仮定による。以下同様）。この総人口の水準は今から 70 年ほど前の 1953 年とほぼ同じ規模になるが，年齢構造は大きく異なり，高齢化比率（総人口に占める 65 歳以上人口の比率）は 1953 年では 5% 程度だったものが，2070 年では 38.7% とほぼ 4 割に達する超高齢社会となる。ちなみに 2020 年の高齢化比率は 28.6% であり，世界で最も高齢化が進んでいるとされる。

人口減少の背景には少子化による出生数の減少と高齢化に伴う死亡数の増加がある。2023 年の合計特殊出生率は 1.20 と戦後最低を記録し，出生数は 73 万人余りであった。ちなみに現在の大学生の世代（2004 年生まれ）の出生数はおよそ 111 万人であり，それよりもおよそ 3 割以上少なく，若年世代における人口規模の格差も広がりつつある。一方で死亡数は増加傾向にあり，この出生数から死亡数を引いた人口の自然増減がマイナスとなっていることが人口減に大きく寄与している。

外国人に関しては，今後さらに増加すると見込まれており，2023 年末では 2.7% 程度である外国人比率は，先の将来人口の推計では 2070 年にはおよそ 1 割の人口が外国人になると推計している。しかしながら日本人人口の減少を外国人人口の増加で補うところまでには及ばない。人口問題の解決にはやはり少子化の改善（出生数の引き上げ）が不可欠である。

2.2 東京一極集中と地方創生

人口減少・高齢化の進展は全国で一律のペースで生じているわけではない。都市部に人口が集中する一方で，地方では人口減少とともに急速に高齢化が進行している。かつて「地方消滅」という議論が注目され（日本創成会議[2014]），人口減少・少子化の進展により当時の市町村の半数が消滅危機にあるという試算が提示された。その背景には地方から若者が都市圏に移住し，残された地域を維持できないというものであったが，これを契機に地方創生の議論が進んだ。

地方から都市部への移動は近年に始まったものではない。高度成長期には地方から若者が 3 大都市圏に移動し，これが都市部での旺盛な労働需要をまか

▶図10-4 人口移動（純転入数）の推移

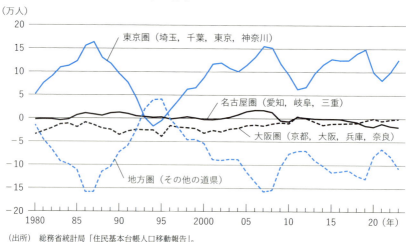

（出所）総務省統計局「住民基本台帳人口移動報告」。

なうことに寄与してきた。バブル経済崩壊後、都市部への移動は一時的に減少したものの、2000年代に入ると再び若年層を中心とした都市部への人口移動が活発化した。とりわけ東京圏（東京都、神奈川県、埼玉県、千葉県）への移動が顕著であり、人口の一極集中が続いている（図10-4参照）。

　2020年における国勢調査の結果を見ると、東京圏の人口が全国の人口に占める割合は29.3%であり、これは2000年の26.3%から3.0ポイントも上昇している。その一方で、この間の大阪圏（大阪府、京都府、兵庫県、奈良県）や名古屋圏（愛知県、岐阜県、三重県）の全国に占める人口シェアはほぼ変わっておらず、東京圏のみが突出して人口を集めている。東京圏への一極集中は今後も続くと見られ、国立社会保障・人口問題研究所「日本の地域別将来推計人口（令和5（2023）年推計）」によれば、東京圏の人口シェアは2050年には33.7%にまで高まると推計されている。東京圏への一極集中には、多様な経済主体が集まり、また集積の経済などによるメリットもある一方で、地価の高騰などの混雑減少や、地震等の自然災害によるリスクなどデメリットも多く、その解消が政策課題となっている。

　なお、地方では総じて人口減少が続き、40%に迫る高齢化比率を示す県（秋田県は2020年で37.5%）もある。政府は地方創生を目的として2014年に「まち・ひと・しごと創生総合戦略」を制定し、地方での仕事の確保や地方経

済の活性化を推進してきた。2022年にはこの政策は「デジタル田園都市国家構想総合戦略」と衣替えし、デジタル技術の活用により地方活性化を加速するという方針を定めている。今後、人口減少・高齢化が深刻化するなかで、都市と地方のあり方など国土形成の方向性をさらに議論していく必要がある。

2.3 経済成長と人口問題

　人口減少・高齢化は経済社会のさまざまな側面に影響を及ぼすが、懸念される点の1つは経済成長への影響であろう。長期的な視点から経済の規模を見るには、供給面からのアプローチ、すなわちマクロの生産関数を前提として考える必要がある。マクロの生産関数ではその生産要素として労働力、資本ストック、技術進歩があり、人口動向がこれらの諸要素、とりわけ労働力と技術進歩にどのような影響を及ぼすかを検討しておく必要がある。

　15歳以上人口は労働力人口と非労働力人口に分けられるが、労働に参加する労働力人口の規模は、15歳以上人口の数と労働力率（労働力人口が15歳以上人口に占める割合）によって定まる。労働力率が今後も一定であると仮定すれば、15歳以上人口、とりわけ生産年齢人口とされる15～64歳人口が減少することにより労働力人口も減少することになり、供給面から見た経済活動の規模の縮小につながる。2020年の国勢調査では15～64歳人口は7509万人であったが、先の推計人口の結果によれば50年では5540万人、75年では4535万人にまで減少する。単純に考えれば今後50年間で労働力人口の根幹となる生産年齢人口はおよそ4割も減少することになる。これでは現在の経済活動の規模を維持することは難しくなる。

　こうした将来の労働力人口の減少に備えるには、これまで以上に働き手の比率、すなわち労働力率を引き上げる必要がある。とくに、女性や高齢者の労働参加の促進が望まれている。政府はこうした危機意識から、女性の活躍推進や高齢者の労働参加を促している。そのためには、ワーク・ライフ・バランスの確保やリスキリングなどの支援が必要となる。さらに労働の担い手不足を解消するために外国人労働者の受け入れも必要である。現在（2023年）、国内で雇用されている外国人労働者はおよそ205万人（厚生労働省「外国人雇用状況の届出」による）であり、労働力人口の減少規模を考えると、今後の外国人労働者の増加だけではとうてい補うことはできない。政府は外国人労働者の受け入れを促進しようとしているが、東アジア諸国などでは同じような人口減の課題を

292　第Ⅱ部　発展編

抱えており，これまで以上に外国人労働者を迎え入れることができるかは不透明である。なお，労働力の担い手の減少を補うためには AI（人工知能）やロボットの活用も盛んに議論されているが，AI やロボットが雇用を奪う可能性などもあり，不透明な点が数多く残されている。

これまでの日本の経済成長を振り返ると，技術進歩が大きく成長に寄与してきた。労働力人口が減少しても技術進歩が持続すれば成長を維持できるという見方もある。しかし，高齢化とともに若年労働力が減少し，これにより若年層が持つ創造性や積極性が全体として乏しくなることや，総人口や労働力人口の減少により集団的な力が低下することなども指摘されており，そうであれば人口動向は技術進歩にも負の影響をもたらすことになる。

2.4　社会保障制度と人口問題

人口減少・高齢化が最も深刻に影響を与えるのは社会保障財政であろう。日本の社会保障制度は，公的年金，医療保険，介護保険などの社会保険がその中心的な役割を担っており，これらの制度は高齢者に対する給付を若年層が支える構造をとっている。したがって，高齢者数の増加は給付を拡大させ，また少子化に伴う若年層の減少は社会保障財政を不安定なものとする。ちなみに，2020 年国勢調査では 65 歳以上人口は 3603 万人であったが，先の「将来推計人口」によれば 43 年に 3953 万人まで増加し，その後漸減することになる。しかしながら，後期高齢者に当たる 75 歳以上人口は 2020 年の 1860 万人から 55 年の 2479 万人まで増加を続けることになる。医療や介護保険制度では後期高齢者になるほど給付額が他の年齢層に比べ相対的に多いことから，社会保障財政への負担は引き続き上昇することが考えられる。

公的年金制度について見ておこう。国民年金では 20〜60 歳の被保険者が保険料を支払い，租税とともに 65 歳からの老齢基礎年金の財源となる。厚生年金も同様であるが，いずれにせよ高齢化の進展は年金制度を支える層の負担を高めることになる。図 10-5 は過去から将来までの扶養率（20〜64 歳人口を 65 歳以上人口で割った値，若年層が何人で高齢者を支えているかの指標）を示したものである。戦後は 10 人の若者が 1 人の高齢者を支えていたが，現在（2020 年）では 1.9 人，将来（2070 年）では 1.3 人が支えなければならない。この扶養率は公的年金制度の被保険者と受給者の比率ではないが，おおむねこうした傾向にあることは間違いない。そのために，さまざまな年金制度改革が行われてき

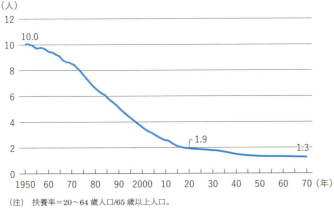

▶図10-5　扶養率の推移

（注）　扶養率＝20～64歳人口/65歳以上人口。
（出所）　総務省「国勢調査」「人口推計」，国立社会保障・人口問題研究所「日本の将来推計人口（令和5年推計）」。

た。

　高齢化の影響をより強く受けるのは医療保険や介護保険制度である。医療費の状況を見ると，65歳未満では1人当たりの国民医療費が19.9万円であるのに対し，65歳以上では75.4万円，また75歳以上では92.3万円（厚生労働省「令和3（2021）年度　国民医療費の概況」）となっている。こうした高齢化の"深化"は医療保険財政等に深刻な影響を及ぼすことから，人口動向の面からも医療等の給付や負担のあり方を抜本的に見直す必要がある。

第3節　地域経済の課題

3.1　地域経済とは

　地域経済とは，国内において行われる経済活動を，地域ごとに分類したうえで，それらの地域の特性に焦点を当てた経済活動をいう。国際的なレベルで東アジアなどを地域と呼ぶこともあるが，ここでは，国民経済の一部としての地域経済を指す。地域の分類には，市区町村や都道府県といった行政区分，複数の都道府県を含む関東・関西・中国・九州などの地域圏のほか，雇用都市圏や医療圏といった実質的な地域が存在する。

　内閣府や日本銀行の地域経済の動向および活動に関する調査では，地域ごと

に個人消費，設備投資，公共投資，住宅投資，生産，雇用・所得のデータや企業の声を分析している。これらの調査では，景気が回復している地域がある一方で，回復が遅れている地域があるなど，地域による違いが生じることは少なくない。それは，農業が盛んな地域もあれば製造業が盛んな地域もあるように，地域の産業構造の違いが影響していると思われる。

　では，地域における産業構造の違いは，いかにして生じるのだろうか。自然条件（地形，気候など），資源賦存，都市規模といった地域特性，国や地方自治体の施策などの要因が考えられる。地域経済を学ぶ際，地域特性の把握には，地方創生施策の一環で整備されたツールである「地域経済分析システム」（RESAS）などが便利である。また，実際に現地を訪れ見聞きをし，地域の様子を観察することが大切となる。それにより，足元で起きている現状や課題をより深く解釈することができる。地域経済のそれぞれの活性化は，それらの総体としての日本経済の活性化に結びつく。

　地域の視点で取り上げられるテーマは多岐にわたり，最近のものには，農林水産物・食品の地域ブランド化，古民家活用の経済的価値，製造拠点の国内回帰，新幹線延伸の地域経済への影響，多様な地域資源を活かした観光，ニッチトップを目指す地域中小企業，公設試験研究所との協同による地域イノベーションなどがあげられる。

3.2　国土空間の視点から見た地域経済

　次に，国土空間の視点から，地域の特性を見てみよう。図 10-6 は，全国の都道府県の人口密度（1 km² 当たり人口，2020 年 10 月 1 日時点）をランク分けしたものである。全国の人口密度は 338.2 人/km²，最も人口密度が高いのは東京都で 6,402.6 人/km²，最も人口密度が低いのは北海道で 66.6 人/km² となっている。

　日本の国土空間における問題は，過密化と過疎化が進行していることである。過密化の進行については，とくに東京都市圏の過密化とその拡大が目立ち，東京一極集中と呼ばれる状況となっている。一方，過疎化の進行については，農山漁村や地方都市において，人口減少による農地の耕作放棄地や地主不在の山林の増加が目立つ状況となっている。

　都市が過密化する要因として，都市の規模が大きくなると，市場規模が大きくなりモノやサービスを提供する事業者の参入が増えることが考えられる。さ

▶図 10-6　都道府県別人口密度（1 km² 当たり人口）

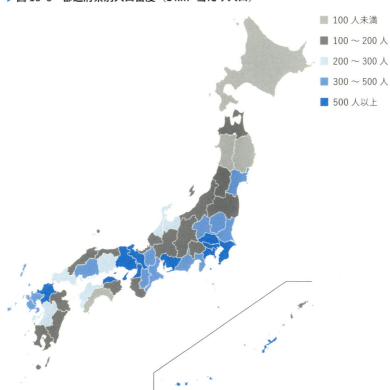

（出所）　総務省統計局「令和 2 年国勢調査」をもとに作成。

らに，事業が細分化・専門化されて多様な業種が生まれ，その魅力で多くの消費者や労働者や事業者が引きつけられる。また，情報などの集積による外部経済効果を享受でき，さらに，集積の存在自体がロックイン効果☆を生んだり，交通網が整備されて起きるストロー効果☆が生じたりすることにより，都市の過密化が進行することが指摘されている。

　一方，過疎化が起きる要因として，ペティ＝クラークの法則（第 1 章 3.3 参照）として知られるとおり，農林水産業から製造業，サービス業への産業構造

☆ロックイン効果：個別主体がその場所から逃れ難くなる効果。
☆ストロー効果：交通網の整備により大きな都市に企業や人が吸い取られる効果。

296　第Ⅱ部　発展編

の変化があげられる。日本では，戦後，農林水産業や鉱業を基盤産業としていた農山漁村地域が衰退し，その対策として，農村での工業振興などが行われるものの，成長産業であるサービス業などは人と企業の集中する大都市を中心に発展した。仕事を求めて農山漁村地域から大都市に人が流出し，過疎化が進んだとされる。

　しかし，都市の過密化は行き過ぎると，地価高騰，混雑，大気汚染，緑地不足などのデメリットが大きくなる。実際に，東京のオフィス街の昼食時に大行列ができる，通勤時間の長さで家庭と仕事の両立が困難となるなどの問題が生じている。過疎化が進む地域では，さらなる人口減少により，基礎自治機能の維持を危惧する声が出始めている。

　このような行き過ぎた過密化と過疎化に歯止めをかけるには，国土政策☆および国土形成における議論が重要となってこよう。過疎化が進む農山漁村地域は，食糧供給としての役割はもとより，水源の涵養，災害の防止，自然環境の保全，景観の形成，文化の伝承，健康の増進などの重要かつ多面的な機能を有する。農地や山林などが有する機能を維持し，都市と農山漁村地域の共生する国土の持続的な発展が重要となる。

　今後の国土政策においては，地域におけるICT（情報通信技術）の進展が注目される。映像や音声などのやりとりでストレスのない情報空間が実現すれば，テレワークや遠隔会議・遠隔教育が進み，地方都市や農山漁村地域へのUターン，Iターン☆の増加が期待される。地域での日常の買物は，車があれば近くのスーパーやコンビニにいつでも行くことができ，ネット販売が普及したことで心配は少なくなっている。田園回帰や地元志向の流れと相まって，ソフトウェア業，アニメ制作業，専門料理店といった創造的職種などでの新たな人の動きも注目される。

3.3　地域経済政策の視点から見た地域経済

　次に，各地域で行われている地域経済政策について，産業の活性化に関する

☆**国土政策**：高度成長期に，東京，大阪，名古屋を含む太平洋ベルト地帯に集中的なインフラ投資が行われた。その後，その反動もあり，地方圏への工業団地の整備，道路などのインフラ投資，再分配政策が行われた。東京一極集中是正のため，政府関係機関の一部地方移転が行われている。

☆**Uターン，Iターン**：Uターンとは，一度都市部に移住した人が，故郷である地方に戻って定住すること，Iターンとは，都市部出身の人が地方に移住して定住すること。

政策と生活環境の改善に関する政策の 2 つのアプローチから見てみよう。産業の活性化に関する政策には，企業立地や企業誘致，地場産業振興，技術開発支援，地域資源活用などがあげられる。

　企業立地や企業誘致については，これまでの動きを製造業を中心に振り返ると，地域ではバブル期に国内需要の増加に伴う工場進出が相次いだ。その後のグローバル化の進展により，人件費など経費の安い国に多くの工場が移転する空洞化の問題が生じた。そのため現在国内に残っている工場は，独自の技術や技能を有する工場，世界のマザー工場☆，国内市場向けの工場などとなっている。近年は，災害や紛争などによるサプライチェーンリスクを軽減するための国内外での分散的な立地が見られる。また，食品加工業などの業種で中堅中小規模の事業所が地域に根ざして立地していることが多い。地域の特性や時代の変化に適応したハード・ソフト両面での自治体のサポートが考えられる。

　地場産業振興については，全国には江戸時代などから続く織物・衣服，陶磁器，金属加工などの産地が存在する。燕三条（新潟県）のように技術の近代化に成功し，1950 年代に製品を大量に輸出し貿易摩擦に直面した産地もある。国内の産地の数は以前より減り，規模も小さくなったものの，あらゆる品質やニーズを実現するものづくりの技術，域内で顔の見える環境での信頼と協力，挑戦を後押しする風土といった産地の強みを活かした今後の展開が期待される。また，これらの地域では，まちづくりや観光などの地域振興を行うなかで，産地の知名度向上や人材育成を図る動きが見られる。

　技術開発支援については，各地域に存在する農業系・食品系・工業系などの公設試験研究機関の役割が注目され，地元企業に対して，無料相談，依頼試験，共同研究が行われている。地域には，技術力があっても技術開発のための時間と資金に余裕のない中小企業が多い。それらの企業と伴走し，あるいは地域の大学などの関係者と連携しながらいかに有効な取り組みを進めていくことができるかが課題である。また，今後は，"新技術による地域課題の解決"が，地域経済政策における重要なキーワードとなろう。具体的には，地域の需要に対応したエネルギーの安定供給，情報通信技術による河川・橋・上下水道・道路などの遠隔監視，情報通信技術によるカキ養殖の海中可視化，地域デ

☆**マザー工場**：国外に工場を設立して事業を拡大する際に生産システムや技術面でモデルとなったり，支援をしたりする工場。

ータを利活用した物流の効率化やフレイル状態の早期発見，ドローンや空飛ぶ車による過疎地や離島への災害物資などの集荷・配送，IoT☆・AI データによる工場や園芸農業などの設備点検の自動化や業務の最適化などがあげられる。その際，新技術に携わる研究者は，現場に赴き入念に課題と現状を把握し，地域の関係者と一緒に解決策を考え試行錯誤しながら活動をする時間が必要となる。また，新技術の実用化に向けて，たとえば，ドローンの安全性や騒音やプライバシーなどの新たな社会ルールの制定が必要となる場面がある。

地域資源活用については，地域には，食や住まいやエネルギーの分野ではもとより，多様で豊かな地域資源が数多く存在する。里山で身近な葉や花を収穫し料理のつま物として整え出荷をして成功した葉っぱビジネスなどは，その例である。アニメの舞台も地域資源の１つで，聖地巡礼で訪れた人々が地元のお祭りに参加し地域の文化を支える存在となることなどがある。地域資源に健康や癒しなどといった新たな価値や循環が加わることにより，さらなる地域活性化へとつながる可能性がある。

産業の活性化に関する政策と並ぶもう１つの生活環境の改善に関する政策には，公共事業や生活関連サービス（子育て，教育，医療，介護，住宅，交通，物流，安心安全の要である警察や消防など）の充実などがあげられる。公共事業や生活関連サービスは，あらゆる市区町村におおむね人口に比例した数の事業所が存在し，公共消費や個人消費の面から地域経済の循環を支えている。

産業の活性化と生活環境の改善に関する政策は，地域経済の活性化に向けて，車の両輪のような関係である。たとえば，企業が地域に工場や事業所の立地を検討する際は，土地，資源，エネルギー，輸送，市場，人材などの要因が考慮される。そのなかでも昨今は働き手の不足の問題もあり，人材が重要な要因となっている。そのため，地方自治体では，働き手が住みやすく，子育てしやすく，働きやすい生活環境の良さを自らの地域の魅力としてアピールする機会が増えている。

昨今の働き手の不足の問題については，公共事業や生活関連サービスの分野においても懸念されており，さらに，利用者の減少による財政難が加わり，水道などの生活インフラの更新や地域公共交通の維持が，過疎地域に限らず全国

☆ IoT（Internet of Things）：「モノのインターネット」を意味，さまざまな物理的なデバイスやセンサーがインターネットを通じて互いに接続され，情報を交換し合うシステムのこと。

第10章　日本経済の課題1　　299

多くの地方都市で深刻になりつつある。

　こうしたことから，今後は人口減少社会に対応し，地域の特性と実情に合わせた地域経済社会のフレームの再構築が模索される。その動きは，地域公共交通の分野で見られる。とくに，交通空白地の問題が早くに浮上した地域では，廃止バス路線の補完にデマンド交通や自家用有償旅客運送などが導入され，地域の特性と実情に合わせたルート・時間帯・料金などのあり方やIoT・AIの導入可能性について試行錯誤を重ねている。最低限の地域の足を維持するためには，従前より便数が減るなど，ある程度の不便を容認せざるをえない場面や住民の協力や助け合いが改めて必要となる場面もあるだろう。地方自治体，住民，交通事業者，商業者などの地域関係者が一体となり，国の支援を受けながら，再構築に向けた取り組みが始まっている。

　今日的な地域経済の課題は，行き過ぎた過密化と過疎化を是正し，人口減少社会に対応した地域活性化を，産業の活性化と生活環境の改善に関する政策を車の両輪として進めていくことと思われる。それにより，人々が安心して生活し，活発な経済活動のできる地域経済社会を，あらゆる知恵を動員し再構築していくことが，求められる。

第4節　子育て支援

4.1　子育て支援とその目的

　子育て支援の第一義的な目的は，子どもの健全な成長を支援することである。核家族化の進行や地域コミュニティの衰退など子どもの育児をめぐる環境の変化に伴い家庭における育児負担が高まり，国や地方自治体が保育や教育等を通じて育児にコミットする必要性が強まっている。国や自治体等が育児支援に関わることで，子どもが健全に成長すれば，それは社会にとっても有益なことになる。

　このことは，子育て環境が困難であれば，人々は子どもを持つという選択を行うことが難しくなるということでもある。すなわち，子育て環境の困難化や家庭での育児負担の高まりが少子化の1つの要因と考えられる。そのため，近年では少子化対策の手段として子育て支援が強調されている。加えて，これまでの日本の慣習から，育児に関わるのは主として女性（母親）であり，女性

の多様な人生の選択を後押しする（いわゆる女性活躍）ためにも子育て支援が不可欠になっている。以上をまとめれば，子育て支援の目的は子どもの健全な成長を実現するとともに，少子化対策や女性活躍を推進するということになる。

4.2　これまでの子育て支援策

1989 年の合計特殊出生率は 1.57 と，丙午（ひのえうま）の年は出産を避けるという迷信が根強かった 66 年の 1.58 を下回り，1.57 ショックとして社会全体に少子化（その当時はこの言葉も一般的ではなかったが）に対する危惧が広まった。国はこの状況を受けて，1994 年に初めての体系的な子育て支援策ともいえる「エンゼルプラン」を策定した。エンゼルプランでは子育てを支援するための保育所などの量的拡大に加え，低年齢児（0〜2 歳児）保育や延長保育などの多様な保育の充実，さらには地域と連携した保育環境の整備（地域子育て支援センターの整備等）がその内容であった。

エンゼルプランは子育て支援の拡充を目的としたものであるが，同時にそれまで育児に過度の負担を強いられていた女性に対して育児と就業の両立を促す契機ともなった。なお，1991 年には「育児休業法」が成立し，民間の労働者に対しても育児休業が認められるようになった。この育児休業法は 1995 年には介護休業を含め育児・介護休業法となり，また育児休業給付制度も始まった。しかし 1990 年代中盤にはエンゼルプランの実施や育児休業の導入がなされたものの，出生率の改善は進まず，また女性の育児休業取得率も 50% 程度にとどまっていた。

国は 1999 年に「新エンゼルプラン」を策定し，保育だけでなく雇用や母子保健等の幅広い事業による子育て支援・少子化対策を掲げた。これ以降もさまざまな少子化対策が進められ，2003 年には「次世代育成支援対策推進法」により家庭だけでなく企業や自治体も子育て支援を行うことが盛り込まれ，また同年には「少子化社会対策基本法」が制定された。さらに，2004 年に策定された「少子化社会対策大綱」はその後 20 年に 4 回目の改定がなされるなど，少子化対策の柱となり現在に至っている。現行の第 4 次「少子化社会対策大綱」では「希望出生率 1.8」を目標に掲げ，結婚支援，不妊治療等の妊娠・出産への支援，仕事と子育ての両立，地域社会による子育て支援，経済的支援がその対策の柱となっている。さらに 2012 年に成立した「子ども・子育て支援新制度」が 15 年から本格的に開始され，企業主導型保育事業やベビーシッタ

ー利用者支援事業など，企業等からの事業主拠出金をもとにした子育て支援も始まっている。

保育については，2006年から「認定こども園」の仕組みが始まるなど，大きな制度変更が行われた。認定こども園とは，それまで別々の基準で設置されていた保育所（厚生労働省管轄）と幼稚園（文部科学省管轄）の両方の基準を併せ持ち，地域の子育て支援も行う施設であり，「幼保連携型」「幼稚園型」「保育所型」「地方裁量型」の4つの区分で運営されている。

育児・介護休業制度については，従来までの休業期間である「子が1歳に達するまでの期間」を，保育所等に入れない場合などには2005年に1歳6カ月まで，また17年には2歳までの延長を認めることとなった。さらに，2010年には「パパ・ママ育休プラス」制度の創設など拡充が進んだ。加えて，現在（2023年度末）では育児休業給付も従前の賃金の最大67％にまで給付額が増額された。その結果，女性の育児休業取得率は80.2％（2022年，厚生労働省「雇用均等基本調査」）にまで高まった。しかし男性の育児休業取得率は近年上昇しつつあるものの，依然として女性に比べ低く（17.1％，2022年），男性の育児参加に関しては課題が残ったままである（図10-7参照）。

子育てを経済的に支援するための方策としては児童手当がある。児童手当は制度開始当初は多子家庭に対する経済支援が目的であったが，次第に少子化克服のための経済支援という位置づけとなった。現在の児童手当（月額）につい

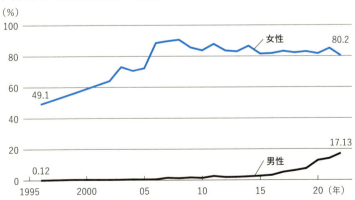

▶図10-7　育児休業取得率の推移

（注）調査前年度1年間の出産者のうち，育児休業の申し出を行った者の割合である。
（出所）厚生労働省「女性雇用管理基本調査」「雇用均等基本調査」。

302　第Ⅱ部　発展編

ては，3歳未満の子どもに1万5000円，3歳以上で小学校修了前の子どもに1万円（第3子以降は1万5000円），中学生には1万円を給付している。児童手当の制度自体には家庭の所得制限があるが，現在は高所得家庭においても一律5000円の給付が行われている。

　これまで厚生労働省や文部科学省，内閣府などが個別に進めてきた子育て支援策を統一的に進めていくことを目的として，2023年4月に「こども家庭庁」が発足した。こども家庭庁は子育て支援に限らず，子どもの権利の保護や家庭環境の整備などを総合的に推進することを目的とした「こども基本法」を制定し，また「こども大綱」を定め，こども政策を推進することとしている。

4.3　新たな少子化対策とその課題

　すでに述べてきたように政府・自治体はさまざまな子育て支援・少子化対策を行ってきたが，出生率の改善は見られず，2023年の出生率は1.20と過去最低水準であった。岸田文雄政権は，少子化を改善するため2023年12月に「こども未来戦略」を策定し，いわゆる"異次元の少子化対策"を行うことを表明している。その基本理念として，①構造的賃上げ等とあわせて経済的支援を充実させ，若い世代の所得を増やすこと，②社会全体の構造や意識を変えること，③すべての子ども・子育て世帯をライフステージに応じて切れ目なく支援すること，の3つを掲げている。

　「こども未来戦略」のうち，政策強化の具体策となる部分を2024～26年度の「加速化プラン」として2024年度予算に計上している。その内容を見ると，児童手当については現行の中学生までの対象を高校生までに拡大することや，所得制限の撤廃，多子世帯への増額（第3子以降3万円）などに改定することとしており，また妊娠・出産時からの支援強化として「出産・子育て応援交付金」（子ども1人につき10万円程度）や伴走型相談支援などの整備の体制の充実，さらには子どもが3人以上いる多子世帯については高等教育（大学等）の授業料や入学金の無償化を予定している。

　保育については，就労の有無にかかわらず小学校入学前のこどもであれば誰もが保育施設を利用できる「こども誰でも通園制度」や保育士の配置基準の変更に伴う保育士等の処遇改善，また育児休業給付についても増額（従前の賃金の80％まで）が予定されており，これらは女性の働き方支援にも効果的であると考えられる。

▶図 10-8　児童・家族関係給付費の推移

（出所）国立社会保障・人口問題研究所「社会保障費用統計」。

　課題としては，これらの政策を支える財源の問題がある。上記の政策をすべて実行するには毎年 3.6 兆円の財源が必要であり，政府は 2028 年度までに全額を確保するとしている。その内訳は，従来の予算の活用や歳出削減などの歳出改革で 2.6 兆円，また公的医療保険制度の保険料を上乗せする形の「支援金制度」で 1 兆円としているが，2024 年度予算ではそのおよそ 3 割に当たる 1.3 兆円程度しか確保されていない。

4.4　子育て支援の規模とその負担のあり方

　子育て支援の規模とその推移を確認しておこう。「児童・家族関係給付費」の推移を示したものが図 10-8 である。児童・家族関係給付費は児童手当，児童扶養手当（ひとり親家庭等への給付），児童福祉サービス（就学前教育や公立保育所等），育児休業給付，出産関係費などで構成される。子育て支援に関わるすべての支出を含むものではないが，その推移から近年になるほど子育て支援・少子化対策に対する政策規模が大きくなっていることがわかる。

　上記の児童・家族関係給付費の総額は 1980 年では 1 兆 1557 億円であり，対 GDP 比で見ても 0.47% にすぎなかった。しかし 2000 年代に入るとその規模は急速に拡大し，10 年では対 GDP 比で 1% を超え 1.09%，5 兆 4802 億円となり，21 年では 13 兆 3556 億円，対 GDP 比 2.43% となっている。さらに，前項で紹介した「こども未来戦略」を計画どおりに実施すれば，その規模

304 第II部 発展編

はさらに拡大することになる。

　子育て支援をどのように支えるかについてはいくつかの議論がある。子ども
を持つことは社会全体にとって好ましいことでもあり，将来の労働力確保や社
会保障負担を担ってくれるからである。そのために必要な費用は本来，税で負
担すべきとも考えられる。今回の「加速化プラン」では保険料からその一部を
まかなうとしているが，負担と給付の対応関係が明確である保険の仕組みから
すると，その原則を損なう拠出方法である。必要な子育て支援・少子化対策を
確実に進めていくには消費税を含む増税等も視野に入れて幅広く議論する必要
がある。

第5節　外国人労働

5.1　外国人労働の現状

　少子高齢化に直面する日本経済にとって，労働力の確保は重要な課題であ
る。中長期的に労働力人口の減少が見込まれ，とくに若年労働力の減少が著し
いことを受けて，外国人労働者の受け入れ拡大は政府の成長戦略の重点的取り
組みの1つにあげられている。

　2023年10月末時点の外国人労働者数は205万人に達し，外国人雇用状況
の届出が義務化されて以降，初めて200万人を超えた。外国人労働者数は，
東日本大震災後の2012年には前年より減少したものの，その後はコロナ禍を
挟んでも増勢が続いている。在留資格別に見ると「身分に基づく在留資格」
（「永住者」，「永住者の配偶者等」，「定住者」〔主に日系人〕など）が最も多く，次い
で「専門的・技術的分野の在留資格」「技能実習」「資格外活動」が多い（図
10-9）。人数的にはまだ少ないものの，ここ数年は2019年に創設された「特
定技能」の増加が目立っている。

　国籍別の構成を見ると，ベトナムが最大（25.3％）で，次いで中国（19.4
％），フィリピン（11.1％）となっている。2019年までは中国が最も多かった
が，20年以降はベトナムが中国を上回るようになった（図10-10）。産業別で
は，製造業や宿泊業，飲食サービス業などで就業者に占める外国人労働者の割
合が高い（図10-11）。

▶図10-9　在留資格別外国人労働者数の推移

(出所)　厚生労働省「『外国人雇用状況』の届出状況まとめ」(各年版)。

▶図10-10　国籍別外国人労働者割合

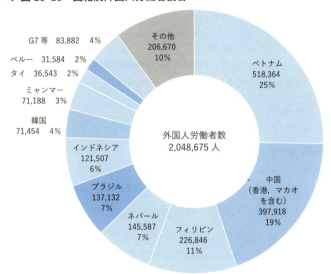

(出所)　厚生労働省「『外国人雇用状況』の届出状況まとめ」(令和5年10月末時点)。

5.2　外国人労働者政策の展開

　従来，日本政府は専門的技能を持つ高技能外国人労働者には広く門戸を開く一方で，それ以外の外国人労働者の受け入れには慎重という姿勢をとってき

▶図10-11 産業別の就業者に占める外国人割合（2020年）

（出所）厚生労働省「2023年度第7回雇用政策研究会関係資料集」。

た。しかし実際には，正面玄関を閉ざす一方で，さまざまな方法でサイドドアから単純労働者を受け入れてきたのである。たとえば1980年代後半にはバブル景気の中で人手不足が顕著になり，外国人労働者の受け入れ論議が活発化した。そうしたなかで1993年には日本で習得した技能や知識を開発途上地域へ移転することを目的とする外国人技能実習生制度が創設された。技能実習は最長で5年であるが1～3年が一般的であり，その間に実習先を変更することはできず，家族帯同も認められない。この制度の目的は人材育成を通じた国際貢献なので，人手不足への対応策とされてはならないという基本理念が掲げられていた。しかし徐々に事業者らは技能実習生を単純労働者として人手不足分野で用いるようになり，制度目的と運用実態の乖離が目立つようになってきた。また，技能実習生の低処遇や人権侵害についての国際的な批判が高まり，国連からは日本政府に対し数度の勧告が発せられた。

こうした背景のもと，国内での人材確保が困難になっている介護，建設，宿

泊業，農業など12の産業分野（特定技能2号については11の産業分野）において，一定の専門性・技能を有する外国人を受け入れることを目的とする特定技能制度が2019年に創設された。特定技能は1号と2号に分かれており，1号は一定の知識または経験を，2号はより熟練した技能を要する。1号は家族の帯同が許されず，最長在留期間は5年であるが，2号は要件を満たせば家族の帯同が可能で在留年数には制限がない。また，1号であるか2号であるかを問わず，一定の条件を満たせば本人の意向で勤め先の変更（転籍）が可能である。

さらに，2024年6月には，27年までに技能実習制度を廃止し，新たな在留資格「育成就労」を創設することを内容とする育成就労法が成立した。育成就労制度では，特定技能制度との接続が重視され，外国人労働者のキャリアパスを明確化することが目指されている。また，人権保護の観点から，一定の要件を満たせば転籍も認められる。

これまで日本は，非高技能外国人労働者の定住には消極的な姿勢を貫いてきたが，育成就労制度の創設は，非高技能労働者として来日した外国人にもスキルアップを通じて特定技能1号さらには2号へと移行しつつ定住への道を開くものとなる。

5.3 外国人労働者受け入れの経済学

外国人労働者の受け入れが労働市場に与える影響を，簡単な需要供給モデルで分析してみよう。ここでは外国人労働者と国内労働者が完全に代替可能であると仮定する。

労働需要曲線が D，国内労働者の労働供給曲線が S_0 で与えられているとする（図10-12）。外国人労働者を受け入れる前の段階では，D と S_0 の交点である E_0 で市場を均衡させる賃金 w_0 と雇用量 N_0 が決定される。ここで外国人労働者が労働市場に参入すると，労働供給曲線は S_0 から S_1 へと右にシフトする。結果として新たな市場均衡は E_1 となり，賃

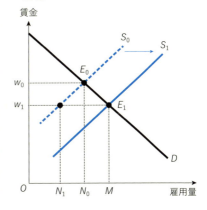

▶図10-12 外国人労働者受け入れの影響

金は w_1 に低下する一方で雇用量は M へと増加する。新しい均衡賃金 w_1 のもとで働く国内労働者は N_1 で，N_0 と N_1 の差だけ，外国人労働者によって国内労働者の雇用が置き換えられたことになる。外国人労働者の参入が賃金や国内労働者の雇用量に及ぼす影響の大きさは，労働需要曲線と労働供給曲線それぞれの傾き（賃金弾力性）に依存する。

このモデル分析に基づけば，外国人労働者と国内労働者が競合するような産業や職種，技能レベルでは，外国人労働者の参入によって国内労働者の雇用減少と賃金低下が起こると予想される。ただし海外のさまざまな実証研究では，こうした関係について一致した結論は得られていない。国内労働者が別の産業や職種に移動したり，生産者が資本と労働の組み合わせを変えて生産したりするようになるため，外国人労働者参入の影響だけを把握することは，実際にはなかなか難しい。

5.4　外国人労働の今後

日本の全就業者に占める外国人労働者の割合は 3% 程度（2023 年）であり，2 割を超えるアメリカやイギリスと比較してもまだ低水準である。とはいえ，人口減少が加速する日本において，外国人労働者の存在はいっそう重要性を増していくことは間違いない。

従来の日本の外国人労働者政策は，労働集約的で生産性の低い分野の人手不足が顕著になるたびに，サイドドアから外国人労働者の受け入れを拡大するという短期的な対応に終始してきた。しかし，人手不足の解消を外国人労働力に依存すると，設備投資などの生産性向上への意欲がそがれるだけでなく，市場メカニズムを通じた賃金上昇や労働条件の改善が進まない。その結果として，外国人労働者にとって日本で働くことの魅力も高まらない。日本が今後も成長戦略として外国人労働者を活用していくのであれば，生産性向上を最優先に政策を決定することが望ましい。

外国人労働者の転籍制限が緩和されると，移動先のセクターで国内労働者との競合が起こり，賃金低下を招く可能性もある。外国人労働者のスキルアップを促進するとともに，どのような分野の技術・技能を持つ外国人労働者の受け入れを拡大するのか，長期的視野に立って検討する必要がある。

さらに，外国人労働者に定住の道をひらくことは，日本の人口問題にもインパクトを与えることとなろう。外国人労働者やその 2 世，3 世が日本社会に溶

け込み，人材として活躍するためには，教育機会の保障やセーフティネットの整備も必要となる。海外から来るのは「労働力」ではなく「人間」であることを忘れてはならない。

▶参 考 文 献

日本創成会議［2014］「ストップ少子化・地方元気戦略」http://www.policycouncil.jp/pdf/
　prop03/prop03.pdf（2024 年 5 月 15 日最終アクセス）。

第11章

日本経済の課題 2

グローバル化，農業，デジタル化

生成 AI を使用中のスマートフォン（写真提供：時事）

本章で学ぶこと

　本章では，日本経済において比較的新しい課題に分類される，グローバル化，デジタル化について解説する。また，グローバル化への対応を迫られている日本の農業についても取り上げる。

　第1節の「グローバル化と経済安全保障への対応」では，経済活動のグローバル化が進む一方で，自然災害やパンデミックなどの経済ショックに頑健なサプライチェーンを構築する重要性について説明する。また，大国間の対立や地政学リスクに対応する経済安全保障についても触れる。

　第2節の「日本農業の現状と課題」では，農業総生産などのデータで日本農業の現状を確認した後，地政学リスクなどに対応する食料の安全保障，環境問題への対応について説明する。

　第3節の「デジタル・エコノミーと日本経済」では，1990年代初頭からの日本のデジタル化の歩みを振り返りながら，日本のデジタル化が遅れた理由について考察する。日本政府のデジタル化戦略の歴史も振り返り，生成 AI などの新しい技術が登場する中で，今後日本がとるべきデジタル戦略を考える。

　第4節の「AIと雇用」では，生成 AI などの技術革新によって雇用は奪われるのかという問いについて考察する。

312 第Ⅱ部 発展編

第1節 グローバル化と経済安全保障への対応

　本節では，自然災害やパンデミックなどの経済ショックに頑健なサプライチェーン構築の重要性について説明する。さらに，近年，米中対立など世界の政治経済情勢が不確実性を増すなかで，各国が国家安全保障の名のもとに貿易や投資を管理・規制する動きが出てきていることにも触れる。

　本節を通じて，経済ショックや地政学リスクなどにさらされるなかで，グローバルなサプライチェーンに参加する企業が直面している課題について，理解を深める。

1.1 外的ショックとサプライチェーンの再構築

　1980年代後半以降，グローバル化が進展するなかで，日本企業は，フラグメンテーション（第7章2.3.1参照）の重要な担い手として東アジア域内貿易の拡大に貢献し，日本経済全体の貿易依存度も高まってきた（第7章・図7-1参照）。貿易の増加は，比較優位産業の拡大を通じて一国経済の成長をもたらす面があり，直接投資の増加は投資企業の利潤を高めるなどの正の効果が期待される。一方，貿易自由化が進むと，比較劣位産業は外国との競争にさらされて苦境に立たされることから，グローバル化には負の側面もあることは否めない。しかし，フラグメンテーションによって生産コストが大幅に低下し，スマートフォンやパソコン，アパレルなど，安価で高性能の財を大量に消費できるようになったことによって消費者が得た利益はきわめて大きい。

　フラグメンテーションやサプライチェーンの国境を越えた展開は，生産コストの低下と生産・消費の拡大という大きな恩恵をもたらした。しかし，サプライチェーンが長く，国境を越えて伸びることは，サプライチェーンのどこか一部が何らかのショックを受けると，それがサプライチェーン全体に波及するというリスクも孕んでいる。たとえば，2011年の東日本大震災では，自動車部品などを生産する工場が被災したことでサプライチェーンが寸断され，日本国内の多くの自動車組立工場が操業停止を余儀なくされた。また，2020年の新型コロナウイルスのパンデミックにおいても，世界の多くの国で生産や物流が滞り，サプライチェーンの脆弱性が意識された。

　とはいえ，東日本大震災や新型コロナのパンデミックの影響を分析した研究結果によると，一時的に生産や輸出入が急減したものの，数カ月後には以前の

水準に回復しており，サプライチェーンの復元力は強いとの評価もある。しかし，ショックに対してより頑健なサプライチェーンを構築するために，サプライヤーを多元化・多様化し，リスクを分散する必要性が指摘されている。

日本について，特定国への生産拠点の集中度やそれがもたらすサプライチェーンの脆弱性を把握するため，日本の重要部品の輸入依存度を計測したのが表11-1である。とくにパソコンや携帯電話で輸入依存度が高い。ここでは，輸出額に対する輸入額の比率を，国内生産による代替可能度と定義しており，代替可能度の数値が大きいほど，国内生産で代替することが難しいことを指している。輸入依存度の高い

▶表 11-1　重要品目等の輸入依存度と国内代替可能度

	輸入依存度（％）	代替可能度（倍）
パソコン	63.4	8.83
携帯電話	94.1	114.83
半導体素子	33.1	0.54
集積回路	35.9	0.86
電池	14.8	0.40
その他の非鉄金属地金（注）	45.8	1.25
医薬品	28.9	4.82

（注）　総務省によると，「その他の非鉄金属地金」は，金地金，銀地金，白金地金，パラジウム，ニッケル地金，すず地金，コバルト地金，シリコン等である。
　　　　輸入依存度（％）＝輸入額÷（国内生産額＋輸入額）×100
　　　　国内生産による代替可能度（倍）＝輸入額÷輸出額
（出所）　経済産業省『通商白書　2022年版』第Ⅱ-1-2-25表をもとに筆者作成。

パソコンや携帯電話はもとより，医薬品でも国内代替生産が困難となっている。

医薬品の輸入依存度が高いと，外国がパンデミック時に医薬品輸出を規制して他国への流出を防ごうとした場合，必要な医薬品を輸入できなくなるかもしれない。そうした場合に備えて，国内生産による代替をある程度可能にしておく必要がある。

半導体素子や集積回路は，国内生産への代替は可能とはいえ，輸入依存度は高い。半導体は，「産業のコメ」とも称されるほど，さまざまな機器に欠かせない重要品目であり，何らかのショックによって供給が途絶すると，多くの産業の生産に影響が及ぶ。

こうした重要部品を海外に依存しすぎることは望ましくないかもしれないが，サプライチェーンが自国内で完結しているよりも，複数の国にまたがっている方がリスクを分散しやすい。一方，同一品目を複数のサプライヤーから調達することは，コストの上昇につながる可能性があるため，リスク分散のコス

314 第Ⅱ部 発展編

トとベネフィットを考慮する必要がある。多くの日本企業は，頑健なサプライチェーンの構築に向けて，国内生産と輸入のバランスや調達先の見直しを迫られている。

1.2 地政学リスクの高まりと輸出管理強化

自然災害やパンデミックなど，さまざまな経済ショックへの対応とともに，近年重要性を増しているのが，大国間の対立や地政学リスクへの対応だ。世界の政治経済情勢が不確実性を増すなか，各国で経済安全保障への関心が高まっており，機微技術やエネルギーなどの国家安全保障に重要な分野において，敵性国との貿易や投資を規制する動きが出てきている。

第7章3.3で米中対立に触れたが，2018年以降，アメリカは中国からの輸入品に対する追加関税措置だけでなく，国家安全保障上の理由で，軍事転用可能なデュアル・ユース品目や技術への輸出管理を強化している。中国企業をターゲットにした規制強化が目立っており，アメリカの輸出規制は日本から中国への輸出にも負の影響を与える可能性がある。たとえば，アメリカ由来の技術またはソフトウェアを直接用いて製造された直接製品を，アメリカの懸念顧客リスト（エンティティ・リストという）に掲載されている中国企業に輸出する際，アメリカ政府の輸出許可が必要な場合がある。日本で製造して日本から中国に輸出する場合であっても，アメリカ由来の技術を用いて製造しているならば，アメリカ政府の規制対象となりうる。アメリカ政府のこうした規制強化を受けて，2021年3月期決算では，日本のソニーグループから中国の華為技術への画像センサーの輸出が急減したと報道された。

2022年8月には，アメリカ政府は，アメリカ国内で半導体製造や研究開発を行う企業に補助金を付与する法律（CHIPS and Science Act：CHIPS法）を成立させたが，補助金を受ける企業は，向こう10年間中国で最先端半導体の増産を行わないなどの条件が課せられる。さらに同年10月には半導体関連製品の輸出管理を強化した。背景には，中国に先端技術を渡さず，中国に技術覇権を握らせないというアメリカの強い意図がある。

日本政府も，近年，機微技術を用いた製品などの輸出管理を強化している。2022年5月には経済安全保障推進法が成立し，重要物資の安定供給や供給網強化，先端技術の開発支援と流出防止，インフラの安全確保などを推進する制度が創設され，先端半導体の国内生産や研究開発プロジェクトが進められてい

る。日本政府の補助金を投じて，半導体受託製造で世界最大手の台湾積体電路製造（TSMC）の工場を熊本県に誘致したり，次世代半導体の国内生産を目指して国内主要企業が出資して設立されたラピダスの工場建設を支援したりしている。

こうした動きは，少なくとも一部の先端技術については，米中のデカップリングに日本も追随することを示唆する。日米同盟や経済安全保障が地政学的に重要であることはいうまでもないが，中国との貿易シェアが大きい日本が米中デカップリングに追随した場合，貿易やGDPの面でかなり大きな負の影響を受ける可能性があることも認識する必要がある。日本や世界経済の成長のためには，大国を含む世界各国が協力し合って，国際的ルールを整備しグローバルなサプライチェーンの頑健性向上を目指すことが望ましい。しかし，短期的にはその方向が望めないなかで，日本企業は，中国も含めたサプライチェーンの展開を推進していく分野と，国内に重点的に投資する分野，第三国への展開を拡大していく分野など，選択的に対応していかざるをえない。

第2節　日本農業の現状と課題

2.1　日本農業の現状

農業は命の源である食料を生産する重要な産業である。しかし，日本経済に占める重要性としては，表11-2に示すように，GDP（国内総生産）の1%以下，総労働人口の3%程度に過ぎない。農業の経済における比重が低いのは日本に限らず，先進国に共通している。経済発展の過程で，経済の比重は第1次産業から第2次産業へ，そして第3次産業へとシフトしていく。これは，その法則を見出した学者と統計的に証明した学者の名を冠して，ペティ＝クラークの法則として知られている（第1章3.3も参照）。

経済での比重は小さくなっても，農業はたびたびメディアに登場する。かつては，WTO（世界貿易機関）やTPP（環太平洋パートナーシップ協定）などの貿易自由化交渉に反対する勢力として，農業団体（農協）が真っ先に登場した。今日では，ロシア・ウクライナ戦争や中東紛争の拡大等の地政学的リスクの増大で，食料の安全保障への関心が高まっている。また，日本では農業は自然が相手で環境にやさしい産業と思われてきたが，実は，気候変動に影響を及ぼす温

316　第Ⅱ部　発展編

▶表 11-2　日本農業の基本指標

年	1970	1980	1990	2000	2010	2022
農業総生産（10 億円）	3,352	6,470	8,172	5,915	4,597	4,792
対 GDP 比率（%）	4.6	2.7	1.8	1.1	0.9	0.9
農業就業人口（万人）	811	506	393	289	215	178
対総就業人口比率（%）	15.9	9.1	6.4	4.6	3.6	3.1
農業総産出額（10 億円）	5,095	11,686	13,446	10,697	9,667	9,002
うちコメの生産額シェア（%）	35.6	27.7	24.9	22.5	16.8	15.5
耕地面積（万 ha）	580	546	524	483	459	433
耕地利用率（%）	109	104	102	94	92	91
農家戸数（万戸）	534	466	384	312	253	175
1 戸当たり耕地面積（ha）	1.09	1.17	1.37	1.55	1.80	2.50

（注）　農業就業人口および農家戸数のデータは 2020 年値。
（出所）　農林水産省「農林水産基本データ」「農業・食料関連産業の経済計算」各年版などをもとに筆者作成。

暖化ガスを発生する産業として認識されており，今世界各国の農業はその対応に迫られている。

　このように，農業をめぐる情勢は大きく変化しつつあるが，日本農業の現状をまとめておこう。日本の農業を担う農家は 175 万戸（2020 年）存在するが（表 11-2），その多くは兼業零細農家である。農家とは，経営耕地面積が 10 アール以上か，年間の農産物販売金額が 15 万円以上の世帯を指すが，経営耕地面積が 30 アール未満かつ年間農産物販売金額が 50 万円未満の農家は「自給的農家」と呼ばれる。自給的農家は全体の 4 割に及ぶ。自給的農家以外の農家は「販売農家」と呼ばれるが，その多くは農業以外の所得が多い兼業農家であり，農業を主とする「主業農家☆」は販売農家の 2 割程度にすぎない（いずれの数値も農林水産省［2021］による）。

　日本の耕作農地は，かつては 607 万ヘクタール（1960 年）あったが，今日では 433 万ヘクタール（2022 年）まで減少した。また，荒廃農地☆面積は 25.3

☆主業農家：「農業所得が主（農家所得の 50% 以上が農業所得）で，調査期日前 1 年間に自営農業に 60 日以上従事している 65 歳未満の世帯員がいる農家」である。
☆荒廃農地：「現に耕作されておらず，耕作放棄により荒廃し，通常の農作業では作物の栽培が客観的に不可能な農地」を指す。

万ヘクタールにのぼる（2022 年）。農家 1 戸当たりの経営耕地面積は 2.5 ヘクタールにとどまり，アメリカやオーストラリアはもちろんのこと，イギリスの 90 ヘクタールやドイツ 55 ヘクタールといったヨーロッパ諸国の平均耕地面積にも遠く及ばない。

　農業就業人口は，ふだん仕事として主に自営農業に従事する「基幹的農業従事者」で見て，116 万 4000 人（2023 年）であるが，その平均年齢は 68.7 歳で高齢化が進んでいる。新規農業就業者は年間 4 万 6000 人（2022 年）いるが，定年を迎えて実家に戻って就農するなどの高齢者が多く，49 歳以下の新規就農者は 1 万 7000 人ほどである。しかし，一方でリタイアする農業者が増加し，彼らの農地が大規模農家に集積されつつあり，日本農業の規模拡大は加速している。経営耕地面積が 50 ヘクタール以上の経営体が，全農地の 25% を耕作している（2020 年）。

　しかし，大規模農家でも農地が 1 カ所に集中しているわけではない。多くの散在する小さな農地を借地で耕作しているため，機械の効率が上がらず規模の経済を享受できていない。農地をより流動化させ，有効活用するためには，農地法の規制改革が不可欠である。現状では原則農家でなければ農地を取得できないが，これを緩和し，株式会社など資金力と経営能力がある経営体に農地を集約し，また，規模拡大だけでなく，スマート農業と呼ばれる IT や ICT を駆使した多様な農業経営が展開できるようにすることが望ましい。

2.2　食料の安全保障

　日本の農業政策の原点となる食料・農業・農村基本法（以下，基本法）が 2024 年に改正された。基本法は 1999 年に制定され，「食料の安定供給」，「農業の多面的機能の発揮」，「農業の持続的発展」および「農村政策」を 4 本の柱とした。また，「食料自給率の向上」を政策目標として掲げた。

　しかし，基本法制定以来 25 年を経て，国内外の情勢は大きく変化した。とくに，近年ではウクライナ・ロシア戦争や中東紛争で地政学的リスクが拡大し，世界各国は生産拠点や部品調達の国内回帰の傾向を強めている。食料調達も例外ではない。図 11-1 に示すように，日本はカロリーベースで見た食料自給率が 38% の低さにあり，安定的な食料調達への不安が高まった。基本法では 5 年ごとの「食料・農業・農村基本計画」（以下，基本計画）で食料自給率目標を定めるとしてあり，これまで 45% とする目標を掲げてきた。しかし，そ

▶図 11-1　食料自給率の推移

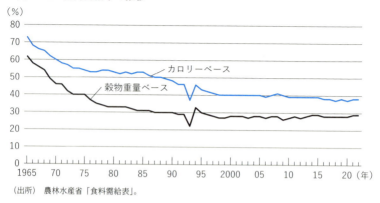

（出所）農林水産省「食料需給表」。

れが実現されたことはない。

　ただし，食料自給率は必ずしも食料安全保障の指標ではない。食料自給率の分母は，食料安全保障の基礎とすべき生存に必要な食事エネルギーではなく，消費者が国産か輸入品かにかかわらず日常で消費する食料の総カロリーである。豊かな国の消費カロリーは大きく，貧しい国のそれは小さい。したがって，貧しく必要な食料を輸入できない国々では，生存に必要な食事エネルギーが摂れていなくても食料自給率は高くなる。実際，多くの貧しい途上国の食料自給率は高い。

　また，食料自給率はその国の消費者の選択の結果である。食料自給率の分子は，市場を通じて消費者が国産品か輸入品かの選択を行った結果であり，食料の安全保障を求めて選ばれてはいない。平時の食料自給率を向上させることは消費者に犠牲を強いることになる。

　改正基本法では，新たに基本理念として「良質な食料が合理的な価格で安定的に供給され，かつ，国民一人一人がこれを入手できる状態」と食料の安全保障を定義し，その実現を改正基本法の中心に据えた。従来，食料安全保障に対しては，ほぼ食料自給率の向上のみを政策として掲げてきたが，より広範に国民の視点から見直したといえる。基本法は理念法なので，具体的な政策は改正基本法のもとで策定される基本計画に盛り込まれることになる。

　また，同時に「食料供給困難事態対策法」という新法が制定された。この新法では，政府が重要だとする食料や必要物資を指定し，世界的な不作などでこれらの食料供給が大きく不足する場合生産者にも増産を求める。必要に応じて

政府が補助金を出すが，事態が悪化して，供給量が2割以上減るとか価格が高騰した場合には，「困難事態」が宣言される。宣言を受け，政府は生産者や事業者に食料の確保に向けた計画の策定を指示するが，計画の届出がなければ，罰金を科す。事態がさらに深刻化し，最低限必要な食料（1900 kcal/日/人）の確保が困難となれば，政府がコメやサツマイモといった熱量が高い品目への生産転換を要請・指示する。

　これは農林水産省が2012年に策定した「緊急事態食料安全保障指針」で食料危機時の政府の対応策が，法的拘束力がなく実効性を担保できていなかったために，焼きなおして新法としたものである。ここで最後に想定している最低限必要な食料すら困難な事態というのは有事である。そのときに不足するのは食料だけではない。エネルギーを含め，あらゆる生産資材が不足する。そのような事態に至らないために，日本は外交を含め国際平和に努めなければならないが，危機管理の一環として，有事にいかに食料を確保するか，農政だけでなく，総合的な有事法制による枠組みを確立しておく必要があろう。

2.3　農業の環境対応

　農業は自然を相手にし，とくに植物栽培では二酸化炭素を吸収し，地球温暖化防止に貢献する産業だと思われがちであるが，実際は異なる。確かに栽培により耕種作物は成長過程で二酸化炭素を吸収するが，一方で，水田等からはメタンガスなどが発生する。また，堆肥から出る一酸化二窒素も地球温暖化への負荷となる。さらには，反芻動物である乳牛・肉牛が行う噯気（ゲップ）もメタンガスである。FAO（国連食糧農業機関）によれば，世界の温室効果ガス（GHG：greenhouse gas）総排出量の31% が食料システムに由来するという。農業生産はその4割を超え，GHG全体の13% を排出している（FAO［2021］を参照）。

　こうした事実を踏まえ，世界各国では伝統的農業から環境に負荷をもたらさない農業への農法の転換が叫ばれるようになった。とくにEU（欧州連合）の「Farm to Fork（農場から食卓まで）戦略」（以下「F2F戦略」）はヨーロッパの2050年までに域内の温室効果ガス排出量実質ゼロを目指すEUの政策の一環として制定され，2030年までに全農地の25% を有機農業とすることを目標としている。

　日本はEUのF2Fに呼応する形で，2021年に持続可能な食料システムの構

築に向けて「みどりの食料システム戦略」（以下，みどり戦略）を策定した。日本も EU にならって，目標年度は 2050 年と先になるが，①化学農薬の使用量（リスク換算）を 50% 低減，②輸入原料や化石燃料を原料とした化学肥料の使用量を 30% 低減，③耕地面積に占める有機農業の取組面積の割合を 25%（100 万ヘクタール）に拡大する，といった政策を打ち出した。しかし，現行の有機栽培面積は全耕地面積の 1% に満たない。それを 25% に拡大するのは容易なことではない。

　一方，環境負荷を軽減するためには，農業生産の現場だけでなく，食品産業や流通においても対策が求められる。みどり戦略では，製造と流通に AI やロボティクスといった技術を導入して効率を向上させることや，賞味期限が切れた食品や食べ残しが捨てられてしまう食品ロスを 2030 年までに半減することなどを目標として掲げている。

　農業が気候変動に負荷を与える産業から脱皮して，温室効果ガスを削減すべきことはいうまでもない。有機農業の推進がその 1 つであることも確かであろう。しかし，慣行栽培で有機農業にシフトするだけでは問題は解決しない。より大きな農業技術革新が必要であり，ゲノム編集や遺伝子組み換えといった技術を駆使して，環境に負荷を与えない農業のあり方を模索していかなければならない。

第3節　デジタル・エコノミーと日本経済

　「ChatGPT」などの生成 AI（人工知能）や 5G（第 5 世代移動通信システム），IoT（モノのインターネット）に象徴される最新のデジタル技術は，製造や流通，金融，農業などさまざまな分野でビジネスや経済の仕組みを大きく変えようとしている。こうした動きはデジタル・トランスフォーメーション（DX）と呼ばれ，日本の政府や企業にも大きな意識変革や構造改革を迫っている。デジタル変革を促した大きなきっかけは 1990 年代半ばから普及したインターネットの登場が大きい。日本はそうしたデジタル化の波にうまく適応できず，「デジタル敗戦」とも呼ばれている。本節と次節ではなぜ日本がデジタル化に出遅れたのか，歴史を振り返りながらその要因を探り，日本が今後とるべきデジタル戦略について展望する。

3.1 日本のデジタル化はなぜ遅れたのか

日本政府のデジタル戦略は1994年に誕生した自民・社会・新党さきがけ3党による村山富市連立内閣にさかのぼる。1993年に誕生した米クリントン政権による「情報スーパーハイウエー構想」の発表を受け，日本でも情報化を促そうと「高度情報通信社会推進本部」を内閣に設けた。NTTの光ファイバー網計画などを推進する情報通信基盤の整備が目的だったが，アメリカで登場したばかりのインターネットにはあまり注目していなかった。

流れが変わったのは1998年に隣の韓国で金大中政権が誕生してからだ。韓国政府はアジア通貨危機で破綻した経済を立て直すため，新たな経済基盤としてADSL（非対称デジタル加入者線）によるインターネットの普及を推進した。これにより韓国は一気にブロードバンド先進国にのし上がったことから，日本でもADSLを普及させようとNTTの電話回線を通話以外にデータ通信にも使えるようにする通信網の開放が叫ばれるようになった。当時，NTTのデータ専用線料金は毎秒1.5 Mbpsの通信速度で月額30万円しており，一般の人がインターネット接続に利用するにはあまりにも高かったからだ。

2000年に誕生した森喜朗内閣ではADSLや光ファイバー網の敷設に力を入れようと翌2001年に「高度情報通信ネットワーク社会推進戦略本部（IT戦略本部）」を設けた。名称に新たに「ネットワーク」の文字が入ったのが特徴だ。具体策を検討するため担当閣僚と民間人からなる「IT戦略会議」を設け，座長にはソニーの会長だった出井伸之を招請，日本の「インターネットの父」といわれた慶應義塾大学の村井純教授らもメンバーに加わった。IT戦略会議での議論の結果，政府としてのIT政策を体系的にまとめた「高度情報通信ネットワーク社会形成基本法（IT基本法）」を制定し，2001年にスタートしたのがいわゆる「e-Japan戦略」である。

3.2 日本政府のデジタル戦略の経緯

e-Japan戦略では光ファイバー網を全国1000万世帯に，ADSL回線を3000万世帯に敷設する目標を掲げ，NTTにも電話回線の開放を義務づけた。森内閣を引き継いだ小泉純一郎内閣はブロードバンド戦略を経済政策の目玉に据え，数値目標によるインフラ整備を目指したことからe-Japan戦略は順調に目標を達した。その成果を踏まえ，次の5年間の戦略として小泉内閣が

322 第Ⅱ部 発展編

▶表11-3　日本政府のデジタル戦略の経緯

		日本のデジタル改革と世界の動き
黎明期	1991	「ワールド・ワイド・ウェブ（WWW）」登場
	1993	米クリントン政権「情報スーパーハイウエー構想」発表
	1994	村山内閣が「高度情報通信社会推進本部」設置
	1995	阪神・淡路大震災
	1997	郵政省がNTT再編成の基本方針発表
	1998	韓国で金大中政権発足，ブロードバンド政策を推進
	1999	NTTドコモが「iモード」サービス開始
改革期	2000	アメリカでITバブルが崩壊 森内閣が「IT戦略本部」設置，「IT基本法」制定
	2001	「e-Japan戦略」スタート，第1次小泉内閣発足
	2002	「住民基本台帳ネットワークシステム」稼働
	2003	地上デジタル放送開始，「個人情報保護法」制定
	2006	小泉内閣「IT新改革戦略」発表，第1次安倍内閣発足
迷走期	2007	安倍首相が辞任，福田内閣が発足
	2008	アメリカで「リーマン・ショック」発生 麻生内閣がレセプトのオンライン義務化を修正
	2009	鳩山民主党政権発足，「i-Japan戦略」発表
	2010	原口総務大臣が「光の道」構想を表明
	2011	菅内閣発足，東日本大震災 ドイツが「インダストリー4.0」提唱
	2012	自民党が政権奪回，第2次安倍内閣発足
再生期	2013	安倍内閣が「マイナンバー制度」制定 「世界最先端IT国家創造宣言」「日本再興戦略」発表
	2014	「サイバーセキュリティ基本法」制定
	2016	「第5期科学技術基本計画」で「Society 5.0」提唱
後退期	2017	森友学園問題と加計学園問題が発覚
	2018	「世界最先端デジタル国家創造宣言」発表
	2019	新型コロナウイルス「COVID-19」発生
拡充期	2020	安倍首相が辞任，菅内閣が発足
	2021	「新IT基本法」制定，「東京2020オリンピック」開催 「デジタル庁」発足，岸田内閣発足
	2022	岸田内閣が「デジタル田園都市国家構想」発表

（注）　筆者作成。青い網掛け部分は日本のデジタル戦略が進んだ時期。

2006年に打ち出したのが「IT新改革戦略」である（図11-2）。最新の通信インフラを活かし，行政や医療，教育，働き方などさまざまな分野でデジタル化を促そうとした。

IT新改革戦略ではレセプト（診療報酬明細書）の100％オンライン化や行政

第 11 章 日本経済の課題 2 **323**

▶ 図 11-2 「IT 新改革戦略」の骨子

IT による医療の構造改革	◆ レセプトの 100% オンライン化
IT を駆使した環境配慮型社会	◆ IT でエネルギーや資源の効率的な利用
世界に誇れる安全で安心な社会	◆ 地上デジタルによる災害情報提供で被害軽減
世界一安全な道路交通社会	◆ ITS を活用し交通事故を未然防止
世界一便利で効率的な電子行政	◆ オンライン申請率 50% 達成
IT 経営の確立による企業の競争力強化	◆ IT による部門間・企業間連携の強化
生涯を通じた豊かな生活	◆ テレワーク, e-ラーニングの活用

の電子申請率 50% 達成，テレワーク☆や遠隔教育の推進などを掲げ，インフラ整備が主体だった e-Japan 戦略に対し，ネットワークの利活用を目指した。単なるインターネットの活用ではなく，医療や教育，労働市場などさまざまな分野での規制改革も進めようとした。

　ところが小泉の後を受け，2006 年に戦後最年少の 52 歳で首相に就任した安倍晋三は体調を崩し，閣僚の不祥事などもあって翌年夏の参議院選挙で惨敗，わずか 1 年で政権を放り出してしまった。後を受けた福田康夫や麻生太郎もそれぞれ 1 年の短命政権に終わり，IT 新改革戦略はほとんど進まなかった。麻生内閣では医師会の圧力から「レセプト完全オンライン化」の御旗まで降ろしてしまい，結局は民主党に政権を奪われることになった。

　民主党は「インクルージョン」と「イノベーション」を掲げ，その頭文字から「i-Japan 戦略」を打ち出し，政府主導で光通信網を全国整備する「光の道」構想を打ち出した。ところが 2011 年に起きた東日本大震災により被災地支援と原発対策に追われ，IT 政策どころではなくなってしまった。この間，自民党，民主党ともに首相が毎年交代したため，IT 担当大臣も毎年替わり，安倍が政権を放棄した 2007 年からデジタル戦略の迷走が続いた。

3.3 政権復帰した安倍首相がデジタル戦略を立て直し

　震災対策に苦しんだ民主党は野田佳彦内閣による消費増税法案の成立がとど

☆テレワーク：ICT を活用することによって，場所や時間にしばられない柔軟な働き方を実現するもので，在宅勤務，サテライトオフィス勤務，モバイルワーク，ワーケーションなどの形態がある。

めを刺し，2012年末の衆議院解散後の選挙で政権を奪われてしまった。日本のデジタル戦略も混迷したが，実はそれを再び軌道に戻したのも安倍だった。首相再選後の翌2013年に「日本再興戦略」「世界最先端IT国家創造宣言」を発表。いわゆる「アベノミクス」を掲げ，金融緩和，財政出動に次ぐ「第3の矢」となる成長戦略の柱としてIT政策の推進と規制緩和を訴えた。

　日本のIT政策はそれまで各省庁でバラバラだったが，新たな司令塔として「政府CIO（内閣情報通信政策監）」制度を設け，「税と社会保障の一体改革」を促す「マイナンバー（個人番号）制度」を制定した。安倍が2007年に退陣を迫られた理由の1つが「消えた年金問題」であり，社会保障システムの再構築が必須と考えたからだ。2014年にはインターネットなどの安全対策を促す「サイバーセキュリティ基本法」を制定，IT戦略本部とは別に「サイバーセキュリティ戦略本部」も内閣に新設した。

　安倍はこうしてデジタル戦略の立て直しに成功したが，思わぬところで足をすくわれる。国有地払い下げをめぐる森友学園問題や獣医学部新設をめぐる加計学園問題だ。獣医学部の設置は安倍政権の「国家戦略特区」の目玉だったが，事業者の選定にあたり交友関係を優先したと批判されてしまった。

　IT政策については2018年に「IT」を「デジタル」と読み替えた「世界最先端デジタル国家創造宣言」を発表，デジタル戦略にさらに注力する姿勢を示したものの，再び政策の停滞を招いてしまった。マイナンバー制度も以前の「住民基本台帳ネットワークシステム」と同様，行政の事務効率化にはつながったものの一般国民にはメリットが感じられず，むしろ自分の個人情報が政府に把握されることに国民は懸念を抱いた。北欧諸国などと違い，日本の政府が国民から十分に信頼されていなかったためである。

　またオンライン診療や遠隔教育も制度は認められたが，対面を重視する医師や教師らの賛同を得られなかった。医師や教師にはネットにさらされることは自らの評価や選別につながると捉えられたためだ。同様な反応は行政機関や労働市場などにも見られ，安倍が当初訴えた「岩盤規制の打破」はどこかへ行ってしまった。結局，オンライン診療や遠隔教育など日本のデジタル変革を促したのは政治や行政の力ではなく，2020年春から世界に広がった新型コロナウイルスの感染拡大だった。

第 11 章　日本経済の課題 2　　**325**

3.4　菅政権で新たに「デジタル庁」を設立

　コロナ禍で退陣した安倍の後を受け，新たなデジタル戦略を進めたのが2020年に首相に就任した菅義偉だ。菅は安倍に総裁選への再出馬を進言し，政権発足後は官房長官として安倍を支えたが，きっかけは第1次安倍内閣で総務大臣を務めたことにある。情報通信政策を担った経験から政府のIT政策を一元的に司る「デジタル庁」の創設を訴え，わずか1年で新しい政府機関の設置を実現した。

　霞ヶ関では以前から「情報（コンピュータ）政策は通商産業省」「通信（ネットワーク）政策は郵政省」という役割分担があり，名前が経済産業省と総務省に変わってからも対立軸は変わらなかった。総務大臣としてその問題を認識していた菅は「情報と通信が融合するネット時代には両者を一元的に監督すべきだ」と考えたのである。

　さらにコロナ禍で医療や教育，交通，警察，災害対策などさまざまな分野でデジタル技術が使われるようになると，IT政策を経産省と総務省だけに任せてはおけなくなった。情報システムの調達も日本は各省庁がバラバラに対応しており，メーカー間の仕様の違いから省庁間や地方自治体との間でスムーズな情報伝達ができなかったからだ。

　こうした反省からデジタル庁には各省庁からIT分野の担当責任者を集め，民間からも人材を募り，IT政策と行政における情報システムの一元化を図ろうとした。2000年に森内閣で制定した「IT基本法」もクラウドやスマートフォンがなかった時代につくられた法律だったことから，新しい技術や環境に適合するよう通信インフラと法制度の両方を見直すことにした。

3.5　デジタル化を促した新型コロナウイルス

　日本のデジタル戦略の遅れが最も際立ったのが2020年春から世界中に広がった新型コロナウイルスの感染拡大への対応だ。給付金の申請に必要なマイナンバーカードを取得するのに役所の前に行列ができたり，保健所が感染者数を捕捉するFAX網に目詰まりが生じるなど，台湾や韓国，シンガポールなど他の東アジア諸国に比べると不手際が目立った。

　一方，コロナ禍はテレワークやオンライン会議，遠隔診療，遠隔教育など日本のデジタル変革を促す役割も果たした。マイクロソフトのサティア・ナデラ

326 第 II 部 発 展 編

CEO が「2 年分のデジタル・トランスフォーメーションがコロナ禍によりわずか 2 カ月で実現した」と語ったが，日本では 2006 年の IT 新改革戦略以来 15 年以上にわたって進まなかったデジタル戦略がコロナ禍で大きく前進したといえる。今後重要なのは，コロナ禍が収束した今，経済や社会の仕組みを昔のアナログ時代に戻すのではなく，新しいデジタル技術を社会に定着させ，日本経済の効率化と国民の利便性向上をさらに追求していくことである。

3.6 「IT 革命」から「DX 革命」へ

インターネットが世界に広まった 1990 年代後半から「IT バブル」がはじける 2000 年までの時期は一般に「ドット・コム」ブームと呼ばれる。その後，クラウド技術やスマートフォンが登場し，ソーシャルメディアが急成長した 2000 年代後半になると，今度は「Web 2.0」と呼ばれるブームが到来した。さらに 2008 年のリーマン・ショックの後に AI や IoT などの新しいデジタル技術が広まると，自動運転やロボットなど現実世界のデジタル変革が大きく進むようになった。

最初の 2 つのブームは金融や証券，電子商取引，コンテンツ配信などサイバー空間における事業モデルの変革を促し，いわゆる「IT（情報技術）革命」を起こした。3 つ目のブームでは自動運転やロボットの活用などリアル空間のデジタル変革が進んだ。そうした「DX（デジタル・トランスフォーメーション）革命」の流れをつくったのがリーマン・ショック時に誕生したウーバー（Uber）やエアビーアンドビー（Airbnb）などのアメリカの新しいベンチャー企業である。

残念ながら日本はそうした「DX 革命」の波にもなかなか乗ることができなかった。AI や IoT，ビッグデータ，ロボットなどに注力するという「第 5 期科学技術基本計画」が発表されたのは 2016 年のことで，アメリカから 7 年ほど遅れた。この間，エクスポネンシャル（指数関数的）な情報通信リソースの拡大があったわけだが，日本の政府や企業はそれに乗り損ねてしまった。

世界の IT 産業の盛衰を最もよく表しているのが米新興市場の NASDAQ が発表している「NASDAQ100」と呼ばれる株式指標だ。GAFA などの優良株 100 社で構成し，コロナ禍でデジタル化が急速に進んだ 2021 年末には 1 万 6000 ポイントを突破，その後少し調整が入ったものの，2024 年春には 1 万 8000 ポイントに達した（図 11-3）。とくに AI 需要などを見込んだ GPU（画像

▶図 11-3　米「NASDAQ100」の推移

（注）　月初，終値。
（出所）　NASDAQ.

処理半導体）メーカーのエヌビディアなどの半導体株が買われているためだ。

3.7　誤ったデジタル投資が生産性を低下

　なぜ日本はデジタル化に出遅れてしまったのか。一言でいえば，新しいデジタル技術により既存の事業モデルを根本から見直そうとしなかったからだ。コロナ禍で保健所の FAX 網の目詰まりが起きたように行政手続きなどで FAX をいまだに使っている国はもはや日本くらいである。中小企業なども同様であり，さらに押印や印紙の添付などもデジタル化を阻んでいる。

　メールにファイルを添付する際，情報を暗号化してすぐ後にパスワードを送る「PPAP」と呼ばれる誤ったセキュリティ対策もいまだに行われている。暗号化ファイルはウイルスが潜んでいる危険性があり，海外などでは開封しないのが常識だ。パスワードをいちいちコピーするだけ余計な手間をかけているにすぎず，そうした誤ったデジタル化が生産性を損なっている。

　日本のデジタル化投資にも問題がある。図 11-4 のとおり 1990 年代前半まではどこの国もほぼ同じような投資をしてきたが，90 年代後半から日本の投資は横ばい状態になってしまった。アメリカやフランスはこの間に投資を日本の約 3 倍にも増やしている。さらに問題なのは，日本では投資額の 8 割以上が既存システムの保守や維持に使われていることだ。海外ではデジタル技術を駆使して事業モデルを変えようとしているのに，日本では古い事業モデルをそ

▶図 11-4　デジタル化投資の主要国比較

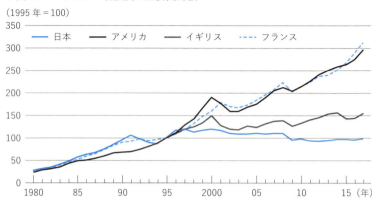

(出所)　総務省『情報通信白書　令和元年版』。

のまま温存しようとしてきた。メガバンクで情報システムのトラブルが頻発した背景にはそうした誤ったデジタル化投資にも原因があった。

　インターネットの普及が製造業などの事業モデルに大きな変革をもたらした点も見逃せない。アナログ時代の 1990 年代前半までは，製品に組み込まれたソフトウェアのバグを完全に取り除き，完璧な商品を市場に出すことが信頼性につながり，それが日本の強みだった。ところがネット化が進んだ 1990 年代後半になると，とりあえず製品を市場に投入し，利用者からの反応を見てから，オンラインでソフトウェアの更新ができるようになった。そうしたオンラインシステムをうまく活用したのがアップルやテスラであり，完璧を期すあまり製品発売が遅れがちの日本企業は販売チャンスを失ってしまった。

　スイスのビジネススクール IMD が 2023 年に発表した「世界デジタル競争力ランキング」で日本は 64 カ国・地域中 32 位に甘んじており，各国の国際競争力を比較した「世界競争力ランキング」でも過去最低の 35 位となっている（表 11-4，図 11-5）。1990 年代後半以降，日本が国際競争力を失っていった背景にはこうしたデジタル化への対応の遅れが大きく影響している。

　さらに 2011 年に起きた東日本大震災以降，日本でもクラウドコンピューティング技術が広く使われるようになったことも IT 産業に大きな影響を与えた。震災以前は政府や企業は情報システムを自前で構築していたが，津波でコンピュータを流されたことから，情報を専門のクラウド事業者に預けるようになった。その受け皿となったのがアマゾン・ウェブ・サービス（AWS）やマイ

▶表 11-4 世界デジタル競争力ランキング（2023 年）

1位	アメリカ
2位	オランダ
3位	シンガポール
4位	デンマーク
5位	スイス
6位	韓国
7位	スウェーデン
8位	フィンランド
9位	台湾
10位	香港
⋮	⋮
32位	日本
33位	マレーシア
34位	カザフスタン

（出所）IMD 資料。

▶図 11-5 世界競争力ランキングにおける日本の順位

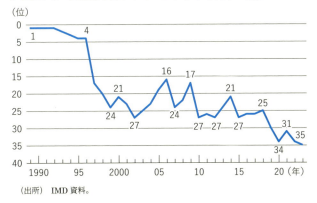

（出所）IMD 資料。

▶図 11-6 クラウドの普及により情報サービスの国際収支が悪化

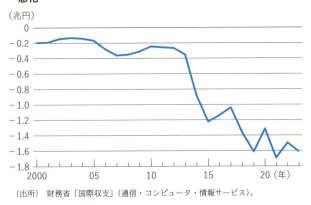

（出所）財務省「国際収支」（通信・コンピュータ・情報サービス）。

クロソフト，グーグルなどの米大手 IT 企業で，クラウド事業に出遅れた日本の IT ベンダーはシステム開発をアメリカ勢に奪われる形となった。

　日本の国際収支における「通信・コンピュータ・情報サービス」の項目を見ると，震災後の 2013 年くらいから赤字額が急速に拡大し，1.5 兆円規模に膨らんでいる（図 11-6）。つまり日本は自らの情報通信基盤をアメリカの大手 IT 企業に依存する形になってしまったのである。

　MM 総研の調査でも，国内のクラウド市場は 2012 年に AWS，グーグル，マイクロソフトの 3 社が 3 割のシェアを占めていたが，8 年後の 2020 年には 6 割にも拡大した。セールスフォースや IBM，オラクルといった他のクラウ

330　第Ⅱ部　発展編

ド事業者も含めると，7割以上がアメリカ企業によって提供されている。

3.8　日本が今後とるべきデジタル戦略とは

　日本の国際競争力が強かった 1990 年代前半までは，アナログの製造業に優れていたことが日本の強みだった。「職人芸」や「匠の技」と呼ばれる技術者の力が競争力の源泉であり，日本特有の勤勉さや徒弟制度がそうした技術を支えてきた。ところが，そうした技術者が高齢者となった今，日本が持てる技術をどう次の世代につないでいくかが大きな課題だ。「暗黙知」や「匠の技」を早急に AI やビッグデータなどに置き換えていく必要がある。

　そうしたなか，2022 年秋から注目されているのが，米オープン AI 社が開発した「ChatGPT」などの生成 AI や大規模言語モデル（LLM）の技術だ。AI が人間の労働を置き換える時代が目の前に来ており，日本としてはさらにデジタル化への対応を急がねばならなくなった。

　しかし生成 AI や LLM には課題もある。巨大な LLM に学習させるには原子力発電所 1 基 1 時間分の電力量が必要といわれ，AI 時代に向け，情報システムのエネルギー消費効率をどれだけ高められるかが課題となっている。そうした問題を解決しようと NTT が開発したのが「IOWN（アイオン）＝イノベーティブ・オプティカル・アンド・ワイヤレス・ネットワーク」と呼ばれる新しい情報通信技術で，世界からも注目されている。

　NTT は光ファイバーによる通信で世界をリードしてきたが，IOWN では通信だけでなく情報処理についても光のまま行おうという考えだ。これまで通信は光信号，情報処理は電気信号で処理してきたが，情報をコンピュータから光回線に渡す際に発熱やエネルギーロスが生じていた。IOWN は 2030 年の完成を目指しており，それが実現すれば電力使用量は現在の約 100 分の 1，伝送効率は 125 倍，遅延は 200 分の 1 に減少するという。久しぶりの日本発の情報通信技術であり，海外への展開を期待したい。

　日本のデジタル化を促すにはそれを担う研究者やエンジニアの育成も欠かせない。岸田文雄首相は 2021 年の政権発足後，新しい IT 政策となる「デジタル田園都市国家構想」を発表し，東京一極集中を改め，都市機能の分散化をデジタル技術によって実現すると表明した。

　その担い手を育成するため，現在約 100 万人いるデジタル人材を 230 万人増やし，2026 年度までに 330 万人に拡大する目標を掲げた。地域のデジタル

化を促す新しい「デジタル推進委員」を2万人配置する計画も打ち出した。ところが，政治資金の裏金問題などから岸田首相が退陣することになってしまい，デジタル戦略はほとんど進んでいない状況だ。

3.9 AI時代の「赤旗法」をつくるな

イギリスでは産業革命期の1865年に「赤旗法」という法律が制定された。ジェームズ・ワットが発明した蒸気機関を工場や蒸気船，蒸気機関車などに使い，生産性を飛躍的に高める一方，馬車に代わる蒸気自動車を開発した。自動車はドイツで生まれたといわれるが，それはガソリン車の話で，その前に蒸気自動車の時代があり，イギリスが世界の自動車産業をリードしていた。

ところが蒸気自動車に仕事を奪われると懸念したイギリスの馬車業界や，蒸気自動車の燃えカスが作物に悪い影響を与えると考えた農業者らが反対運動を起こし，イギリス議会に働きかけて成立させたのが赤旗法である。危ない蒸気自動車を走らせる際はその前を人間が赤い旗を持って歩き，注意を促さねばならないという法律だ。技術革新を無視した法律をイギリスは30年間も維持した結果，ドイツのガソリン車にあっという間に市場を奪われてしまった。

日本でもドローンをめぐり同じ出来事が起きた。2015年に首相官邸の屋上にドローンが落ちているのが見つかり，微量の放射性物質も付いていたことから議員立法ですぐにドローン規制法が制定された。当時は技術が進んでいなかったため，「頭上飛行禁止」「目視外飛行禁止」「夜間飛行禁止」が定められ，商売にならないと見た日本メーカーはどこもドローンを作らなかった。その間にドローン開発で大成功を収めたのが中国のDJIである。日本は技術力がありながら誤った法規制によりチャンスをみすみす失ってしまった。

これは「エクスポネンシャルに急成長するデジタル技術には余計な規制はかけるな」という教訓でもある。問題があれば安全技術やルールで解決していくべきで，自動車もそうして市民権を得てきた。日本にいま最も必要なのは新しい技術を積極的に採用し，事業モデルを変革していくチャレンジ精神である。

332 第Ⅱ部 発展編

第4節 AIと雇用

4.1 技術革新は雇用を奪うのか

　働き方の未来を考えるとき，技術革新の影響は重要なインパクトを持つ。たとえば2022年の年末に登場したChatGPTに代表される生成AIによって，これまで何時間もかかっていた文章やグラフィックの制作，データの要約や分析などが自動でできるようになった。これまでもいろいろな生産現場や定型的な事務の仕事が，機械やロボット，デジタル・テクノロジーによって自動化されてきたが，生成AIは，簡単には自動化できないと考えられてきた創造的な仕事までをも自動化することができる。つまり生成AIによって，自動化できる業務の幅が各段に広がった。では，そのおかげで私たちの仕事はやりやすくなり，質も向上して生産性が高まるのだろうか，それとも新しい技術に代替され，私たちは仕事を失ってしまうのだろうか。

　実はこうした問いは，古くから幾度となく繰り返されてきた。たとえば19世紀初頭のイギリスで始まった第1次産業革命初期に起こったラッダイト運動は，それまで手動で行われてきた織物の生産に力織機が導入されることで仕事を失った熟練労働者たちの反発から生まれたものだ。彼らは自分たちの生活と職を守るために機械を破壊した。

　確かに，ある作業を人間より速く正確にできる機械が発明され，その機械を導入するコストを上回る便益がもたらされるなら，企業はその作業を行う労働力を減らして機械を用いるだろう。しかし産業革命以来，イギリスの失業率は増加の一途をたどったわけではなく，むしろ就業率は20世紀を通して上昇し続けてきた。それは技術革新が，同じ時間働いても，これまでより多く，質の高い，多様な財やサービスの生産を可能にし，それが生産コストの低下を介して新たな需要を喚起してきたからである。

　これまでと同じ生産量を，より少ない労働力で生産できることになるのだから，同じ量を生産し続けるなら労働需要は減少する。しかし生産性の向上は，生産物の価格低下をもたらし，それは需要を増やして雇用を創出する。また，新技術は新しい財やサービスの開発を促す。これらはみな実質賃金を高め，社会全体にさらなる需要拡大と雇用創出をもたらす。すなわち社会全体として見たとき，少なくともこれまでは，雇用創出効果の方が，仕事を減らす効果より

第 11 章　日本経済の課題 2　**333**

も大きかったということになる。

　しかし技術革新の便益がすべての人々に平等に配分されるかといえば，そうではない。新技術は，古くなった資本（機械等）の新しいものへの代替を促すと同時に，多くの場合，先の機械の話のように，労働から資本への代替を促すため，資本に代替された労働者は，職を失うことになる。しかもその代替の度合いは，労働者のタイプによって異なる。

　D. H. オーターら（Autor et al. [2003]）の研究によると，1970 年代から 90年代までの情報通信技術（ICT）の普及は，技能水準が低く定型的業務を担う，とくにホワイトカラー労働者への需要を減らし，問題解決や複雑なコミュニケーション能力が必要な非定型的知識労働者への需要を増加させたといわれている。すなわち ICT は，新技術に代替されやすい作業を行っていた低技能の労働者とは「代替的」で，新技術によって生産性をさらに向上させやすい高技能の労働者とは「補完的」な技術革新だったということだ。このような技術進歩は，スキル偏向型技術進歩と呼ばれ，高技能労働者と低技能労働者の賃金格差を広げた要因の 1 つとなっている。

4.2　AI は雇用を奪うのか

　では AI という新技術の，雇用への影響はどのようになるのだろうか。AI やロボット工学，生命科学などの分野における技術の飛躍的進歩は第 4 次産業革命と呼ばれる。その前の第 3 次産業革命は，主にコンピュータを使った技術革新であり，オフィスや工場での，あくまで単純で定型的な作業を前もってプログラムされたとおりに自動化させるものだった。それに対して AI，とくに生成 AI は，膨大なデータのパターンや関係を学習し，それに基づいて自律的に予測や分類，状況の判断を行い，新しいコンテンツを生成する。これまでの新技術と比較しても革新的な技術であることは間違いなく，とくにその学習能力の高さから，技能水準の高い労働者の仕事をも代替する可能性がある。

　生成 AI の活用が，マーケティングや人事管理，カスタマー・サービスなどで働く人々の生産性に与える影響を検証した最近の複数の研究によると，AIはすべての労働者の生産性を高めたが，その影響は，とくにベテランよりも初心者や低スキル労働者で大きく，労働者間の生産性の格差を縮める効果が見られたという（Brynjolfsson et al. [2023], Noy and Zhang [2023]）。ベテランの高い生産性の源泉が，豊富な経験や知識の蓄積に基づくことを考えれば，AI は，

334 第Ⅱ部 発 展 編

まさにベテランや高スキル労働者の持つノウハウを模倣する技術ともいえる。

実際にアメリカの職業情報データベースを用いて，800 の職業と 10 種類の AI アプリケーションを関連づけ，各職業で必要とされる能力と，AI が対応できる能力とにどの程度の関連があるかを推計した E. フェルテンら（Felten et al.［2023］）の研究によると，テレマーケティングや高等教育の教師（言語や歴史など），法律サービス，証券，投資等の業種で最も関連の強いことが示されている。しかも高賃金の職業ほど AI との関連が大きい。

ただしこのことは，高学歴，高収入の職業ほど，AI に置き換えられやすいことを示しているわけでは必ずしもない。どの仕事も，複数の異なるスキルを必要とするタスクの組み合わせで成り立っており，AI の影響を受けるのはその一部にすぎないからである。たとえば医学の現場では，膨大な症例データを解析する AI を画像診断に導入することで，診断の正確性を向上することができ，医者は患者への治療やそのコミュニケーションに以前よりも時間を費やすことができるだろう。弁護士の仕事においても，膨大な過去の判例データからの類似案件の抽出や要約を AI に任せれば，弁護士はより高度な判断に注力できる。

AI はこれまで以上に広範囲かつ高度な仕事を代替するようになるであろうが，それを社会全体の生産性向上につなげるために必要なのは，AI という新技術を用いることで生産性を高められるようなスキルを，個々の労働者が身につけることである。AI が作り出すのは，あくまで過去のデータから得られたパターンに基づくものであるから，私たち人間は，そうした AI の力をうまく活用して，AI が学習した範囲を超えた創造的活動に専念すればよい。

少子高齢化が進み，人手不足に直面する日本では，AI を用いて省力化を進めようとする動機も生じやすいが，それ以上に重要なのは，労働者の生産性向上に資する形で AI を職場の業務へ導入する視点であろう。そして企業も個々の労働者も，新しい技術に対応するスキルを身に着けるためにリスキリングを行う必要があるし，それを支援する政策が今後はよりいっそう重要になる。

▶参 考 文 献

猪俣哲史［2023］『グローバル・バリューチェーンの地政学』日本経済新聞出版。

馬田啓一・浦田秀次郎・木村福成編著［2023］『変質するグローバル化と世界経済秩序の行方

――米中対立とウクライナ危機による新たな構図』文眞堂。

大野健一・桜井宏二郎・伊藤恵子・大橋英夫［2024］『新・東アジアの開発経済学』有斐閣。

経済産業省『通商白書』（各年版）。

関口和一・MM 総研編著［2021］『NTT 2030 年世界戦略「IOWN」で挑むゲームチェンジ』日本経済新聞出版。

日本貿易振興機構（JETRO）『ジェトロ世界貿易投資報告』（各年版）。

農林水産省［2021］「2020 年農林業センサス結果の概要」。

Autor, D. H., F. Levy, and R. J. Murnane [2003] "The Skill Content of Recent Technological Change: An Empirical Exploration." *The Quarterly Journal of Economics* 118 (4): 1279-1333.

Brynjolfsson, E., D. Li, and L. R. Raymond [2023] "Generative AI at Work." Working Paper Series. National Bureau of Economic Research.

FAO [2021] "The Share of Agri-food Systems in Total Greenhouse Gas Emissions." *FAOSTAT Analytical Brief* 31.

Felten, E., M. Raj, and R. Seamans [2023] "How will Language Modelers like ChaptGPT Affect Occupations and Industries?" arXiv, Cornell University. https://arxiv.org/abs/2303.01157（2024 年 5 月 15 日最終アクセス）

Noy, S., and W. Zhang [2023] "Experimental Evidence on the Productivity Effects of Generative Artificial Intelligence." *Science* 381 (6654), 187-192.

第 12 章

日本経済の課題 3

コロナ禍と政府の役割

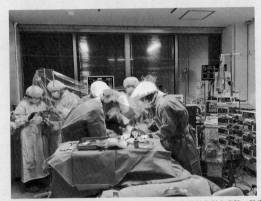

新型コロナ患者に処置をする医師ら（写真提供：東京医科歯科大病院，時事）

本章で学ぶこと

　本章では，2020年からのコロナ禍で浮き彫りとなった課題について取り上げる。緊急事態宣言の発出で外出が制限され，GDPが急減するなどコロナ禍において日本経済はさまざまなショックに見舞われた。

　第1節の「コロナ禍の雇用」では，諸外国と比較し，コロナ禍で日本の完全失業率の上昇が緩やかにとどまった背景を説明する。そうした中でも女性のキャリア形成に負の影響を及ぼし，テレワークという新しい働き方が登場した。

　第2節の「コロナ禍における財政支出」では，コロナ禍において急拡大した財政政策の規模の国際比較をしつつ，その中身について説明する。日本で打ち出された経済政策の中身やその影響についても触れる。

　第3節の「医療提供体制とコロナ」では，コロナ禍で話題となった「医療ひっ迫」を取り上げる。ロンドンと東京のコロナ対応の比較などを通じて，日本の医療提供体制の問題点を示す。そのうえで，医療界全体として市民の要望に応えるようにある種のシビリアン・コントロール（文民統制）を利かせることの重要性を訴える。

338　第Ⅱ部　発展編

第1節　コロナ禍の雇用

1.1　コロナ禍における労働市場の動向

　2020年の1月に新型コロナウイルス感染症が初めて日本国内で確認された。それまでの日本経済は，緩やかな回復が続く人手不足感を背景に女性や高齢者等の労働参加が進展していた。しかし緊急事態宣言が発出され，感染拡大を防ぐために経済活動が突然大幅に制限された4月には就業者数が108万人減少し，同年第Ⅱ四半期（4月～6月）の実質GDPは前期比で8.1%減少した。ただし，そうした経済活動の制約が失業者を大幅に増やしたかといえばそうではなく，変化は休業者の大幅な一時的な増加と非労働力人口の増加に現れた。ちなみに統計上，休業者は就業者に含まれており，その数は4月に入り597万人も増えている。リーマン・ショックのときは，就業者数の減少が失業者の増加として現れたが，コロナ禍のとくに初めのころにおいては，「ショック」が一時的であることを見込んだ多くの企業が，休業等による労働時間の調整を行うことにより，雇用の維持を優先したと考えられる。その3カ月後，休業者は前年並みの水準に戻った。

　感染防止策と経済社会活動の両立を図った日本は，諸外国と比べてもコロナの労働市場への影響を最小限に抑えることができたといえる（図12-1）。この背景には，雇用調整助成金（新型コロナ特例）および緊急雇用安定助成金等の支援が，迅速かつ大規模に提供されてきたことも大きい。そうした助成金のおかげで雇用を維持できたことは，その後景気が回復した際に，迅速に生産規模を回復することにもつながったと考えられる。

1.2　コロナ禍における女性労働

　コロナ禍の影響をもう少し深掘りすると，その影響はとりわけ女性に大きかったことがわかる。これは諸外国も同様で，アメリカではShe-cession（シーセッション），すなわち女性（she）に集中した不況（recession）とまでいわれている。これまで不況といえば製造業での影響が大きく，そこで多く働く男性に強い影響の及ぶことが多かったが，今回最も大きな打撃を被ったのは小売業や宿泊・飲食業，生活娯楽サービスなどの対面サービス型内需産業であり，それらはいずれも女性が多く働いている業種であった。日本の場合，それに加えて雇

▶図 12-1　諸外国の完全失業率の推移

（出所）　OECD. Stat.

用調整の対象になりやすい非正規雇用者に占める女性の割合が多いこともあり，結果的に女性の雇用は大きく減少した。たとえば 2020 年 8 月時点の正規雇用者の数はその前年同月と比べても減っていないが，非正規雇用者の数を見ると，男性では 36 万人，女性では 84 万人も減少している。

　この背後で女性に生じていたもう 1 つの大きな変化は，家事や育児，介護といった家庭内労働に費やす時間の増加である。とくに第 1 回目の緊急事態宣言時（2020 年 4 月 7 日～5 月 25 日）には保育園・幼稚園や小中高校の臨時休校（園），介護サービスの一時停止等が行われ，外食機会も一気に減少した。先に見たように，その間，失業者が大きく増えたわけではなかったが，休業者が急増し，労働政策研究・研修機構（JILPT）の連続調査によると，それが女性，とくに子育て中の女性に集中したことがわかっている（周［2021］）。さらにその後景気は徐々に回復を見せたが，仕事を失っても新たに職探しをせずに働くことを辞めた女性，すなわち非労働力化した女性の比率は逆に増えていった。このことは，以前から家事や育児，介護の多くを担っていた女性にコロナ禍がよりいっそうの負担をもたらし，その結果，仕事をしたくてもあきらめざるをえない女性を多く作り出したことを表している。

　こうした状況は，日本だけでなく，アメリカ，イギリス，カナダ，ドイツ，オランダ等，多くの欧米諸国でも観察されている（Alon et al.［2021］）。また，フェイスブックの最高執行責任者であるサンドバーグの団体がアメリカで実施

した調査によると，フルタイムで働く女性は，これまでも勤務先の仕事と家事・育児という二重の仕事（ダブルシフト）をこなしてきたが，コロナ禍はそれに加え，平均すると1日約6時間以上の育児や家庭学習，親族の介護という仕事（シフト）を追加することになり，女性は「ダブル・ダブルシフト」で働かざるをえなくなったという。子育て中の男性も家事や育児の時間を増やしたが，女性のシフトの方が週当たり20時間長かった。

その後，コロナ禍が長引くなかで医療福祉分野での求人が増え続け，それは女性の正社員数の増加につながった。しかし全般的に見るかぎり，コロナ禍はとくに男性よりも女性のキャリアに負の影響を及ぼし，少なくとも短期的には女性の活躍が抑制されて男女格差は拡大したと考えられる。ただし中長期的に見ると，また異なった景色が見えてくる。

1.3 コロナ禍が働き方にもたらしたもの

第3章で見たように，そもそも日本で女性の活躍が進まない背景には，恒常的な長時間労働や頻繁な転勤といった働き方や，それを高く評価する雇用慣行があるといわれてきた。そのような慣行のもとでは，テレワークという，仕事と育児・介護等との両立に資する柔軟な働き方は馴染まず，なかなか導入が進まなかった。ところが第1回緊急事態宣言時には，出勤者7割削減という目標のもとでテレワークが推奨され，これまでテレワークを実施したこともなかった就業者の多くがテレワークを実施せざるをえない状況に陥った。内閣府が全国の約1万人に2020年6月から定期的に実施しているインターネット調査によると（内閣府［2023］），コロナ前の2019年12月時点に，不定期でもテレワークを利用していた就業者は10.3％だったが，1回目の緊急事態宣言下の5月にはそれが27.7％に上昇した。その後出社勤務に戻る動きが見られたものの再度上昇し，2023年3月においても30.0％と（東京都23区内に限定すると51.6％），コロナ前に比べるとテレワークがある程度定着していることがうかがわれる。

ただし，十分な準備もされないままにテレワークという働き方を導入せざるをえなかった職場が多いため，まだまだ改善されるべき課題は山積している。よくいわれるのは，コミュニケーションの取りにくさ，管理職の仕事の割り振りや進捗管理，権限委譲や評価の困難さ，OJTの停滞，ICTツール活用の遅れなどである。女性の観点から見ると，テレワーク，とくに在宅勤務は，仕事

とプライベート（家庭）との境界線をあいまいにするために，とくにそもそも家庭内労働を担うことの多い女性に，よりいっそうの負担が及びやすいという問題もある。コロナ禍のアメリカ，イギリス，オランダのデータを分析したT. アロンらの研究（Alon et al. [2021]）によると，在宅勤務という選択肢を選ぶことができた女性の雇用は守られた一方で，在宅勤務中，子育て中の女性は家事や育児に父親よりも長い時間を費やしていたとされる。

コロナ禍収束後，保育園や小中高校，介護サービスは再開し，「ダブル・ダブルシフト」はダブルシフトに戻った。しかし多くの女性は今もなお「ダブルシフト」で働いている。英米ではコロナ禍以前から，テレワークの制度がすでに専門職や管理職を中心にある程度普及していた。それでも多くの職場は，日本と同様，仕事を最優先し，長時間労働も厭わない「理想的社員」規範を重視する企業風土を持っており，そうした職場では，たとえテレワーク制度が整備されていても，それを家庭内労働と仕事との両立に利用することは躊躇されやすく，利用した女性にはやる気がないというレッテルが貼られて昇進から外されてしまうことがよく生じていたという。

残念ながら，それでは女性の能力発揮が阻まれてしまう。実際，周の研究（周 [2021]）によると，2020 年 11 月時点の日本でも，テレワーク利用率は女性よりも男性で高く，テレワークが正社員男性の「どこでも」「いつでも」仕事をする道具としてより頻繁に使われている可能性を示唆している。しかし今般，日本では在宅勤務がほとんど存在しなかった状況から，一気にテレワークが導入され，テレワークは今や「みんな」の問題になった。テレワークが生産性を高める柔軟な働き方として多くの職種に定着すれば，柔軟な働き方をする女性を特別扱いする合理性はなくなる。

コロナ禍が収束し，多くの職場では対面中心の働き方に戻りつつあるが，コロナ禍は，人々の働き方だけでなく，働き方に対する価値観にも影響を与えた。コロナ禍の経験を奇貨とし，今こそ，多様な働き方を活かす職場の構築が期待される。

342 第Ⅱ部 発展編

第2節　コロナ禍における財政支出

2.1　緊急事態宣言と行動制限の影響

　2020年からの新型コロナウイルス感染症拡大に対する対策は，当初はワクチンがないこともあり入国規制や行動制限が中心となった。日本では2020年4月7日に東京都，神奈川県，千葉県，埼玉県，大阪府，兵庫県，福岡県の7都府県において，政府による緊急事態宣言（新型インフルエンザ等対策特別措置法に基づく緊急事態宣言）が出され，飲食店などに休業や営業時間短縮の要請がなされた。同月16日には全都道府県へと拡大された。これは，罰則がないなどの点で他国でのロックダウン（都市封鎖）と比べると緩やかな対策だったが，経済活動への影響は小さくなかった。その後約2年にわたり解除と再宣言が繰り返され，4度目の緊急事態宣言が解除されたのが2021年9月であり，まん延防止等重点措置と呼ばれるやや緩やかな措置が解除されたのが2022年3月である。

　図12-2はオックスフォード大学のThe Oxford Covid-19 Government Response Tracker（OxCGRT）が作成したコロナ対策の厳格度指標（Stringency index）を，いくつかの国について図示したものである。この指数は0から100で表され，数値が大きいほど制限が強いことを意味する。中国は2020年2月頃から，アメリカやドイツは2020年3月頃から一気に数値が高まっている。日本は他国よりも数値は低めだが，同じく3月以降に高まった。いずれの国においてもコロナ対策では，感染防止のための経済活動抑制と行動制限への補償も含む経済支援が両輪となった。

　行動制限は消費や投資などの民間需要を抑制するだけでなく，労働供給の減少により，生産や流通・交通等の停滞ももたらした。コロナ禍では経済に需要ショックと供給ショックが，しかも，世界同時にもたらされた。これは，戦争状態になった際に生じる経済ショックに似ている。

2.2　コロナ禍における財政政策

　コロナ禍における財政政策の特徴は，政策実施までの時間が短かったことである。通常は，政府が経済ショックの影響を把握するまでに時間がかかる（これを認知ラグという）。たとえば，月次の経済統計が発表されるのはおよそ2カ

▶図 12-2　Stringency Index（オックスフォード大学）

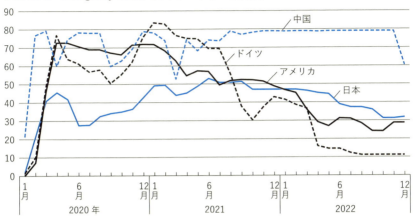

（注）The Oxford Covid-19 Government Response Tracker の Stringency index 月平均。Stringency Index は学校閉鎖，職場閉鎖，公共行事中止，集会制限，公共交通機関の運休，自宅待機，国内移動制限，海外渡航制限，広報活動の 9 つの指標を合成して作成されたもの。
（出所）Hale et al. [2021].

月後だ。また，財政支出を伴うものは，実施するまでに政策策定や国会での補正予算審議などで時間がかかる（これを実行ラグという）。しかし，コロナ対策は人為的政策であり，予期できる経済ショックであったため，行動制限後まもなくの政策実行が可能であった。アメリカでは，2020 年 3 月 27 日に約 2.2 兆ドル（対 GDP 比約 10％）規模の緊急経済対策（CARES 法）が成立した。日本でも緊急事態宣言発令と同じ日の 4 月 7 日に「新型コロナウイルス感染症緊急経済対策」が閣議決定された。

　財政政策の規模は各国で大きなものとなった。表 12-1 は，コロナ禍前後における日本，アメリカ，ドイツ，中国の財政状況とその変化である。日本の特徴は，歳出が中心で，減税政策などの歳入での対応ではなかったことだ。このことは表にある世界金融危機（リーマン・ショック）後の 2009 年度と比較するとわかりやすい。まず，基礎的財政収支赤字（対 GDP 比）は，2009 年度に 8.7％ であるが，20 年度も同程度の 8.4％ である。アメリカでもそれぞれ 11.3％ と 11.9％ でほぼ同じだ。しかし，日本の歳出（対 GDP 比）は 2020 年度に 44.5％ であり，2009 年度の 38.7％ よりも大きい。アメリカでも 2020 年度の歳出規模が大きい。日本では，第 5 章の図 5-14（一般会計歳出，歳入，公債金）でわかるように，2009 年度の税収は減少したが，20 年度では減少していな

344 第Ⅱ部 発展編

▶表 12-1　各国一般政府の財政指標（対 GDP 比）および金利（月平均）

		年度・年	2007	2009	2019	2020	2022
日本	財政収支	（対 GDP 比，%）	−2.9	−9.7	−3.0	−9.1	−7.8
	基礎的財政収支	〃	−2.2	−8.7	−2.4	−8.4	−7.5
	歳出	〃	33.1	38.7	37.3	44.5	44.1
	政府債務（純）	〃	94.4	120.3	151.7	162.3	162.7
	国債 10 年金利（4 月）	（月平均，%）	1.65	1.35	−0.08	0.01	0.22
	（10 月）	〃	1.66	1.29	−0.15	0.02	0.24
アメリカ	財政収支	（対 GDP 比，%）	−2.9	−13.2	−5.7	−14.0	−5.5
	基礎的財政収支	〃	−0.8	−11.3	−3.5	−11.9	−3.4
	歳出	〃	34.6	41.4	36.0	44.8	36.3
	政府債務（純）	〃	45.3	62.6	83.1	98.3	94.2
	国債 10 年金利（4 月）	（月平均，%）	4.65	2.65	2.50	0.64	2.38
	（10 月）	〃	4.55	3.18	1.64	0.68	3.65
ドイツ	財政収支	（対 GDP 比，%）	0.3	−3.2	1.5	−4.3	−2.6
	基礎的財政収支	〃	2.7	−0.8	2.1	−3.9	−2.1
	歳出	〃	43.4	48.2	45.0	50.5	49.5
	政府債務（純）	〃	53.4	60.0	40.1	45.4	45.1
EU	国債 10 年金利（4 月）	（月平均，%）	4.08	2.99	−0.03	−0.47	0.56
	（10 月）	〃	4.32	3.19	−0.56	−0.53	1.89
中国	財政収支	（対 GDP 比，%）	0.1	−1.8	−6.1	−9.7	−7.5
	基礎的財政収支	〃	0.4	−1.3	−5.2	−8.8	−6.6
	歳出	〃	18.2	25.7	34.2	35.4	33.4
	国債 10 年金利（4 月）	（月平均，%）	3.26	3.32	3.13	2.65	2.81
	（10 月）	〃	4.40	3.52	3.16	3.16	2.78

（注）　財政の各指標は年度値の対 GDP 比（%），金利は日次データから当該年度の 4 月または 10 月の平均金利
　　　（%）を求めたもの。一般政府のため，第 5 章の中央政府の数値とは異なる。
（出所）　IMF Fiscal Monitor および Refinitiv Datastream（Government Benchmark Bid Yield 10 Years）をも
　　　とに筆者作成。

い。コロナ禍は行動制限に伴う特定の事業への影響が大きかったため，通常の
経済ショックへの対応とは異なる政策となったのである。一方，中国や EU
（表ではドイツ）では財政収支赤字も歳出もどちらも，世界金融危機時よりコロ
ナ対策の規模の方が大きかった。

2.3　日本のコロナ禍における経済対策とその影響

　日本では，2020 年 2 月と 3 月に 2 度，予算予備費を活用した「新型コロナ
ウイルス感染症に関する緊急対応策」が策定された。これは新型コロナウイル
ス感染症対策本部によりとりまとめられたものである。本格的な経済対策は

第 12 章　日本経済の課題 3　　**345**

▶表 12-2　**コロナ禍における経済対策および予算一覧**

経済対策	決定	事業規模	財政支出
新型コロナウイルス感染症に関する緊急対応策 新型コロナウイルス感染症に関する緊急対応策第 2 弾（新型コロナウイルス感染症対策本部）	2020 年 2 月 13 日 2020 年 3 月 10 日	153 億円 2.0 兆円	予備費 103 億円 財政措置 4,308 億円 （うち予備費 2,715 億円）
新型コロナウイルス感染症緊急経済対策 ——国民の命と生活を守り抜き，経済再生へ	2020 年 4 月 7 日 （4 月 20 日変更）	117.1 兆円	48.4 兆円 （うち国費 33.9 兆円）
国民の命と暮らしを守る安心と希望のための総合経済対策	2020 年 12 月 8 日	73.6 兆円	40.0 兆円 （うち国費 30.6 兆円）
コロナ克服・新時代開拓のための経済対策	2021 年 11 月 19 日	78.9 兆円	55.7 兆円 （うち国費 43.7 兆円）

予算	予算成立日	財政支出（兆円）	国債発行額（兆円）
2020 年度当初予算 ・基礎的財政収支対象経費	2020 年 3 月 27 日	(102.7) 79.3	32.6
第 1 次補正予算	2020 年 4 月 30 日	25.7	25.7
第 2 次補正予算	2020 年 6 月 12 日	31.9	31.9
第 3 次補正予算	2021 年 1 月 28 日	15.4	22.4
		（既定経費の減額 4.2 兆円，税収減 8.4 兆円）	
	国債費を除く歳出計 152.1（予算），125.3（決算） 国債発行額計　　112.6（予算），108.6（決算）		
2021 年度当初予算 ・基礎的財政収支対象経費	2021 年 3 月 26 日	(106.6) 83.4	43.6
補正予算	2021 年 12 月 20 日	36	22.1
	国債費を除く歳出計 117.9（予算），120.1（決算） 国債発行額計　　65.7（予算），57.7（決算）		

（注）　表上段の財政支出には国費のほか地方分などが含まれる。表下段の国債費を除く歳出計は当初（基礎的財政収支対象経費）と補正予算（国債整理基金特別会計への繰入を除く）の金額を合計したもの。
（出所）　内閣府ウェブページ「経済対策等」資料，財務省ウェブページ「予算」資料等をもとに筆者作成。

2020 年 4 月 7 日に閣議決定された事業規模約 117 兆円の「新型コロナウイルス感染症緊急経済対策——国民の命と生活を守り抜き，経済再生へ」である。表 12-2 上段はコロナ禍における対策一覧で，最初の 2 つの緊急対応策を除くと，経済対策は 3 度まとめられた。

　通常，経済対策は首相の指示から始まり，中身がまとめられて閣議決定される。経済対策の規模のうち，財政支出は国と地方の支出金額（カッコ内は国費のみの額）のことで，「真水」とも呼ばれる。真水ではない，すなわち財政支出

346　第Ⅱ部　発展編

を伴わない金額も含むのが事業規模であり，財政投融資や経済対策事業の効果分が上乗せされている。財政支出と事業規模とでとくに金額が異なるのが金融支援策である。この支援により企業が無利子で融資を受けるとき，利子補給として利子分のみが財政支出される。一方，事業規模には利子補給と融資額が計上される。

　経済対策には追加的な予算が必要となる。その財源は補正予算として国会の審議を経て決定される。表 12-2 下段には 2020 年度，21 年度の当初予算と補正予算の一覧がある。たとえば，4 月 7 日に決定（4 月 20 日に変更）された「新型コロナウイルス感染症緊急経済対策」に対して，4 月 30 日に第 1 次補正予算が成立している。金額は経済対策の国費（財政支出）が 33.9 兆円なのに対して，補正予算は 25.7 兆円と少ない。これは，補正予算が追加分措置で，当初予算の活用もあるためだ。2021 年度では，当初予算に新型コロナウイルス感染症対策予備費が 5 兆円計上されるなど，あらかじめ対策費用が盛り込まれた。また，2021 年度には 20 年度に支出できなかった分の繰り越しもあった。コロナ対策は未執行も多くなった。使い残しである不用額は，2022 年度決算で 11.3 兆円（主に 2020 年度予算の未執行）であった。比較すると，2019 年度決算での不用額は 1.8 兆円である。

　経済対策の追加財源の多くは国債発行，すなわち借入による。国債発行額を見ると，2020 年度補正後予算では 112.6 兆円，決算では 108.6 兆円となった。当初予算の国債発行額 32.6 兆円との差額は約 76 兆円程度であり，非常に大きな額だ。2020 年度は，過去に類を見ない追加的予算措置となった。

　コロナ禍における財政政策は多様であったが，代表的なものを表 12-3 でまとめた。これらの経済政策効果を直接的に評価する（たとえば 1 兆円の支出で 1.5 兆円の経済効果のように示すこと）のは難しいので，図 12-3 により世界金融危機時の経済状況との比較から見たい。図 12-3 では世界金融危機時は 2008年 10 月，コロナ禍は 2020 年 1 月を始点とし，四半期または月次で 3 年間の経過を見た。

　政策の規模が最大のものは実質無利子・無担保融資等で，財政支出（予算）は 2020 年度に 15.1 兆円，21 年度に 2.4 兆円である。事業規模はそれぞれ112 兆円，14.9 兆円にのぼり，2020 年度の融資合計件数は 286.7 万件（2021年 12 月末時点）となった。この融資は当初 3 年間の利払いと元本支払いがおおむねゼロで，担保も必要ないことからゼロゼロ融資と呼ばれた。

▶表 12-3　コロナ禍における主要な経済政策一覧

項目	財源（予算）	予算措置（年表記がないものは 2020 年度）	概要（例）	調査時点執行額および件数等
特別定額給付金	12.88 兆円	1 次補正	給付対象者 1 人につき 10 万円	12.67 兆円　5,915 万件（21 年度末時点，世帯数）
緊急小口資金等	2.1 兆円	1,2,3 次補正，21 年度補正等	緊急一時的に生計の維持が困難となった者へ無利子貸出（20 万円以内）	1.4 兆円　327 万件（22 年 6 月 25 日時点速報値）
持続化給付金	5.7 兆円	1,2 次補正等	事業収入が前年同月比 50% 以上減少した月がある事業者に給付金（上限 200 万円）	5.5 兆円　441 万件（累積申請件数）
家賃支援給付金	1.1 兆円	2 次補正	緊急事態宣言で売上が減少（前年同月比 50% 以上）した事業者に家賃月額 6 倍（最大 600 万円）を給付	9,000 億円　104 万件
雇用調整助成金の特例措置	5.4 兆円	当初，1，2，3 次補正，21 年度当初，補正，22 年度当初等	雇用調整を実施する事業主に対して休業手当などの一部を助成。特例措置として助成率と支給額上限の引き上げ	5.9 兆円　673.0 万件（22 年 7 月 1 日時点）
実質無利子・無担保融資等（2020 年度予算分）	15.1 兆円	1,2,3 次補正	利子補給分を財政出動により，無利子・無担保で融資（ゼロゼロ融資）	（事業規模 112 兆円）　95.1 万件（公的金融機関），191.6 万件（民間金融機関），22 年 12 月末時点
（2021 年度予算分）	2.4 兆円	21 年度補正等		（事業規模 14.9 兆円）　7.3 万件（公的金融機関），5.2 万件（民間金融機関），22 年 5 月末時点
新型コロナウイルス感染症緊急包括支援交付金（医療分）	6.1 兆円	1,2,3 次補正，21 年度補正等	医療機関，医療従事者に対する支援で，さまざまな対策事業が対象に含まれる	5.9 兆円　57.5 万件（22 年 4 月末時点）
新型コロナワクチンの接種体制の整備・接種の実施	2.1 兆円	3 次補正，21 年度補正等		1.4 兆円
Go To トラベル	2.5 兆円	1,3 次補正，21 年度補正等	宿泊・日帰り旅行代金の最大 35% 割引，地域共通クーポン付与など	7,607 億円　8,781 万人泊（20 年 12 月 28 日までの利用実績速報），20 年 12 月に停止
Go To Eat	3,118 億円	1,3 次補正，21 年度補正等	販売額 25% を国が負担するプレミアム付食事券の発行（例：1 万円で 1 万 2500 円分の食事券）	2,050 億円　支払額（22 年 3 月 31 日時点）
Go To イベント	1,198 億円	1 次補正	対象イベントのチケット割引を支援（価格の 2 割相当，1 回のチケットで 2,000 円上限）	47 億円　591.1 万件（22 年 6 月 30 日時点）
マイナポイント第 2 弾	1.8 兆円	21 年度補正	ポイント付与（①マイナンバーカード新規取得で最大 5,000 円相当，②健康保険証利用登録で 7,500 円相当，③公金受取口座登録で 7,500 円相当）	1,566 億円　3,042 万件（①，②，③の合計件数，22 年 6 月 30 日時点）
公共投資	3.0 兆円　2.5 兆円	3 次補正　21 年度補正		

（注）年は西暦表記。補正は補正予算を意味する。未執行の金額は歳出予算の不用額として翌々年度の決算に計上される。
（出所）内閣府ウェブページ「経済対策等の進捗状況」資料（2022 年 7 月 25 日）等をもとに筆者作成。

▶図 12-3　経済状況と政策効果──世界金融危機時との比較

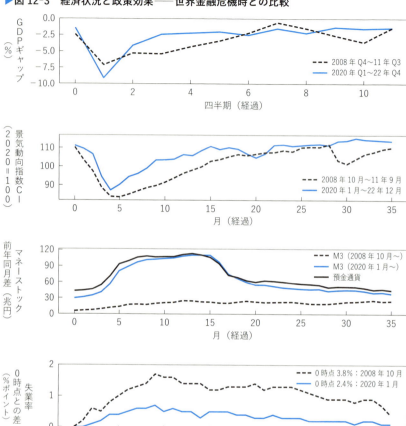

(注)　横軸は当初を 0 時点として，3 年後までの経過を四半期数または月数で示した。
(出所)　GDP ギャップ：内閣府「2023 年 7-9 月期四半期別 GDP 速報（2 次速報値）」による推計，景気動向指数 CI（一致指数）：内閣府「景気動向指数，改訂（2024 年 1 月 26 日）」，M3：日本銀行「主要時系列統計データ表・マネーストック」，失業率（完全失業率）：総務省統計局「労働力調査（長期時系列データ）」をもとに筆者作成。

　コロナ禍では小売業，宿泊業，飲食サービス業などで行動制限からの影響をより強く受けた。これらの産業の特徴は，個人事業や中小企業の割合が大きく，経営基盤が脆弱なことだ。経済産業省「経済センサス-活動調査」（2016 年 6 月 1 日現在）によると，産業別民営事業所数において，卸売業・小売業，宿泊業・飲食サービス業の事業所数は全体の 38.4％（それぞれ 25.4％，13.0％）

を占めている。従業員数も全体の 30.2%（それぞれ 20.8%，9.4%）を占める。行動制限はこれらの産業の急速な資金繰り悪化をもたらし，倒産や失業の増加につながることが予想された。

金融支援策は功を奏したように見える。東京商工リサーチ「全国企業倒産状況」によると，2020 年の倒産件数は 7773 件（負債総額 1.22 兆円）で，これは前年 2019 年の 8383 件（負債総額 1.42 兆円）よりもむしろ少ない。ただし，利子と元金の支払いが据え置かれた 3 年間を過ぎた 2023 年に倒産件数が 8690 件（負債総額 2.40 兆円）と，増加に転じてしまった。金融支援策は事業継続支援として有効であるものの，経済ショックがなくとも存続が難しかった企業をも支援してしまい（ゾンビ企業と呼ばれる），経済効率性を損なう問題もある。

雇用の維持に対しては，雇用調整助成金の特例措置がとられた。雇用調整助成金は，企業が従業員に対して休業の雇用調整を行う場合に，雇用保険制度の雇用安定資金が休業手当の一部を助成する制度である。特例措置とは，休業手当の助成率や助成額の引き上げであり，その引き上げ分が財政から支出された。特例の場合，1 人当たり 1 日の上限が 1 万 5000 円（もともとは約 8300 円），助成率は最大 100% となった。2022 年 7 月時点の件数は 673 万件，執行金額（引き上げ分に対する支出）は 5.9 兆円となった。内閣府『日本経済 2020-2021』では，特例措置等がない場合に比べて失業率は 3% ポイント程度抑制されたと試算している。図 12-3 を見ると，GDP ギャップで見る経済ショックの大きさは世界金融危機と同程度であったのに対して，ショック発生時からの完全失業率の上昇は大幅に抑えられたことがわかる（本章の 1.1 も参照）。

特別定額給付金は 1 人当たり 10 万円を給付したもので，人々の生活を支えるための政策である。同じく家計を支える政策としては減税策があるが，減税は税を支払っていない非課税世帯に政策効果が及ばない。しかし，景気後退の影響をより強く受けるのは低所得者である。そのため，日本では近年，給付による家計支援策が採用されることが多くなった。世界金融危機の 2009 年にも 1 人当たり 1 万 2000 円の定額給付金（18 歳未満，65 歳以上は 2 万円）が実施された。2020 年の特別定額給付では迅速な支給を行うために所得制限を設けなかった。給付金は所得制限がない場合に規模が大きくなりすぎるという問題がある。2020 年度は 13 兆円弱の予算措置で，これは 20 年度当初予算の法人税収 12 兆円を上回る規模であった。

その有効性については意見が分かれるだろう。多く（経験的には給付金の7割程度）が貯蓄となるため，マクロ的な経済効果は小さい。図 12-3 でマネーストックの対前年同月との差額を図示している。2020 年 1 月を時点 0 として時点 5，すなわち 6 月ごろから特異に増加している。M3 はマネーストックの指標で現金や預金からなるが，預金通貨のみのグラフとほぼ同じ動きであり，この時期に主に預金が増えたためにマネーストックが増加したことがわかる。ただし，M3 の前年同月差の金額は 13 兆円規模の給付よりもずいぶんと大きく，家計への給付金のみでは説明できない。上記の実質無利子・無担保融資等などさまざまな支援策が，個人および企業の預金を増大させたと考えられる。

Go To トラベルや Go To Eat といった Go To キャンペーン事業も，個別対応の政策であった。ここでの個別対応とは，たとえば，自然災害が発生したときに被災した地域へ支援がなされるのと同様に，経済ショックを受けた特定の産業や分野に財政支援をすることを意味する。Go To トラベルは消費動向の変化から見ると効果はあったが，感染症の再拡大に伴い 2020 年 12 月に停止された。その後，感染防止のため地域内に限定した「県民割」や対象地域に制限がある「全国旅行支援」という政策が実施され，2021 年 4 月から 22 年末頃まで続いた。

コロナ対策は大規模な財政政策だった。その財源は国債発行であったため，政府債務残高がさらに膨らんだ（第 5 章図 5-15〔財政収支および政府債務の対 GDP 比〕参照）。政府が破綻してしまわないかという政府債務の持続可能性の問題では，今後の経済成長率と金利動向が重要となる。感染症拡大は未曾有の事態であったものの，図 12-3 の GDP ギャップや景気動向指数から見ると，日本での経済ショックは世界金融危機を上回るものではなかった。そのため，医療支援や個別対応は必要だったにしても，全体として政策規模は大きすぎたように思える。急ぎの政策だったため，事業への給付金である持続化給付金のように不正受給が多発した（2024 年 1 月 25 日時点で不正受給総額約 22 億円，中小企業庁公表）ものもある。

一方で，大きな財政支出をすべきでなかったとも言い切れない。2021 年頃から世界的な物価高となったが，世界での大規模な財政支出が影響したと思われる。日本でも少し遅れて，2022 年春以降にインフレ率が上昇した。当初は輸入物価の上昇が主因で，財政の影響は小さかった。マネーストックは拡大したので，今後，他国と同様に国内要因でインフレが持続し，それが，賃金の上

第 12 章　日本経済の課題 3　　**351**

昇などにつながる可能性もある。財政の持続可能性が確保されつつ，適切な賃金水準，金利，為替レートなどが達成されることが望ましい。

第3節　医療提供体制とコロナ

3.1　医療提供体制とコロナ

3.1.1　コロナ禍を過去のものにしないために

　コロナ禍ではいわゆる「医療ひっ迫」に関する報道が繰り返され，医療を崩壊させないために緊急事態宣言等の私権制限が繰り返されたことから，医療制度そのものの課題が広く関心を集めることになった。もちろん，第 1 波を経て 2021 年 1~2 月の第 3 波までは，医療者は文字どおり国民の英雄だった。自宅にも帰れず治療にあたる医療者の奮闘や，コロナ病棟で宇宙服と呼ばれた防護服を着て働く姿に，国民は文字どおり惜しみないエールを送っていた。日々奮闘する医療者に感謝を伝える運動もあった。

　しかし，1 年を過ぎようとするころ，2021 年 4 月には世の中の風潮が大きく変わり始めたのではないだろうか。実際に，日本経済新聞は 2021 年 4 月24 日付の「医療敗戦くい止めよ」という記事の中で「医療界はこの 1 年あまり何をしていたのか」と医療界に対して糾弾を始めた。その後，デルタ株が蔓延した 2021 年夏には，多額の補助金を受け取りながらも患者を受け入れない幽霊病床問題が炎上し，大きな批判を浴びた。実際に m3.com の調査では，回答した都内医師の 24% が「幽霊病床をかかえる病院を実際に知っている」と答えている（m3.com [2021]）。筆者自身もそのころ診療所で自宅療養者の治療にあたる都内の医師から「都は幽霊病床を抱える病院に対して 2021 年 8 月に病床補助金の返還を迫ったようだ。その後から自宅療養者の入院先が決まり出し，患者がすらすらとはけ始めた」という話も聞いた。多くの国民が緊急事態宣言によって困難な生活を強いられるなかで，補助金獲得に興じていた病院があったことは，言語道断といわなければならない。

　患者を献身的に，かつ積極的に受け入れていた病院についても問題は大きかった。コロナ受け入れ病院であれば 2020 年度だけで数十億に上る補助金を受け取っていたのだが，防護服を長時間着て働く ICU の医師や看護師には 1 日数千円の危険手当を支払って済ませる大病院がほとんどであり，現場の負担緩

和や，負担に見合う納得感のある金銭的補償を考える病院もなかった。結局，法外とも思われる額の補助金は，そのまま病院の流動資産に計上され，医療提供体制の強化にはつながらなかった。

　以上のような経緯をたどったコロナ禍の医療提供体制に関して，「コロナ禍はあくまで有事なので平時の医療とは分けて考えるべき」という意見もある。しかし，筆者個人としては有事から学ぶべきことはきわめて多いように思われるので，本節で要点を解説したい。

3.1.2　ロンドンと東京のコロナ対応の比較

　日本の病院におけるコロナ対応の特徴を理解するうえで，海外との比較は参考になる。たとえば，重症（人工呼吸器装着患者数）のコロナ患者の受け入れ件数を東京と同じく大都市のロンドンで比較したのが図 12-4 である。入院患者数などの指標は各国でどの程度の患者を病院で受け入れるかに関するスタンスが異なるので比較が難しいところがあるが，人工呼吸器の装着基準が国際的に大きく異なることは考えにくいことから，この指標は重症患者の波の高さがどの程度違ったのかを比較できる。ロンドンで最も感染が拡大したのは 2020 年 12 月から 21 年 2 月にかけてであり，そのときロンドン全体で 1200 人程度の

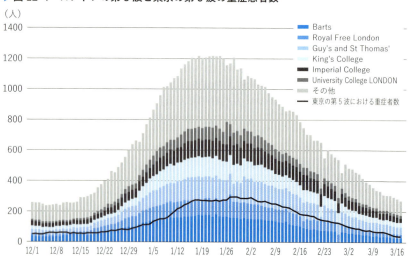

▶図 12-4　ロンドンの第 3 波と東京の第 5 波の重症患者数

（出所）　ロンドンにおける人工呼吸器装着入院患者数については NHS Hospital Activity より「Mechanical Ventilation beds - occupied by confirmed COVID-19 patients (as at 08:00)」を掲載。東京の重症者数は「東京都保健医療局」の HP より 2021 年 7 月 1 日〜10 月 15 日の値を掲載。

人工呼吸器装着患者がいた。一方，東京で最も人工呼吸器の患者が増えたのはデルタ株のときであり，最大は2021年8月28日の297人である。つまり，ピーク時の重症患者対応実績として，東京はロンドンの4分の1だった。

　加えて，イギリスでは個別病院のコロナ対応実績を日次で公表しているので，どの病院が何人の患者を診ているのか誰でもわかる。コロナ患者を受け入れることによる風評被害の懸念から最近に至るまでいっさいそうした情報を公開してこなかった日本とは対照的だ。このデータを用いて感染拡大した第3波（2021年12月〜22年2月）のころのロンドンの病院の患者受け入れ実績を見てみると，5つ程度のNHSトラスト（病院群）で全体の半数以上の重症患者の対応をしていることが見て取れる。

　イギリスの医療提供体制は「選択と集中」や「機能分担」が徹底されており，重症患者の診療が可能な病院は自然に特定される。報道を見るかぎり，日本のような「どこがコロナ患者を受けるべきか」という議論自体がそもそも存在していないように見受けられた。そこで，受け入れが当然要請されるはずの大病院の医師たちはコロナの感染拡大に備えて病院機能の転換を迅速にはかっていた。とくに，感染拡大局面では不急の手術は延期されることから，通常は手術にあたる医師たちが院内でコロナ病棟に配置転換された。ロンドン市内の大病院の1つであるUniversity College London Hospitalで働く麻酔科医のJ. ダウン（Down [2021]）によると，感染が拡大すると手術の延期に伴って仕事がなくなるので，コロナ病棟での重症対応に回ったという。全英の麻酔科医たちはコロナ対応のために半数がICUで働いており，そうした院内の配置転換によってイギリスでは数週間のうちに重症対応病棟を拡充することができたようだ。第1波を振り返って「たった2週間でICUを55床も拡充できたのは奇跡に近い（an extraordinary achievement）」と記しているのも興味深い。

3.2　浮かび上がった問題は何か

3.2.1　急性期機能の集約化

　イギリスにおけるコロナ対応と日本の対応を比較すると，まず浮かび上がるのが（高度）急性期機能の集約化の度合いが平時からまったく異なる点だ。日本の人口当たりICU等病床数は欧米諸国と同等であるものの，1〜5床程度だけを保有する病院も多く，10床以下の小規模ICUが全体の8割に上っている。また専門医の配置も問題が多い。たとえば，集中治療専門医は絶対数とし

ても少ないうえに，その医師たちがさまざまな医療機関に配置されている。渡辺［2020］によると東京都で集中治療専門医が勤務する病院は41あるが，そのうちの37％が「集中治療専門医が1人」の病院だった。1人しかいない病院ではその医師が勤務していない時間帯の患者受け入れ能力は大幅に低下すると見られ，救急医療の機能の観点からも問題が多い。少しずつ分散された高度医療機能を，強力な高度急性期機能を持つ病院に集約していくことが医療の質の観点からも必須だろう。

たとえば，極論だが「ICUは合計10床以上設置する病院だけ認可される」といったような法規制を設ければ，過度な医療資源の分散は是正されるだろう。病床機能の再編については地域医療構想を中心とした合意形成を大事にする政策プロセスでここまで進められてきた。しかし，「集中治療専門医を1人しか配置しないICU」といった過度な医療資源の分散は，相談と合意形成を重視した政策プロセスが対象とすべき課題には思えない。むしろ法規制の対象とすべきだろう。今後の人口減少を見据えても，重症者対応ができる高機能病院の医療機能は集約化しないと症例を集められなくなる可能性が高いだろう。また，日本では大規模な治験が難しいといわれる点についても，実は高度医療が分散されている点に遠因がある。

3.2.2　有事における医師の専門性

それに加えて，ここで指摘したいのは医師の専門性のあり方に関する論点だ。先ほど，コロナ患者の受け入れを担っていた急性期のエース級の病院において，病院長は十分に現場負担の緩和や診療能力の拡大に努めたとはいえないのではないかと問題提起した。負担の多い現場に還元もせず補助金が黒字の山として積み上がるのを見ているだけといった経営については，まさに国家的危機のさなかに平然と平時のマネジメントを続けたといっても過言ではない。少なくとも感染拡大に伴う需要構造の変化（コロナ患者の増加と不急の手術等の延期）に対応して組織的に迅速に配置転換を行ったイギリスと大きく異なっている。個々の医療者の「頑張り」や「献身」はすでにさまざまな箇所で賞賛されており，筆者自身も異論はないが，組織全体とすれば社会のニーズに応える柔軟性がなかったのではないだろうか。

柔軟な組織転換の本質はイギリスの例を見れば，有事において専門外の医師の治療協力をどう得ていくかという病院内の合意形成にあるのは明白だ。人的資源は有限で「ない袖は振れない」からだ。しかし，日本においては「コロナ

は感染症専門医でないと診れない」といった言説が流布したり，稼働率が下がっているなかでも専門外の医師にコロナ対応を要請することはほとんど行われなかった。また，病院長も個々の医師の専門性の追求を一定期間断念させてまで，自院でコロナ対応を拡充することには後ろ向きだっただろう。

　こうなった大きな要因は，日本では医学部での教育段階から個々の医師の臓器別専門性が非常に重視されており，専門性の高いキャリアを歩んでもらうように配慮を行うことがよい病院長として認められる条件となっている側面があるのではないだろうか。結果として「コロナが診れなければ社会が止まる」という国家的危機の最中にあっても，個々の医師の専門性へ配慮することの優先順位は高く，診療体制の拡充が十分に行えなかった。こうした問題の背後には，社会の要請と個々の医師が望むキャリアパスが異なる場合には後者を優先できてしまう医療界と社会全体の歪んだ関係性があるだろう。高齢化に伴い総合診療医など広く薄く診る医師が今後求められているにもかかわらず，臓器別の専門医志向はいまだに医師の間で根強いといった問題と同根だ。

3.2.3　そもそも救急車を断れることに問題がある

　コロナ対応のような公共性の高い医療についてなぜ医療界の十分な協力が得られなかったのかについては，「日本は民間中心の医療提供体制なので政府が強制できない」という意見が広く見られた。しかし，日本と同じように民間中心で医療を提供しているアメリカでははるかに多くの患者に対応しており，この点だけが問題の本質ではない。公民の分担の問題と同時に，「日本の病院は救急車を断れるけれど，アメリカの病院は断れない」という点に触れざるをえないだろう。現に，平時から日本の救急搬送要請において入院先が1度の入電で決まるのは8割で，残りの2割は複数回電話をして決まるというのが現状である。「救急車を断る」のはまれに起こるようなイベントではなく常に起こっており，普段から断っているのでコロナ対応のような有事の際に悪化したという側面もある。データを見ても，病院ごとのコロナ患者の受け入れ数と平時の救急患者の受け入れ数は強く相関していることが知られており，「コロナ禍はあくまで有事」とするのは無理があるだろう。

　そもそも，救急車を断らないためには救急医が病院にいるだけでは不可能で，救急対応後にしっかりと患者を診られる機能を各病院が有していなければならない。その一方で，日本の病院の医療機能は極度に分散しており，多くの勤務医も「何もできないのであれば断って他の病院に行ってもらった方が患者

356　第Ⅱ部　発展編

のため」と考えている。現状の提供体制を前提とすればその判断は妥当だが，各地域で救急搬送患者を過剰に断らなくても済むような提供体制（および適切な法規制）を整えた方が長期的に望ましいだろう。加えて，病床を常に満床近くに保っていないと経営が成り立たないような報酬制度も見直しが必要だ。

3.3　医療界に対するシビリアン・コントロールと EBPM

　本節ではコロナ禍を振り返り，医療界のあり方について何が課題として残っているのか簡単に議論した。いうまでもなく，現場で懸命に働かれている医療者には大きな感謝が表されるべきだが，コロナ禍で明らかになったのは医療界全体として市民の要望に応えるようにある種のシビリアン・コントロール（文民統制）を利かせることの重要性だ。とりわけ，医師は高度な専門職でありその専門に誇りを持って働いている一方で，社会のニーズとそうした専門（および専門性の配分）が合致しない場合には，市民が指摘を続けるべきだろう。また，そのための基盤として政策形成過程で EBPM（Evidence Based Policy Making：エビデンスに基づく政策立案）が徹底される必要がある。

▶参 考 文 献

周燕飛［2021］「コロナショックと女性の雇用危機」JILPT Discussion Paper 21-09。

内閣府［2023］「第6回新型コロナウイルス感染症の影響下における生活意識・行動の変化に関する調査」。

渡辺さちこ［2020］「『病床逼迫のなぜ』示す深刻な専門医配置のミスマッチ ── 医療崩壊の真実（1）」グローバルヘルスコンサルティング　https://www.ghc-j.com/column/7219/（2024年5月15日最終アクセス）。

m3.com［2021］「都内医師24％『幽霊病床あった』」レポート 2021年11月15日　https://www.m3.com/news/open/iryoishin/982867（2024年5月15日最終アクセス）。

Alon T., S. Coskun, M. Doepke, D. Koll, and M. Tertilt［2021］"From Mancession to Shecession: Women's Employment in Regular and Pandemic Recessions." *NBER Macroeconomics Annual 2021*, volume 36.

Down, J.［2021］*Life Support: Diary of an ICU Doctor on the Frontline of the Covid Crisis*, Viking.

Hale, T., N. Angrist, R. Goldszmidt et al.［2021］"A Global Panel Database of Pandemic Policies." *Nature Human Behavior* 5, 529-538.

索　引

（青色の数字は本文中で重要語句として表示されている語句の頁数を，上付きの☆が付いている数字は用語解説〔脚注〕として掲載されている頁数を示す）

● アルファベット

AI（人工知能）　78, 292, 333
BIS の自己資本比率規制　→バーゼル規制
B/S　→貸借対照表
BtoB　19
BtoC　19
ChatGPT　330, 332
CI　32☆
CPTPP（環太平洋パートナーシップに関する包括的及び先進的な協定）　211, 213
CSR　→企業の社会的責任
CtoC　19
DI　32☆
DSB　→紛争解決機関
DX（デジタル・トランスフォーメーション）　72☆, 280, 320, 326
EBPM（エビデンスに基づく政策立案）　356
e-Japan 戦略　321
EPA（経済連携協定）　210, 211☆
ESG　49
FDI　→海外直接投資
FTA（自由貿易協定）　210, 212, 214
GATS（サービス貿易に関する一般協定）　209
GATT（関税及び貿易に関する一般協定）　207
　——11 条国　224, 225☆
GDP（国内総生産）　21, 133
　——ギャップ（需給ギャップ）　144
　——統計　→SNA
　1 人当たり——　22
GDP デフレーター　231

　——変動率の要因分解　231☆
GNI（国民総所得）　23, 220
GNP（国民総生産）　220
Go To キャンペーン　147, 350
GVC　→グローバル・バリューチェーン
GX（グリーン・トランスフォーメーション）　280☆
ICT（情報通信技術）　87, 296
IMF 8 条国　224, 225☆
IoT　298☆
IPEF（インド太平洋経済枠組み）　215
IR　178
IS-LM 分析　144, 273
IT
　——革命（情報技術革命）　326
　——基本法　→高度情報通信ネットワーク社会形成基本法
　——政策　324
　——バブル　326
I ターン　296☆
M&A（合併・買収）　51, 52, 196
M 字型カーブ　80
NAFTA（北米自由貿易協定）　210
NDP（国内純生産）　22
NEET　→無業者
NI（国民所得）　24
Off-JT　70☆
OJT　56, 74
OPEC（石油輸出国機構）　229☆
PBR（株価純資産倍率）　279☆
PER（株価収益率）　245
P/L　→損益計算書
QQE　→量的・質的金融緩和政策
RCEP（地域的な包括的経済連携）　211, 213

ROE（自己資本利益率） 278☆
RTA（地域貿易協定） 210☆
SNA（国民経済計算，GDP 統計） 21,
　　131, 133
SRI →社会的責任投資
TFP →全要素生産性
TPP（環太平洋パートナーシップ協定）
　　213
TRIPS 協定（知的所有権の貿易関連の側面
　　に関する協定） 209
U ターン 296☆
WTO（世界貿易機関） 195, 208
YCC →イールド・カーブ・コントロール

● あ　行

アウトソーシング 204
赤字国債 →特例国債
アクティビスト →物言う株主
新しい資本主義 8
後払い賃金 76
アナウンスメント効果 248
アニマル・スピリット →企業家精神
アベノミクス 4, 146, 190, 260, 265, 278,
　　324
　　──景気 266
暗号資産（仮想通貨） 158
アンチ・ダンピング 209
委員会等設置会社制度 44
育児・介護休業制度 301
育児・介護休業法 82, 91, 300
育児休業法 71, 300
育成就労 307
いざなぎ景気 221, 225
いざなぎ超え 32
異次元緩和 275
遺族年金 105
一時国有化 254
一般会計 133, 234
一般歳出 139
一般政府 131
一般的人的資本 74

移転支出 133
依頼人（プリンシパル） 41
依頼人・代理人関係 41
医療費 →国民医療費
医療保険 114, 115
イールド・カーブ・コントロール（YCC）
　　276
インカム・ゲイン 165
インド太平洋経済枠組み →IPEF
インフラストラクチャー →社会資本
インフレ（インフレーション） 228, 232,
　　268
インフレーション・ターゲティング政策
　　275
インボイス方式 141
失われた 10 年 3
失われた 30 年 5, 57, 60
売りオペ（資金吸収オペ） 270
ウルグアイ・ラウンド 208
営利企業 38
エージェンシー・コスト 41
エージェント →代理人
エビデンスに基づく政策立案 →EBPM
エンゲージメント 278
エンゼルプラン 300
円高不況 227, 247
追い貸し 58☆
応益原則 129
応能原則 129
オフサイト・モニタリング 179
オフショアリング 204
オペ（オペレーション） →公開市場操作
オリンピック景気 221
オンサイト・モニタリング →考査
温室効果ガス 319

● か　行

買いオペ（資金供給オペ） 270, 276
海外直接投資（FDI） 194☆
海外部門 16
開業率 53

索　引　**359**

会計監査　45
会計検査院　138
会計情報　45
会計年度独立の原則　137
外国為替及び外国貿易法（外為法）　174
外国人介護労働者の受け入れ　118
外国人株主　58
外国人技能実習生制度　306
外国人労働者　291, 304
　——政策　305, 308
　——の転籍制限　308
解雇権濫用の法理　77☆
介護保険　116, 117
介護労働者　118
概算要求基準　138
会社　→企業
会社法　38
カイゼン　227
外部性　128
価格の粘着性（価格の硬直性）　272☆
価格破壊　249
価格メカニズム　15
格　差　27, 200, 284
　——是正　128
家　計　14
貸し渋り　58, 254
貸し倒れ　162
過剰流動性　246
可処分所得　133
課税所得額　141
仮想通貨　→暗号資産
過疎化　294
合併・買収　→M&A
家庭内分業体制　79
株　価　245, 247
株価収益率　→PER
株価純資産倍率　→PBR
株　式　164, 165
株式会社　38, 40, 43, 165
株式譲渡制限　40
株式持合　56, 58

株　主　40, 42
株主総会　42, 165
貨幣（マネー）　155
　——価値　268
　——数量説　270
　——の3機能　155
　——の流通速度　270
借換債　149
為替レート　190, 194, 234, 273
監査等委員会設置会社　45
監査役会設置会社　45
関税及び貿易に関する一般協定　→GATT
関税同盟　210
関税率　208
間接金融　7, 160
完全失業者　64☆
完全失業率（失業率）　64, 68, 266, 339
環太平洋パートナーシップ協定　→TPP
環太平洋パートナーシップに関する包括的及
　び先進的な協定　→CPTPP
カンバン方式　227
機会費用　79, 80☆, 82
機関車論　227
機関投資家　49☆, 160
企業（会社）　14, 38, 54
　——の社会的責任（CSR）　49
　——のライフサイクル　50
企業家精神（アニマル・スピリット）
　31, 58, 277
企業統治（コーポレート・ガバナンス）
　43
　——改革　278
企業特殊的人的資本　74
企業内貿易　205
企業年金　168
企業物価指数　228
企業別労働組合　66, 67, 227
議決権　40, 165
危険債権　251
技術革新　332
技術進歩　21, 30, 292

基礎的財政収支（プライマリー・バランス）　148
　——対象経費　138
基礎年金　105, 106
期待インフレ率　269
キチンの波　32
技能実習生　306
逆資産効果　176
逆選択　104
キャッシュフロー計算書　48
キャッシュレス決済　157
キャッチアップ型成長　280
キャピタル・ゲイン　40, 164☆
キャピタル・ロス　163, 164
救済合併　252
教育訓練給付助成金　91
供給ショック　144
共　済　168
寄与度　29, 145, 221, 225
緊急雇用安定助成金　338
緊急事態食料安全保障指針　319
緊急事態宣言　339, 340, 342
緊急輸入制限　→セーフガード
銀　行　160
　——借入　163
　——主義　7
　——の銀行　155
均衡予算主義　148
均等割部分　135
金　融
　——の国際化　181
　——の自由化　175
金融緩和　7, 247, 248
金融緊急措置令　232
金融再生法　254
　——開示債権　250
金融支援策　346, 349
金融資産　27, 177, 269
金融市場　167
金融システム　180
金融収支　189

金融政策　143, 249, 268, 270
　——正常化　277
　——のタイム・ラグ　272
金融政策決定会合　271
金融早期健全化法　254
金融仲介機関　160
金融庁　180
金融調節　270
金融取引　154
金融持株会社　255☆, 257
金利（利子率）　1, 158☆
　——規制　174
　——の期間構造　270☆
　——平価説　273☆
近隣窮乏化　273
クズネッツの波　32
クラウディングアウト　145
クリーム・スキミング　113
グリーン・トランスフォーメーション　→GX
グリーンフィールド FDI　196
クレジットビュー　7
黒字倒産　48
クロスボーダー M&A　196
グローバル化　5, 6, 312
グローバル・バリューチェーン（GVC）　205, 206☆
経営資源　199
景気基準日付　32, 33☆
景気循環　32, 221
景気動向指数　32☆
景気変動　32
経済安全保障　314
　——推進法　314
経済安定化（機能）　16, 128, 143
経済厚生　126
経済財政諮問会議　138
経済ショック　144
経済成長　28-30, 291
経済対策　146, 262, 345, 346
経済統計　24

経済のストック化　240
経済連携協定　→EPA
傾斜生産方式　2, 172, 233
経常収支　189, 190
計量分析　274☆
ケインジアン　249, 250☆
ケインズ政策　128
ケインズの美人投票　244
決　算　138
月例経済報告　144
限界費用　127
　――価格規制　127
兼業農家　316
現金給付　133
原産地規則　212
建設国債　148, 227
限定正社員　73☆
現物給付　133
広域連携　136
公営事業会計　135
公開会社　40
公開市場操作（オペ，オペレーション）
　270
公害問題　225
効果ラグ　263
後期高齢者　100
　――医療制度　115
　――支援金　115
公共財　127
公共事業関係費　140
公共職業訓練　→ハロートレーニング
公共投資　140, 146
合計特殊出生率（出生率）　81☆, 102,
　289, 300, 302
考査（オンサイト・モニタリング）　179
公　債　148
　――依存度　148
耕作農地　316
合資会社　38
公社債市場　171
厚生年金　104, 106, 109

構造改革　3, 254
工程間分業　193, 202
公定歩合　224, 237, 246, 248
公的企業　38, 131
公的固定資本形成　133, 145
公的資金　256
公的需要　133
公的年金　103, 107, 168, 292
公的扶助　104, 120
合同会社　38☆
行動制限　342
高度情報通信ネットワーク社会形成基本法
　（IT基本法）　321, 325
高度成長期　221
高年齢雇用継続給付　93
高年齢者等の雇用の安定等に関する法律（高
　年齢者雇用安定法）　76, 90, 109
荒廃農地　316☆
購買力平価　235
後発医薬品（ジェネリック医薬品）　116
公平性　16, 129
後方連関効果　201
合名会社　38
効率性　16, 131
合理的バブル　243
高齢化　89, 289
高齢者雇用安定法　91
国　債　7, 16, 148, 175, 178
　――化　6
　――市場　276
　――費　138
国際競争力　328
国際決済銀行の自己資本比率規制　→バーゼ
　ル規制
国際収支統計　184, 189
国際貿易理論　191
国土政策　296☆
国内純生産　→NDP
国内総支出　23
国内総所得　23
国内総生産　→GDP

国富　→正味資産
国民医療費（医療費）　111, 112, 293
国民皆年金　102, 107
国民皆保険　102, 112
国民経済計算　→SNA
国民健康保険（国保）　115
国民所得　→NI
国民総資産　27, 240
国民総所得　→GNI
国民総生産　→GNP
国民年金　104, 140
国民負担率　141
互恵・無差別主義　208
55年体制　3
個人企業　38
個人番号制度　→マイナンバー制度
護送船団方式　174
子育て支援　299, 303
5大金融グループ　255
国庫支出金　134
国庫負担　140
固定資産税　135
固定資本減耗　22
固定負債　46
こども家庭庁　119, 302
こども基本法　302
子ども・子育て支援新制度　300
コーポレート・ガバナンス　→企業統治
コミットメント　274
雇用者　64☆
　　──報酬　23, 267
雇用政策　91
雇用調整助成金　91, 92, 147, 338, 349
雇用保険法　91
コロナ禍　→新型コロナウイルス感染症
コンクリートから人へ　263
コングロマリット（複合企業体）　51
混合診療　116
コンドラチェフの波　32
コンパクトシティ　136

● さ　行

財　14
最恵国待遇　208, 209☆
債券　163
最後の貸し手　179
再雇用　93
最終財　18
歳出　130, 140
在職老齢年金制度　111☆
財政　132
　　──3機能　126
財政赤字　131, 148, 177
財政検証　109, 110
財政支出　265
財政収支　148
財政政策　128, 144, 249
　　コロナ禍における──　342, 346
財政調整　134, 136
財政投融資（財投）　9, 173, 223☆
財政ファイナンスナンス　277
財政法　276
財政民主主義　137
在宅勤務　340
最低賃金法　122
財投機関債　169
再投資収益　199☆
歳入　141
サイバーセキュリティ基本法　324
財閥　56
　　──解体　225
再分配所得　284
財貿易　184
財務三表　48
債務超過　47
債務不履行　162
サステナビリティ（持続可能性）　49☆
サービス　14
　　──化　80
サービス貿易　186
　　──に関する一般協定　→GATS

索　引　**363**

サービス・リンク・コスト　203
サブプライム・ローン　260
サプライチェーン　48, 49☆, 312
　──・リスク　297
3C　222
産業革命　331, 332
産業間貿易　193
産業空洞化　200☆, 273
産業構造　25, 34, 294
産業内貿易　193
産業連関表　19☆
三種の神器　222
3本の矢　146, 265, 278
　新──　266
三面等価の原則　25
残余財産請求権　40
ジェネリック医薬品　→後発医薬品
時価総額　165
自給自足　17
自給的農家　316
事業継続支援　349
事業承継問題　53
事業税　135
資金過不足　172
資金吸収オペ　→売りオペ
資金供給オペ　→買いオペ
資金調達　160, 163
資金不足（資金の取り手）　156, 172
資金余剰（資金の出し手）　156, 172
資源配分機能　126
自己資本　46
自己資本（比率）規制　→バーゼル規制
自己資本利益率　→ROE
仕事と生活の調和　→ワーク・ライフ・バランス
資　産　27
　──買入等の基金　275
　──価格　239, 241
　──間の裁定条件　241
　──効果　273
市場経済　15

市場の失敗　114, 126
市場メカニズム　126
システミック・リスク　180☆
次世代育成支援対策推進法　91, 300
自然独占　127
持続化給付金　350
持続可能性　→サステナビリティ
持続可能な食料システム　319
市町村合併　136
失業率　→完全失業率
実効為替レート　238
執行役員制度　44
実行ラグ　263, 343
実質為替レート　238
実質実効為替レート　238
実質利子率（実質金利）　249☆, 268
実物資産（非金融資産）　27, 269
私的年金　168
児童・家族関係給付費　303
児童手当　301
ジニ係数　284☆
資本移転等収支　189
資本金　46
資本コスト　279
資本財　15
資本自由化　225
資本集約財　192
事務配分　134
指名委員会等設置会社　45
社会資本（インフラストラクチャー）
　126
社会制度　128
社会的責任投資（SRI）　49
社会的入院　117
社会保険　101
　──料　129, 132
社会保障　28, 100, 128, 130
　──関係費　101, 140
　──基金　131
　──給付費　100
　──と税の一体改革　103

社　債　163, 165

ジャパン・アズ・ナンバーワン　1

収穫逓減／収穫逓増　280

衆議院の優越権　138

自由主義国家論　129

就職氷河期　70

終身雇用　66

修正積立方式　107

集　積　295

住宅金融債権管理機構　254

住宅金融支援機構　170

住宅金融専門会社（住専）　253☆

住宅ローン　158☆, 175

自由貿易協定　→FTA

住民基本台帳ネットワークシステム　324

住民税　135

就労自立給付金　122

需給ギャップ　→GDP ギャップ

主業農家　316☆

ジュグラーの波　32

出産・子育て応援交付金　302

出生率　→合計特殊出生率

主要経費別歳出純計　264☆

需要ショック　144

純粋持株会社　52, 255☆

準備預金　271

純輸出　21, 30

障害年金　105

償還費　139

証券化　170, 260, 261☆

証券会社　165

証券投資　189

商工組合中央金庫（商工中金）　169

少子化　81, 82, 84, 289

　──対策　300, 302

少子化社会対策基本法　300

少子化社会対策大綱　300

少子高齢化　78, 100, 136

上場企業　40, 165

乗数効果　144

消費者物価　232, 235

──指数　227

消費税　141

情報技術革命　→IT 革命

情報生産　56, 162

情報通信技術　→ICT

情報の非対称性　41☆, 56, 113, 128, 162

正味資産（国富）　28

職務怠慢仮説　76

食料供給困難事態対策法　318

食料自給率　317

食料の安全保障　315, 318

食料・農業・農村基本法　317

女性活躍推進法　91

所得移転機能　269

所得格差　284

所得控除　141

所得再分配機能　128

所得税　141

所得代替率　108

所得割部分　135

ジョブ・カード　92

ジョブ・ローテーション　77

所有と経営の分離　38, 41

資力調査（ミーンズテスト）　120

シルバー人材センター　95☆

人為的低金利政策　173, 223

新エンゼルプラン　300

新型コロナウイルス感染症（コロナ禍）

　　73, 88, 147, 312, 325, 338, 342, 351

　──緊急経済対策　343, 345, 346

　──対策　342, 350

人口移動　221

人口減少（社会）　289, 299

人工知能　→AI

新自由主義　6

信託銀行　167

人的資本　67☆

　──投資　67, 70

　──理論　74

信用緩和　275

信用保証　170

索　引　**365**

信用リスク　162
診療報酬　113, 116
垂直的公平性　129
垂直的産業内貿易　193
垂直的直接投資　202
垂直的分業　17
水平的公平性　129
水平的産業内貿易　193
水平的直接投資　202
水平的分業　18
スキル偏向型技術進歩　333
スクリーニング　162
スタグフレーション　230☆
スタートアップ企業　53☆, 281
ステークホルダー　→利害関係者
ストック　27, 171
ストロー効果　295☆
スパゲッティ・ボウル現象　212
スマイルカーブ　206
スマート農業　317
スミソニアン合意　236☆
税　129
生活困窮者自立支援法　122
生活保護　104, 120, 285
生産年齢人口　64☆
生産要素　21
　　──賦存量　192
正社員　66☆
生成 AI　330, 332, 333
成長会計　30, 226
成長と分配の好循環　8
政投銀　→日本政策投資銀行
制度的補完関係　55
税引前当期純利益　48
政　府　16, 126, 131
　　──の失敗　131
　　大きな／小さな──　129
政府案　138
政府関係機関予算　133
政府間財政関係　134
政府系金融機関　169

政府最終消費支出　133
政府債務　148
　　──の持続可能性　350
政府支出　16
生命保険　168
整理回収機構　254
世界金融危機　71, 190, 343, 346
世界貿易機関　→WTO
責任投資原則　49
石油ショック　2, 227, 229, 237
石油輸出国機構　→OPEC
世代間格差　129
世代効果　71
絶対的貧困　119
設備投資　15, 174
セーフガード（緊急輸入制限）　209
セーフティネット　288
　　最後の──　120
セルフメディケーション　116
ゼロ金利政策　274
ゼロゼロ融資　170, 346
先議権　138
潜在 GDP　144
潜在的国民負担担率　142
選別主義　120
前方連関効果　202
全要素生産性（TFP）　9, 30, 223, 226
早期是正措置　180, 254
総供給　20, 30
総合課税の原則　141
総需要　20, 29
　　──・総供給分析　270
　　──抑制政策　234
総生産　20
相対的貧困率　119, 285
租　税　16
　　──原則　129
　　──方式　129
ソフト情報　163
損益計算書（P/L）　47
損害保険　168

ゾンビ企業　58, 349

● た　行

第1次産業／第2次産業／第3次産業
　34
第一次所得収支　189, 199
大会社　39
対外直接投資　194, 196
大企業　39
第3号被保険者　84, 106, 110
貸借対照表（バランスシート，B/S）　46,
　160
対内直接投資　194, 197
第二次所得収支　189
第二地方銀行　256
ダイバーシティ・マネジメント　94
第4次産業革命　333
代理人（エージェント）　41
兌　換　155, 272
多国間交渉　→ラウンド
多国間主義　212
多国籍企業　194, 199, 204
他人資本　46
ダブルシフト　340
　ダブル・──　340
団塊の世代　31☆
短　期　158
短期金利　270
短時間勤務制度　71
短時間雇用保険　91
短時間労働者　109
男女雇用機会均等法　67, 71, 91
単年度主義　137
ダンピング　209
担　保　175
単　利　158
地域格差　286
地域経済　293
　──政策　296
地域主義　212
地域的な包括的経済連携　→RCEP

地域貿易協定　→RTA
地域包括ケアシステム　117
地　価　246, 247
地球温暖化　319
地政学的リスク　314, 317
知的所有権の貿易関連の側面に関する協定
　　　　→TRIPS協定
地方銀行　256
地方公共サービス　135
地方交付税交付金　134
地方債　148
地方消費税　135
地方消滅　289
地方政府　131, 135
地方創生　289
地方分権化定理　135
中央銀行　131
　──の独立性　271
中央政府　131
中間財　18, 193
　──貿易　204
中堅企業　39
中小企業　39
超過累進税率　141
長　期　158
長期金利　270
長期雇用　70
超高齢社会　289
長時間労働　72, 86, 88, 341
長短金利操作付き量的・質的金融緩和
　　276
直接金融　7, 160, 163
直接投資　189, 199, 202
貯蓄から投資へ　178
賃金格差　333
賃金と物価の好循環　277
賃金プロファイル　73, 78
積立方式　106
定額給付金　349
低成長期　225
定　年　76☆, 90, 93, 94

索　引　**367**

デカップリング　214, 261, 315
敵対的買収　54
出来高払い方式　116
デジタル化　327
デジタル技術　320
デジタル人材　330
デジタル庁　325
デジタル田園都市国家構想　290, 330
デジタル・トランスフォーメーション
　　→DX
テック・ジャイアンツ　61, 281
デット・オーバーハング　176
デフレ（デフレーション）　237, 268
　　──経済　231
　　──・スパイラル　269
　　──・マインド　275
テレワーク　323☆, 340
同一労働同一賃金　71, 72☆
東京一極集中　290, 294
東京証券取引所（東証）　278
統計的差別　86☆
統合政府　131
統合報告書　49
投資家　160
投資信託　166
投資・貯蓄バランス　172☆
当初予算　138, 346
特　需　234☆
独占禁止法　255
特定技能　304
　　──制度　307
特別会計　133, 234
特別定額給付金　133, 147, 349
特例国債（赤字国債）　148, 227
都市銀行　255
土地神話　248
ドッジ不況　234
ドッジ・ライン　234, 236
ドット・コムブーム　326
ドーハ・ラウンド　210
取締役会　42, 44

取り付け騒ぎ　180, 245
取引コスト　200

●　な　行

内外価格差　232
内国民待遇　208, 209☆
内需拡大政策　247
内部留保　48, 176
ナショナル・ミニマム　136
ニクソン・ショック　236
日銀トレード　277
ニッポン一億総活躍プラン　266
日本学生支援機構　170
日本銀行（日銀）　131, 144, 155, 269
　　──のバランスシート　271
　　──当座預金（日銀当預）　155, 271
日本銀行法　179, 268☆
日本政策金融公庫（日本公庫）　169
日本政策投資銀行（政投銀）　169
日本貿易保険　170
ニート　→無業者
二部料金制　127
日本型企業システム　55, 57, 59
日本再興戦略　265, 278
日本的経営　55, 59
日本的経済システム　5, 8
日本的雇用慣行　66, 67, 73, 86
日本版コーポレートガバナンス・コード
　　278
日本版スチュワードシップ・コード　278
日本列島改造論　229
認知ラグ　263, 342
認定こども園　301
年　金　168
　　──改革　108
　　──の持続可能性　110
年功賃金　56, 66, 77
農　家　316
農　業　315
ノンバンク　168, 246☆, 253

● は　行

廃業率　53

配偶者控除　84

排除不可能（非排除性）　127

配　当　165

派遣切り　263

バーゼル規制（［BIS［国際決済銀行］の］
　　自己資本比率規制）　180, 181☆, 249

バーター取引　→物々交換

働き方改革　71, 88, 266

破綻更生等債権　251

破綻処理　252, 253

発生主義　48

ハード情報　163

パパ・ママ育休プラス　301

バブル　174, 239, 241, 243, 246

　　――景気　→平成景気

　　――3業種　162, 175

　　――崩壊　176, 244

バランスシート　→貸借対照表

　　――問題　174, 176

バリューチェーン　205

ハロートレーニング（公共職業訓練）　92

伴走型相談支援　302

パンデミック　312

販売農家　316

非営利企業　38

比較生産費説　192

比較優位／比較劣位　192

東日本大震災　239, 312, 328

非競合性　127

非金融資産　→実物資産

非財務情報　49

非上場企業　165

ヒステリシス（履歴効果）　8

非正規雇用者　66-68, 339

ビットコイン　158

非伝統的金融政策　7, 178, 274

人手不足　308

非排除性　→排除不可能

比例税　128

非労働力人口　64, 291, 338

貧困率　119

ファンダメンタルズ　240

フィックスド・インカム　163

フィナンシャル・アクセラレータ効果
　　175☆

フォワード・ガイダンス　274

付加価値　18, 25

　　――貿易　206

賦課方式　100, 107, 108

不　換　272

複合企業体　→コングロマリット

複合不況　→平成不況

福祉元年　102, 229

福祉国家論　129

複　利　158

負　債　27

双子の赤字　237

2つのコクサイ化　5, 227

普通会計　135

物　価　20

　　――高　350

　　――の番人　268

復金インフレ　234

復興金融金庫　172, 233☆

物々交換（バーター取引）　154

不動産関連融資の総量規制　248☆

不動産担保貸出　175

扶養率　292

プライマリー・バランス　→基礎的財政収支

フラグメンテーション　202☆, 205, 312

プラザ合意　194, 230, 237, 247

振　込　155

不良債権　250, 252

　　――化　161

　　――問題　145, 176

フリーライダー　127

プリンシパル　→依頼人

プルーデンス政策　179

ブレトンウッズ体制　236

索引　**369**

フロー　27, 171
プロダクト・サイクル　50
分　業　17
分散投資　178
紛争解決機関（DSB）　209
ペイオフ　164
平成景気（バブル景気）　248
平成の大合併　136
平成不況（複合不況）　248
米中対立　214, 314
米中貿易摩擦　213
ヘクシャー＝オリーン定理　192
ベース・マネー（マネタリー・ベース）
　271
ペティ＝クラークの法則　35, 295, 315
ベンチャー企業　53☆
変動相場制　235, 236
保　育　301, 302
貿　易　184
　――の利益　192
貿易依存度　187☆
貿易開放度　187
貿易・サービス収支　189
貿易自由化　207, 224
貿易収支　227
貿易政策　224
貿易創出効果　211
貿易転換効果　212
貿易保険　170
貿易摩擦　237
包括的な金融緩和政策　275
包括払い方式　116
法人企業　38
補完貸付制度　270
北米自由貿易協定　→NAFTA
保　険　168
　第三分野の――　168
保険料水準固定方式　108
保険料方式　129
保護主義　207
補助金政策　146, 147

補正予算　138, 346
補足性原理　120
骨太の方針　138

● ま 行

マイナス金利　275
　――付き量的・質的金融緩和　275
マイナンバー制度（個人番号制度）　324
マクロ経済スライド　109
マクロの生産関数　291
マクロ・プルーデンス　180
マーケット・ファンダメンタルズ　242
マザー工場　297☆
まち・ひと・しごと創生総合戦略　290
マネー　→貨幣
マネジメント・モデル　44
マネーストック　155, 350
マネタリー・ベース　→ベース・マネー
真　水　345
マンデル＝フレミングモデル　273☆
見えざる手　126
ミクロ・プルーデンス　179
未婚率　84
民営化　131
民間企業　38
民業補完　168
ミーンズテスト　→資力調査
無期転換ルール　72☆
無業者（NEET, ニート）　70
無形資産　49
無担保コールレート・オーバーナイト物
　270
名目為替レート　238
メインバンク　56
メガバンクグループ　255
メンバーシップ型雇用　56
持分会社　38
モニタリング　162
　――・モデル　44, 45
物言う株主（アクティビスト）　54
モラルハザード　104

● や 行

薬　価　113
雇止め　68, 69☆
有機農業　320
有限責任制　41
有効需要の法則　145
郵政民営化　9
輸　出　184, 204, 226
　——依存度　187
　——管理　314
輸　入　184, 204
　——依存度　313
要介護認定　117
要管理債権　251
余　暇　79
預金取扱機関　167
預金保険機構　252
預金保険制度　164
予言の自己成就　86
予　算　137
預　貸　161

● ら 行

ラウンド（多国間交渉）　207
利上げ　277
利益配当請求権　40
利害関係者（ステークホルダー）　54
利子補給　346
利子率　→金利
リスキリング　72, 78, 92, 334
リスク管理債権　250☆, 251

リスクとリターン　166
リスク分散　162
リスク変換　161
リストラ　59
利払費　139
リーマン・ショック　4, 190, 260, 338, 343
流通革命　224
流動性　40, 156
　——の罠　249
量的緩和政策　274
量的・質的金融緩和　265
　——政策（QQE）　275
履歴効果　→ヒステリシス
リレーションシップ　163
累進課税　128, 284
ルーブル合意　237
労使協議制　77☆
労働市場　64
労働者年金保険法　107
労働集約財　192
労働生産性　287
労働力人口　64, 267, 291
労働力率　64, 89, 291
60年償還ルール　149
6大企業集団　56
ロックイン効果　295☆

● わ 行

ワーク・エンゲージメント　72☆
ワーク・ライフ・バランス（仕事と生活の調和）　8, 71, 82, 83☆, 87

新 入門・日本経済

Introduction to the Japanese Economy

2024 年 11 月 15 日 初版第 1 刷発行

編　者	浅子 和美
	飯塚 信夫
	篠原 総一
発行者	江草貞治
発行所	株式会社有斐閣
	〒101-0051 東京都千代田区神田神保町 2-17
	https://www.yuhikaku.co.jp/
装　丁	宮川和夫事務所
印　刷	大日本法令印刷株式会社
製　本	牧製本印刷株式会社
装丁印刷	株式会社亨有堂印刷所

落丁・乱丁本はお取替えいたします。定価はカバーに表示してあります。
©2024, K. Asako, N. Iizuka, S. Shinohara.
Printed in Japan ISBN 978-4-641-16635-6

本書のコピー，スキャン，デジタル化等の無断複製は著作権法上での例外を除き禁じられています。本書を代行業者等の第三者に依頼してスキャンやデジタル化することは，たとえ個人や家庭内の利用でも著作権法違反です。

JCOPY 本書の無断複写(コピー)は，著作権法上での例外を除き，禁じられています。複写される場合は，そのつど事前に，(一社)出版者著作権管理機構(電話03-5244-5088，ＦＡＸ03-5244-5089，e-mail:info@jcopy.or.jp)の許諾を得てください。